Umwelt

Mathematik im Alltag

Kegelstümpfe — 145

BEISPIEL
Die Radien r_1 und r_2 der Grund- bzw. Deckfläche eines Kegelstumpfes sowie die Länge einer Mantellinie s seien gegeben.
Der **Flächeninhalt der Mantelfläche** des Kegelstumpfes ist gesucht.

Lösungsansatz:
Der Mantel des Kegelstumpfes ergibt beim Abwickeln in eine Ebene einen Kreisringausschnitt, dessen Flächeninhalt als Differenz der Flächeninhalte zweier Kegelmäntel berechnet werden kann:
$A_M = A_{M1} - A_{M2} = \pi r_1 s_1 - \pi r_2 s_2$
Gesucht ist aber eine Formel, in der nur r_1, r_2 und s vorkommen, s_1 und s_2 müssen also noch ersetzt werden.
Dabei sind die folgenden beiden Gleichungen behilflich:
Einerseits gilt: $s_1 = s + s_2$
Andererseits gilt nach Strahlensatz (vgl. Bild in der Randspalte):
$\frac{s_2}{r_2} = \frac{s}{r_1 - r_2}$, also: $s_2 = r_2 \frac{s}{r_1 - r_2}$

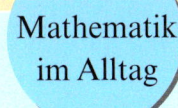

7 L
Stelle Formeln auf zur Berechnung des Mantelflächeninhaltes bzw. des Oberflächeninhaltes eines Kegelstumpfes und beweise ihre Gültigkeit.
Hinweis: Berücksichtige den Lösungsansatz im obigen Beispiel.

8 L
Berechne die Mantelfläche folgender Kegelstümpfe.
a) $r_1 = 88$ mm, $r_2 = 56$ mm, $s = 95$ mm
b) $r_1 = 4,8$ cm, $r_2 = 1,8$ cm, $h = 6,4$ cm
c) $r_1 = 12,5$ cm, $h = 18,5$ cm, $s = 22$ cm

9
Berechne den Oberflächeninhalt folgender Kegelstümpfe.
a) $r_1 = 188$ mm, $r_2 = 86$ mm, $s = 295$ mm
b) $r_1 = 8,8$ cm, $r_2 = 4,8$ cm, $h = 16,4$ cm
c) $r_1 = 22,5$ cm, $h = 28,5$ cm, $s = 32$ cm

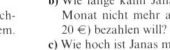

AUFGABEN ZUR WIEDERHOLUNG

1. Eine Energie AG bietet den Kunden folgenden Stromlieferungsvertrag an:
Jahresverbrauch bis 5000 kWh
Arbeitspreis: 10,95 ct/kWh
Grundpreis: 8,50 €/Monat
Jahresverbrauch über 5000 kWh
Arbeitspreis: 12,99 ct/kWh
Grundpreis: entfällt
a) Stelle für beide Tarife Wertetabellen auf. Zeichne beide Funktionen in ein Koordinatensystem. Beachte die angegebenen Intervalle.
b) Diskutiere die Preisgestaltung des Stromlieferers.

2. Jana hat einen preiswerten Handy-Tarif gefunden:
Monatliche Grundgebühr:
2,30 €
Telefongebühren:
0,14 €/Gesprächsminute
a) Stelle die monatlichen Kosten in Abhängigkeit von der Gesprächszeit grafisch dar.
b) Wie lange kann Jana telefonieren, wenn sie im Monat nicht mehr als 7 € (10 €, 12 €, 15 €, 20 €) bezahlen will?
c) Wie hoch ist Janas monatliche Telefonrechnung, wenn sie 75 min (85 min, 100 min, 115 min, 145 min) telefoniert?

Beispiel

L: Hinweis auf Lösungsteil
Du findest die Lösung dieser Aufgabe oder eines Aufgabenteils im Anhang des Buches.

Fächerübergreifende Themenseite

Mathematische Themenseite

…ter Balken:
…wierige Aufgabe

Aufgaben zur Wiederholung
Die Aufgaben unter dieser Überschrift gehören nicht zum gerade behandelten Stoff. Hier kannst du früher Gelerntes wiederholen und üben.

Mathematik *plus*

Gymnasium Klasse 10

Herausgegeben von StD Dietrich Pohlmann
und Prof. Dr. Werner Stoye

Cornelsen
Volk und Wissen Verlag

Autoren:
Susanne Bluhm, StD Karl Udo Bromm, OStR Robert Domine, Gerd Heintze,
Dr. Gerhard Koenig, StD Jochen Leßmann, Heidemarie Rau, Winrich Rentz, StD Dieter Rüthing,
Dr. Uwe Sonnemann, Prof. Dr. Werner Stoye
unter Mitarbeit der Verlagsredaktion Mathematik

Herausgeber:
StD Dietrich Pohlmann,
Prof. Dr. Werner Stoye

Redaktion:
Dr. Tilman Pehle

Illustrationen: Roland Beier
Technische Zeichnungen: Rainer Götze, Rita Schüler
Layout und Typografie: Manfred Behrendt, Wolfgang Lorenz
Einband: Wolfgang Lorenz
Technische Umsetzung: Universitätsdruckerei H. Stürtz AG, Würzburg

 http://www.cornelsen.de

 http://www.vwv.de

1. Auflage   Druck 4 3 2 1   Jahr 07 06 05 04

Alle Drucke dieser Auflage sind inhaltlich unverändert
und können im Unterricht nebeneinander verwendet werden.

© 2004 Cornelsen Verlag, Berlin

Das Werk und seine Teile sind urheberrechtlich geschützt. Jede Nutzung in anderen als den gesetzlich
zugelassenen Fällen bedarf der vorherigen schriftlichen Einwilligung des Verlages.
Hinweis zu § 52 a UrhG: Weder das Werk noch seine Teile dürfen ohne eine solche Einwilligung eingescannt
und in ein Netzwerk eingestellt werden. Dies gilt auch für Intranets von Schulen und sonstigen Bildungs-
einrichtungen.

Druck: CS-Druck CornelsenStürtz, Berlin

ISBN 3-06-001031-5

Bestellnummer 1031

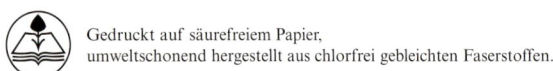

Inhalt

Potenzfunktionen _____ 5

Beispiele für Potenzfunktionen _____ 6
Potenzfunktionen mit
ganzzahligen Exponenten _____ 10
Potenzfunktionen mit
gebrochenen Exponenten _____ 15
Umkehrfunktionen von Potenzfunktionen _____ 17
Einfluss des Faktors k
in Potenzfunktionen $y = kx^n$ _____ 20
Weitere Anwendungen der Potenzfunktionen _____ 22
Zusammenfassung _____ 25

Exponential- und Logarithmusfunktionen _____ 27

Exponentialfunktionen _____ 28
Logarithmusfunktionen _____ 36
Exponential- und Logarithmusgleichungen _____ 40
Anwendungen _____ 42
Gesundheit:
Die Wanderung der Droge _____ 50
Zusammenfassung _____ 52

Winkelfunktionen _____ 53

Drehbewegungen _____ 54
Periodische Vorgänge und Funktionen _____ 56
Grad- und Bogenmaß _____ 58
Die Sinusfunktion und ihre Eigenschaften _____ 60
Die Kosinusfunktion und ihre Eigenschaften _____ 64
Die Tangensfunktion und ihre Eigenschaften _____ 67
Beziehungen zwischen den Winkelfunktionen _____ 70
Funktionen mit Gleichungen
der Form $y = a \sin(bx + c)$ _____ 72
Additionstheoreme _____ 76
Summe und Produkt von Winkelfunktionen _____ 78
Energie:
Navigation aus dem All _____ 80
Goniometrische Gleichungen _____ 82
Schwingungsvorgänge _____ 84
Zusammenfassung _____ 87

Trigonometrische Berechnungen _____ 89

Winkelbeziehungen in rechtwinkligen Dreiecken _____ 90
Berechnungen in rechtwinkligen und in
gleichschenkligen Dreiecken _____ 94
Sinussatz und Kosinussatz _____ 99
Historisches:
Gauß und die Vermessung
des Königreiches Hannover _____ 104
Flächeninhaltsberechnungen bei Dreiecken _____ 106
Sachaufgaben _____ 108
Zusammenfassung _____ 112

Körperberechnung und -darstellung _____ 113

Einfache und zusammengesetzte Körper _____ 114
Pyramidenstümpfe _____ 118
Kegelstümpfe _____ 122
Wahre Länge von Strecken,
wahre Gestalt von Figuren _____ 124
Regelmäßige Polyeder _____ 127
Zusammenfassung _____ 130

Stochastik _____ 131

Zufallsexperimente, Ereignisse und
Wahrscheinlichkeiten _____ 132
Bedingte Wahrscheinlichkeit und
Unabhängigkeit _____ 136
Bernoulli-Versuche und Bernoulli-Ketten _____ 143
Binomialkoeffizienten _____ 146
Binomialverteilung _____ 148
Erwartungswert und Gestalt
der Binomialverteilung _____ 155
Mathematik und Computer:
Tabellenkalkulation _____ 158
Zahlenreihen am Computer _____ 160
Die Grundaufgabe der beurteilenden Statistik _____ 164
Statistische Erhebungen _____ 168
Wertetafeln zur Binomialverteilung _____ 173
Zusammenfassung _____ 177

Inhalt

Zahlenfolgen 179

Zahlenfolgen und einige ihrer Eigenschaften 180
Arithmetische und geometrische Zahlenfolgen 188
Partialsummen und Anwendungen von Folgen 192
Grenzwerte von Folgen 199
Grenzwertsätze für Zahlenfolgen 207
Zusammenfassung 210

Geometrische Konstruktionen und Beweise 211

Geometrische Konstruktionen 212
Aussagen, Sätze und Beweise 219
Verschiebungen, Pfeile und Vektoren 226
Vektoren im Koordinatensystem 231
Zusammenfassung 234

Übungen und Anwendungen 235

Finanzierungen und andere
Geldangelegenheiten 236
Umwelt, Verkehr und Transport 239
Biologie, Physik, Chemie 242
Denksport 245
Mathematik und Legende:
Die Türme von Hanoi 248
Zuverlässigkeit 250

Ausgewählte Lösungen 251

Register 255

Potenzfunktionen

Planeten bewegen sich auf Ellipsenbahnen um die Sonne.
Die Erde benötigt für einen Umlauf um die Sonne 1 Jahr. Der sonnennächste Planet Merkur braucht dafür nicht einmal ein Vierteljahr, während es beim weit entfernten Jupiter fast 12 Jahre sind.
Der deutsche Astronom Johannes Kepler (1571 – 1630) suchte viele Jahre nach einem Zusammenhang zwischen der Umlaufzeit T eines Planeten um die Sonne und seiner mittleren Entfernung a zur Sonne. Im Jahre 1618 fand er schließlich:

$$T \sim a^{1,5}$$

Beispiele für Potenzfunktionen

1

Eine wichtige Angabe zu einem Pkw ist dessen Motorleistung – heute in Kilowatt (kW) und früher in Pferdestärken (PS; 1 kW = 1,36 PS) angegeben.
Ein Teil der Motorleistung wird benötigt, um den Luftwiderstand während der Fahrt zu überwinden.

a) Überlegt gemeinsam:
   Welche Vorteile, aber auch welche Nachteile hat eine hohe Motorleistung?
b) Wie wirkt sich eine hohe Motorleistung gegenüber einer niedrigeren auf das Fahrverhalten aus?
c) Vergleicht ältere und neuere Automarken bezüglich ihrer Motorleistung und ihrer möglichen Höchstgeschwindigkeit. Gibt es hier einen linearen Zusammenhang?

Strömungsversuche im Windkanal

2

Beim Fahrradfahren hast du gewiss schon oft festgestellt: Je schneller du fährst, desto größer ist der Luftwiderstand und desto mehr musst du dich anstrengen.
Messungen an Pkws haben ergeben:
- Für die Abhängigkeit des Luftwiderstandes F_w (in N) von der Geschwindigkeit v (in km/h) gilt: $F_w(v) = k \cdot v^2$.
- Für die Abhängigkeit der Leistung P (in kW), die notwendig ist, den Luftwiderstand zu überwinden, von der Geschwindigkeit v (in km/h) gilt:
  $P(v) = \frac{k}{3600} v^3$.

HINWEIS
Die Konstante k ist in den beiden Gleichungen aus Aufgabe 2 jeweils dieselbe.
Die Größe der Konstanten k lässt sich für einen Pkw durch Messungen im Windkanal ermitteln.

a) Überlegt gemeinsam:
   Wovon könnte die Größe der Konstanten k bei einem Pkw abhängen?
   Ist es nur eine Modeerscheinung oder gibt es andere Gründe dafür, dass heute viele Pkw verschiedener Marken sehr ähnlich aussehen.
b) Für einen Pkw wurde durch Windkanalversuche $k = 0{,}036$ ermittelt.
   Übertrage die beiden Tabellen ins Heft und fülle sie für $k = 0{,}036$ aus. Zeichne dann ein F_w-v-Diagramm und ein P-v-Diagramm für diesen Pkw.

v in km/h	0	25	50	75	100	125	150	175	200
F_w in N									

v in km/h	0	25	50	75	100	125	150	175	200
P in kW									

c) Beschreibe die Verläufe der beiden Graphen. Erläutere, was du aus den Graphen über die betrachteten Zusammenhänge erkennen kannst.
d) Gib an, wie sich der Luftwiderstand und die zur Überwindung des Luftwiderstandes benötigte Motorleistung verhalten, wenn die Geschwindigkeit verdoppelt, verdreifacht usw. wird.
e) Diskutiert Schlussfolgerungen für Überholmanöver bei verschieden großen Geschwindigkeiten (z. B. in der Stadt, auf einer Landstraße oder auf der Autobahn).

ANREGUNG
Damit du dir die Größe der Kräfte vorstellen kannst, die durch den Luftwiderstand bei verschiedenen Geschwindigkeiten wirken, solltest du dir Gegenstände vorstellen, deren Gewicht etwa den auftretenden Kräften entspricht.

Beispiele für Potenzfunktionen

3

In einer Werkzeugfabrik werden Stahlkugeln verschiedener Durchmesser für Kugellager hergestellt. Die Masse der Kugeln kann für einige Durchmesser der folgenden Tabelle entnommen werden.

Durchmesser d in mm	4,6	10,2	13,6	18,4	24,0
Masse m in g	0,4	4,4	10,4	25,6	57,0

a) Stelle die Werte in einem Diagramm dar.
b) Untersuche rechnerisch, ob zwischen der Kugelmasse m und dem Kugelradius r eine der folgenden Proportionalitäten vorliegt: $m \sim r$ oder $m \sim r^2$ oder $m \sim r^3$. Gib ggf. den Proportionalitätsfaktor k und die Funktionsgleichung an.
c) Verbinde die Punkte des Graphen. Überlege dazu zunächst, ob es genügt, die Punkte durch Strecken zu verbinden.
Beschreibe den Verlauf des Graphen.
d) Lies aus dem Diagramm die Masse einer Kugel von 11,6 mm Durchmesser ab und überprüfe durch Rechnung.
e) Welche Auswirkungen auf die Masse der Kugeln hat es, wenn der Durchmesser verdoppelt, verdreifacht usw. wird?

AUFGABE
Der bei Aufgabe 3 gefundene Proportionalitätsfaktor k hängt nur von der Dichte ϱ des Materials ab, aus dem die Kugeln bestehen. Gib den Proportionalitätsfaktor k mithilfe von ϱ an.

4

Der elektrische Widerstand eines Drahtes hängt vom Material ab, aus dem er besteht, von seiner Länge und von seinem Durchmesser. Misst man den elektrischen Widerstand R in Ohm (Ω) und den Drahtdurchmesser d in mm, dann gilt z. B. für 1 m Kupferdraht $R(d) \approx 0{,}02 \cdot \frac{1}{d^2}$ bzw. bei Verwendung negativer Exponenten $R(d) \approx 0{,}02 \cdot d^{-2}$.

a) Stelle eine Wertetabelle auf, aus der man den elektrischen Widerstand von 1 m Kupferdraht für Drahtdurchmesser von 0 mm bis 2 mm in Abständen von 0,2 mm entnehmen kann. Stelle die Werte in einem Diagramm dar (verbinde die Punkte).
b) Beschreibe den Verlauf des Graphen. Was erkennst du aus dem Kurvenverlauf? Wie verhält sich z. B. der elektrische Widerstand, wenn der Durchmesser des Drahtes verdoppelt, verdreifacht usw. wird?

ERINNERE DICH
$f(x)$ bedeutet: die Werte der Funktion f hängen von der Variablen x ab.

Dementsprechend bedeutet $R(d)$: der Widerstand R hängt von dem Durchmesser d ab.

5

a) Begründe: Für die Abhängigkeit des Radius r einer Kugel von ihrem Volumen gilt $r(V) = k \cdot V^{\frac{1}{3}}$. Berechne einen Näherungswert für die Konstante k.
b) Zeichne mithilfe einer Wertetabelle den Graphen von $r(V) = k \cdot V^{\frac{1}{3}}$ im Intervall $0 < V \leq 10$.
c) Beschreibe den Verlauf des Graphen. Was erkennst du aus dem Kurvenverlauf? Wie muss z. B. das Volumen der Kugel verändert werden, damit sich deren Radius verdoppelt?

ERINNERE DICH
$a^{-n} = \frac{1}{a^n}$
($n \in \mathbb{N}, n \geq 1; a \in \mathbb{R}, a \neq 0$)
$a^{\frac{m}{n}} = (\sqrt[n]{a})^m = \sqrt[n]{a^m}$
($m \in \mathbb{Z}; n \in \mathbb{N}; n \geq 2;$
$a \in \mathbb{R}, a > 0$)

Die in den Aufgaben 2 bis 5 untersuchten funktionalen Abhängigkeiten sind Beispiele für Potenzfunktionen:
$F_w(v) = k \cdot v^2, \quad P(v) = \frac{k}{3600} v^3, \quad m(d) = k \cdot d^3, \quad R(d) \approx 0{,}022 \cdot d^{-2}, \quad r(V) = k \cdot V^{\frac{1}{3}}$

> Funktionen f mit der Funktionsgleichung $f(x) = k \cdot x^r$ ($k \in \mathbb{R}$ und $k \neq 0; r \in \mathbb{Q}$) nennt man **Potenzfunktionen**.

BEACHTE
Der Definitionsbereich von f mit $f(x) = k \cdot x^r$ hängt von dem Wert ab, der für r gewählt wird.

8 Potenzfunktionen

6

Begründe, dass die folgenden, dir schon bekannten Funktionen auch Potenzfunktionen sind.
- jede Proportionalität f mit $f(x) = m\,x$ $(m \neq 0)$
- jede indirekte Proportionalität f mit $f(x) = \dfrac{k}{x}$ $(k \neq 0;\ x \neq 0)$
- jede quadratische Funktion f der Form $f(x) = a \cdot x^2$ $(a \neq 0)$
- jede konstante Funktion f mit $f(x) = k$, wenn man $x = 0$ ausschließt

TIPP
Versuche die Funktionsgleichungen in die Form $f(x) = k \cdot x^r$ zu bringen. Denke daran, wie Potenzen mit negativen Exponenten definiert sind und was x^0 für $x \neq 0$ ist.

7

Experimentiere mit Potenzfunktionen
Zeichne mit einem GTR die Graphen von Potenzfunktionen f mit $f(x) = x^r$.
(Wenn vorhanden, kannst du auch ein Computerprogramm zur Darstellung von Funktionsgraphen, einen so genannten Funktionenplotter, oder eine Tabellenkalkulation [s. Seiten 158–163] verwenden.)
Wähle für r verschiedene positive und negative ganze Zahlen. Probiere für r auch Werte wie $\dfrac{1}{2}$, $\dfrac{1}{3}$ oder $\dfrac{1}{4}$ aus.

Skizziere die erhaltenen Graphen und schreibe das jeweilige r an die Skizze.
Falls du Zusammenhänge zwischen r und den Funktionsgraphen erkennst, so formuliere sie.

BEISPIEL zur Information
Untersuchung der Funktionsgraphen der Potenzfunktionen f mit $f(x) = x^r$ im Intervall $[-4;\ 4]$ mithilfe einer Tabellenkalkulation (im Beispiel $r = 3$).

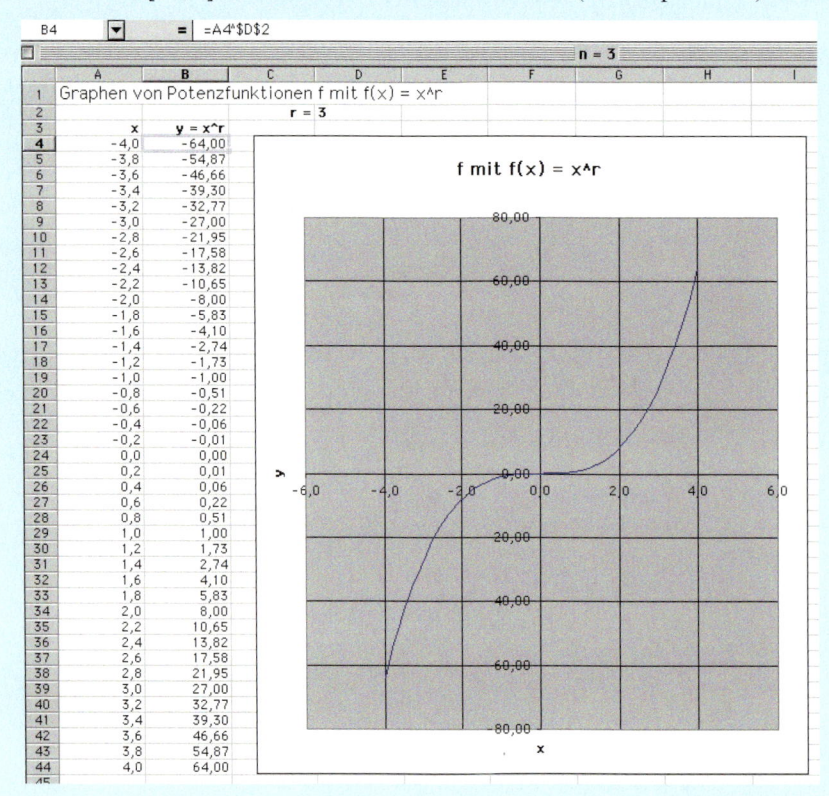

BEACHTE
GTR, Funktionenplotter oder Tabellenkalkulationen können auch Fehler bei der Darstellung von Funktionsgraphen machen! Fehlerursachen können z. B. sein:
- Ein Term wie $\sqrt[3]{x}$ (bzw. $x^{\frac{1}{3}}$) ist nur für Werte $x \geq 0$ definiert, der Computer „berechnet" aber auch Werte für $x < 0$.
- Ein Term wie $\dfrac{1}{x}$ (bzw. x^{-1}) ist für $x = 0$ nicht definiert. Ist z. B. bei einer Tabellenkalkulation dieser Wert nicht gelöscht, dann wird der Graph in der Umgebung von 0 falsch gezeichnet.
- Der Rechner berechnet nur einzelne Punkte des Graphen und verbindet diese durch eine Linie (im Beispiel werden Punkte für x-Werte in Schritten von 0,2 berechnet). Besonderheiten des Graphen zwischen zwei berechneten Punkten bleiben deshalb unberücksichtigt.

Hast du solche Fehler entdeckt?
Wenn du Fehler vermutest:
Berechne zur Kontrolle einige y-Werte.

Beispiele für Potenzfunktionen

BEISPIELE für die Graphen von Potenzfunktionen f mit $f(x) = x^r$

Parabel I
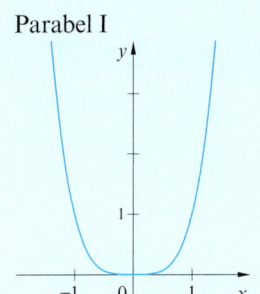

Parabel II

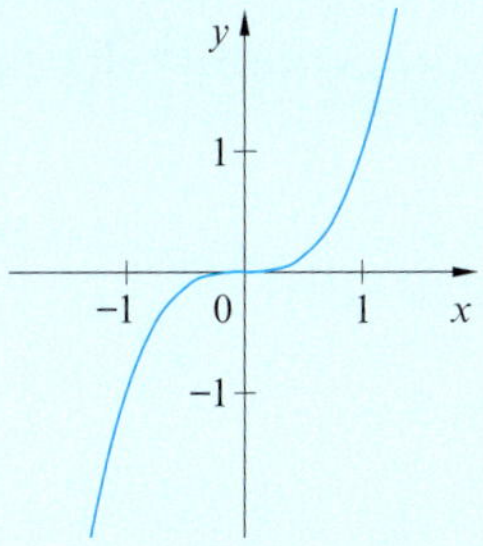

Hyperbeläste I
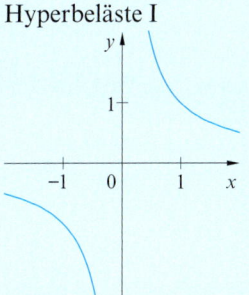

Hyperbeläste II
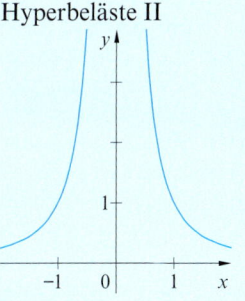

Ursprungsgerade
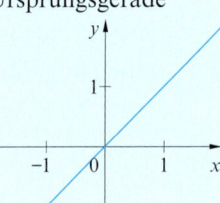

Parallele zur x-Achse
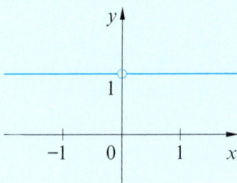

Parabelast
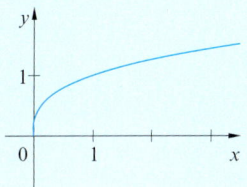

8

Vergleiche deine Skizzen von Aufgabe 7 mit den Graphen im Beispiel.
a) Falls du einzelne Graphenformen nicht gefunden hast, so probiere weiter und versuche ein r zu finden, bei dem sich diese Form ergibt.
b) Beschreibe die Monotonieeigenschaften der Graphen aus dem Beispiel.
   Für welche r hast du jeweils Graphen mit denselben Monotonieeigenschaften gefunden?
c) Beschreibe die Symmetrieeigenschaften der Graphen aus dem Beispiel.
   Für welche r hast du jeweils Graphen mit denselben Symmetrieeigenschaften gefunden?

ANREGUNG
Alle Graphen im Beispiel unterscheiden sich voneinander.
Und doch haben sie etwas gemeinsam.
Findest du es heraus?
Gib eine Erklärung dafür an.

In den folgenden Abschnitten untersuchen wir systematisch die Eigenschaften von Potenzfunktionen in Abhängigkeit vom Exponenten r.

AUFGABEN ZUR WIEDERHOLUNG

1. Vereinfache wenn möglich.
   a) $2a^3b^2 \cdot 7ab^4$
   b) $9x^3y - 12x^3y$
   c) $15m^{-3}n^4 : 3m^2n^3$
   d) $11d^2e^3 + 2d^3e^2$
   e) $(3r^2s^{-3})^3$
   f) $(2u^3 + 7u^{-3})^2$

2. Entscheide, ob die folgenden Terme definiert sind, und berechne sie gegebenenfalls.
   7^0; $\sqrt{-4}$; 0^5; $\sqrt[4]{16}$; $\sqrt[3]{-27}$; 0^0; $\sqrt{(-3)^2}$

3. Vereinfache und berechne.
   a) $\left(\frac{1}{5}\right)^{-2}$
   b) $64^{\frac{1}{3}}$
   c) $\left(\frac{2}{3}\right)^5 : \left(\frac{2}{3}\right)^3$
   d) $\left(\frac{2}{7}\right)^7 \cdot \left(\frac{2}{7}\right)^{-5}$
   e) $9^{\frac{3}{2}}$
   f) $\left(\frac{3}{4}\right)^4 : \left(\frac{3}{4}\right)^6$

4. Berechne ohne Verwendung des Taschenrechners.
   a) $\sqrt{18} \cdot \sqrt{8}$
   b) $\sqrt[3]{2} \cdot \sqrt[3]{32}$
   c) $\sqrt{243} : \sqrt{3}$
   d) $\sqrt[4]{80} : \sqrt[4]{5}$
   e) $\sqrt{0,3} \cdot \sqrt{2,7}$
   f) $\sqrt[4]{\sqrt{256}}$

5. Berechne die Potenzen x^3 und x^{-2} für die angegebenen x-Werte ohne Taschenrechner (ggf. Ergebnisse als Brüche angeben).
   $x = -3; -2; -1; -\frac{1}{2}; -\frac{1}{4}; 0; \frac{1}{10}; \frac{1}{4}; \frac{1}{2}; 1; 2; 3$

6. Löse die Gleichungen.
   a) $x^2 = 9$
   b) $x^3 = 64$
   c) $x^3 = -125$
   d) $x^2 = \frac{1}{4}$
   e) $x^3 = \frac{1}{8}$
   f) $x^3 = -\frac{1}{1000}$
   g) $x^{-1} = 2$
   h) $x^{-2} = 4$
   i) $x^{-1} = 0,5$

Potenzfunktionen mit ganzzahligen Exponenten

Wir haben gesehen: Das Aussehen des Graphen einer Potenzfunktion f mit der Gleichung $f(x) = x^r$ hängt von der Zahl ab, die man für den Exponenten r einsetzt. Um die Zusammenhänge zwischen dem Exponenten r und dem Aussehen des Graphen zu untersuchen, gehen wir systematisch vor.
Zuerst betrachten wir nur ganzzahlige Exponenten n. Nach den bisher gesammelten Erkenntnissen ist es sinnvoll, dabei folgenden Fälle zu unterscheiden:
1. $n > 1$ 2. $n = 1$ und $n = 0$ 3. $n < 0$

> **BEACHTE**
> Für ganzzahlige Exponenten verwenden wir die Variable n
> ($r = n$ mit $n \in \mathbb{Z}$).

Potenzfunktionen mit ganzzahligen Exponenten $n > 1$

1

Das Bild zeigt die Graphen der Funktionen f_1 und f_2 mit
$f_1(x) = x^3$ und $f_2(x) = x^4$.
Beide Graphen nennt man **Parabeln**. Den Graphen von f_1 nennt man auch **kubische Parabel** (von *kubisch* – zur 3. Potenz erhoben).
a) Erläutere die Gemeinsamkeiten und Unterschiede zwischen beiden Funktionen.
 Denke dabei z. B. an
 Definitions- und Wertebereich,
 Symmetrieeigenschaften der Graphen,
 Monotonie,
 gemeinsame Punkte der Graphen.
b) Überlege und begründe:
 Die Graphen welcher weiteren Potenzfunktionen haben einen zu f_1 bzw. zu f_2 ähnlichen Verlauf?

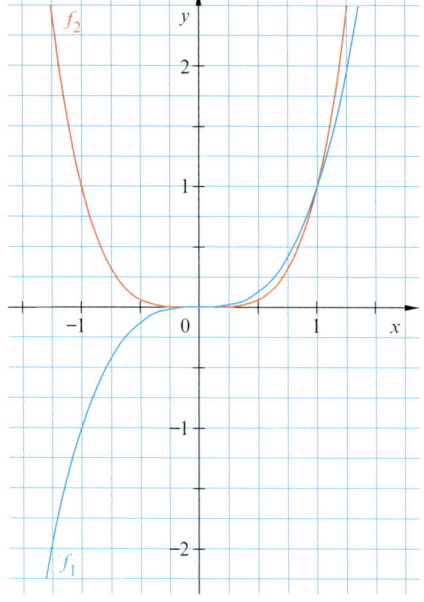

> **ERINNERE DICH**
> Erläutere anhand des folgenden Beispiels die Begriffe „monoton steigend" und „monoton fallend" sowie die Unterscheidung zwischen „monoton" und „streng monoton".
>
>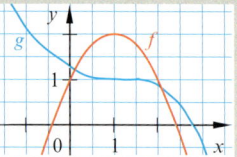
>
> Die Funktion f ist für $x \leq 1$ streng monoton steigend und für $x \geq 1$ streng monoton fallend. Die Funktion g ist auf dem ganzen Definitionsbereich monoton fallend.

Im Weiteren unterscheiden wir auch zwischen Potenzfunktionen mit geradzahligem und mit ungeradzahligem Exponenten.

2

Vergleiche die Graphen folgender Potenzfunktionen mit geradzahligem Exponenten: f_1, f_2, f_3 mit $f_1(x) = x^2, f_2(x) = x^4, f_3(x) = x^6$.
a) Stelle die Graphen mithilfe eines GTR (oder eines Computerprogramms) im Intervall $-1,2 \leq x \leq 1,2$ dar. Beschreibe den Verlauf der Graphen.
b) Gib die Punkte an, die in allen drei Funktionsgraphen enthalten sind.
c) Beschreibe die Symmetrieeigenschaft der untersuchten Graphen.
d) Nenne die Intervalle, für die die folgenden Ungleichungen gelten.
 $x^2 < x^4$; $x^4 < x^6$; $x^2 > x^4$; $x^4 > x^6$

> **TIPP**
> Falls du benötigte Werte aus dem Graphen nicht genau genug ablesen kannst, so vergrößere den interessierenden Ausschnitt (Zoom-Funktion).

3

Bei Aufgabe 2 b) hast du gemeinsame Punkte der Graphen von f_1, f_2, f_3 gefunden. Begründe, dass alle Potenzfunktionen f mit $f(x) = x^n$ und geradzahligem $n > 1$ durch diese Punkte verlaufen.

Potenzfunktionen mit ganzzahligen Exponenten

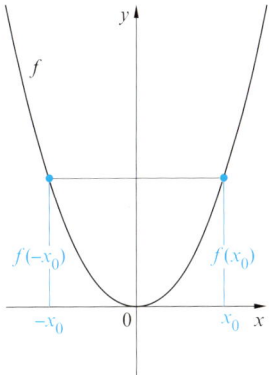

BEISPIEL
Es soll bewiesen werden, dass alle Potenzfunktionen f mit $f(x) = x^n$ (wobei $n > 1$ und geradzahlig) achsensymmetrisch zur y-Achse sind.

Vorüberlegung:
$-x_0$ und x_0 sind x-Werte, die symmetrisch zur y-Achse liegen.
Zu zeigen ist, dass für alle $x \in D_f$ gilt: $f(-x) = f(x)$.

Beweis:	*Erläuterungen und Begründungen:*
$f(-x) = (-x)^n$	Einsetzen von $-x$ in die Funktionsgleichung
$= ((-1) \cdot x)^n = (-1)^n \cdot x^n$	Umformen nach Potenzgesetzen
$= 1 \cdot x^n$	$(-1)^n = 1$, da n gerade ist
$= x^n = f(x)$	wegen Funktionsgleichung $f(x) = x^n$

4

Vergleiche die Graphen folgender Potenzfunktionen mit ungeradzahligem Exponenten: f_1, f_2 mit $f_1(x) = x^3$ und $f_2(x) = x^5$.

a) Stelle die Graphen mithilfe eines GTR (oder eines Computerprogramms) dar. Beschreibe den Verlauf der Graphen.
b) Gib die Punkte an, die in beiden Funktionsgraphen enthalten sind. Nutze dazu ggf. die Zoom-Funktion.
Begründe, dass alle Potenzfunktionen f mit $f(x) = x^n$ und ungeradzahligem $n > 1$ durch diese Punkte verlaufen.
c) Überprüfe an einigen Funktionswerten, ob die Graphen der Funktionen punktsymmetrisch zum Koordinatenursprung sind (beachte den Hinweis).
d) Beschreibe das Verhalten des Graphen für sehr kleine und sehr große Argumente. Vergleiche den Verlauf der Graphen in der Umgebung von $x = 0$. Stelle dazu einen vergrößerten Ausschnitt dieses Bereiches dar.

HINWEIS
$-x_0$ und x_0 sind x-Werte, die symmetrisch zur y-Achse liegen.
Ist eine Funktion f punktsymmetrisch zum Koordinatenursprung, dann muss für alle $x \in D_f$ $f(-x) = -f(x)$ gelten.

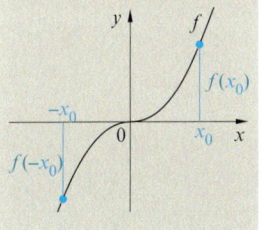

5 L

Beweise, dass alle Potenzfunktionen f mit $f(x) = x^n$ und ungeradzahligem $n > 1$ punktsymmetrisch zum Koordinatenursprung sind. Nutze dazu den nebenstehenden Hinweis.

Die Graphen der Potenzfunktionen f mit $f(x) = x^n$ und ganzzahligem $n > 1$ sind **Parabeln**.
Alle Parabeln verlaufen durch den Koordinatenursprung und durch den Punkt $P(1|1)$.
Die Parabeln sind für geradzahlige n achsensymmetrisch zur y-Achse und für ungeradzahlige n punktsymmetrisch zum Koordinatenursprung.

INFORMATION
Die Graphen der Potenzfunktionen f mit $f(x) = x^n$ und ganzzahligem $n > 1$ bezeichnet man auch als **Parabeln n-ter Ordnung**. Die quadratische Parabel (Normalparabel) ist demnach eine Parabel 2. Ordnung und die kubische Parabel eine Parabel 3. Ordnung.

6

a) Zeichne mithilfe einer Schablone oder mithilfe einer Wertetabelle den Graphen der Funktion f mit $f(x) = x^3$ im Intervall $-1{,}5 \leq x \leq 1{,}5$.
Skizziere in dasselbe Koordinatensystem den Verlauf der Graphen von g und h mit $g(x) = x^4$ und $h(x) = x^5$.
b) Zeichne in einem neuen Koordinatensystem den Graphen der Funktion i mit $i(x) = x^2$ im Intervall $-1{,}5 \leq x \leq 1{,}5$.
Skizziere in dasselbe Koordinatensystem wieder den Verlauf der Graphen von g und h mit $g(x) = x^4$ und $h(x) = x^5$.

7

Gib für die Funktionen f_1, f_2, f_3, f_4 mit $f_1(x) = x^9, f_2(x) = x^{12}, f_3(x) = x^{15}, f_4(x) = x^{18}$ das Folgende an:
a) Definitions- und Wertebereich, Symmetrieverhalten sowie Intervalle, in denen die Funktion streng monoton steigend bzw. fallend ist
b) Funktionswert an der Stelle $x = 2$
c) x-Werte, für die der Funktionswert $y = 1\,000\,000\,000$ erreicht wird (im Falle irrationaler x-Werte auch Näherungswerte angeben)
d) Intervalle, in denen gilt: $f_1(x) < f_2(x); f_3(x) < f_2(x); f_4(x) < f_2(x); f_2(x) < f_3(x)$

8

Prüfe, welche der Punkte P_1, P_2, P_3 jeweils zur Funktion f gehören.
a) f mit $f(x) = x^3$ und $P_1(-3|-27)$, $P_2(-57|185\,193)$, $P_3(13|3297)$
b) f mit $f(x) = x^5$ und $P_1(-0,1|0,00001)$, $P_2(0,1|-0,00001)$, $P_3(3|243)$
c) f mit $f(x) = x^8$ und $P_1(-3|6561)$, $P_2(2|-256)$, $P_3(7|5\,764\,801)$

9L

Der Graph einer Potenzfunktion f mit $f(x) = x^n$ und ganzzahligem $n > 1$ verläuft durch den Punkt P. Ermittle eine Funktionsgleichung. (*Beachte:* Bei e) bis h) sind für die y-Koordinate von P Näherungswerte angegeben.)
a) $P(2|16)$ b) $P(-3|9)$ c) $P(1,2|1,728)$ d) $P(-2,3|-64,36343)$
e) $P(1,1|1,61)$ f) $P(0,7|0,05765)$ g) $P(2,1|85,77)$ h) $P(-0,5|-0,002)$

TIPP
zur Aufgabe 9:
In einigen Fällen hilft bereits Probieren mit einem Taschenrechner. In anderen Fällen kannst du wie in folgendem Beispiel rechnen:
$P(0,4|0,0016)$
$\Rightarrow 0,0016 = 0,4^n$
$\Rightarrow \lg 0,0016 = \lg(0,4^n)$
$\Rightarrow \lg 0,0016 = n \cdot \lg 0,4$
$\Rightarrow n = \frac{\lg 0,0016}{\lg 0,4} \approx 7$
(n mit TR berechnet)
Wenn in P die y-Koordinate 0,0016 nur ein Näherungswert ist, dann kommt als Funktionsgleichung
$f(x) = x^7$ infrage.

Erläutere das Vorgehen im Beispiel.

10

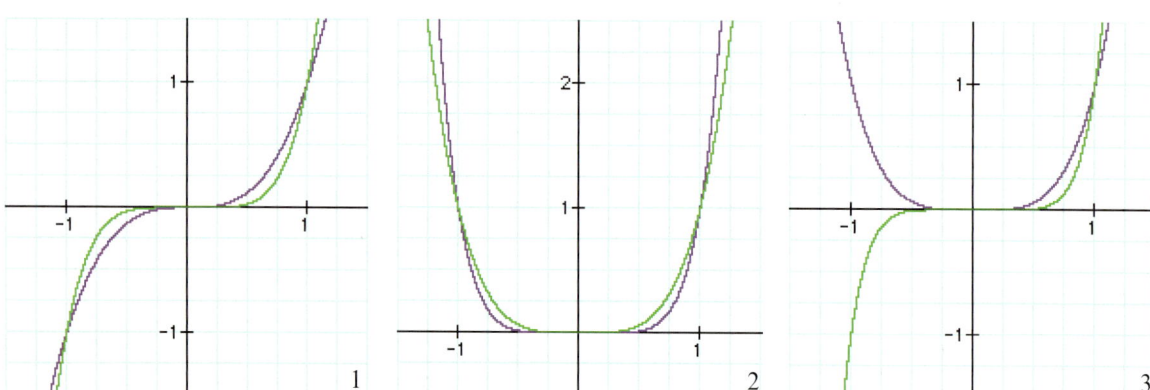

Die drei Bilder wurden mit einem Funktionenplotter erzeugt. Der grüne Graph gehört jeweils zu einer Funktion f mit $f(x) = x^m$, der rote zu einer Funktion g mit $g(x) = x^n$ ($m, n \in \mathbb{N}$).
a) Was kannst du jeweils über die Exponenten m und n aussagen?
b) Versuche aus den Bildern jeweils m und n zu ermitteln.

11L

Im Folgenden sind jeweils 2 Eigenschaften einer Potenzfunktion f mit $f(x) = x^n$ und ganzzahligem $n > 1$ angegeben. Gib alle möglichen Funktionsgleichungen an.
a) Die Funktion ist für alle x streng monoton steigend. Es ist $f(4) < 10\,000$.
b) Der Graph von f ist achsensymmetrisch zur y-Achse. Es ist $f(0,5) > 0,01$.
c) Es sind $|f(-5)| < 1000$ und $f(-5) \neq f(5)$.

Potenzfunktionen mit den Exponenten $n = 0$ und $n = 1$

Die lineare Funktion $y = x$ und die konstante Funktion $y = 1$ sind dir seit langem bekannt. Berücksichtigt man die Festlegung $x^1 = x$ für alle $x \in \mathbb{R}$ und $x^0 = 1$ für alle $x \in \mathbb{R}\setminus\{0\}$, so lassen sich diese Funktionen auch als Potenzfunktionen auffassen.

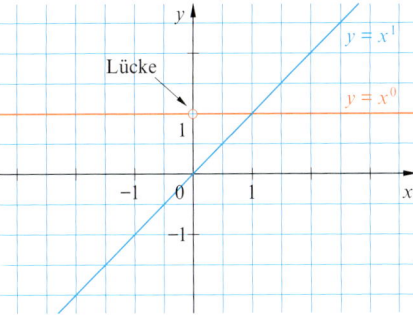

Durch $y = x^0$ ($x \neq 0$) ist eine Potenzfunktion mit geradzahligem und durch $y = x^1$ ist eine Potenzfunktion mit ungeradzahligem Exponenten festgelegt.

12

Überprüfe, ob und ggf. worin die Eigenschaften der Graphen zu $y = x^0$ und $y = x^1$ mit denen der bisher untersuchten Potenzfunktionen übereinstimmen.

Potenzfunktionen mit ganzzahligen Exponenten $n < 0$

13

a) Stelle mithilfe der Regeln zur Potenzrechnung Wertetabellen für die Funktionen f und g mit $f(x) = x^{-1}$ und $g(x) = x^{-2}$ auf.
Zeichne die Graphen der Funktionen in ein gemeinsames Koordinatensystem (Einheit 1 cm).
b) Gib die Definitions- und Wertebereiche beider Funktionen an.
c) Vergleiche die Eigenschaften der Funktionen f und g mit denen der Funktionen zu den Gleichungen $y = x^1$ und $y = x^2$ (z. B. Monotonie, Symmetrie, besondere Punkte).
d) Die Graphen dieser Potenzfunktionen heißen **Hyperbeln**. Beschreibe jeweils ihre Eigenschaften anhand der gezeichneten Beispiele.

BEACHTE
besonders den Kurvenverlauf in der Nähe der Koordinatenachsen! Berechne dazu Funktionswerte zu x-Werten, die dem Betrage nach sehr klein bzw. sehr groß sind.

14

Vergleiche die Potenzfunktionen f_1, f_2 und f_3 mit $f_1(x) = x^{-2}$, $f_2(x) = x^{-4}$ und $f_3(x) = x^{-6}$.
a) Stelle die Graphen mithilfe eines GTR (oder eines Computerprogramms) dar. Überlege, wie sich höhere Potenzen auf die Funktionswerte auswirken.
b) Beschreibe das Verhalten der Funktionsgraphen für sehr kleine und sehr große Argumente (x-Werte) sowie bei Annäherung an 0.
c) Welche Punkte haben alle Graphen gemeinsam? In welchen Eigenschaften (z. B. Definitions- und Wertebereich, Monotonie, Symmetrie) stimmen sie überein? Begründe, dass die Graphen aller Potenzfunktionen mit der Gleichung $f(x) = x^n$, wobei n eine negative gerade Zahl ist, durch die gefundenen Punkte verlaufen.
d) Löse die Teilaufgaben a) bis c) auch für drei Potenzfunktionen mit negativen ungeradzahligen Exponenten.

15

Beweise, dass die Graphen aller Potenzfunktionen f mit $f(x) = x^n$ und ganzzahligem $n < 0$ bei geradzahligem n achsensymmetrisch zur y-Achse und bei ungeradzahligem n punktsymmetrisch zum Koordinatenursprung sind.

Die Graphen der Potenzfunktionen f mit $f(x) = x^n$ und ganzzahligem $n < 0$ sind **Hyperbeln**, die aus zwei Hyperbelästen bestehen.
Die Hyperbeln nähern sich den Koordinatenachsen beliebig an, ohne sie je ganz zu erreichen. Dieses Verhalten nennt man **asymptotisch** und die Geraden (die Koordinatenachsen), an die sich die Graphen asymptotisch nähern, nennt man **Asymptoten**.

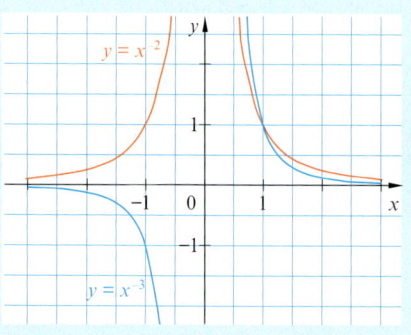

INFORMATION
Wie bei den Parabeln unterscheidet man auch **Hyperbeln 1., 2., 3., ... Ordnung**.
Der Graph der indirekten Proportionalität $y \sim \frac{1}{x}$ bzw. $y = k \cdot x^{-1}$ ist demnach ein Ast einer Hyperbel 1. Ordnung.
Der Graph von f mit $f(x) = x^{-2}$ ist eine Hyperbel 2. Ordnung, der Graph von g mit $g(x) = x^{-3}$ eine Hyperbel 3. Ordnung.

16

a) Skizziere in ein Koordinatensystem ohne Aufstellen einer Wertetabelle den Graphen der Funktion f mit $f(x) = x^{-4}$. Beachte dabei charakteristische Punkte, Symmetrieeigenschaften, Verhalten bei Annäherung an die Koordinatenachsen.
b) Skizziere in dasselbe Koordinatensystem den Verlauf der Graphen von g und h mit $g(x) = x^{-3}$ und $h(x) = x^{-6}$. Beachte, wie diese Graphen im Vergleich zum Graphen von f verlaufen müssen.

17

Gib für die Funktionen f_1, f_2, f_3, f_4 mit $f_1(x) = x^{-5}, f_2(x) = x^{-8}, f_3(x) = x^{-9}, f_4(x) = x^{-10}$ das Folgende an:
a) Definitions- und Wertebereich, Symmetrieverhalten sowie Intervalle, in denen die Funktion streng monoton steigend bzw. fallend ist
b) Funktionswerte an den Stellen $x = 0{,}5$ und $1{,}5$
c) Intervalle, in denen gilt: $f_2(x) < f_4(x)$; $f_1(x) < f_3(x)$; $f_1(x) < f_2(x)$

18 L

Der Graph einer Potenzfunktion f mit $f(x) = x^n$ und ganzzahligem $n < 0$ verläuft durch den Punkt P. Ermittle eine Funktionsgleichung. (*Beachte:* Bei f) bis h) sind für die y-Koordinate von P Näherungswerte angegeben.)
a) $P(0{,}5 | 8)$ b) $P(-0{,}5 | 4)$ c) $P(-0{,}1 | -100\,000)$ d) $P(0{,}25 | 256)$
e) $P(2 | 0{,}03125)$ f) $P(3 | 0{,}012\,345)$ g) $P(0{,}15 | 26\,000\,000)$ h) $P(-0{,}3 | -1372)$

TIPP
Beachte den Tipp zur Aufgabe 9.

19 L

Im Folgenden sind jeweils 2 Eigenschaften einer Potenzfunktion f mit $f(x) = x^n$ und ganzzahligem $n < 0$ angegeben. Gib alle möglichen Funktionsgleichungen an.
a) Die Funktion ist für $x < 0$ und $x > 0$ streng monoton fallend. Es ist $f(2) > 0{,}1$.
b) Der Graph von f ist achsensymmetrisch zur y-Achse. Es ist $f(0{,}5) < 100$.
c) Es ist $f(-4) = f(4)$ und $f(4) > 0{,}001$.

20

Es sei ein Punkt $P(x_0 | y_0)$ gegeben. Gesucht sei eine Potenzfunktion f mit $f(x) = x^n$ und $n \in \mathbb{Z}$, deren Graph durch P verläuft. Begründe:
a) Ist $x_0 > 0$ und $y_0 < 0$, dann gibt es keine solche Funktion f.
b) Ist $x_0 = 1$ und $y_0 > 0$, dann gibt es entweder keine oder unendlich viele solcher Funktionen f.
c) Ist $x_0 > 0$, aber $x_0 \neq 1$, und $y_0 > 0$, dann gibt es genau eine solche Funktion f.

BEACHTE
Der Exponent n der in Aufgabe 20 gesuchten Funktion f kann positiv oder negativ sein.

Potenzfunktionen mit gebrochenen Exponenten

1

Experimentiere mit Potenzfunktionen, die einen gebrochenen Exponenten haben.
a) Zeichne mithilfe eines GTR (oder eines Computerprogramms) Potenzfunktionen f mit $f(x) = x^r$ für verschiedene gebrochene Zahlen r, wobei $x \geq 0$. Gib dabei die Exponenten als Dezimalzahlen ein.
Beginne mit Exponenten deutlich größer als 1 und wähle dann immer kleinere Exponenten. Beobachte insbesondere wie sich die Graphen verhalten, wenn du dich mit den Exponenten von oben der 1 näherst, dann 1 wählst und dann kleiner wirst als 1.
Beschreibe das Aussehen der Graphen und wie es sich bei kleiner werdendem r verändert.
b) Das nebenstehende Bild zeigt zwei mit einem Funktionenplotter gezeichnete Graphen von Funktionen f mit $f(x) = x^r$ und gebrochenen Zahlen r.
Was kannst du aufgrund deiner Untersuchungen über die Größe von r sagen?

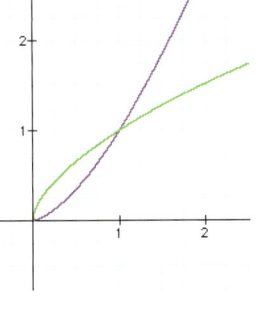

2

Bei einem Free Fall Tower wird die Besatzung erst hochgezogen, dann geht es im freien Fall abwärts und zum Schluss wird abgebremst.
a) Schätze einmal, wie lange der freie Fall dauert, wenn es 30 m (60 m) ungebremst abwärts geht.
b) Für die Zuordnung *Fallzeit t → Fallstrecke s* gilt: $s(t) = \frac{g}{2} t^2$.
Gib eine Gleichung $t(s) = \ldots$ für die Zuordnung *Fallstrecke s → Fallzeit t* an.
Überprüfe deine Schätzungen durch Rechnung. Benutze für die Fallbeschleunigung g den Näherungswert 10 ms^{-2}.
c) Begründe, dass die Zuordnung *Fallstrecke s → Fallzeit t* eine Potenzfunktion mit gebrochenem Exponenten ist.

Im Weiteren betrachten wir nur Potenzfunktionen f mit $f(x) = x^r$, bei denen der Exponent r eine gebrochene, aber keine natürliche Zahl ist.
Ist r eine gebrochene, aber keine natürliche Zahl, so lässt sich r als Bruch $\frac{p}{q}$ mit $p, q \in \mathbb{N}$ und $q > 1$ und $q \nmid p$ darstellen. In diesem Falle kann man die Potenzen $x^{\frac{p}{q}}$ als Wurzel schreiben: $x^{\frac{p}{q}} = \sqrt[q]{x^p}$. Der Term $\sqrt[q]{x^p}$ ist nur für $x \geq 0$ definiert.

> Potenzfunktionen f mit $f(x) = x^r = x^{\frac{p}{q}} = \sqrt[q]{x^p}$ ($p, q \in \mathbb{N}$, $q > 1$ und $q \nmid p$) nennt man auch **Wurzelfunktionen**.
> Wurzelfunktionen sind nur für $x \in \mathbb{R}$ und $x \geq 0$ definiert.

Free Fall Tower

3

Überzeuge dich durch Überprüfen von mindestens vier Punkten davon, dass das nebenstehende Bild den Graphen der Wurzelfunktion f mit $f(x) = x^{\frac{1}{2}} = \sqrt{x}$ zeigt.

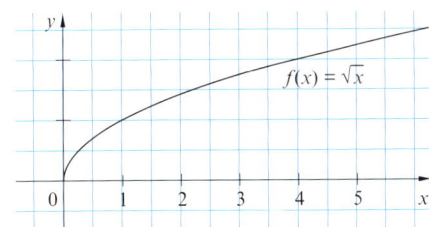

4

Gegeben sind die Wurzelfunktionen f, g und h mit $f(x) = \sqrt{x}$, $g(x) = \sqrt[3]{x}$, $h(x) = \sqrt[4]{x}$.

a) Übertrage die Wertetabelle und berechne die fehlenden Werte.

x	0	0,25	0,5	1	2	4	6
$f(x)$							
$g(x)$							
$h(x)$							

ERINNERE DICH

So ermittelt man z. B. $\sqrt[3]{2}$ mit einem Taschenrechner:

2 [x^y] 3 [1/x] [=]

oder

3 [√[x]] 2 [=]

b) Zeichne die drei Graphen mit verschiedenen Farben in ein Koordinatensystem mit der Einheit 2 cm.
c) Beschreibe die Gemeinsamkeiten der drei Graphen.
d) Beschreibe die Unterschiede der drei Graphen. Wie wirkt sich eine Vergrößerung des Wurzelexponenten auf den Graphen aus?
e) Begründe, dass die drei Graphen zu Teilen von Graphen anderer Potenzfunktionen kongruent sind. Welche Potenzfunktionen sind das? Durch welche Abbildung werden die Graphen aufeinander abgebildet?

5

Überprüfe mithilfe der Funktionsgraphen aus Aufgabe 4 den Wahrheitsgehalt der folgenden Aussagen.

a) $\sqrt{x} \leq \sqrt[3]{x}$ für $0 \leq x \leq 1$
b) $\sqrt{x} < \sqrt[3]{x}$ für $0 \leq x \leq 1$
c) $\sqrt[3]{x} < \sqrt{x} < x$ für $x > 1$
d) $\sqrt[3]{x} > \sqrt{x} > x$ für $x < 1$
e) $\sqrt[4]{x} \geq \sqrt[3]{x}$ für $x = 0$
f) $\sqrt[4]{x} \leq \sqrt[3]{x}$ für $x = 1$

6

Löse mithilfe der Funktionsgraphen aus Aufgabe 4 die folgenden Gleichungen näherungsweise:

a) $x^{\frac{1}{2}} = 1{,}5$ **b)** $\sqrt{x} = 0{,}7$ **c)** $\sqrt{x} = 1{,}6$ **d)** $x = 2^{\frac{1}{3}}$ **e)** $x^{\frac{1}{4}} = 0$ **f)** $1^x = 1$

7

Die Wurzelfunktion j mit $j(x) = \sqrt{x^3}$ ist wegen $\sqrt{x^3} = x^{\frac{3}{2}}$ eine Potenzfunktion mit einem Exponenten größer als 1.
Zeichne den Graphen der Wurzelfunktion mithilfe einer Wertetabelle im Intervall [0; 5] und vergleiche ihn mit den Graphen der Wurzelfunktionen aus Aufgabe 4. Was ist den Graphen gemeinsam, worin unterscheiden sie sich?

Die Graphen von Potenzfunktionen f mit $f(x) = x^r$, $x \geq 0$ und $r \in \mathbb{Q}^+$ sind mit Ausnahme von $r = 1$ Parabeläste. Sie verlaufen durch die Punkte $P_1(0|0)$ und $P_2(1|1)$.

Für $r < 1$ ist es der Ast einer nach rechts geöffneten Parabel, für $r > 1$ der Ast einer nach oben geöffneten Parabel.

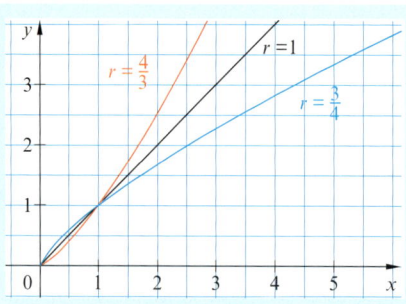

NACHGEDACHT

Der Graph einer Wurzelfunktion f mit $f(x) = \sqrt[q]{x^p}$ verläuft durch den Punkt
a) $P(32|4)$;
b) $P(3|5{,}196\ldots)$.
Versuche jeweils mögliche Werte für p und q zu ermitteln.

Umkehrfunktionen von Potenzfunktionen

1 L

Anette bekommt zu ihrem siebten Geburtstag einen ansehnlichen Geldbetrag geschenkt. Das Geld soll bis zu ihrer Volljährigkeit gut verzinst angelegt werden. Welcher jährliche Zinssatz ist notwendig, damit sich das Geld bis zu Anettes Volljährigkeit mindestens verdoppelt?

ERINNERE DICH

Ein Geldbetrag K_0 wächst bei jährlicher Verzinsung mit p Prozent in n Jahren auf $K_n = K_0 \cdot \left(1 + \frac{p}{100}\right)^n$ an.

2

Gegeben ist ein Würfel mit der Kantenlänge a.
a) Drücke das Volumen V mithilfe von a aus.
b) Welche Kantenlänge hat ein Würfel mit einem Volumen von 216 cm³?
c) Löse die Gleichung aus Aufgabe a) nach der Kantenlänge a auf.
d) Stelle mithilfe einer Wertetabelle die Abhängigkeit der Kantenlänge a vom Volumen V in einem Diagramm dar (für Rauminhalte von 0 cm³ bis 27 cm³) *Beachte:* Kantenlängen auf der senkrechten Achse abtragen!
e) Entnimm dem Diagramm näherungsweise die Kantenlänge, die zum Volumen 5 cm³ (12 cm³; 20 cm³) gehören und überprüfe die Werte mit dem Taschenrechner.

3

Zeichne im I. Quadranten eines Koordinatensystems (1 LE = 2,5 cm) den Teil der Funktionsgraphen zu den nachfolgenden Gleichungen, der im Bereich $0 \leq x \leq 4$ und $0 \leq y \leq 4$ liegt. Was fällt dir auf?

a) $y = \frac{1}{16} \cdot x^4$ und $y = 2 \cdot x^{\frac{1}{4}}$

b) $y = \frac{1}{32} \cdot x^5$ und $y = 2 \cdot x^{\frac{1}{5}}$

BEISPIEL

Gegeben ist die Funktion f mit $f(x) = 0,5x - 1$ und $x \in \mathbb{R}$.
Zu f gehören z. B. die Zahlenpaare $(-2|-2), (-1|-1,5), (0|-1), (1|-0,5)$.

Gegeben ist die Funktion g mit $g(x) = x^2$ und $x \in \mathbb{R}$.
Zu g gehören z. B. die Zahlenpaare $(-2|4), (-1|1), (0|0), (1|1), (2|4)$.

Wir bilden zwei neue Zuordnungen f^* und g^*, indem wir in allen Zahlenpaaren von f bzw. g die Zahlen miteinander vertauschen.

Zu f^* gehören z. B. die Zahlenpaare $(-2|-2), (-1,5|-1), (-1|0), (-0,5|1)$.

Zu g^* gehören z. B. die Zahlenpaare $(4|-2), (1|-1), (0|0), (1|1), (4|2)$.

Graphen von f und f^*:

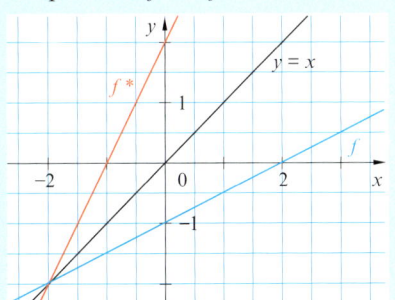

Graphen von g und g^*:

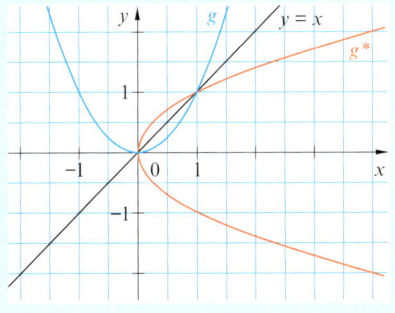

BEACHTE

Die Zuordnung f^* ist eine (lineare) Funktion. Aus ihrem Graphen können wir die Funktionsgleichung ablesen:
$f^*(x) = 2x + 2$

Die Zuordnung g^* ist nicht eindeutig und damit keine Funktion.

Den Graphen von f^* erhält man durch Spiegelung des Graphen von f an der Geraden $y = x$. Ebenso erhält man den Graphen von g^* durch Spiegelung des Graphen von g an der Geraden $y = x$.

Vertauscht man in allen Zahlenpaaren einer Funktion die Reihenfolge der Zahlen, dann entsteht eine neue Zuordnung, deren Graph das Spiegelbild des Graphen der Ausgangsfunktion bei Spiegelung an der Geraden $y = x$ ist.
Die durch Vertauschen der Reihenfolge der Zahlen in den Zahlenpaaren entstandene Zuordnung ist manchmal eine Funktion und manchmal keine Funktion.

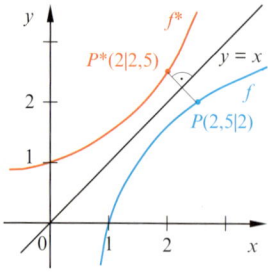

> f sei eine Funktion. Ist die Zuordnung f^*, die man erhält, indem man in allen Zahlenpaaren von f die Reihenfolge der Zahlen vertauscht, auch eine Funktion, dann sagt man: Die Funktion f ist **umkehrbar** bzw. **eineindeutig**.
> Die Funktion f^* heißt dann **Umkehrfunktion** bzw. **inverse Funktion** von f.
> (Die Umkehrfunktion von f^* ist dann wieder f.)
>
> Manche Funktionen sind nicht auf dem ganzen Definitionsbereich umkehrbar, aber auf bestimmten Intervallen (vgl. das folgende Beispiel).

BEISPIEL
Die Funktion f mit $y = f(x) = x^4$ ist für alle $x \in \mathbb{R}$ definiert.
Die Funktion f ist nicht eineindeutig, sie ist nicht auf dem ganzen Definitionsbereich umkehrbar. Beschränken wir uns aber z. B. auf Argumente $x \leq 0$, dann ist f umkehrbar:

Gegeben ist f mit $y = f(x) = x^4$ und $x \leq 0$. $\Rightarrow D_f$: $x \leq 0$; W_f: $y \geq 0$
Dem Vertauschen der Zahlen in allen Zahlenpaaren entspricht das Vertauschen von x und y in der Funktionsgleichung sowie das Vertauschen von Definitions- und Wertebereich:
$x = y^4$ und D_{f^*}: $x \geq 0$; W_{f^*}: $y \leq 0$

Da $x = y^4$ und $x \geq 0$, gilt: $\sqrt[4]{x} = |y|$ (*Beachte:* $\sqrt[4]{y^4} = |y|$).
Wegen $y \leq 0$ ist $y = -\sqrt[4]{x} = -x^{\frac{1}{4}}$.
Die Umkehrfunktion von f mit $f(x) = x^4$ und $x \leq 0$ ist f^* mit $f^*(x) = -\sqrt[4]{x} = -x^{\frac{1}{4}}$ und $x \geq 0$.

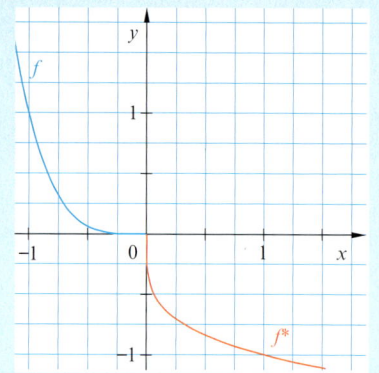

Potenzfunktionen mit natürlichen Exponenten

4L

Wir betrachten Potenzfunktionen f mit $f(x) = x^n$ und $n \in \mathbb{N}$, $n \geq 2$, $x \in \mathbb{R}$.
a) Begründe anhand der Graphen: f ist im Falle geradzahliger Exponenten n nicht umkehrbar und im Falle ungeradzahliger Exponenten n umkehrbar.
b) Gib Intervalle an, auf denen die Funktionen f mit geradzahligen Exponenten n umkehrbar sind.

5

a) Gegeben seien die Potenzfunktionen f, g, h mit $f(x) = x^3$, $g(x) = x^4$, $h(x) = x^5$ und $x \geq 0$. Ermittle ihre Umkehrfunktionen f^*, g^*, h^*.
b) Zeichne die Graphen von f, g, h und von ihren Umkehrfunktionen f^*, g^*, h^* in ein Koordinatensystem (1 LE = 2,5 cm) im Bereich $0 \leq x \leq 2$; $0 \leq y \leq 2$.
c) Erläutere Gemeinsamkeiten und Unterschiede zwischen den Graphen der gegebenen Funktionen und ihren Umkehrfunktionen.
d) Begründe, dass der Satz auf Seite 19 oben wahr ist.

AUFGABE

Begründe, dass die Funktionspaare in Aufgabe 3 für $x \geq 0$ jeweils Umkehrfunktionen voneinander sind.
Orientiere dich dabei am Beispiel auf dieser Seite.

Umkehrfunktionen von Potenzfunktionen

> Zu jeder Potenzfunktion f mit $f(x) = x^n$ mit $n \in \mathbb{N}$, $n \geq 2$ und $x \geq 0$ gibt es stets eine Umkehrfunktion f^*. Es gilt: $f^*(x) = \sqrt[n]{x} = x^{\frac{1}{n}}$ und $x \geq 0$.

6

a) Zeichne den Graphen zu f mit $f(x) = x^3$ im Intervall $[-2; 2]$ und spiegele ihn an der Geraden $y = x$.

b) Für $x \geq 0$ hast du bei Aufgabe 5 schon eine Gleichung der Umkehrfunktion f^* gefunden: $y = \sqrt[3]{x} = x^{\frac{1}{3}}$. Versuche unter Beachtung der Symmetrieeigenschaften von f^* auch eine Gleichung für $x < 0$ anzugeben.

> Potenzfunktionen f mit $f(x) = x^n$ und ungeradem $n \in \mathbb{N}$, $n > 2$ sind auf dem ganzen Definitionsbereich $D_f = \mathbb{R}$ umkehrbar.
>
> Für die Umkehrfunktionen f^* gilt: $f^*(x) = \begin{cases} \sqrt[n]{x} = x^{\frac{1}{n}} & \text{für } x \geq 0 \\ -\sqrt[n]{|x|} = -|x|^{\frac{1}{n}} & \text{für } x < 0 \end{cases}$

BEISPIEL
Gesucht ist f^* zu f mit $f(x) = -2 \cdot x^{\frac{1}{5}}$.
Überlegung:
D_f: $x \geq 0$; W_f: $y \leq 0$
In $y = -2 \cdot x^{\frac{1}{5}} = -2 \cdot \sqrt[5]{x}$
x und y vertauschen:
$x = -2 \cdot \sqrt[5]{y}$
Auch Definitions- und Wertebereich tauschen:
D_{f^*}: $x \leq 0$; W_{f^*}: $y \geq 0$
Nach y auflösen:
$x^5 = (-2)^5 \cdot y = -32\, y$
Daraus folgt für f^*:
$f^*(x) = -\frac{1}{32}x^5$ $(x \leq 0)$

7L

Gib wenn möglich zu den folgenden Funktionen f Gleichungen der Umkehrfunktionen f^* sowie die zugehörigen Definitionsbereiche D_f und D_{f^*} an. Wähle bei nicht umkehrbaren Funktionen ein Intervall, auf dem sie umkehrbar sind.
Stelle bei e) bis h) jeweils f und f^* in einem angemessenen Ausschnitt grafisch dar.

a) $f(x) = x^8$ b) $f(x) = \sqrt[6]{x}$ c) $f(x) = \sqrt[7]{x}$ d) $f(x) = x^{\frac{1}{9}}$

e) $f(x) = \frac{8}{27}x^3$ f) $f(x) = -4 \cdot \sqrt[3]{x}$ g) $f(x) = \frac{1}{64} \cdot x^6$ h) $f(x) = 2 \cdot x^{\frac{1}{7}}$

Potenzfunktionen mit gebrochenen Exponenten

8

Zeichne die Graphen von f und g in dasselbe Koordinatensystem. Was fällt dir auf?

a) $f(x) = x^{\frac{3}{2}}$; $g(x) = x^{\frac{2}{3}}$ b) $f(x) = x^{\frac{9}{4}}$; $g(x) = x^{\frac{4}{9}}$ c) $f(x) = x^{2,5}$; $g(x) = x^{0,4}$

> Zu jeder Wurzelfunktion f mit $f(x) = x^{\frac{p}{q}} = \sqrt[q]{x^p}$ ($p, q \in \mathbb{N}$, $q > 1$, $q \nmid p$ und $x \geq 0$) gibt es stets eine Umkehrfunktion f^*.
> Es gilt: $f^*(x) = x^{\frac{q}{p}} = \sqrt[p]{x^q}$ $(x \geq 0)$.

HERLEITUNG
Funktion:
f mit $f(x) = y = x^{\frac{p}{q}}$
D_f: $x \geq 0$; W_f: $y \geq 0$
Variablen vertauschen:
$x = y^{\frac{p}{q}}$
D_{f^*}: $x \geq 0$; W_{f^*}: $y \geq 0$
Nach y auflösen:
$\quad x = y^{\frac{p}{q}} \quad |(\ldots)^q$
$\quad x^q = y^p \quad |\sqrt[p]{\ldots}$
$\quad \sqrt[p]{x^q} = \sqrt[p]{y^p}$
$\quad y = \sqrt[p]{x^q} = x^{\frac{q}{p}}$
Umkehrfunktion:
f^* mit $f^*(x) = \sqrt[p]{x^q} = x^{\frac{q}{p}}$
$(x \geq 0)$.

9L

Zeichne den Graphen zur Funktion f und spiegele ihn an der Geraden $y = x$.
Ermittle eine Gleichung der zugehörigen Umkehrfunktion f^*.

a) $f(x) = x^{\frac{3}{4}}$ b) $f(x) = \sqrt[5]{x^4}$ c) $f(x) = 0,5\, x^{\frac{3}{4}}$

d) $f(x) = \sqrt[3]{-2x}$ e) $f(x) = \frac{1}{2} \cdot x^{\frac{7}{3}}$ f) $f(x) = \sqrt[3]{\sqrt[4]{x^6}}$

Der Einfluss des Faktors k in Potenzfunktionen $y = kx^n$

1

a) Zeichne mithilfe eines GTR, eines Computerprogramm oder einer Wertetabelle die Funktionen f_1, f_2, f_3, f_4 mit
$f_1(x) = x^3$; $f_2(x) = 0{,}5 \cdot x^3$; $f_3(x) = 1{,}5 \cdot x^3$; $f_4(x) = -1{,}5 \cdot x^3$

b) Erläutere den Einfluss des Parameters k
auf die Symmetrie des Graphen der Funktion f mit $f(x) = k \cdot x^3$;
auf den sonstigen Verlauf des Graphen;
auf Definitions- und Wertebereich;
auf die Monotonieeigenschaften der Funktion.

c) Der Punkt $P(1{,}5 \mid 6)$ gehört zum Graphen einer Funktion mit der Gleichung $y = k \cdot x^3$; $k \neq 0$. Ermittle den Parameter k.

d) Begründe, dass jeder beliebige Punkt $P(a \mid b)$ mit $a \neq 0$ und $b \neq 0$ zu *genau einer* derartigen Funktion $f(x) = k \cdot x^3$; $k \neq 0$ gehört.

2

Im Folgenden sind Funktionsgleichungen und mit einem Funktionenplotter erzeugte Graphen von Funktionen f, g, h, i gegeben. Begründe, welche Funktionsgleichung zu welchem Graphen gehört.

$f(x) = -0{,}5 \cdot x^{-2}$; $g(x) = -2 \cdot x^{-4}$; $h(x) = 0{,}5 \cdot x^2$; $i(x) = 3 \cdot x^{\frac{1}{2}}$

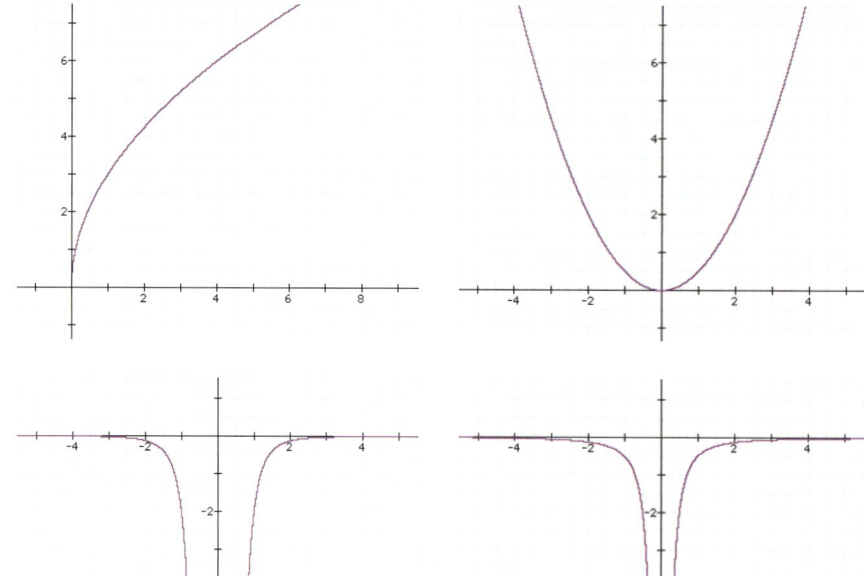

3

Bereite ein Kurzreferat zum Thema „Der Einfluss des Faktors k auf die Graphen der Potenzfunktionen" vor.
Nutze zur Demonstration nach Möglichkeit ein Computerprogramm.

Der Einfluss des Faktors k in Potenzfunktionen $y = kx^n$

4

Das linke Bild zeigt die Graphen der Funktionen f mit $f(x) = -\frac{1}{243} \cdot x^5$ und ihrer Umkehrfunktion f^*. Ermittle eine Gleichung für die Umkehrfunktion.

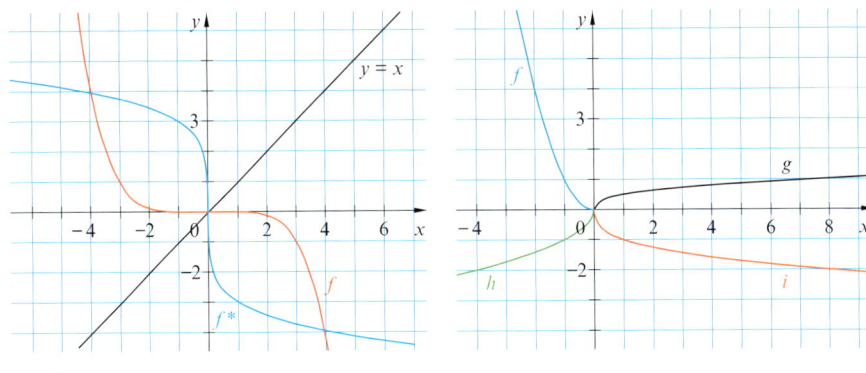

5

Das Bild rechts oben zeigt Parabeläste zu Gleichungen $y = a \cdot x^n$ und $y = a \cdot x^{\frac{1}{n}}$ mit $n \in \mathbb{N}$, $n > 1$ und $a \neq 0$.
a) Übertrage die Parabeläste einzeln ins Heft und ermittle jeweils eine zugehörige Funktionsgleichung.
b) Konstruiere jeweils den Graphen der Umkehrfunktion und ermittle eine dazugehörige Funktionsgleichung.

6

Bauholz sei in Form eines Kreiszylinders gefertigt worden.
Untersuche die Abhängigkeit des Volumens V eines Rundholzes vom Radius r (bei fester Länge l) und von der Länge l (bei festem Radius r).
a) Wie verändert sich das Volumen V, wenn r verdoppelt bzw. verdreifacht wird und die Länge gleich bleibt? Wie verändert sich das Volumen V, wenn l verdoppelt bzw. verdreifacht wird und der Radius gleich bleibt?
b) Stelle beide Funktionen in je einem Koordinatensystem dar. Begründe, zu welcher Klasse von Funktionen sie jeweils gehören.

7

a) Gib Formeln zur Berechnung an: Flächeninhalt eines Kreises; Oberflächeninhalt eines Würfels; Mantelfläche eines Kreiszylinders; Flächeninhalt eines gleichseitigen Dreiecks; Volumen einer quadratischen Pyramide.
b) Welche der gefundenen Gleichungen lassen sich als Funktionsgleichungen der Form $f(x) = k \cdot x^r$ einer Potenzfunktion f auffassen?
Gib jeweils an, welche Größe dem Argument x entspricht, was dem Parameter k entspricht und wie groß der Exponent r ist.

8

Es sei eine beliebige Funktion f gegeben. (f kann eine der dir bereits bekannten Funktionen sein – lineare oder quadratische Funktion, Potenzfunktion – oder eine, die du erst noch kennenlernen wirst.)
Wir bilden eine neue Funktion g mittels $g(x) = k \cdot f(x)$, wobei k ein konstanter Faktor ist. Überlege, wie der Graph von g aus dem Graphen von f entsteht. Führe hinsichtlich von k eine Fallunterscheidung durch.

ANREGUNG
Überprüfe deine Überlegungen zur Aufgabe 8 nicht nur an Potenzfunktionen, sondern auch an Funktionen f mit Gleichungen wie
$f(x) = \frac{1}{2}x + 1$ oder
$f(x) = (x-1)^2 - 2$.

Weitere Anwendungen der Potenzfunktionen

1

Fährt ein Pkw durch eine Kurve, so ist eine Kraft F notwendig, die ihn in der Kurve hält. Ist r der Kurvenradius, m die Masse des besetzten Pkws und v seine Geschwindigkeit, so gilt für diese notwendige Kraft: $F = m \cdot \frac{v^2}{r}$.

a) Begründe, warum es für Kurvenfahrten wichtig ist, dass die Reifen eine möglichst hohe Haftreibung haben. Erläutere die Notwendigkeit, sich auf die jeweiligen Straßenverhältnisse einzustellen.

b) Begründe, welche der beiden Situationen gefährlicher ist: (1) Es werden nacheinander zwei Kurven mit derselben Geschwindigkeit durchfahren, wobei die zweite Kurve nur noch einen halb so großen Radius wie die erste Kurve hat. (2) Zwischen zwei nacheinander folgenden Kurven mit gleichem Radius wird die Geschwindigkeit verdoppelt.

> **NACHGEDACHT**
> Wie sollte man Kurven auf Landstraßen und Autobahnen bauen, damit sie besonders sicher sind?

2

Bei der Entwicklung von Verpackungen für Lebensmittel ist im Normalfall das Volumen V vorgegeben. Wir betrachten den Fall, dass würfelförmige Verpackungen mit dem Volumen V hergestellt werden sollen.

a) Begründe, dass für die Abhängigkeit des Oberflächeninhalts A_O der Verpackung vom Volumen gilt: $A_O(V) = 6 \cdot \sqrt[3]{V^2}$.

b) Stelle die Funktion $A_O(V)$ für Volumina von 0 cm³ bis 1000 cm³ in einem Diagramm dar. Was erkennst du aus dem Diagramm?

c) Berechne den Bedarf an Pappe für 6000 würfelförmige Verpackungen von jeweils 650 cm³ Inhalt. Lasse dabei den Verschnitt und die notwendigen Klebefalze unberücksichtigt.

d) Begründe, dass eine Verdopplung der Anzahl der zu produzierenden Verpackungen zu einem höheren Pappebedarf führt als eine Verdopplung des Volumens der zu produzierenden Verpackungen.

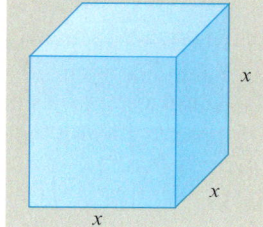

Einige Worte zur Kapiteleinstiegsseite:

Der berühmte Astronom Johannes Kepler (1571–1630) erkannte als Erster (nach reichlich 10 Jahren umfangreicher Berechnungen), dass sich die Planeten bei ihrem Umlauf um die Sonne nicht auf Kreis-, sondern auf Ellipsenbahnen bewegen.

Weitere 9 Jahre suchte Kepler nach einem Zusammenhang zwischen der Umlaufzeit T eines Planeten und seiner mittleren Entfernung a zur Sonne. Schließlich erkannte er, dass für je 2 Planeten die folgende Proportion besteht:
$\frac{a_1^3}{a_2^3} = \frac{T_1^2}{T_2^2}$ (3. Keplersches Gesetz).
Durch Umformung erhält man daraus: $\frac{a_1^3}{T_1^2} = \frac{a_2^3}{T_2^2}$.
Das bedeutet:
Für alle Planeten des Sonnensystems ist der Quotient $\frac{a^3}{T^2}$ gleich, also eine Konstante: $\frac{a^3}{T^2} = k$.
Umgeformt nach T erhält man daraus:
$T = \sqrt{\frac{a^3}{k}} = \frac{1}{\sqrt{k}} \cdot a^{\frac{3}{2}}$, also $T \sim a^{1,5}$.

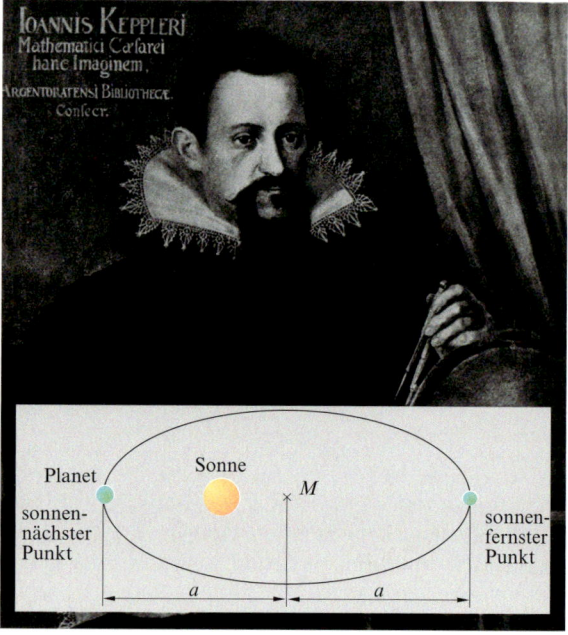

Weitere Anwendungen der Potenzfunktionen

3

a) Berechne aus den Erdbahndaten die Konstante k mit der zugehörigen Einheit für unser Sonnensystem. Für welche Einheiten hat k den Zahlenwert 1?

b) Gib eine Gleichung zur Berechnung der Umlaufzeit T der Planeten unseres Sonnensystems in Abhängigkeit von ihrer mittleren Entfernung a zur Sonne an ($T = f(a)$).

c) Gib eine Gleichung zur Berechnung der mittleren Entfernung a der Planeten von der Sonne in Abhängigkeit von ihrer Umlaufzeit T an ($a = g(T)$).

d) Was für Funktionen sind f und g mit $T = f(a)$ und $a = g(T)$?
Begründe, was von Planetenbahn zu Planetenbahn schneller wächst: die mittlere Entfernung zur Sonne oder die Umlaufzeit.

e) Übertrage die folgende Tabelle ins Heft und ergänze die fehlenden Angaben.

> **INFORMATION**
> Für die Erde kennt man die Werte für die Umlaufzeit und die Länge der großen Halbachse sehr genau:
> $T_{Erde} = 365{,}26\,d = 1\,a$
> $a_{Erde} = 1{,}496 \cdot 10^8$ km
> $= 1$ AE
> (AE astronomische Einheit).

Planet	Merkur	Venus	Mars	Jupiter	Saturn	Uranus	Neptun	Pluto
T in a	0,2408		1,88		29,46	84,0		
a in AE		0,723		5,203			30,06	39,75

4

a) Auch andere Himmelskörper unseres Sonnensystems bewegen sich nach denselben Gesetzen wie die Planeten. Berechne für den Halleyschen Kometen, dessen Umlaufzeit $T_{Halley} = 76{,}08\,a$ beträgt, die mittlere Entfernung zur Sonne.

b) Die größte Sonnennähe erreicht der Halleysche Komet mit 0,587 AE. Berechne seine größte Sonnenferne. Fertige eine zugehörige Skizze an.
Welche Schlussfolgerungen ziehst du aus den Bahndaten des Halleyschen Kometen für seine Beobachtbarkeit von der Erde aus?

Die Keplerschen Gesetze gelten nicht nur für die Sonne und ihre Planeten, sondern auch für andere Systeme von Himmelskörpern. So lässt sich die Erde als Zentralkörper auffassen, der vom Mond und zahlreichen künstlichen Satelliten umlaufen wird.

5

a) Berechne aus den Umlaufdaten des Mondes die Konstante k_{Erde} für Umlaufbahnen um die Erde.

b) Ein Satellit bewege sich auf einer Kreisbahn um den Erdmittelpunkt. Er erscheint alle 90 Minuten über einer Beobachtungsstation. Berechne den Radius seiner Kreisbahn. In welcher Höhe über der Erdoberfläche bewegt sich der Satellit?

c) Geostationäre Nachrichtensatelliten befinden sich auf Bahnen über dem Äquator mit einer Umlaufzeit von $T = 1\,d$. Erläutere, weshalb man diese Bahnen als „geostationär" bezeichnet.
Berechne die Höhe solcher Satelliten über der Erdoberfläche.

d) Die internationale Raumstation ISS umläuft die Erde in einer Höhe von ca. 450 km. Berechne die Umlaufzeit der Station.

e) Ist es möglich, einen Satelliten mit 60-minütiger Umlaufzeit zu stationieren? Begründe deine Meinung.

f) Bereits um 1600 entdeckte Galileo Galilei vier der Jupitermonde: Io (Umlaufzeit 1,77 d), Europa (3,55 d), Ganymed (7,16 d), Callisto (16,69 d). Der größte Jupitermond Ganymed hat einen mittleren Abstand von $1{,}07 \cdot 10^6$ km zum Jupiter. Welche mittleren Abstände müssen die anderen drei Monde haben?

> **INFORMATION**
> Erdradius am Äquator:
> $R = 6378$ km
> Umlaufdaten des Mondes:
> $a_{Mond} = 384\,400$ km
> $\approx 60{,}3$ Erdradien
> $T_{Mond} = 27{,}322\,d$

6

Bei einem Experiment wurden an einer Spiralfeder nacheinander verschiedene Massenstücke befestigt und dann die Feder jeweils in Längsschwingungen versetzt. Aus der Messung der Zeit für 10 Schwingungen wurde jeweils die Schwingungsdauer T für eine Schwingung berechnet (s. nebenstehende Tabelle).
Versuche die Abhängigkeit der Schwingungsdauer T von der Masse m durch eine Potenzfunktion zu beschreiben.

m in g	T in s
50	1,1
100	1,5
150	1,8
200	2,1
250	2,4
300	2,6
350	2,8

7

Der Äquatorumfang der Erde beträgt ca. 40 000 km, der Äquatorumfang des Mondes etwa 10 900 km.
a) Ermittle die Verhältnisse der Radien, der Oberflächeninhalte und der Volumina beider Himmelskörper.
b) Stelle eine Gleichung zur Berechnung des Volumens aus dem Äquatorumfang auf. Begründe, dass es sich hierbei um die Gleichung einer Potenzfunktion handelt.
c) Forme die Gleichung so um, dass eine Funktionsgleichung für die Umkehrfunktion entsteht. Beschreibe die dargestellte funktionale Abhängigkeit.

8

Atomkerne chemischer Elemente sind eindeutig durch ihre Massenzahl A und ihre Kernladungszahl Z gekennzeichnet. Aus der Massenzahl A eines Atomkerns kann man den Kernradius r und die absolute Kernmasse m berechnen:
$r = r_0 \cdot \sqrt[3]{A}$ mit $r_0 = 1,4 \cdot 10^{-15}$ m und $m = u \cdot A$ mit $u = 1,66 \cdot 10^{-27}$ kg.
a) Berechne die Radien und Massen der Atomkerne:

Kern	$^{4}_{2}$He	$^{55}_{26}$Fe	$^{239}_{92}$K	$^{200}_{80}$Hg	$^{27}_{13}$Al
Radius r in m					
Masse m in kg					

b) Stelle die Funktion $r = f(m)$ grafisch dar. Charakterisiere die Funktion als Potenzfunktion.
c) Neutronensterne haben einen Aufbau, der dem von Atomkernen ähnlich ist. Daher gilt die oben angegebene Formel auch für solche Sterne.
Berechne den Radius eines Neutronensterns von 1,2 Sonnenmassen (die Sonnenmasse beträgt etwa $2 \cdot 10^{30}$ kg).

> **INFORMATION**
> Besteht ein Atomkern aus Z Protonen (Kernladungszahl) und N Neutronen (Neutronenanzahl) dann gilt für die Massenzahl $A = Z + N$.
> Die Schreibweise $^{4}_{2}$He bedeutet: Der Atomkern von Helium hat die Massenzahl 4 und die Kernladungszahl 2. Das heißt der Kern besteht aus 2 Protonen und $4 - 2 = 2$ Neutronen. Die Konstante u ist die atomare Masseneinheit.

9

Von allen Zylindern mit demselben Volumen V hat derjenige die kleinste Oberfläche, bei dem der Durchmesser d gleich seiner Höhe h ist.
a) Untersuche zylindrische Konservendosen daraufhin, wie materialsparend sie hergestellt wurden: Miss den Durchmesser und die Höhe und berechne das Volumen. Ist bei den Dosen $d \neq h$, so berechne, wie viel Prozent des Blechs im Idealfall eingespart werden könnte (lasse dabei den Verschnitt bei der Herstellung der Dosen und den Materialmehrbedarf für Überlappungen unberücksichtigt).
b) Zeige, dass unter der Bedingung $d = h$ die Abhängigkeit des Oberlächeninhalts des Zylinders vom Volumen durch eine Potenzfunktion mit gebrochenem Exponenten beschrieben werden kann: $A_O(V) = k \cdot V^r$.

ZUSAMMENFASSUNG

Potenzfunktionen

Funktionen f mit $f(x) = k \cdot x^r$ ($k \in \mathbb{R}$ und $k \neq 0$; $r \in \mathbb{Q}$) nennt man **Potenzfunktionen**.

Potenzfunktionen f mit $f(x) = x^n$ und ganzzahligem n ($n \neq 0$; $n \neq 1$)

		n gerade	**n ungerade**
$n > 0$	Graphen:	Parabeln	Parabeln
		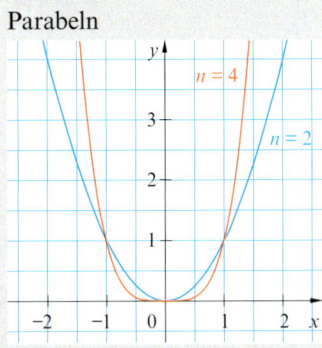	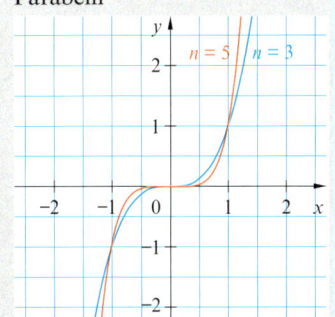
	Quadranten:	I, II	I, III
	Definitionsbereich:	$\mathbb{R}$	$\mathbb{R}$
	Wertebereich:	$\mathbb{R}_0^+$	$\mathbb{R}$
	Nullstellen:	$x = 0$	$x = 0$
	Symmetrie:	achsensymmetrisch zur y-Achse	punktsymmetrisch zum Koordinatenursprung
	gemeinsame Punkte:	$P_1(-1\,|\,1)$; $P_2(0\,|\,0)$; $P_3(1\,|\,1)$	$P_1(-1\,|\,-1)$; $P_2(0\,|\,0)$; $P_3(1\,|\,1)$
	(strenge) Monotonie:	fallend für $x < 0$; steigend für $x > 0$	steigend für alle x
$n < 0$	Graphen:	Hyperbeln (2 Hyperbeläste)	Hyperbeln (2 Hyperbeläste)
		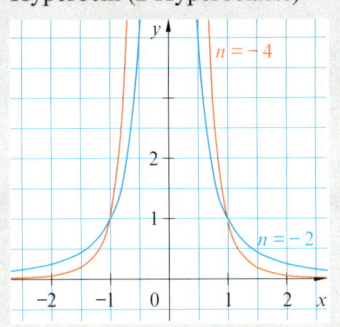	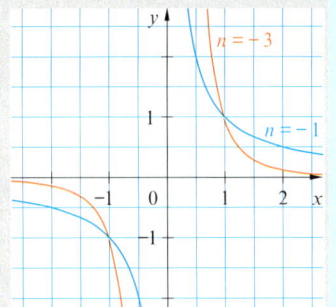
	Quadranten:	I, II	I, III
	Definitionsbereich:	$\mathbb{R}\setminus\{0\}$	$\mathbb{R}\setminus\{0\}$
	Wertebereich:	$\mathbb{R}^+$	$\mathbb{R}\setminus\{0\}$
	Nullstellen:	keine	keine
	Symmetrie:	achsensymmetrisch zur y-Achse	punktsymmetrisch zum Koordinatenursprung
	gemeinsame Punkte:	$P_1(-1\,|\,1)$; $P_2(1\,|\,1)$	$P_1(-1\,|\,-1)$; $P_2(1\,|\,1)$
	(strenge) Monotonie:	steigend für $x < 0$; fallend für $x > 0$	fallend für $x < 0$ und für $x > 0$
	Annäherung an die x- und an die y-Achse:	asymptotisch	asymptotisch

Wurzelfunktionen

Potenzfunktionen f mit $f(x) = x^{\frac{p}{q}} = \sqrt[q]{x^p}$ ($p, q \in \mathbb{N}$, $q > 1$ und $q \not\mid p$; $x \in \mathbb{R}$, $x \geq 0$) nennt man **Wurzelfunktionen**.

Graphen: Parabeläste

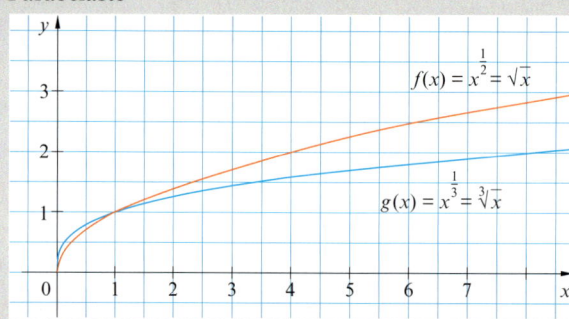

Quadranten:	I	Symmetrie:	keine
Definitionsbereich:	$\mathbb{R}_0^+$	gemeinsame Punkte:	$P_1(0\mid 0)$;
Wertebereich:	$\mathbb{R}_0^+$		$P_2(1\mid 1)$
Nullstellen:	$x = 0$	(strenge) Monotonie:	steigend für alle x

Der Einfluss des Faktors k auf die Graphen von f mit $f(x) = k \cdot x^r$

Der Faktor k im Term der Funktionsgleichung gibt an, dass jeder Funktionswert sich gegenüber den Werten einer Funktion g mit $g(x) = x^r$ um diesen Faktor vergrößert (falls $k > 1$) bzw. sich um den Faktor k verkleinert (falls $0 < k < 1$).
Der Graph der Funktion wird dabei in y-Richtung gestreckt bzw. gestaucht.
Ist k negativ, findet außerdem eine Spiegelung an der x-Achse statt.

Umkehrfunktionen (inverse Funktionen)

f sei eine Funktion.
Ist die Zuordnung f^*, die man erhält, indem man in allen Zahlenpaaren von f die Reihenfolge der Zahlen vertauscht, auch eine Funktion, so sagt man:
Die Funktion f ist **umkehrbar** bzw. **eineindeutig**.
Die Funktion f^* heißt dann **Umkehrfunktion** oder **inverse Funktion** von f.

Das Vertauschen der Zahlen in den Zahlenpaaren bedeutet auch ein Vertauschen von Definitions- und Wertebereich.

Manche Funktionen sind nicht auf dem ganzen Definitionsbereich umkehrbar, aber auf bestimmten Intervallen.

Ist f^* die Umkehrfunktion einer Funktion f, dann erhält man den Graphen von f^* durch Spiegelung des Graphen von f an der Geraden $y = x$.

BEISPIEL
Gegeben sei f mit $y = \sqrt[4]{x^3}$ (D_f: $x \geq 0$; W_f: $y \geq 0$)

Vertauschen von x und y in der Funktionsgleichung (sowie von Definitions- und Wertebereiche) von f:
$x = \sqrt[4]{y^3}$ (D_f: $x \geq 0$; W_f: $y \geq 0$)

Auflösen nach y: $x^4 = y^3 \Rightarrow y = \sqrt[3]{x^4}$
f^* mit $y = \sqrt[3]{x^4}$ und $x \geq 0$ ist eine Funktion, und damit Umkehrfunktion zu f mit $y = \sqrt[4]{x^3}$.

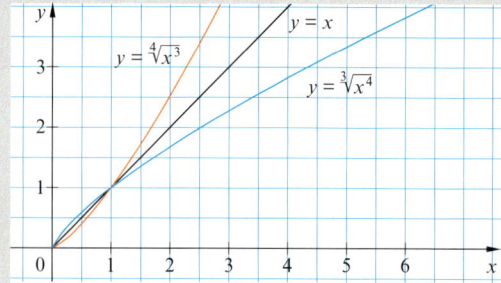

Exponential- und Logarithmusfunktionen

In Afrika kommt es immer wieder vor, dass riesige Heuschreckenschwärme in kürzester Zeit ganze Landstriche kahlfressen. Unter bestimmten Bedingungen kann es bei manchen kurzlebigen Pflanzen- und Tierarten mit hoher Nachkommenzahl, schneller Entwicklung und Reife und einer schnellen Abfolge der Generationen zu einer dramatischen Massenvermehrung kommen. Für eine gewisse Zeit verläuft solches Wachstum annähernd nach einer Exponentialfunktion.

Exponentialfunktionen

Überwucherter Flusslauf

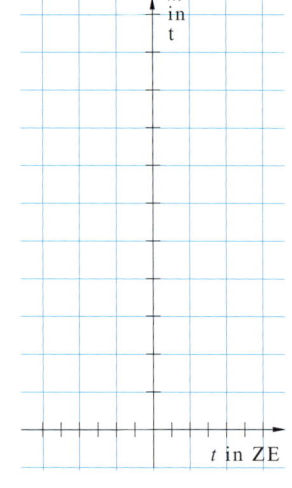

Wasserhyazinthe

1

Im Februar 1998 berichtete eine Tageszeitung über die Gefährdung des Victoriasees in Ostafrika durch die rasante Vermehrung der Wasserhyazinthe. Sie reduziert den Fischbestand, vermindert die Qualität des Trinkwassers, verstopft Häfen und führt zu weiteren negativen Wirkungen. In dem Bericht wurde angegeben, dass sich die Biomasse der Pflanze etwa alle 14 Tage verdoppelt und dass derzeit die Masse innerhalb von 14 Tagen um 560 Tonnen anwächst.

Im Folgenden bezeichnen wir den Zeitraum von 14 Tagen als eine Zeiteinheit (ZE).

> **ANREGUNG**
> Recherchiere, wie sich die Entwicklung in den vergangenen Jahren tatsächlich vollzogen hat.

a) Berechne anhand der obigen Angaben, welche Masse die Wasserhyazinthenpopulation *nach* einer Zeiteinheit (nach zwei, vier, sechs, acht Zeiteinheiten) hat.
b) Berechne, welche Masse die Wasserhyazinthenpopulation *vor* einer Zeiteinheit (vor zwei, vier, sechs und acht Zeiteinheiten) hatte.
c) Übertrage die Wertetabelle und trage deine Ergebnisse aus a) und b) ein.

t in ZE	−8	−6	−4	−2	−1	0	1	2	4	6	8
m in t						560					

d) Stelle deine Ergebnisse grafisch dar (siehe Randspalte).
e) Übertrage und vervollständige die Wertetabelle, indem du aus der grafischen Darstellung Näherungswerte abliest.

t in ZE	−7	−3	−1,5	2,5	3	7
m in t						

f) Versuche, eine Funktionsgleichung für die Zuordnung t (in ZE) → m (in t) anzugeben.
g) Begründe, warum die angenommene Entwicklung der Masse nicht unbegrenzt fortgesetzt werden kann.

Exponentialfunktionen

2 L

Bestimmte Algenarten haben die Fähigkeit, ihren Bestand bei für sie günstigen Umweltbedingungen täglich um 15 % zu erhöhen.

a) Überlege, wie groß dann der Prozentsatz am jeweils darauf folgenden Tag gegenüber dem Vortag ist.
Übertrage und vervollständige die folgende Wertetabelle. Dabei wird der Anfangswert zum Zeitpunkt $t = 0$ als 100 % angenommen.

t in Tagen	0	1	2	3	4	5	6	7	8	9	10	…	20
Bestand N in %													

b) Stelle die Zuordnung $t \to N$ grafisch dar.
c) Lies aus der grafischen Darstellung ab, nach wie vielen Tagen sich der Ausgangsbestand verdoppelt hat. Nach wie vielen weiteren Tagen hat sich der Bestand nochmals verdoppelt? Überprüfe, ob sich diese Entwicklung fortsetzt.
d) Gib eine Funktionsgleichung für die genannte Zuordnung an.

INFORMATION

Blaualgen sind die ältesten uns bekannten Organismen, die Chlorophyll enthalten. Seit etwa 3 Milliarden Jahren kommen sie auf der Erde vor. Weitere Algenarten folgten. Mehr als 2 Milliarden Jahre waren Algen die einzigen Pflanzen auf der Erde. Die Entwicklung der uns bekannten Flora und Fauna wäre ohne Algen nicht möglich gewesen.
Ein zu starkes Algenwachstum bringt allerdings auch Probleme mit sich. Das betrifft sowohl das Aquarium und den Gartenteich als auch die großen Meere.

3

Rainer möchte sportlicher werden. Deshalb sucht er sich eine Strecke zum Joggen aus. Großmundig verspricht er, dass er heute (Zeitpunkt $t = 0$) eine Runde laufen werde und dann jeden Tag dreimal so viel wie am Vortag. Es sei N die Anzahl der Runden, t die Anzahl der Tage. Gib für die Funktion $t \to N$ eine Gleichung an. Wird Rainer sein Versprechen halten können? Begründe deine Antwort.

4

Familie Knecht erhält einen Brief, in dem sie zur Beteiligung an einem scheinbar lukrativen Gewinnspiel aufgefordert wird. Die Mitspieler haben lediglich an eine Person 100 Euro zu überweisen und drei weitere Mitspieler zu werben. Dann werden sie in Kürze 900 Euro erhalten. Das Spiel kann schematisiert wie folgt dargestellt werden:

1. Generation   Spieler 1
2. Generation   2.1   2.2   2.3
3. Generation   3.1 3.2 3.3   3.4 3.5 3.6   3.7 3.8 3.9

Die Spieler jeder Generation werben also drei Spieler der nächsten Generation. Gezahlt wird jeweils an die Spieler aus der um zwei Stufen kleineren Generation; jeder der von den Spielern 3.1, 3.2 und 3.3 geworbenen 9 Spieler zahlt 100 € an den Spieler 2.1, jeder der von 3.4, 3.5 und 3.6 geworbenen Spieler zahlt 100 € an 2.2 etc.

a) Berechne die Anzahl der Spieler in der vierten bis zehnten Generation. Begründe, dass ein solches Glücksspiel als Betrug verurteilt werden muss.
b) Entscheide, welche der folgenden Funktionsgleichungen die Zuordnung f: Generation $x \to$ Anzahl N der Spieler richtig beschreibt.

(1) $N = f(x) = 3x$ oder (2) $N = f(x) = \frac{1}{3} \cdot 3^x$ oder (3) $N = f(x) = \frac{1}{3} x^3$

ACHTUNG

Solche „Schneeballspiele" oder „Pyramidenspiele" versprechen immer Dinge, die nicht haltbar sind. Überlege, wo hier Risiken liegen können.

DEFINITION

Eine Funktion f mit einer Gleichung $f(x) = c \cdot a^x$ ($a, c \in \mathbb{R}$; $a > 0$; $a \neq 1$, $c \neq 0$) heißt **Exponentialfunktion** zur Basis a.

Zunächst werden wir uns auf die Betrachtung von Exponentialfunktionen beschränken, bei denen $c = 1$ ist, die also eine Gleichung $f(x) = a^x$ besitzen.

5

a) Setze in die Gleichung einer beliebigen Exponentialfunktion der Form $f(x) = a^x$ für die Variable x den Wert null ein. Welche Bedeutung hat das Ergebnis?

b) Welche Art von Funktionen würde man für $a = 1$ erhalten?

6

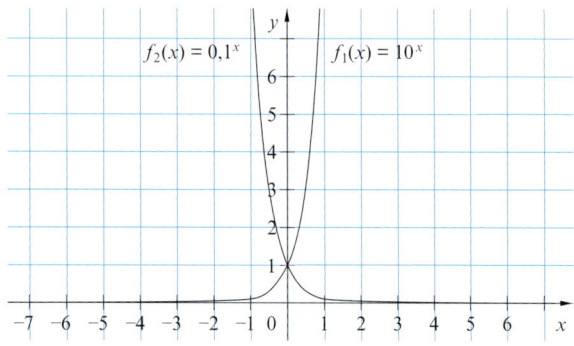

a) Stelle für die Funktionen mit den Gleichungen $y = 2^x$ und $y = \left(\frac{1}{2}\right)^x$ jeweils eine Wertetabelle auf und zeichne die Graphen der Funktionen in dasselbe Koordinatensystem.

b) Erarbeite eine Übersicht mit gemeinsamen und unterschiedlichen Funktionsmerkmalen.

c) Welchen Zusammenhang zwischen den Graphen der beiden Funktionen vermutest du?

d) In der Abbildung sind die Graphen der Funktionen $y = 10^x$ und $y = 0{,}1^x$ dargestellt. Vergleiche die Eigenschaften dieser Funktionen mit denen aus a).

7

Verallgemeinere deine Überlegungen aus Aufgabe 6 mithilfe weiterer Funktionenpaare des Typs $y = a^x$ und $y = \left(\frac{1}{a}\right)^x$. Nutze einen GTR oder Wertetabellen.

8

Welches Monotonieverhalten zeigt eine Exponentialfunktion f mit einer Funktionsgleichung $f(x) = a^x$?

9

a) Begründe jeden Schritt der folgenden Gedankenkette:
Es sei f eine Exponentialfunktion mit $f(x) = a^x$.
Dann gilt für jedes Element x aus dem Definitionsbereich $f(-x) = \frac{1}{f(x)}$.
Also ist $f(-x) \cdot f(x) = 1$.

b) Folgere daraus eine Aussage über Nullstellen von Exponentialfunktionen.

ERINNERE DICH

Eine Funktion f heißt **monoton steigend**, wenn für alle Elemente x_1 und x_2 des Definitionsbereiches gilt:
$x_1 < x_2 \Rightarrow f(x_1) \leq f(x_2)$.
Eine Funktion f heißt **streng monoton steigend**, wenn für alle Elemente x_1 und x_2 des Definitionsbereiches gilt:
$x_1 < x_2 \Rightarrow f(x_1) < f(x_2)$.

10

Behauptung: Funktionen f mit $f(x) = a^x$ haben für $a > 0$ nur positive Werte.

a) Begründe die einzelnen Schritte des Nachweises für $0 < a < 1$ für die betrachteten 3 Fälle:
(1) $x < 0$, (2) $x = 0$, (3) $x > 0$.
Ist damit die Gültigkeit der Aussage für $0 < a < 1$ bewiesen?

b) Führe einen entsprechenden Nachweis für $a > 1$.

> Es sei $0 < a < 1$ und $f(x) = a^x$.
> (1) Wenn $x < 0$ ist, so ist $f(x) > 1$, also auch $f(x) > 0$.
> (2) Wenn $x = 0$, so gilt: $f(x) = 1 > 0$
> (3) Wenn $x > 0$ ist, dann ist $-x < 0$. Also ist $f(-x) > 0$. Da aber $f(-x) \cdot f(x) = 1$ ist, ist damit auch $f(x) > 0$.

Exponentialfunktionen

11

a) Lege für jede der beiden Funktionen $y = 4^x$ und $y = \left(\frac{1}{4}\right)^x$ eine Wertetabelle für die ganzzahligen Argumente x mit $-5 \leq x \leq 5$ an.

b) Begründe, dass für jedes $x \in \mathbb{R}$ gilt: $4^{-x} = \left(\frac{1}{4}\right)^x$.

c) Zeichne die Graphen der beiden Funktionen in ein gemeinsames Koordinatensystem ($-1{,}5 \leq x \leq 1{,}5$).
Welche Eigenschaft der Funktionsgraphen wurde mit der Begründung unter b) nachgewiesen?

d) Verallgemeinere die Aussage aus c) auf beliebige Exponentialfunktionen $f(x) = a^x$ ($a > 0$ und $a \neq 1$). Beweise diese Verallgemeinerung.

12

Zeichne mithilfe einer Wertetabelle den Graphen der Funktion $f(x) = 3^x$. Konstruiere daraus ohne eine neue Wertetabelle aufzustellen den Graphen der Funktion $g(x) = \left(\frac{1}{3}\right)^x$.

13^L

In der folgenden Abbildung sind die Graphen der Funktionen $f_1(x) = 2{,}5^x$, $f_2(x) = \left(\frac{9}{5}\right)^x$, $f_3(x) = \left(\frac{3}{2}\right)^x$ und $f_4(x) = \left(\frac{1}{\sqrt{2}}\right)^x$ dargestellt.
Gib jeweils eine Gleichung für die Funktionen f_5 bis f_8 an.

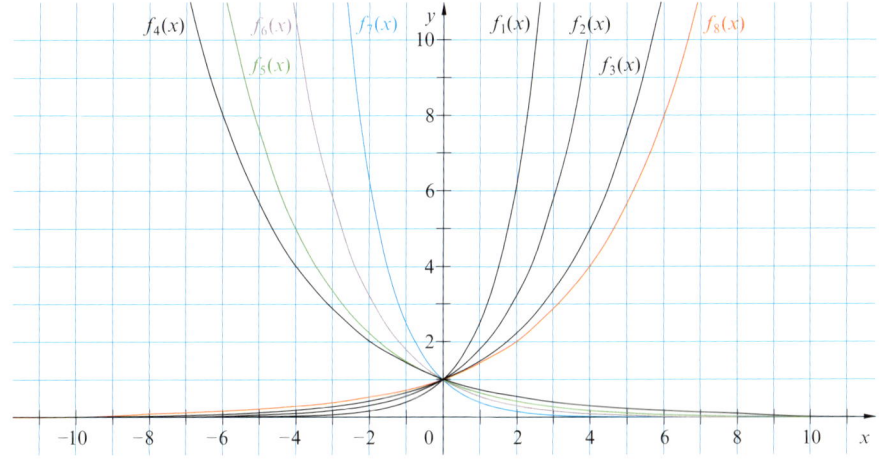

WAS MEINST DU DAZU?
Unglaubliche Ergebnisse (1)

Es wird berichtet, dass der Erfinder des Schachspieles seinem Herrscher, der sehr großen Gefallen an dem Spiel fand, gegenüber einen Wunsch äußern durfte. Der Wunsch schien zunächst sehr bescheiden: Er bestand darin, dass auf die Felder des Schachspiels Reiskörner gelegt werden sollen, und zwar nach folgender Vorschrift:
Auf das 1. Feld 1 Korn, auf das 2. Feld 2 Körner, auf das 3. Feld 4 Körner usw., d. h. auf jedes Feld doppelt so viele Körner wie auf das vorherige.

Berechne, wie viele Körner auf dem letzten, dem 64. Feld liegen müssten.

Informiere dich über die jährliche weltweite Reisproduktion und vergleiche diesen Wert mit dem für das 64. Feld ermittelten.

AUFGABEN ZUR WIEDERHOLUNG

1. Berechne jeweils die fehlenden Größen r, d, h, u, A_M, A_G, A_O, V eines Zylinders.
   a) $r = 4{,}4$ cm; $h = 6{,}2$ cm
   b) $A_G = 324$ mm^2; $h = 15{,}2$ cm
   c) $V = 8{,}72$ dm^3; $d = 22$ mm
   d) $h = 52$ mm; $u = 17$ cm
   e) $A_G = 2000$ mm^2; $A_M = 4$ dm^2
   f) $V = 1$ m^3; $u = 1$ m
   g) $A_O = 10$ cm^2; $r = 1$ cm
   h) $u = 1$ cm; $A_M = 1$ dm^2

2. Berechne jeweils die fehlenden Größen a, h, h_S, A_G, A_M, A_O, V einer geraden Pyramide mit quadratischer Grundfläche.
   a) $a = 38$ mm; $h = 54$ mm
   b) $a = 8{,}2$ cm; $h_S = 5{,}4$ cm
   c) $A_G = 6{,}4$ dm^2; $h = 0{,}15$ m
   d) $V = 0{,}05$ m^3; $A_G = 0{,}5$ m^2
   e) $A_M = 1$ m^2; $a = 1$ dm
   f) $V = 1$ m^3; $h = 1$ cm
   g) $h = 1$ cm; $h_S = 1$ dm

14

Jenny, Martin und Tina diskutieren, wie viele Punkte man angeben muss, um eine Exponentialfunktion eindeutig festzulegen.

Martin: „Ein beliebiger Punkt reicht schon aus."
Jenny: „Aus der Angabe des Punktes $P(0|1)$ kann ich nicht auf die Funktionsgleichung schließen."
Tina: „Es muss der Punkt $Q(1|a)$ sein."
Kommentiere diese Aussagen.

15L

Gib jeweils eine Gleichung der Exponentialfunktion f mit $f(x) = a^x$ an, zu der der genannte Punkt gehört.
- **a)** $P(1|7)$
- **b)** $P(1|0,2)$
- **c)** $P(3|64)$
- **d)** $P(5|0,00001)$
- **e)** $P(6|8)$
- **f)** $P(-4|81)$
- **g)** $P\left(-4\left|\frac{1}{16}\right.\right)$
- **h)** $P\left(8\left|\frac{1}{16}\right.\right)$
- **i)** $P(0|1)$

16

Ermittle (zumindest näherungsweise) die Basis jeder Exponentialfunktion $f(x) = a^x$, deren Graph in der Abbildung dargestellt wurde.

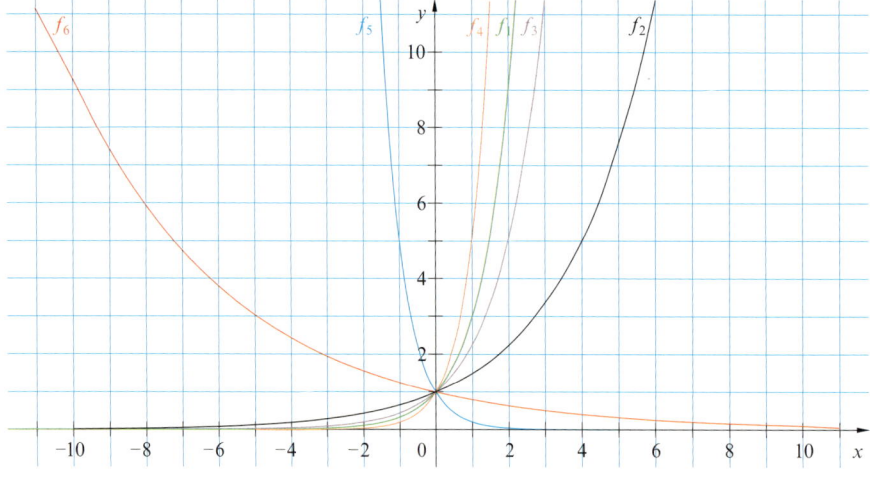

WAS MEINST DU DAZU?

Unglaubliche Ergebnisse (2)

Falte ein Blatt Papier in der Mitte und lege die beiden Hälften übereinander. Wiederhole dieses Vorgehen mehrmals.

Angenommen, das einzelne Papier hat eine Dicke von 0,1 mm, wie dick ist es dann nach dem zwölften Falten, nach dem 25. Falten und nach dem 50. Falten?

17

Die Funktion f mit $f(x) = 2^x$ hat eine Besonderheit:
Das Produkt zweier Funktionswerte ist gleich dem Funktionswert der Summe der dazu gehörenden Argumente. Es ist also $f(x_1 + x_2) = f(x_1) \cdot f(x_2)$.
Beispiel: Für $x_1 = 2$ und $x_2 = 3$ (also $x_1 + x_2 = 5$) gilt $f(2) = 4$, $f(3) = 8$, $f(5) = 32$.
- **a)** Zeige für fünf weitere Paare von Argumenten, dass dieser Zusammenhang gilt.
- **b)** Untersuche anhand geeigneter Wertetabellen, ob dieser Zusammenhang auch für andere Exponentialfunktionen der Form $f(x) = a^x$ gilt.
- **c)** Begründe diese Eigenschaft von Exponentialfunktionen der Form $f(x) = a^x$ mithilfe eines Potenzgesetzes.

Exponentialfunktionen

18

a) Untersuche, ob die Gleichung $f(x_1 + x_2) = f(x_1) \cdot f(x_2)$ auch von der linearen Funktion $y = 2x$ oder der quadratischen Funktion $y = x^2$ erfüllt wird.
b) Findest du eine ähnliche Beziehung für lineare Funktionen $y = mx$?

> Exponentialfunktionen der Form $f(x) = a^x$ erfüllen stets die Gleichung
> $f(x_1 + x_2) = f(x_1) \cdot f(x_2)$
> für beliebige Werte $a > 0$ und beliebige Argumente x_1 und x_2.

19

Eine Funktion f heißt **eineindeutig** genau dann, wenn für beliebige verschiedene Argumente x_1 und x_2 des Definitionsbereiches auch die Funktionswerte verschieden sind:
$x_1 \neq x_2 \Rightarrow f(x_1) \neq f(x_2)$.
Erläutere diesen Begriff anhand geeigneter Beispiele und Gegenbeispiele (u. a. $f(x) = mx, f(x) = x^{2n}, f(x) = x^{2n+1}$).

20

Welche der grafisch dargestellten Zuordnungen sind Funktionen?
Welche Funktionen sind eineindeutig?

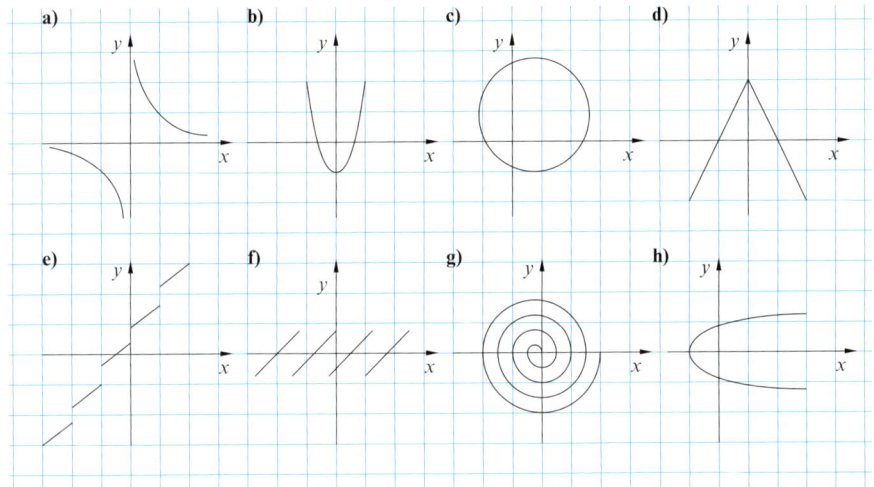

HINWEIS

Gleichungen wie $f(x_1 + x_2) = f(x_1) \cdot f(x_2)$, in denen eine Beziehung zwischen den Funktionswerten einer Funktion zu verschiedenen Argumenten ausgedrückt wird, heißen **Funktionalgleichungen**. Die Bezeichnung „Funktionalgleichung" deutet darauf hin, dass bei diesen Gleichungen Funktionen gesucht sind, die die Gleichung erfüllen.

Exponentialfunktionen sind die einzigen monotonen Funktionen, die die Gleichung
$f(x_1 + x_2) = f(x_1) \cdot f(x_2)$
erfüllen.

21

Weise nach, dass jede streng monotone Funktion eineindeutig ist.
Welche Aussage folgt daraus für die Exponentialfunktionen der Form $f(x) = a^x$?

22

Auf deinem Taschenrechner ist für zumindest zwei Exponentialfunktionen eine spezielle Taste verfügbar. Dies ist zum einen $\boxed{10^x}$ und zum anderen $\boxed{e^x}$.
Die Funktion $y = e^x$ hat als Basis eine irrationale Zahl (vgl. Randspalte).
Erstelle mithilfe des Taschenrechners eine Wertetabelle für die Funktion $y = e^x$ und zeichne ihren Graphen auf dem Intervall $-1 \leq x \leq 1$ (1 LE = 5 cm).

INFORMATION

Es ist $e \approx 2{,}71828182846$.

Die Zahl e wird nach dem berühmten Schweizer Mathematiker L. Euler als Euler'sche Zahl bezeichnet.

23

a) Zeichne in den in Aufgabe 22 erstellten Graphen der Funktion f mit $f(x) = e^x$ Geraden durch die jeweils angegebenen zwei Punkte:

g_1: $P_1(-1|e^{-1})$ und $Q_1(1|e^1)$ $\quad$ g_2: $P_2(-0,9|e^{-0,9})$ und $Q_2(0,9|e^{0,9})$
g_3: $P_3(-0,8|e^{-0,8})$ und $Q_3(0,8|e^{0,8})$ $\quad$ g_4: $P_4(-0,7|e^{-0,7})$ und $Q_4(0,7|e^{0,7})$
usw.
g_{10}: $P_{10}(-0,1|e^{-0,1})$ und $Q_{10}(0,1|e^{0,1})$

b) Ermittle jeweils näherungsweise den Anstieg der Geraden g_1 bis g_{10}. Welchem Wert nähert sich der Anstieg dieser Geraden an?

Bisher haben wir uns auf die Betrachtung von Exponentialfunktionen der Form $f(x) = a^x$ beschränkt. Im Folgenden soll untersucht werden, welchen Einfluss der Faktor c in der Funktionsgleichung $f(x) = c \cdot e^x$ hat.

HINWEIS

Die Funktion $y = e^x$ hat eine sehr bemerkenswerte Eigenschaft: Wenn man eine Tangente in einem beliebigen Punkt an den Funktionsgraphen legt, so hat diese Gerade einen Anstieg, der dem Funktionswert an dieser Stelle gleich ist.
Überprüfe diese Eigenschaft für verschiedene Punkte des Funktionsgraphen. Nutze das Verfahren aus Aufgabe 23.

24

Zeichne für $-3 \leq x \leq 3$ den Graphen der Funktion f mit $f(x) = 1,5^x$.
Konstruiere daraus (ohne erneut eine Wertetabelle zu verwenden) die Graphen der Funktionen mit den Gleichungen $y = 2 \cdot 1,5^x$ und $y = 0,5 \cdot 1,5^x$ sowie $y = -2 \cdot 1,5^x$.
Welchen Einfluss auf den Verlauf des Funktionsgraphen haben die Faktoren 2; 0,5 bzw. -2?

ANREGUNG

Kontrolliere das Ergebnis mithilfe eines GTR.

25L

In der Abbildung sind die Graphen von Exponentialfunktionen f mit $f(x) = c \cdot a^x$ dargestellt.
Gib jeweils an, ob

a) $0 < a < 1$ oder $1 < a$ ist,
b) $c < 0$ oder $c > 0$ ist,
c) $|c| < 1$ oder $|c| > 1$ ist.

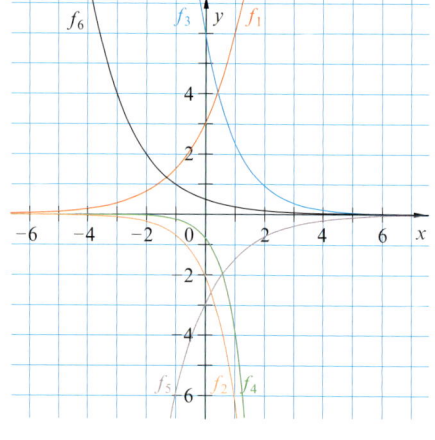

26

Gib mehrere Exponentialfunktionen mit Gleichungen der Form $y = c \cdot a^x$ an, deren Graphen durch den Punkt $P(1|2)$ verlaufen. Überprüfe mit dem GTR.

> **BEISPIEL**
> Gesucht ist eine Exponentialfunktion der Form $f(x) = c \cdot a^x$, deren Graph durch die Punkte $P(2|2)$ und $Q(6|32)$ verläuft.
> *Lösung:* Wegen $P(2|2)$ gilt: $2 = c \cdot a^2$.
> $\qquad\qquad$ Wegen $Q(6|32)$ gilt: $32 = c \cdot a^6$.
> $\qquad\qquad$ Daraus folgt: $\quad$ $16 = a^4$, also ist $a = 2$ und $c = 0,5$.

WAS MEINST DU DAZU?

Unglaubliche Ergebnisse (3)
Stelle dir vor, Folgendes wäre möglich gewesen: Einer deiner Urahnen hätte im Jahr 1000 bei einer Bank 1 € für dich angelegt, und diese hätte den Betrag jährlich mit 3 % verzinst.

27

a) Erläutere das Vorgehen im voranstehenden Beispiel.
b) Löse die Aufgabe für $P(3|6000)$ und $Q(6|600000)$.
c) Begründe, dass es keine Exponentialfunktion gibt, deren Graph durch die Punkte $P(3|8)$ und $Q(6|-64)$ verläuft.
d) Verallgemeinere die Aussage aus c).

Exponentialfunktionen

28ᴸ

Ermittle jeweils a und c der Exponentialfunktion f mit $f(x) = c \cdot a^x$, deren Graph durch die angegebenen Punkte verläuft.

a) $P(0|3)$ und $Q(1|6)$ **b)** $P(1|6)$ und $Q(2|18)$ **c)** $P(2|1)$ und $Q(4|0,25)$

> **AUFGABE**
> Gib Gleichungen an, die die in der Abbildung zu Aufgabe 25 dargestellten Funktionen näherungsweise beschreiben.

29

Nenne jeweils 3 Beispiele für Exponentialfunktionen mit den angegebenen Eigenschaften.

a) Die Funktion hat nur positive Funktionswerte und ist im gesamten Definitionsbereich streng monoton fallend.
b) Die Funktion hat nur positive Funktionswerte und ist im gesamten Definitionsbereich streng monoton wachsend.
c) Die Funktion hat nur negative Funktionswerte und ist im gesamten Definitionsbereich streng monoton fallend.
d) Die Funktion hat nur negative Funktionswerte und ist im gesamten Definitionsbereich streng monoton wachsend.

30

a) Gib einen systematischen Überblick über Eigenschaften von Exponentialfunktionen mit Gleichungen der Form $y = a^x$ in Abhängigkeit von der Basis a.
b) Untersuche, welche der Eigenschaften durch den konstanten Faktor c in der Funktionalgleichung $y = c \cdot a^x$ beeinflusst werden und welche nicht.

31

Gehören die in den folgenden Wertetabellen dargestellten Funktionen zu den linearen Funktionen, quadratischen Funktionen, Exponentialfunktionen oder zu keiner dieser Funktionsklassen? Gib, wenn möglich, eine Funktionsgleichung an.

a)

x	0	1	2	3	5
y	1,013	0,892	0,786	0,693	0,538

b)

x	0	5	10	15	20
y	0	4,905	9,81	14,715	19,62

c)

x	0	1	2	3	5
y	0	0,4	1,6	3,6	10

d)

x	0	1	2	3	5
y	5,1	5,4	5,8	6,1	6,6

> **NACHGEDACHT**
> Die in den Aufgaben 31 bzw. 32 betrachteten Funktionen beschreiben die folgenden Zusammenhänge.
> Ordne richtig zu.
> (1) Durchschnittliche Körpergröße (in dm) eines Jungen in Abhängigkeit von seinem Alter in Monaten
> (2) Beim Anfahren zurückgelegter Weg (in m) in Abhängigkeit von der dazu benötigten Zeit (in s)
> (3) Luftdruck (in bar) in Abhängigkeit von der Höhe (in km)
> (4) Schweredruck des Wassers (in bar) in Abhängigkeit von der Tiefe (in m)

32

Die folgenden grafischen Darstellungen gehören zu den Funktionen aus Aufgabe 31. Ordne die entsprechende Darstellung den Wertetabellen zu.

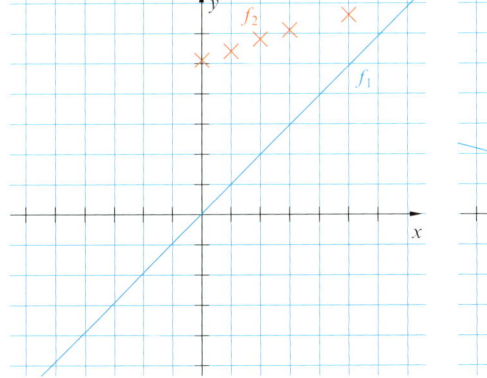

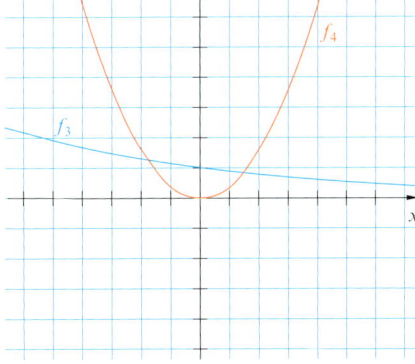

Logarithmusfunktionen

1

Julia und Matti haben Taschenrechner von verschiedenen Herstellern. Dabei fällt ihnen auf, dass bei beiden Taschenrechnern die Taste [log] die Zweitbelegung 10^x hat oder umgekehrt.
Auch einige andere Tasten haben Zweitbelegungen; bei den verschiedenen Fabrikaten sind diese aber meist völlig verschieden.
Matti untersucht nun die Zuordnungen *Eingabe → Ausgabe* durch die Taste [log] und deren Zweitbelegung 10^x.

Taste [log]

Eingabe x	Ausgabe y
1	0
2	0,301
usw.	

Zweitbelegung 10^x der Taste [log]

Eingabe x	Ausgabe y
1	10
2	100

HINWEIS
Mit der Taste [log] wird $\log_{10} x$ oder kürzer $\lg x$ des eingegebenen Wertes x berechnet.

ACHTUNG
Bei manchen Taschenrechnern muss man erst eine Zahl eingeben, bevor man [log] drückt (z. B. [2] [log]), bei anderen Taschenrechnern muss man in der Reihenfolge drücken, wie man schreibt (z. B [log] [2] [=]). Probiere aus, wie dein Taschenrechner funktioniert.

a) Als Matti $\lg 10$ berechnet, merkt er das erste Mal auf. Warum wohl?
b) Julia schlägt nun vor $\lg 100$, $\lg 1\,000$, $\lg 10\,000$ zu berechnen.
   Zu welchen Ergebnissen gelangt sie dabei?
   Wende auf Julias Ergebnisse die Tastenkombination [INV] [log] an.
   Erkennst du einen Zusammenhang zwischen [log] und [INV] [log] bei Zehnerpotenzen?
c) Überprüfe, ob dieser Zusammenhang auch für andere Zahlen gilt.

2

a) Übertrage die beiden Wertetabellen ins Heft und vervollständige sie.

x	-3	-2	-1	$-0,5$	0	0,5	1	2	3
$y = 2^x$									

x	$\frac{1}{8}$	$\frac{1}{4}$	$\frac{1}{2}$	$\frac{\sqrt{2}}{2}$	1	$\sqrt{2}$	2	4	8
$y = \log_2 x$									

b) Stelle die beiden Zuordnungen in Pfeildarstellungen dar.
   Welcher Zusammenhang zwischen den beiden Zuordnungen ist in der Pfeildarstellung zu erkennen?
c) Gib die Zuordnungen mithilfe geordneter Paare an.
   Welcher Zusammenhang zwischen den beiden Zuordnungen wird dabei deutlich?
d) Stelle die beiden Zuordnungen in einem gemeinsamen Koordinatensystem dar.
   Formuliere eine Vermutung, durch welche geometrische Abbildung die beiden Funktionsgraphen aufeinander abgebildet werden können.

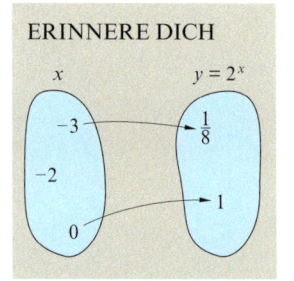

ERINNERE DICH

Logarithmusfunktionen

Wir wissen bereits, dass das Logarithmieren eine Umkehrung des Potenzierens ist. Zu einem vorgegebenen Wert y einer Exponentialfunktion f mit der Gleichung $y = f(x) = a^x$ findet man den zugehörigen Exponenten x über den Logarithmus zur Basis a: $x = \log_a y$. Diese neue Zuordnung $y \to \log_a y$ bezeichnen wir mit f^*. f^* ist eine eindeutige Zuordnung; f^* ist die Umkehrfunktion von f.

Aus alter Gewohnheit bezeichnet man gern die Argumente einer Zuordnung mit x und ihre Werte mit y. Deshalb vertauscht man die Bezeichnungen der Variablen x und y und betrachtet die Zuordnung $x \to \log_a x$, also $y = f^*(x) = \log_a x$.

AUFGABE

Vergleiche das Vorgehen zum Finden einer Umkehrfunktion bei den Potenzfunktionen mit dem hier beschriebenen Weg.

> **SATZ**
> Es sei f eine Exponentialfunktion mit einer Gleichung $y = f(x) = a^x$.
> Die Funktion f^* mit $y = f^*(x) = \log_a x$ ist die Umkehrfunktion von f.

3

Begründe, dass die Zuordnung $f^*: x \to \log_a x$ für jede zulässige Basis a tatsächlich eine Funktion ist. Bestätige dies zunächst für die Funktion f mit $f(x) = \log_2 x$.

ANREGUNG

Ermittle eine Gleichung der Umkehrfunktion der Funktion f mit $f(x) = 2x - 8$. Stelle die Graphen der Funktionen f und f^* in ein- und demselben Koordinatensystem dar.

> **DEFINITION**
> Es sei $a \in \mathbb{R}$ ($a > 0$ und $a \neq 1$).
> Die Funktion f mit $f(x) = \log_a x$ heißt **Logarithmusfunktion** zur Basis a.

4

Zeichne die Graphen der Exponentialfunktionen $y = 0{,}5^x$ und $y = 1{,}5^x$ in jeweils ein Koordinatensystem.
Konstruiere daraus die Graphen der Funktionen $y = \log_{0,5} x$ und $y = \log_{1,5} x$.

5

a) Übertrage die folgende Tabelle ins Heft.
Vervollständige die Übersicht der Eigenschaften der Exponentialfunktionen $y = a^x$ und folgere jeweils eine Eigenschaft der zugehörigen Logarithmusfunktion.

Eigenschaft	**Exponentialfunktion**	**Logarithmusfunktion**
Funktionsgleichung	$y = a^x$	
Definitionsbereich		
Wertebereich	$\{y \mid y \in \mathbb{R} \text{ und } y > 0\}$	
Schnittpunkt mit der y-Achse		
Nullstelle		
Monotonie		
Eineindeutigkeit		
Funktionalgleichung	$f(x_1 + x_2) =$	

b) Welchem Logarithmengesetz entspricht die in der letzten Zeile angegebene Funktionalgleichung?

6

Für $a > 1$ sind die Funktionen mit den Gleichungen $y = a^x$ und $y = \log_a x$ beide auf dem gesamten Definitionsbereich streng monoton wachsend. Dennoch unterscheiden sich die beiden Graphen im Wachstumsverhalten. Beschreibe die Unterschiede.

7

In der vorangegangenen Lerneinheit hast du die Exponentialfunktion mit der Gleichung $y = e^x$ kennen gelernt. Deren Umkehrfunktion hat die Gleichung $y = \log_e x$. Für $\log_e x$ wird abkürzend $\ln x$ geschrieben.
Die Funktionswerte können mit dem Taschenrechner ermittelt werden. Zeichne den Graphen der ln-Funktion.

8

Auf den meisten Taschenrechnern sind Funktionstasten für lg und ln vorhanden, nicht aber für einen Logarithmus zu einer anderen Basis.
Um Werte für andere Logarithmusfunktion zu berechnen, kann der Zusammenhang $\log_a x = \dfrac{\lg x}{\lg a}$ verwendet werden.

a) Begründe die einzelnen Schritte der folgenden Herleitung dieses Zusammenhangs:
$y = \log_a x$ gilt genau dann, wenn $a^y = x$ ist.
Dann ist $\lg(a^y) = \lg x$.
Daraus folgt $y \cdot \lg a = \lg x$.
Somit ist $y = \dfrac{\lg x}{\lg a}$ und deshalb $\log_a x = \dfrac{\lg x}{\lg a}$.

b) Zeige, dass ebenso gilt $\log_a x = \dfrac{\ln x}{\ln a}$.

c) Verallgemeinere die Aussagen aus a) und b).

9

a) Interpretiere die Formel $\log_a x = \dfrac{\lg x}{\lg a}$ geometrisch.

b) Begründe folgende Aussage: Man kennt *alle* Logarithmusfunktionen f mit $f(x) = \log_a x$ mit $a > 0$ und $a \neq 1$, wenn man nur die Werte von einer einzigen (für irgendein bestimmtes a) kennt. (*Hinweis:* Beachte Aufgabe 8c.)

10

a) Stelle für die Funktion f mit $f(x) = \log_{2,5} x$ eine Wertetabelle auf und zeichne den Funktionsgraphen. Konstruiere daraus den Graphen der zugehörigen Umkehrfunktion. Wie kannst du die Genauigkeit des zuletzt erhaltenen Graphen überprüfen?

b) Zeichne die Graphen der Logarithmusfunktionen mit der Gleichung $y = \log_a x$ für $a = 0,1$; $a = 0,5$; $a = 1,5$ und $a = 5$.

11

a) Beweise mithilfe von Potenzgesetzen:
Jede Logarithmusfunktion f erfüllt die Funktionalgleichung $f(x_1 \cdot x_2) = f(x_1) + f(x_2)$.

b) Zeige, dass aus der Gleichung $f(x_1 \cdot x_2) = f(x_1) + f(x_2)$ die Gleichung $\log_a \dfrac{1}{x} = -\log_a x$ folgt.

INFORMATION

Die Logarithmusfunktionen zu den Basen 10 und **e** werden in der Mathematik und in vielen Anwendungen bevorzugt benutzt; sie werden durch besondere Bezeichnungen hervorgehoben:

Die Logarithmen zur Basis e werden als „*natürliche Logarithmen*" bezeichnet. Aus „logarithmus naturalis" ist dann die Abkürzung **ln** entstanden.

Die Logarithmen zur Basis 10 werden als „*dekadische Logarithmen*" bezeichnet, sie werden kurz **lg** x geschrieben.

NACHGEDACHT
(zu Aufgabe 9a):
Welcher Art ist der Zusammenhang zwischen den Graphen der beiden Funktionen f mit $f(x) = \log_a x$ und g mit $g(x) = \lg x$?

ANREGUNG
Versuche, eine Funktionalgleichung zu finden, die von der Funktion f mit $f(x) = x^2$ erfüllt wird.

Logarithmusfunktionen

12

Die Graphen der Exponentialfunktionen mit $f(x) = a^x$ und $g(x) = \left(\dfrac{1}{a}\right)^x$ verlaufen zueinander symmetrisch.

a) Beschreibe diese Symmetrie, indem du eine Gleichung zwischen den beiden Funktionstermen für f und g aufstellst.
b) Gib die Gleichungen der zugehörigen Umkehrfunktionen an.
c) Formuliere eine Symmetrieaussage über die Graphen der Umkehrfunktionen und beweise sie.

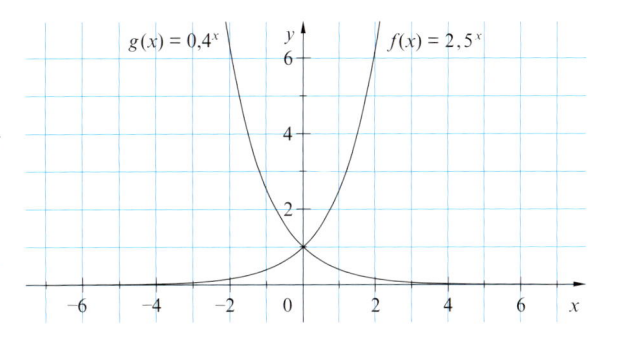

13 L

Begründe, dass jede Logarithmusfunktion $f(x) = \log_a x$ durch die Angabe eines einzigen Wertepaares – mit Ausnahme von $(1|0)$ – eindeutig festgelegt ist.
Gib jeweils diejenige Logarithmusfunktion f an, auf deren Graph der gegebene Punkt liegt.

a) $P(27|3)$ b) $P(16|4)$ c) $P(0{,}01|-2)$
d) $P\left(\dfrac{1}{4}\Big|2\right)$ e) $P\left(\dfrac{1}{6}\Big|-1\right)$ f) $P\left(\dfrac{1}{625}\Big|4\right)$

14

In der Abbildung sind die Graphen von sechs Logarithmusfunktionen dargestellt.
a) Gib für jede eine Gleichung an.
b) Gib jeweils eine Gleichung der entsprechenden Umkehrfunktion an.

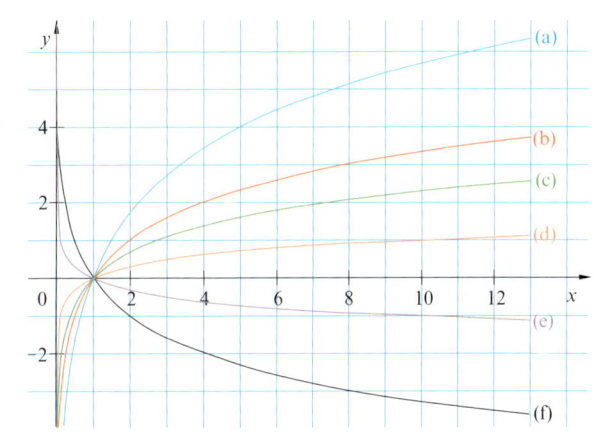

AUFGABEN ZUR WIEDERHOLUNG

1. Löse die folgenden Gleichungen.
   a) $x^2 = 30{,}25$
   b) $x^2 + 30{,}25 = 0$
   c) $x^2 - 196 = 0$
   d) $\left(x - \dfrac{1}{2}\right)\left(x + \dfrac{5}{6}\right) = 0$
   e) $x(x - 7{,}2) = 0$
   f) $(x-4)^2 = 49$
   g) $(2x+5)^2 = 12{,}25$
   h) $\left(x - \dfrac{3}{4}\right)^2 - \dfrac{25}{16} = 0$

2. Löse die folgenden quadratischen Gleichungen.
   a) $x^2 + 6x - 55 = 0$
   b) $x^2 - 6x + 5 = 0$
   c) $x^2 - 4{,}6x - 8{,}4 = 0$
   d) $3{,}5x^2 + 14x = 17{,}5$
   e) $0{,}4x^2 - 7{,}2x = 16$
   f) $\dfrac{2}{5}x^2 - \dfrac{9}{10}x + \dfrac{1}{5} = 0$

3. Finde eine quadratische Gleichung in Normalform, die die angegebenen Lösungen hat.
   a) $x_1 = 7;\ x_2 = 6$
   b) $x_1 = -5;\ x_2 = -12$
   c) $x_1 = -\dfrac{3}{4};\ x_2 = \dfrac{3}{4}$
   d) $x_1 = -0{,}5;\ x_2 = -8{,}2$
   e) $x_1 = 0;\ x_2 = \dfrac{5}{11}$
   f) $x_1 = -\dfrac{4}{5};\ x_2 = 1{,}4$

4. Gegeben sind die Summanden $4x^2y^2$ und 36.
   Ergänze die Summe so, dass mithilfe der 1. Binomischen Formel ein vollständiges Quadrat entsteht. Es gibt drei verschiedene Möglichkeiten.

Exponential- und Logarithmengleichungen

1

Das Wachstum einer Bakterienkultur werde im Zeitintervall von 0 bis 8 Stunden durch die Funktion m mit $m(t) = m(0) \cdot a^t$ beschrieben. Dabei ist $m(0)$ die zum Anfangszeitpunkt vorhandene Bakterienmasse, d.h. die Masse zum Zeitpunkt $t_0 = 0$, und t ist der Zahlenwert der Zeit, gemessen in Stunden.

a) Es sei $m(0) = 0{,}4$ mg und $a = 1{,}26$.
   Nach welcher Zeit beträgt die Masse 2 mg?
b) Es sei $m(0) = 0{,}4$ mg. Nach 5 Stunden betrage die Masse 1,5 mg. Ermittle a.

> Gleichungen, bei denen die Variable im Exponenten auftritt, heißen **Exponentialgleichungen**. Treten Variablen als Argument einer Logarithmusfunktion auf, spricht man von **Logarithmengleichungen**.

BEISPIEL
Gegeben ist die Funktion f mit $f(x) = 4 \cdot a^{-2x}$.

a) Es sei $a = 3{,}2$. Für welches x ist $f(x) = 1$?
   Man findet die Lösung durch geeignete Äquivalenzumformungen.
   Wegen $f(x) = 4 \cdot a^{-2x}$ ist die Gleichung $1 = 4 \cdot 3{,}2^{-2x}$ nach x aufzulösen:

   $4 \cdot 3{,}2^{-2x} = 1$ | Dividieren durch 4
   $3{,}2^{-2x} = 0{,}25$ | Logarithmieren
   $\lg(3{,}2^{-2x}) = \lg 0{,}25$ | Logarithmengesetz anwenden
   $(-2x) \cdot \lg 3{,}2 = \lg 0{,}25$ | nach x auflösen
   $x = \dfrac{\lg 0{,}25}{-2 \cdot \lg 3{,}2}$ | mit dem TR ausrechnen
   $x \approx 0{,}5959$

   Ergebnis: Für $x \approx 0{,}5959$ ist $f(x) = 1$.

b) Für $x = 0{,}2$ sei $f(x) = 2$. Ermittle a.
   Wegen $f(x) = 4 \cdot a^{-2x}$ ist die Gleichung $2 = 4 \cdot a^{-2 \cdot 0{,}2}$ nach a aufzulösen:

   $2 = 4 \cdot a^{-0{,}4}$ | : 4
   $0{,}5 = a^{-0{,}4}$ | Logarithmieren
   $\lg 0{,}5 = \lg(a^{-0{,}4})$ | Logarithmengesetz anwenden
   $\lg 0{,}5 = -0{,}4 \cdot \lg a$ | : (−0,4) und Seiten vertauschen
   $\lg a = \dfrac{\lg 0{,}5}{-0{,}4}$ | Anwenden von $a = 10^{\lg a}$
   $a \approx 5{,}657$

   Ergebnis: Falls $a = 5{,}657$, gilt $f(0{,}2) = 2$.

2

Löse folgende Gleichungen im Kopf.
a) $3^x = 243$
b) $2^x = 1\,024$
c) $5^x = 3\,125$
d) $1{,}5^x = 2{,}25$
e) $2 \cdot 4^x = 128$
f) $3 \cdot 3^x = 729$
g) $2^{x+1} = 512$
h) $2 \cdot 1{,}2^x = 2{,}88$
i) $\dfrac{5^x}{2} = 312{,}5$
j) $\dfrac{6^x}{8} = 27$
k) $\dfrac{1}{2^x} = \dfrac{1}{128}$
l) $2^x = 2 \cdot \sqrt[5]{4}$

Exponential- und Logarithmengleichungen

3

Löse folgende Gleichungen im Kopf.
a) $\log_2 x = 3$ b) $\log_5 x = 2$ c) $\log_{10} x = 5$ d) $\log_{10} x = 3$
e) $2 \cdot \log_3 x = 8$ f) $0{,}5 \cdot \log_4 x = 2{,}5$ g) $3 \cdot \log_{10} x = 12$ h) $12 \cdot \log_2 x = 84$

4L

Löse folgende Exponentialgleichungen. Führe jeweils eine Probe durch.
a) $1{,}8^x = 3{,}24$ b) $14{,}5^x = 456{,}3$ c) $8{,}72^x = 2{,}09$ d) $0{,}986^x = 0{,}542$
e) $0{,}897^x = 3{,}54$ f) $0{,}056^x = 0{,}0034$ g) $0{,}025^x = 2{,}024$ h) $0{,}05^x = 17{,}9$

> **BEISPIEL**
> Es ist die Gleichung $3 \cdot \log_3(2x + 1) = 18$ zu lösen.
>
> $3 \cdot \log_3(2x + 1) = 18$ $\quad | :3$
> $\log_3(2x + 1) = 6$ $\quad | \; a = b$ ist äquivalent zu $3^a = 3^b$
> $3^{\log_3(2x + 1)} = 3^6$ $\quad |$ Definition des Logarithmus anwenden
> $2x + 1 = 729$ $\quad | -1; :2$
> $x = 364$

5L

Löse die folgenden Gleichungen.
a) $1{,}26^{x+1} = 3{,}98$ b) $0{,}564^{2x-3} = 8{,}91$ c) $3{,}82 \cdot 2{,}04^{0{,}5x} = 3{,}56$
d) $0{,}98^{3x+7} = 0{,}42$ e) $452^{0{,}05x} = 100$ f) $1{,}7^{0{,}2x+6} = 2345$
g) $\dfrac{1{,}09^{0{,}5x-3}}{1{,}45} = 3{,}87$ h) $0{,}067 = \dfrac{2{,}04}{1{,}97^{-3x}}$ i) $0{,}5 = 0{,}8 \cdot \log_{10}(x - 2)$

6

Wähle aus den folgenden Gleichungen 3 Paare zueinander äquivalenter Gleichungen aus und löse diese Gleichungen.
a) $5 \cdot 2^{2{,}3x} = 7{,}8$ b) $2 \cdot \log_{10}(2x) = 3$ c) $4 \cdot x^2 = 1000$
d) $4 \cdot \log_4 8 = 2x + 1$ e) $2 \cdot \log_2 1{,}56 = 4{,}6x$ f) $2^{12} = 4^{2x+1}$

> **BEISPIEL**
> Folgende Gleichung ist zu lösen:
> $0{,}5 \cdot 1{,}26^{-x} - 2x + 3 = 0$.
>
> Die gegebene Gleichung ist äquivalent zu folgender Gleichung:
> $0{,}5 \cdot 1{,}26^{-x} = 2x - 3$.
>
> Diese können wir grafisch lösen, indem wir die Abszisse des Schnittpunktes der Graphen von $f(x) = 0{,}5 \cdot 1{,}26^{-x}$ und $g(x) = 2x - 3$ aus der grafischen Darstellung beider Funktionen ablesen.
>
> Intersection xc:1.66995 yc:.339904

7

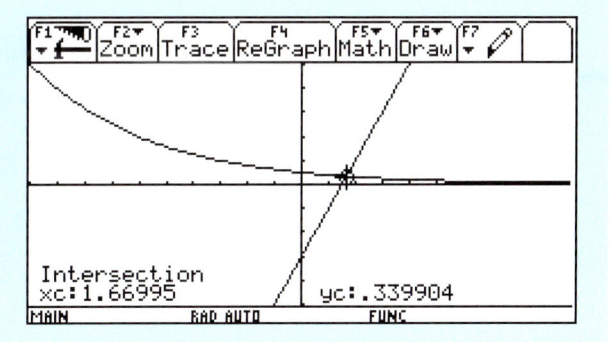

Löse die folgenden Gleichungen grafisch.
a) $3^{-2x} = 1{,}86x - 5$ b) $0{,}9 \cdot 0{,}698^{2x+1} - 4x + 8 = 0$ c) $2{,}5x - 6 = 4{,}06^{-x+3}$

Anwendungen

Zinseszins

1

Frau Biber will ihre Ersparnisse von 8 000 € auf 5 Jahre bei einem Jahreszinssatz von 5,2 % fest anlegen. Herr Kobold aber meint, besser sei ein Angebot, bei dem das Kapital von 8 000 € jährlich um 450 € anwächst.
Was empfiehlst du Frau Biber? Begründe.

2

Herr Schmidt hat 7 Jahre lang 6 000 € zu einem festen Zinssatz mit Zinsansammlung angelegt. Nach den sieben Jahren erhält er 10 150,38 € zurück.
Wie hoch war der jährliche Zinssatz?

> **WUSSTEST DU SCHON?**
>
> Werden die Zinsen nicht ausgezahlt, sondern dem Guthaben zugeschlagen, spricht man von **Zinsansammlung**.

BEISPIEL

a) Eine Bank zahlt für angelegte 12 000 € bei festem Jahreszins nach 8 Jahren 18 556,35 € zurück.
Wie hoch war der Jahreszinssatz?

Lösung:
Pro Jahr wächst der Geldbetrag auf das x-fache des Anfangsbetrages, wobei $x = 100\,\% + p\,\%$ ist. In 8 Jahren wächst der Geldbetrag also auf das x^8-fache.
Demnach gilt:

$12\,000 \cdot x^8 = 18\,556{,}35 \quad | : 12\,000$
$x^8 \approx 1{,}5464 \quad | \text{ Logarithmieren}$
$\lg(x^8) \approx \lg 1{,}5464 \quad | \text{ Logarithmengesetz anwenden}$
$8 \cdot \lg x \approx \lg 1{,}5464 \quad | : 8$
$\lg x \approx \dfrac{\lg 1{,}5464}{8} \quad | \text{ Anwenden von } x = 10^{\lg x}$
$x \approx 10^{\frac{\lg 1{,}5464}{8}} \quad | \text{ Ausrechnen}$
$x \approx 1{,}056$

Damit betrug der Jahreszins 5,6 %.

b) Ein zweiter Anleger hatte zu gleichen Konditionen seine Ersparnisse angelegt und nach 8 Jahren 13 917,26 € zurückbekommen.
Wie viel Euro hatte der zweite Anleger der Bank anvertraut?

Lösung:
Bezeichnet man mit K den eingezahlten Betrag, so gilt analog zu a):
$K \cdot 1{,}056^8 = 13\,917{,}26$
$K = 9\,000$
Der zweite Anleger hatte der Bank 9 000 € anvertraut.

> **BEACHTE**
>
> Wird ein Kapital K mit $p\,\%$ verzinst, ergibt sich nach einem Jahr ein Betrag von $K + \dfrac{p}{100}K$, also von $K\left(1 + \dfrac{p}{100}\right)$.
> Bezeichnen wir den Faktor $\left(1 + \dfrac{p}{100}\right)$ mit x, so ergibt sich nach einem Jahr ein Kapital von
> $K' = K \cdot x$.
> Im zweiten Jahr wächst das Kapital wiederum um den Faktor x:
> $K'' = K' \cdot x = K \cdot x \cdot x$
> usw.

3

Wer hatte den günstigsten Zinssatz?
A hat 5 000 € für 4 Jahre angelegt und am Ende 5 826,83 € erhalten.
B hat 8 000 € für 5 Jahre angelegt und am Ende 9 593,65 € erhalten.
C hat 4 000 € für 6 Jahre angelegt und am Ende 5 090,55 € erhalten.

Anwendungen

4
Berechne zu den Angeboten der Sparbank den effektiven Jahreszins.

5
Erkundige dich bei einer Bank in deiner Nähe nach Angeboten zur Geldanlage und formuliere daraus eine Aufgabe für deine Mitschüler.

Angebote der Sparbank

Wir machen aus 1 000 €
in drei Jahren 1 100 €.

Wir machen aus 5 000 €
in vier Jahren 6 000 €.

Aus 10 000 € werden bei uns
in fünf Jahren 12 500 €.

WUSSTEST DU SCHON?
Unter dem **effektiven Jahreszinssatz** versteht man den Zinssatz, mit dem das eingezahlte Kapital verzinst werden muss, um auf den am Ende ausgezahlten Betrag zu kommen. Darin sind auch alle anfallenden Nebenkosten wie zum Beispiel Bearbeitungsgebühren enthalten.

6L
a) Die Superbank bietet einen Kredit mit einer Laufzeit von 5 Jahren zu einem Zinssatz von 8,9 % p. a. Der Kreditnehmer muss aber eine Bearbeitungsgebühr von 300 € zahlen.
Ein Kreditnehmer möchte einen Kredit von 16 000 € aufnehmen.
Berechne den effektiven Jahreszins.
b) Ein anderer Kreditnehmer möchte bei der gleichen Bank einen Kredit von 5 000 € aufnehmen. Wie groß ist jetzt der effektive Jahreszins?

7
a) Berechne für die Angebote der Kreditbank den jeweiligen effektiven Jahreszins.
b) Wie ändert sich der effektive Jahreszins, wenn die Bearbeitungsgebühr unabhängig von der Kreditsumme 500 € beträgt?

Jetzt Wünsche erfüllen!
Kredit: 10 000 €
Rückzahlung nach 3 Jahren 12 500 €
Kredit: 5 000 €
Rückzahlung nach 4 Jahren 7 000 €
Die Bearbeitungsgebühr beträgt jeweils 5% der Kreditsumme.
Ihre Kreditbank ist für Sie da!

8
Herr Schneider hat eine Lebensversicherung über eine Laufzeit von 14 Jahren abgeschlossen. Die Versicherungssumme beträgt 16 000 €. Er zahlt jeweils zu Beginn des Jahres 1 140 € ein und erhält nach Ablauf der 14 Jahre die Versicherungssumme zuzüglich einer Gewinnbeteiligung ausgezahlt. Die Höhe der Gewinnbeteiligung ist von einigen Faktoren wie der Zins- und Kostenentwicklung abhängig.
Nach den Bedingungen bei Abschluss des Vertrages kann Herr Schneider mit einer Auszahlung von 19 800 € rechnen.
a) Welchen Betrag müsste Herr Schneider 14 Jahre lang zu Jahresbeginn auf ein Sparkonto mit 3,6 % Zinsen zahlen, um nach 14 Jahren auf 19 800 € zu kommen?
b) Frau Müller hat eine Erbschaft über 10 000 € gemacht. Sie legt diese Summe fest zu 5,2 % an.
Nach wie vielen Jahren beträgt ihr Guthaben mindestens 19 800 €?

AUFGABE
Erkundige dich über die Vor- und Nachteile einer Lebensversicherung. Vergleiche Angebote von Versicherungen und Banken zum Aufbau einer zusätzlichen Altersversorgung.
Stelle die Ergebnisse deiner Recherche in einem Vortrag deinen Mitschülern vor.

Exponential- und Logarithmusfunktionen

Anwendungen aus der Physik

BEISPIEL
Stellt man ein Glas mit heißem Wasser auf den Tisch, so kühlt sich das Wasser ab und nimmt nach einer gewissen Zeit die Temperatur der Umgebung an. (Die Erwärmung der Umgebung kann man dabei vernachlässigen).
Die Temperatur ϑ des Wassers ist eine Funktion der Zeit t. Sie wird durch die Gleichung $\vartheta(t) = \vartheta_u + (\vartheta_0 - \vartheta_u) \cdot e^{-Kt}$ beschrieben.
Dabei bedeuten:
$\vartheta(t)$ die Temperatur des Wassers in °C nach der Zeit t,
ϑ_0 die Anfangstemperatur des Wassers,
ϑ_u die Umgebungstemperatur,
t die Zeit in Minuten und
K eine Konstante, die von der Masse, der spezifischen Wärme und der Oberflächenbeschaffenheit des sich abkühlenden Körpers abhängt.
Bei einem Experiment wurden $\vartheta_u = 21{,}9\,°C$ und $\vartheta_0 = 55{,}6\,°C$
sowie die Werte aus der folgenden Tabelle gemessen.

Glas mit heißem Tee

t in min	5	10	15	20	25
$\vartheta(t)$ in °C	51,7	49,1	46,8	44,3	42,0

Setzt man in der Funktionsgleichung z.B. $t = 25$ und $\vartheta(t) = 42{,}0$, erhält man $K = 0{,}021$ für die zu diesem Experiment gehörende Abkühlungskonstante und kann dann den folgenden Graphen zu dieser Funktion zeichnen.

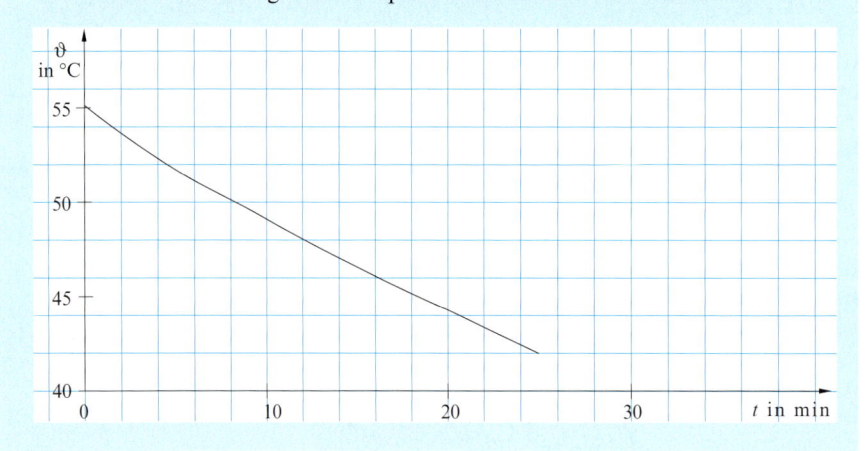

9

a) Überprüfe die Berechnung von K aus dem Beispiel.
b) Berechne die Funktionswerte für $t = 5$ min; $t = 10$ min, $t = 15$ min und für $t = 20$ min und vergleiche diese Werte mit den gemessenen Werten aus der Tabelle. Wie erklärst du dir die Abweichungen?
c) Ermittle aus dem Graphen der Funktion, welche Temperatur das Wasser nach 13 Minuten hatte.
d) Lies aus dem Graphen ab, nach wie viel Minuten das Wasser auf 45 °C abgekühlt war.
e) Berechne, auf welche Temperatur sich das Wasser nach 30 Minuten (45 Minuten) abgekühlt hatte.
f) Berechne, nach wie viel Minuten das Wasser auf 30 °C (25 °C) abgekühlt war?

AUFGABE
Wiederhole das im Beispiel angegebene Experiment und nimm eine Messwerttabelle auf. Stelle die Temperatur in Abhängigkeit von der Zeit grafisch dar und berechne den Abkühlungskoeffizienten für deine Versuchsanordnung. Beantworte für deine Versuchsanordnung die Fragen b) bis f) der Aufgabe 9.

Anwendungen

10

Einige radioaktive Stoffe senden eine Gammastrahlung aus. Diese Strahlung ist bei größerer Intensität gesundheitsschädlich oder sogar lebensgefährlich.
Mit Materialien, die diese Strahlung absorbieren, kann man sich vor ihr schützen, beispielsweise verringert eine 11 mm dicke Bleischicht die Intensität von γ-Strahlen auf die Hälfte.
Die Strahlungsintensität nimmt exponentiell mit der Schichtdicke des absorbierenden Materials ab.

a) Die Abhängigkeit des Verhältnisses $f(x)$ der Intensität der die Bleiplatte verlassenden Strahlung zu der Intensität der auf die Bleiplatte auftreffenden Strahlung von der Dicke x der Bleiplatte in mm wird durch eine Funktion $f(x) = a^{-x}$ beschrieben. Der Graph dieser Funktion ist rechts in der Randspalte dargestellt. Ermittle a.
b) Eine Bleiplatte sei 25 mm dick.
Auf welchen Bruchteil schwächt sie die Strahlungsintensität ab?
c) Berechne, wie dick eine Bleiplatte sein muss, damit die Strahlungsintensität auf ein Zehntel des ursprünglichen Wertes reduziert wird.
d) Berechne, wie dick eine Bleiplatte sein muss, damit die Strahlungsintensität auf ein Hundertstel des ursprünglichen Wertes reduziert wird.

11

Das radioaktive Isotop Kobalt Co-60 wird in der Medizin als Strahlungsquelle für die Behandlung von Krebsgeschwüren eingesetzt. Der Krankheitsherd wird dabei mithilfe einer „Kobaltkanone" „beschossen", wobei die γ-Strahlung des Kobaltisotops das kranke Gewebe zerstört.
Co-60 hat eine Halbwertszeit von 5,3 Jahren. Die noch vorhandene Masse $m(t)$ von Co-60 hängt von der Zeit t ab und wird durch eine Exponentialfunktion beschrieben.
Es ist $m(t) = m_0 a^{-t}$; dabei ist m_0 die Masse zum Zeitpunkt $t = 0$.

a) In einem Behälter lagern 40 g Co-60.
Wie viel Gramm Co-60 sind nach einem Jahr noch vorhanden?
b) Nach welcher Zeit sind nur noch 2 g Co-60 vorhanden?
c) Wie lange dauert es, bis nur noch 2 mg Co-60 vorhanden sind?

12

Die noch vorhandene Masse $m(t)$ des radioaktiven Isotops Phosphor 29 (P-29) wird in Abhängigkeit von der Zeit t durch die Funktion $m(t) = m_0 \cdot 1{,}1842^{-t}$ beschrieben. Dabei ist m_0 die Masse zum Zeitpunkt $t = 0$ und die Zeit ist in Sekunden angegeben.

a) Stelle den Funktionsgraphen im Zeitintervall 0 bis 30 Sekunden für $m_0 = 1$ g dar.
b) Ermittle die Halbwertszeit von P-29.
c) Lies aus dem Graphen ab, nach welcher Zeit noch 0,8 g (0,4 g, 0,1 g) Phosphor 29 vorhanden sind.
d) Lies aus dem Graphen ab, wie viel Phosphor 29 nach 8 s (15 s, 25 s) vorhanden ist.

13

Radium 226 (Ra-226) hat eine Halbwertszeit von 1590 Jahren. Zur Zeit $t = 0$ sei 1 g Ra-226 vorhanden. Beschreibe die Abnahme der Masse von Ra-226 in Abhängigkeit von der Zeit durch eine Funktion und stelle diese grafisch in dem Intervall von 0 bis 10 000 Jahre dar.

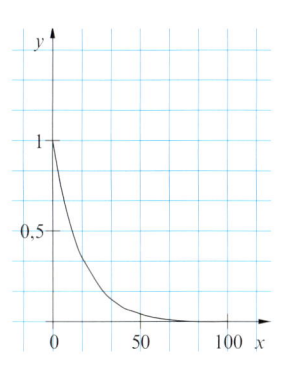

BEACHTE

Unter *Halbwertszeit* versteht man die Zeit, in der eine zeitlich gesetzmäßig abnehmende Größe auf die Hälfte ihres ursprünglichen Wertes absinkt. Das radioaktive Kobalt 60 hat eine Halbwertszeit von 5,3 Jahren, d. h. nach einer Zeit von 5,3 Jahren ist die Hälfte der Substanz zerfallen.

WUSSTEST DU SCHON?

Radium (das Strahlende) wurde 1898 von der polnischen Wissenschaftlerin Marie Curie bei der Untersuchung von Pechblende entdeckt.

Marie Curie (1867–1934)

14

Der Graph im Bild beschreibt die Intensität von Gammastrahlen in Abhängigkeit von der Schichtdicke des absorbierenden Stoffes.
a) Gib eine Gleichung für die Exponentialfunktion an.
b) Vergleiche das Ergebnis aus a) mit den Angaben in Aufgabe 10. Welchen Stoff vermutest du als absorbierendes Medium?

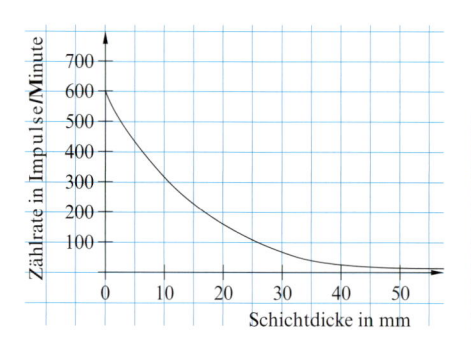

ERINNERE DICH
Bar ist eine für den Luftdruck verwendete Einheit. Es gilt:
1 bar = 10^5 Pa = 100 kPa
= 1 000 hPa

15

Der Luftdruck p nimmt mit wachsender Höhe h über dem Meeresspiegel ab.
Beträgt der Luftdruck in Höhe des Meeresspiegels 1,013 bar, so kann er in x Kilometern Höhe nach der Formel $p(x) = 1{,}013 \cdot 0{,}88^x$ berechnet werden.
Man erhält nach dieser Formel den Zahlenwert des Luftdrucks gemessen in bar.
a) Stelle die Funktion p grafisch dar.
b) Lies aus dem Graphen die Höhe ab, in der der Luftdruck auf die Hälfte des Wertes in Höhe des Meeresspiegels abgesunken ist.
c) Ermittle den Luftdruck in 12 km Höhe.
d) In welcher Höhe wird ein Luftdruck von 0,364 bar gemessen, wenn in Meeresspiegelhöhe 1,013 bar gemessen werden?

INFORMATION
Genauer als die Näherungsformel aus Aufgabe 15 beschreibt die Barometrische Höhenformel
$$p = p_0 \cdot e^{-\varrho_0 \cdot g \cdot \frac{h}{p_0}}$$
die Abhängigkeit des Luftdrucks von der Höhe über NN. Darin bedeutet:
ϱ_0 Dichte der Luft bei 0 °C und 101,3 kPa,
p_0 Luftdruck in 0 m Höhe,
g Fallbeschleunigung 9,806 65 m/s².

AUFGABE
Bringe den Wert für ϱ_0 in Erfahrung und vergleiche die Barometrische Höhenformel mit der Funktion aus Aufgabe 15.

16

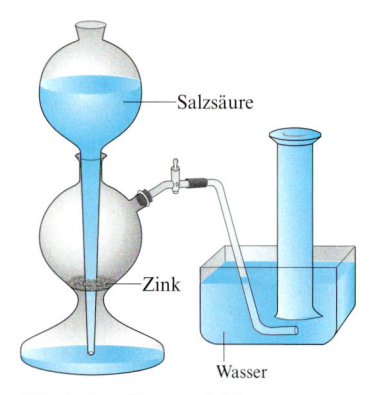

Kipp'scher Gasentwickler

Zink reagiert mit Salzsäure. Dabei entstehen Zinkchlorid und Wasserstoff. Durch die chemische Reaktion nimmt die Konzentration der Salzsäure mit der Zeit ab. Das Diagramm zeigt diese Abhängigkeit für zwei verschiedene Ausgangskonzentrationen.
a) Beschreibe die Abhängigkeit der Konzentration der Salzsäure von der Zeit.
b) Nach welcher Zeit ist die Konzentration der Salzsäure auf 50 % des Ausgangswertes zurückgegangen, nach welcher Zeit auf 25 %?
c) Prüfe, ob die Konzentration c in mol·l^{-1} in Abhängigkeit von der Zeit t in s näherungsweise durch eine Funktion mit der Gleichung $c = a^t$ beschrieben werden kann.
d) Erkundigt euch bei eurem Chemielehrer, wie man experimentell die Konzentration von Salzsäure ermittelt.

HINWEIS
Auf der Seite 242 findest du eine Information zum Begriff „Mol".

Anwendungen

Natürliches Wachstum

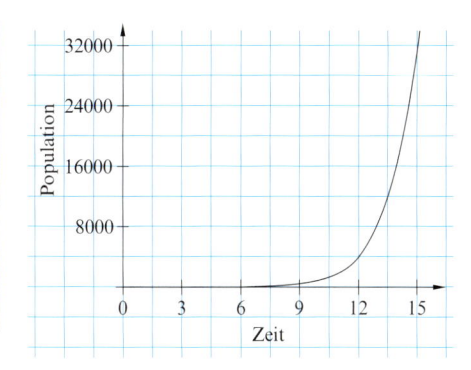

Wasserhyazinthe (vgl. Aufgabe 1, Seite 28)

Jede Population von Lebewesen zeigt in einem unbegrenzten Lebensraum ein ungebremstes Wachstum, das gut durch eine Exponentialfunktion beschrieben werden kann. In konstanten Zeiträumen verdoppelt sich die Anzahl der Lebewesen. In der Realität gibt es keine unbegrenzten Lebensräume. Stets gibt es Faktoren, die dem ungebremsten Wachstum entgegen wirken. So gibt es in der Natur nur für begrenzte Zeiträume ein annähernd exponentielles Wachstum.

17
Ermittle die Zeit, in der sich die im obigen Graphen beschriebene Population von Lebewesen verdoppelt.

18
Der Graph beschreibt die Entwicklung einer Population in Abhängigkeit von der Zeit (in Stunden) bei begrenztem Wachstum.
a) Beschreibe die im Graphen dargestellte Entwicklung der Population.
b) In welchem Intervall kann die Entwicklung der Population annähernd durch eine Exponentialfunktion beschrieben werden? Gib eine Funktionsgleichung für dieses Intervall an. Wie viele Lebewesen müssten bei ungebremstem Wachstum nach 15 Stunden vorhanden sein?

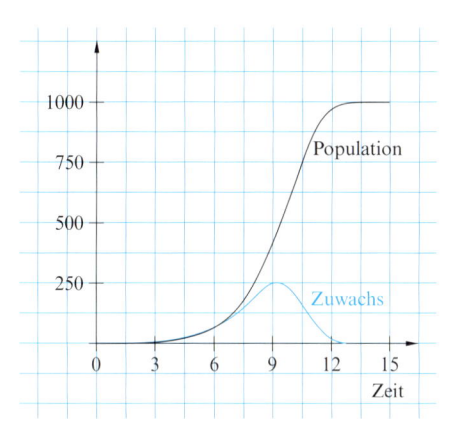

Heuschrecke (vgl. Kapiteleingangsseite)

19L
Eine Bakterienkultur vermehrt sich in einer ausreichend vorhandenen Nährlösung wie folgt:

Zeit t in h	0	1	2	3	4	5	6
m in mg	1,2	2,2	4,1	7,6	14,0	26,0	48,1

a) Fertige eine grafische Darstellung der Zuordnung an.
b) Eine Funktionsgleichung für diese Zuordnung ist $m(t) = 1{,}2 \cdot a^t$. Ermittle a.
c) Welche Masse Bakterien ist nach 2,5 h zu erwarten?
d) Nach welcher Zeit sind 30 g Bakterienmasse vorhanden?

20

Hefe vermehrt sich anfänglich annähernd exponentiell. Nach einiger Zeit jedoch wirken sich die bremsenden Faktoren aus und das Wachstum verlangsamt sich.

a) Versuche, eine Exponentialfunktion anzugeben, die das Wachstum der Hefe in den ersten 6 Stunden näherungsweise beschreibt.

b) Die Hefemenge $m(t)$ in Abhängigkeit von der Zeit t wird näherungsweise durch die Funktion mit der Gleichung $m(t) = \dfrac{660}{1 + 65 \cdot a^{-t}}$ beschrieben, wobei die Masse in mg und die Zeit in Stunden gemessen wird. Berechne a und stelle dann eine Wertetabelle für die Funktion im Intervall von 1 bis 20 Stunden auf.

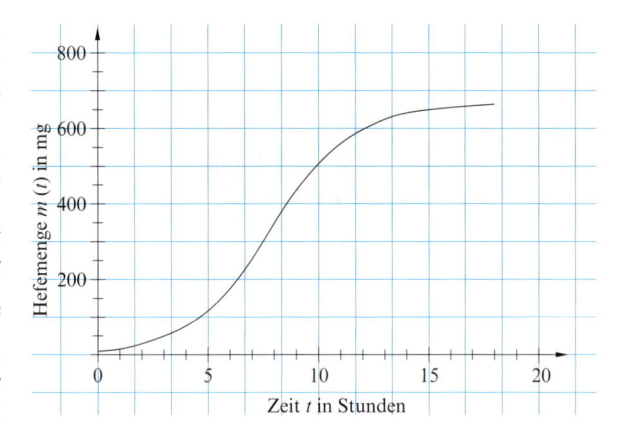

21

Ein globales Problem ist das Bevölkerungswachstum in einigen Ländern. Die folgende Tabelle gibt die Einwohnerzahlen (in Mio.) Indiens, Chinas, Deutschlands und Mexikos für einige Jahre an (die Zahlen für 2000, 2010 und 2020 sind geschätzt):

Jahr	1960	1965	1970	1975	1980	1985	1990	1995	1997	1999	2000	2010	2020
Indien	442	495	555	621	689	767	846	931	967	1 001	1 019	1 189	1 329
China	648	729	831	927	996	1071	1153	1175	–	1 247	1 257	1 376	1 521
Deutschland	73	76	78	79	78	78	79	81	–	82	83	78	74
Mexiko	36	43	50	59	67	76	84	91	–	–	99	118	138

a) Verlangsamt sich das Wachstum der Bevölkerung in Indien? Begründe deine Antwort, indem du die jährlichen Wachstumsraten für die Jahre von 1960 bis 1965, von 1970 bis 1975, von 1980 bis 1985 und von 1990 bis 1995 berechnest und vergleichst.

b) Berechne die Einwohnerzahl Indiens für das Jahr 2009 unter der Voraussetzung, dass die für den Zeitraum von 1997 bis 1999 errechnete Wachstumsrate die nächsten 10 Jahre unverändert bleibt.

c) China war 1999 das Land mit den meisten Einwohnern. 1999 betrug die Wachstumsrate 0,77 %.
Wie viele Einwohner hätte China im Jahre 2010, wenn diese Rate konstant bliebe?

d) Welchen Wert müsste die Wachstumsrate annehmen, wenn die Bevölkerungszahl bis zum Jahr 2010 nicht größer als 1 300 Mio. werden soll?

22

a) Stelle in einem Koordinatensystem die Einwohnerzahlen von Deutschland und Mexiko für die in der Tabelle angegebenen Jahre dar.

b) Deutschland und Mexiko hatten 1987 etwa die gleiche Einwohnerzahl. Ermittle für gleiche Zeiträume jeweils die Wachstumsrate der Bevölkerung Deutschlands und Mexikos.

Anwendungen

23

In der Tabelle in der Randspalte sind die Einwohnerzahlen von Indonesien von 1960 bis 2000 in Fünfjahresschritten angegeben.

a) Beschreibe das Wachstum der Bevölkerung ab 1950 durch eine Funktion der Form $n_1(t) = n_1(0) \cdot a^t$, wobei t die Anzahl der Jahre ist, die seit 1950 vergangen sind, $n_1(0)$ die Einwohnerzahl von 1950 bezeichnet und $n_1(t)$ die Einwohnerzahl t Jahre nach 1950 angibt. Ermittle a, indem du $t = 50$ und $n_1(t) = 212$ setzt.

b) Beschreibe das Bevölkerungswachstum Indonesiens mithilfe einer linearen Funktion $n_2(t) = at + b$, die aus den Bevölkerungszahlen von 1950 und 2000 gewonnen wird. Dabei soll $n_2(t)$ die Bevölkerungszahl (in Mio.) t Jahre nach 1950 angeben.

c) Beschreibe das Bevölkerungswachstum in Indonesien durch eine quadratische Funktion $n_3(t) = at^2 + bt + c$. Dabei soll $n_3(t)$ die Bevölkerungszahl (in Mio.) t Jahre nach 1950 angeben.
Wähle zu diesem Zweck die Werte für die Jahre 1950, 1975 und 2000 ($t = 0$, $t = 25$ und $t = 50$) aus und ermittle daraus die Koeffizienten a, b und c.

d) Welche Bevölkerungszahl Indonesiens würden die Funktionen n_2 bzw. n_3 für das Jahr 2010 bzw. für 2050 liefern?

Einwohnerzahlen von Indonesien

Jahr	Einwohner in Mio.
1950	80
1960	96
1965	107
1970	120
1975	136
1980	151
1985	167
1990	184
1995	201
2000	212

24

a) Nebenstehende Abbildung zeigt einen Vergleich des wirklichen Bevölkerungswachstums in Indonesien mit den drei Beschreibungen aus Aufgabe 23. Versuche, die Abweichungen zu erklären.

b) Im Jahre 2000 betrug das Jahreswachstum der Bevölkerung in Indonesien noch 1,6 %.
Welche Bevölkerungszahl würde sich bei Beibehaltung des Wachstums für das Jahr 2050 ergeben?

c) Prognosen gehen von einer Bevölkerungszahl für Indonesien im Jahre 2050 von 312 Millionen aus. Wie erklärst du dir diese Zahl?

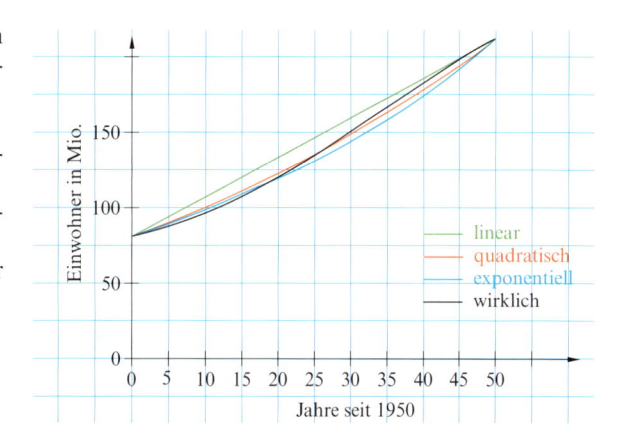

25

a) Ein Medikament erzeuge bei Einnahme einer Normaldosis eine Konzentration von 0,6 mg je Liter Blut. Innerhalb von 8 Stunden sinkt die Konzentration auf ein Drittel. Um die Wirksamkeit des Medikaments zu gewährleisten, ist eine Mindestkonzentration von 0,25 mg je Liter Blut erforderlich. Stelle die Konzentration des Medikaments im Blut in Abhängigkeit von der Zeit grafisch dar. In welchen Zeitabständen muss eine Normaldosis des Medikaments eingenommen werden?

b) Ein anderer Wirkstoff, dessen Abbau im Körper in Abhängigkeit von der Zeit ebenfalls exponentiell vor sich geht, muss in einer Mindestkonzentration von 0,04 mg je Liter Blut vorhanden sein, damit seine heilende Wirkung gesichert ist. Andererseits soll die Konzentration 0,3 mg je Liter Blut nicht übersteigen, um unangenehme Nebenwirkungen zu vermeiden. Nach der Einnahme des Medikaments wird es schnell zu etwa 50 % vom Blut absorbiert. Nach etwa 3 Stunden jedoch ist die Konzentration im Blut auf die Hälfte des Ausgangswertes gesunken. In welcher Dosis und in welchen Zeitabständen sollte der Wirkstoff eingenommen werden?

HINWEIS

Um die Wirksamkeit eines Medikaments zu gewährleisten, ist eine gewisse Mindestkonzentration im Körper notwendig.
Einige Wirkstoffe werden im Körper exponentiell abgebaut, d. h. die Konzentration im Körper nimmt in Abhängigkeit von der Zeit exponentiell ab.

Die Wanderung der Droge

Ganze Drogenströme durchziehen die Welt. Hier allerdings ist unter „Wanderung einer Droge" nicht der Handel mit Suchtmitteln gemeint, sondern der Weg eines Wirkstoffes im Blutkreislauf durch den Körper eines Menschen.

Die „Droge", ursprünglich die ge-trock-ne-te Heilpflanze, kann auch ein Medikament sein. Denken wir also nicht unbedingt an Ecstasy oder Heroin und fragen wir, wie sich Zunahme und Abbau der Drogenkonzentration im menschlichen Körper mathematisch beschreiben lassen.

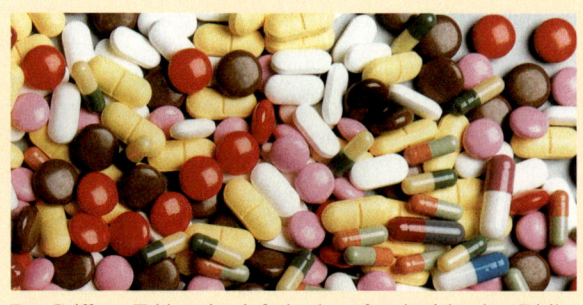

Der Griff zur Tablette ist einfach, aber oftmals nicht ohne Risiko.

Der einfachste Fall: Die Substanz wird intravenös gespritzt und sofort zum Herzen geschwemmt. Sie vermischt sich dort mit dem zusammenströmenden Blut und gelangt über die Arterien in gleicher Konzentration (z. B. von 4 mg/l) bis in die feinsten Äderchen. Die volle Dosis wirkt dann praktisch von Anfang an, wird aber meist auch sogleich chemisch abgebaut oder ausgeschieden (eliminiert). Das kann unter anderem *linear* geschehen (z. B. mit einer Abnahme um 0,15 mg/l pro h; Abb. 1) oder *exponentiell* (z. B. mit einem Rückgang auf 85% des jeweils erreichten Wertes in mg/l pro h; Abb. 2).

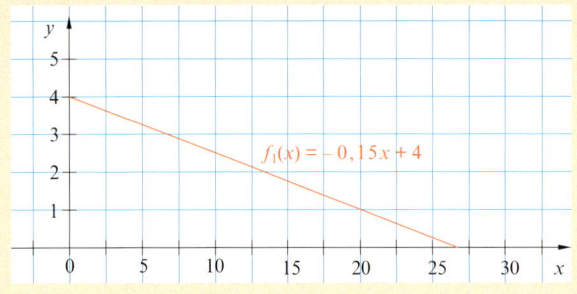

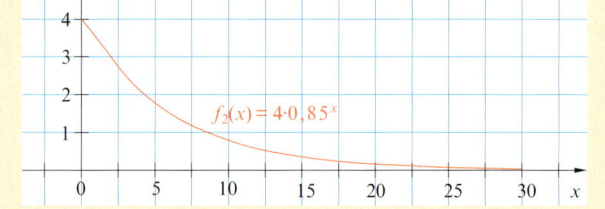

$f_1(x) = -0{,}15x + 4$

Abb. 1: Lineare Abnahme

$f_2(x) = 4 \cdot 0{,}85^x$

Abb. 2: Exponentielle Abnahme

Ob eine „Droge" tatsächlich ungefähr nach solch einem mathematischen Modell durch den Körper „wandert", lässt sich relativ einfach durch Blutproben feststellen. Gemessen wird zu bestimmten Zeitpunkten die Konzentration der Substanz im Blut. Bei (nahezu) linearer Abnahme liegen die entsprechenden Punkte (nahezu) auf einer Geraden, bei (ungefähr) exponentiellem Rückgang (ungefähr) auf einer Exponentialkurve.

Komplizierter wird es, wenn die „Droge" als Tablette geschluckt wird. Ein Modell mit drei „Kammern" K1, K2, K3 und zwei Übergangsraten R1, R2 vereinfacht den Vorgang zu einem berechenbaren Ablauf.

Ein Beispiel: Jemand nimmt 3 mg Wirkstoff ein. Der Wirkstoff wandert anschließend vom Magen/Dünndarm (K1) mit der Rate R1 = 80% pro h in das Blut (K2) und von dort mit der Rate R2 = 10% pro h über die Nieren mit dem Urin in die Blase (K3).

Die Übergangsraten beziehen sich dabei stets auf die momentan in einer Kammer *vorhandene* Substanzmenge. Die in gleichen Zeiteinheiten *weitergeleitete* Substanzmenge ändert sich dadurch ständig (im Unterschied zur linearen Abnahme).

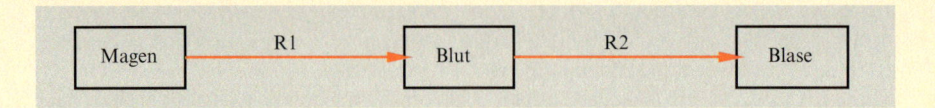

Magen — R1 → Blut — R2 → Blase

Die Wanderung der Droge

Geeignete Computerprogramme können solche „dynamischen" Vorgänge in Einzelschritten, also durch abwechselnde Berechnung kleinster „Häppchen", die in kurzen Zeitintervallen von K1 nach K2 bzw. von K2 nach K3 wandern, beliebig genau simulieren.

Das Ergebnis: Drei „Kurven" (genau genommen: Punkt-Ketten) informieren darüber, wie sich die Dosis 3 mg zu den gewählten Zeitpunkten nach der Einnahme auf Magen/Darm, Blut und Blase verteilt. (Die Konzentration der Substanz im Blut erhält man durch Division ihrer Masse durch dessen Volumen, das sind beim Erwachsenen ca. 5 Liter.)

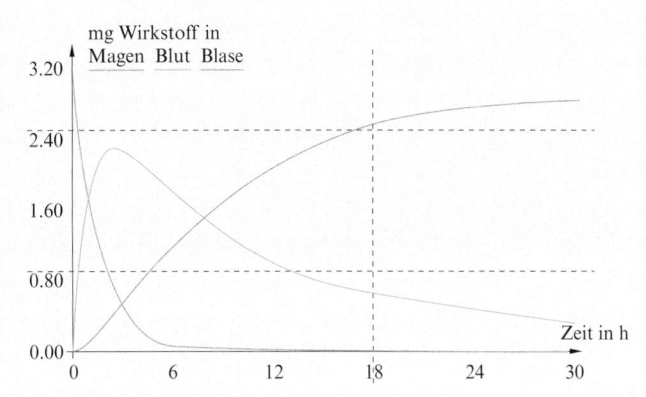

Wie viel Substanz sich nach dem Modell zu jedem Zeitpunkt x bei gleichzeitigem, ununterbrochenem Zufluss und Abfluss im Blut befindet, das beschreibt eine Funktion vom Typ $f(x) = c(a^x - b^x)$, im Beispiel mit $a \approx 0{,}905$; $b \approx 0{,}449$; $c = 3 \cdot 8/7 \approx 3{,}429$. Der erste Summand in der Klammer ergibt sich aus der exponentiellen Abnahme der Menge in K2, der zweite aus der in K2 immer noch fehlenden Menge aus K1, die dort ebenfalls exponentiell abnimmt. (Die Gleichung und die „krummen" Zahlenwerte werden hier nicht hergeleitet.) Der Graph unterscheidet sich – wie sich leicht prüfen lässt – praktisch nicht mehr vom Ergebnis der Simulation.

Erkennbar wird, wie die „Droge" den Körper durchwandert:
Schlucken wir eine Pille (ohne „Vorgängerin"), so steigt der „Wirkstoffspiegel" normalerweise im Blut von null aus erst an und erreicht ein Maximum. Dann geht er allmählich wieder zurück, die Wirkung klingt ab. Es ist Aufgabe der „Pharmakokinetik", solche Vorgänge genauer zu beschreiben und zu berechnen. Schließlich soll sich im Körper – so lange wie nötig – möglichst die „richtige" Menge des Stoffes befinden: genug, dass er überhaupt wirkt, doch nicht zu viel, damit schädliche „Nebenwirkungen" ausbleiben.

Übrigens: Das vorgestellte mathematische Modell, die pharmakokinetische „Bateman-Funktion", ist (begrenzt) auf vieles anwendbar, was kommt und wieder geht: auf Moden, Düfte, Sensationen wie die Nachricht vom Untergang der Titanic (1912) oder den letzten Film über dieses Ereignis – und manches andere.

1

Führt die oben vorgestellte Simulation einer „Wanderung der Droge" durchs Blut selbst durch. Benutzt dabei möglichst ein fertiges oder ein eigenes Programm. Es geht auch mit dem Taschenrechner, kostet dann aber etwas Mühe und Geduld.
Wählt als Zeitintervall $\Delta x = 0{,}1$ h = 6 min.
Nehmt auch andere Werte für Dosis und Übergangsraten.

2

Viele Epileptiker können ein ganz normales Leben führen, dürfen also z. B. auch Auto fahren. Denn bei regelmäßiger Tabletteneinnahme befindet sich von einem passenden Wirkstoff immer gerade so viel im Blut, dass Anfälle ausbleiben, ohne dass den Patienten als „Nebenwirkung" Müdigkeit befällt.
Als Beispiel für eine erfolgreiche „Medikation" nehmen wir an: Die Tabletten werden im 12-Stunden-Takt eingenommen. Die erste wirke – wie auch jede folgende für sich gesehen – nach der Gleichung $y = 1{,}2 \cdot (0{,}9^x - 0{,}5^x)$, wobei x die vergangene Zeit in h nach Einnahme der Tablette und y die Konzentration des Wirkstoffes in µg pro Liter Blut bedeuten.
Untersucht den Verlauf mithilfe eines Grafikprogramms.

ÜBRIGENS

Ecstasy-Tabletten sehen zwar lustig und harmlos aus, hinterlassen aber furchtbare Spuren

ZUSAMMENFASSUNG

Jede Funktion f mit einer Gleichung $f(x) = c \cdot a^x$ ($a, c \in \mathbb{R}$; $a > 0$, $a \neq 1$; $c \neq 0$) heißt **Exponentialfunktion** zur Basis a.

Jede Funktion f mit einer Gleichung $f(x) = \log_a x$ ($a \in \mathbb{R}$; $a > 0$; $a \neq 1$) heißt **Logarithmusfunktion** zur Basis a.

Die Logarithmusfunktion mit der Gleichung $y = \log_a x$ ($a \in \mathbb{R}$; $a > 0$; $a \neq 1$) und die Exponentialfunktion $y = a^x$ ($a \in \mathbb{R}$; $a > 0$; $a \neq 1$) sind zueinander inverse Funktionen.
In der folgenden Übersicht sind die Exponentialfunktionen mit $c = 1$ und die entsprechenden Logarithmusfunktionen einander gegenübergestellt.

	Exponentialfunktionen $f(x) = a^x$ ($a \in \mathbb{R}$, $a > 0$; $a \neq 1$)	**Logarithmusfunktionen** $f(x) = \log_a x$ ($a \in \mathbb{R}$, $a > 0$; $a \neq 1$)
Definitionsbereich	$\mathbb{R}$	$\{x \in \mathbb{R}; x > 0\}$
Wertebereich	$\{y \in \mathbb{R}; y > 0\}$	$\mathbb{R}$
Graph		
Funktionalgleichung	Für alle reellen x_1, x_2 gilt: $f(x_1 + x_2) = f(x_1) \cdot f(x_2)$ bzw. $a^{x_1 + x_2} = a^{x_1} \cdot a^{x_2}$	Für alle positiven, reellen x_1, x_2 gilt: $f(x_1 \cdot x_2) = f(x_1) + f(x_2)$ bzw. $\log_a(x_1 \cdot x_2) = \log_a x_1 + \log_a x_2$
Monotonieverhalten	Für $a > 1$: $f(x) = a^x$ ist monoton wachsend. Für $0 < a < 1$: $f(x) = a^x$ ist monoton fallend.	Für $a > 1$: $f(x) = \log_a x$ ist monoton wachsend. Für $0 < a < 1$: $f(x) = a^x$ ist monoton fallend.
Schnittpunkt mit der x-Achse	existiert nicht	$(1 \mid 0)$ Also: Nullstelle ist $x_0 = 1$, d. h. $f(1) = \log_a 1 = 0$ (für alle $a \in \mathbb{R}$, $a > 0$)
Schnittpunkt mit der y-Achse	$(0 \mid 1)$	existiert nicht
gemeinsamer Punkt aller Graphen	$(0 \mid 1)$	$(1 \mid 0)$

Winkelfunktionen

Jeder Satellit hat seine eigenen, charakteristischen Bahndaten. Diese sind verschlüsselt in einer durch einen Signalcode modifizierten hochfrequenten Sinusschwingung, die vom Satelliten abgestrahlt wird und auf der Erde empfangen werden kann.

Drehbewegungen

1

An einem Riesenrad mit einem Durchmesser von 10 m, dessen Mittelpunkt sich 8 m über dem Erdboden befindet, hängen 8 Gondeln. Die Fahrgäste sitzen ca. 2,5 m unter dem jeweiligen Befestigungspunkt der Gondel. Das Riesenrad bewegt sich entgegengesetzt zum Uhrzeigersinn (in mathematisch positiver Richtung) und benötigt für eine volle Umdrehung 72 s.
Peter steigt unten in eine Gondel ein. Nach genau 2 Minuten Fahrzeit bleibt das Riesenrad stehen.
a) Hat das Riesenrad angehalten, um Fahrgäste aus- bzw. einsteigen zu lassen?
b) In welcher Höhe hängt Peter fest?
c) Gibt es eine weitere Gondel in der gleicher Höhe?

2

Die Position einer Gondel am Riesenrad ändert sich mit der Zeit bzw. mit dem Drehwinkel. Betrachten wir der Einfachheit halber nur die Lage des Befestigungspunktes der Gondel am Riesenrad (vgl. Bild in der Randspalte).
a) Welchen Winkel hat der Befestigungspunkt von Peters Gondel (Aufgabe 1) überstrichen, bevor das Riesenrad festhängt?
b) Bei welchen anderen Drehwinkeln hatte der Befestigungspunkt die gleiche Höhe wie beim Stopp? Finde weitere Winkel, bei denen sich der Befestigungspunkt ebenfalls in dieser Höhe befindet. Wie kann man alle diese Winkel angeben?

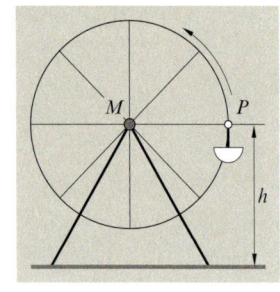

3 L

Nachdem alle 8 Gondeln besetzt sind, dreht sich das Riesenrad für einige Zeit mit konstanter Geschwindigkeit. Für eine vollständige Umdrehung benötigt es 72 s.
a) Nach welcher Zeit befindet sich eine Gondel (ausgehend von $t = 0$) jeweils an einer Stelle, wo eine der anderen Gondeln ihren Ausgangspunkt hatte?
Wann ist sie jeweils das nächste Mal (übernächste Mal) an diesem Punkt?
b) Welcher Drehwinkel ergibt sich nach 12 s, 34 s, 60 s, 90 s, 3 min?
c) Wo befand sich ein Befestigungspunkt 2 s, 10 s, 68 s, 2 min vor dem Durchgang durch den tiefsten Punkt? Gib einen entsprechenden Winkel an.

4

a) Für welche Drehwinkel kann man besonders leicht die genaue Lage (d. h. Höhe und seitliche Auslenkung) des Befestigungspunktes einer Gondel ermitteln, wenn man den Radius des Riesenrades kennt? Was ist besonders an diesen Punkten?
b) Bei welchen Drehwinkeln hat der Befestigungspunkt ein Viertel, die Hälfte bzw. Dreiviertel der Gesamthöhendifferenz erreicht? Ermittle diese Winkel zeichnerisch in Abhängigkeit vom Radius des Riesenrades.
c) Wenn sich das bei Aufgabe 1 beschriebene Riesenrad um 60° dreht, dann befindet sich der Befestigungspunkt der Gondel, die vorher ganz unten war, 2,5 m über seinem Ausgangspunkt mit einer seitlichen Auslenkung nach rechts von 4,33 m. Bei welchen Drehwinkeln befindet er sich wieder dort?
d) Nenne weitere Winkel zwischen 0° und 360°, bei denen der Befestigungspunkt die gleiche Höhe oder die gleiche seitliche Auslenkung wie bei c) hat.

Drehbewegungen

5

Wir betrachten jetzt die Beziehung zwischen Drehwinkel und Höhe des Befestigungspunktes einer Gondel. Zu jedem Drehwinkel gehört eine ganz bestimmte Höhe des Befestigungspunktes.

a) Wir denken uns ein Koordinatensystem, dessen Ursprung im Mittelpunkt des Riesenrades liegt und „verlegen" den Anfangspunkt der Drehbewegung auf die u-Achse (vgl. Abb.). Zeichne auf Millimeterpapier ein Riesenrad (Kreis mit dem Radius 5 cm) und ein entsprechendes Koordinatensystem.

b) Welche Höhe hat der Befestigungspunkt einer Gondel, wenn er einen Winkel von 40° überstrichen hat? Bei welchen anderen Drehwinkeln hat der Befestigungspunkt die gleiche Höhe?

c) Erstelle eine Tabelle, aus der jeweils die Höhe eines Kreispunktes bei einem Drehwinkel von 10°, 20° usw. ablesbar ist. Von mindestens wie vielen Punkten muss hierzu die Höhe zeichnerisch ermittelt werden?

α	10°	20°	...	350°	360°
$u(\alpha)$			...		
$v(\alpha)$			...		

d) Zeichne ein weiteres Koordinatensystem, bei dem auf der x-Achse die vom Befestigungspunkt überstrichenen Winkel abgetragen werden und auf der y-Achse die entsprechende Höhe des Befestigungspunktes.
(*Achtung:* Da wir den Anfangspunkt der Drehbewegung auf die Höhe des Mittelpunktes verlegt haben, kann die Höhe auch negativ werden.)
Zeichne nun einen Graphen für die Zuordnung *Drehwinkel → Höhe eines Kreispunktes*.

e) Beschreibe den bei d) gezeichneten Kurvenverlauf möglichst so genau, dass eine andere Person nach deiner Beschreibung diese Kurve zeichnen könnte.

Dreht sich ein Punkt P auf einer Kreisbahn um einen Punkt M, so wiederholen sich in bestimmten Zeitabständen bzw. bei gewissen Drehwinkeln die dabei durchlaufenen Orte. Zum Beispiel bedeutet das für die Funktion, die die Höhe des Befestigungspunktes einer Gondel an einem Riesenrad beschreibt, dass sich die Funktionswerte immer nach einer vollen Umdrehung in völlig gleicher Weise wiederholen.
Funktionen mit dieser Eigenschaft nennt man **periodisch**.

NACHGEDACHT
Hast du solch eine Kurve schon einmal gesehen? In welchem Zusammenhang treten solche Kurven auf?
Kann man diese Kurve mit einer der bisher behandelten Funktionen beschreiben?

DEFINITION
Eine Funktion f heißt genau dann **periodisch**, wenn es eine von Null verschiedene reelle Zahl a gibt, sodass für alle Elemente x des Definitionsbereiches von f gilt: $f(x + a) = f(x)$.

Jede solche Zahl a heißt **Periode von f**.

Die kleinste positive Zahl a_0 mit der Eigenschaft $f(x + a_0) = f(x)$ heißt **kleinste Periode von f**.

AUFGABE
Eine periodische Funktion hat unendlich viele Perioden.
Nenne 5 verschiedene Perioden der Funktion *Drehwinkel → Höhe eines Kreispunktes*.
Welches ist hier die kleinste Periode?

6

Viele verschiedene Vorgänge in Natur und Technik laufen periodisch ab, z. B. die Jahreszeiten oder die Ampelphasen.
Nenne weitere Beispiele aus deinem Alltag bzw. aus der Natur oder der Technik, in denen periodische Vorgänge eine Rolle spielen.

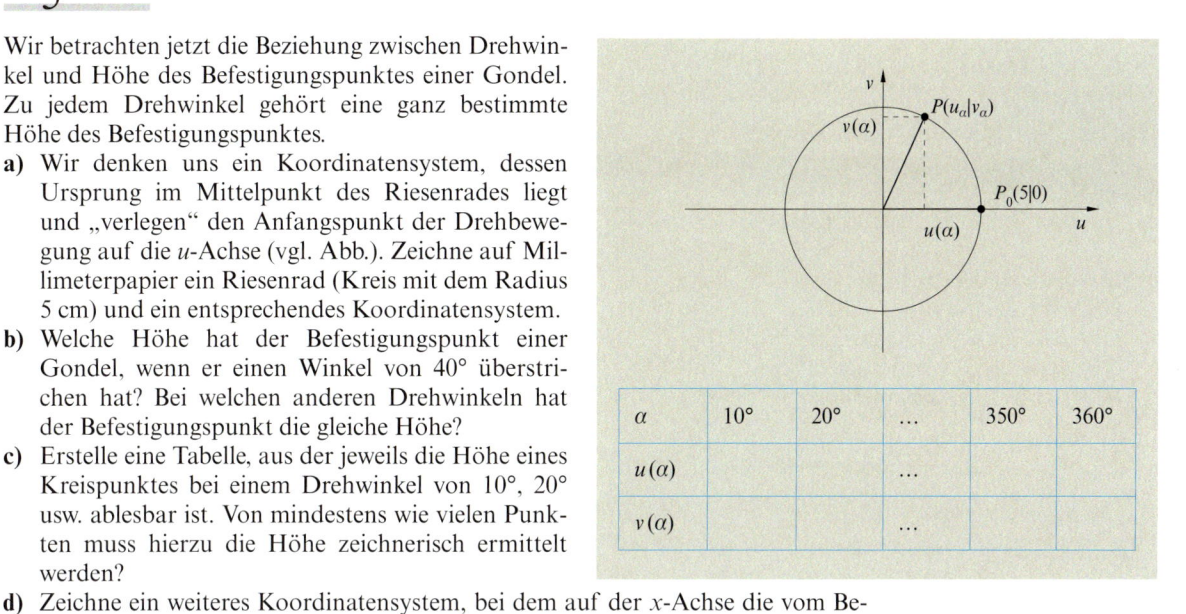

Periodische Vorgänge und Funktionen

1

Welche der folgenden Zuordnungen sind unter welchen Bedingungen periodisch?
a) Der Zeit wird dein Hunger zugeordnet.
b) Der Zeit wird der Stand des Girokontos zugeordnet.
c) Der Zeit wird die Auslenkung aus der Ruhelage bei dem abgebildeten Federschwinger zugeordnet.

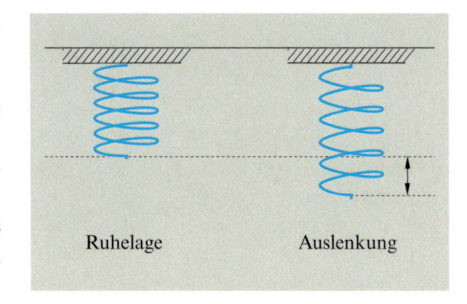

2

Welche der im Bild dargestellten Funktionen sind periodisch?
Gib für die periodischen Funktionen die kleinste positive Periode an.

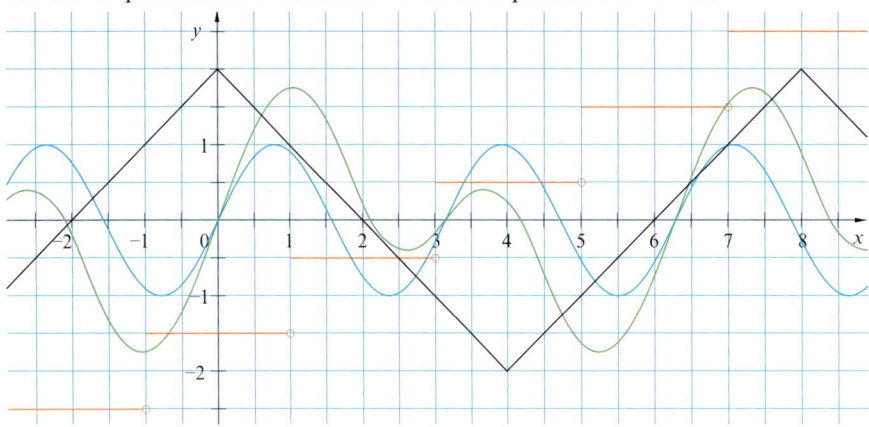

3

a) Zeige: Ist $a \in \mathbb{R}$ eine Periode einer für alle reellen Zahlen definierten Funktion f, so ist auch jede Zahl $k \cdot a$ mit $k \in \mathbb{Z} \setminus \{0\}$ eine Periode von f.
b) Sind die Zahlen a und b Perioden einer für alle reellen Zahlen definierten Funktion f, so ist auch die Zahl $a - b$ eine Periode von f.

4

a) Klara sagt, dass sie Wenzel erst einen Kuss geben wird, wenn er ihr den Graphen einer Funktion f mit der Periode 3,6 und den Funktionswerten $f(0) = 0$ und $f(126) = 21$ skizziert. Beurteile Wenzels Chancen.
b) Klara gibt Wenzel noch eine Chance: Er soll ihr den Graphen einer eineindeutigen periodischen Funktion skizzieren.

5

Zeige: Ist p die kleinste positive Periode einer Funktion f, so ist jede andere Periode q von f ein ganzzahliges Vielfaches von p.
(*Hinweis*: Nimm das Gegenteil an und führe es zum Widerspruch.)

AUFGABE

Eine Funktion f habe die Perioden $a = 4$ und $b = 6$. Wie groß kann die kleinste positive Periode einer solchen Funktion höchstens sein?

NACHGEDACHT

Existiert für eine periodische Funktion immer eine kleinste positive Periode?

Periodische Vorgänge und Funktionen

BEISPIEL
Die meisten in der modernen Technik auftretenden periodischen Vorgänge lassen sich auf Rotationsbewegungen oder auf mechanische oder elektromagnetische Schwingungen zurückführen. In der vom Menschen nicht beeinflussten Natur gibt es auch andere Vorgänge, die sehr regelmäßig und *annähernd* periodisch ablaufen. Sie können unter Umständen mithilfe mathematischer periodischer Funktionen modelliert werden. Als ein besonders eindrucksvolles Beispiel sei das Ausbrechen von Geysiren genannt.

Geysire sind heiße Springquellen. Sie können in Gebieten erloschenen Vulkanismus entstehen: Erstarrtes, aber immer noch sehr heißes Magma gibt Wärme an die umgebenden Gesteinsschichten ab. Eventuell noch vorhandenes Quellwasser wird ebenfalls erhitzt. Wenn das Wasser langanhaltend siedet, entweichen darin gelöste Gase vollständig, und es kann zu Siedeverzügen kommen, das heißt, die Wassertemperatur übersteigt den Siedepunkt. Wenn dies im unteren Bereich des Quellschachtes geschieht und das Wasser explosionsartig zu sieden beginnt, dann wird die darüberliegende Wassersäule als Fontäne aus dem Schacht geschossen; der Geysir bricht aus. Dieser Vorgang wiederholt sich bei vielen Geysiren mit großer Regelmäßigkeit; er läuft „periodisch" ab.

Der große Geysir, Island

6
Ein isländischer Bauer erzählt, dass auf seinen Ländereien eine kleine Springquelle ist, die alle drei bis fünf Stunden eine zwei bis vier Meter hohe Fontäne in die Luft schleudert. Kann angesichts dieser Aussage ein (annähernd) periodisches Ausbruchsverhalten der Quelle vorliegen? Begründe deine Antwort und skizziere gegebenenfalls einen möglichen Funktionsgraphen.

AUFGABE
Informiert euch über tatsächlich existierende Geysire. Wo kommen sie vor? Wie oft brechen sie aus? Wie hoch ist ihre Fontäne? Kann man ihr Ausbruchsverhalten durch eine periodische Funktion modellieren?

7
Bei dem in der Zeichnung dargestellten Vorgang rieselt aus einem Trichter feiner trockener Sand. Unter dem Trichter wird ein Papierstreifen in gleichförmiger Bewegung entlanggezogen. Der Trichter führt Schwingungen in einer Ebene aus, die senkrecht zur Bewegungsrichtung des Papierstreifens liegt.
Skizziere und beschreibe die Kurve, die der Sand auf das Papier zeichnet.
Wenn du über geeignete Geräte verfügst, kannst du dein Ergebnis experimentell überprüfen.

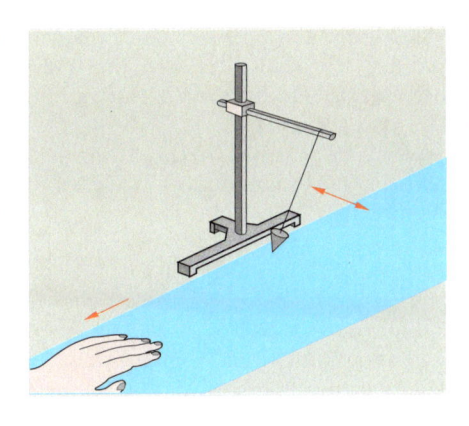

8
Klara schaukelt. Wenzel hat sie auf eine Höhe von 60 cm gegenüber der Ruhelage gezogen und dann losgelassen. Jeder folgende Umkehrpunkt von Klaras Schaukelbewegung ist 5 % weniger hoch als der vorangegangene. Nachdem Klara fünfmal hin und zurück geschwungen ist, versetzt ihr Wenzel einen kräftigen Stoß, sodass sie beim nächsten Umkehrpunkt wieder eine Höhe von 60 cm erreicht. So geht das den ganzen Nachmittag.
Zeichne einen Graphen, der den zeitlichen Verlauf von Klaras Schaukelbewegung beschreibt. Dabei werde angenommen, dass jedes vollständige Hinundherschwingen zwei Sekunden dauert.

ANREGUNG
Lassen sich der Schlaf-Wach-Rhythmus von Lebewesen oder die Gezeiten durch periodische Funktionen angemessen beschreiben?

Grad- und Bogenmaß

1

Dreht sich eigentlich die Luft auch mit, wenn sich die Erde um die eigene Achse dreht?
Nehmen wir einmal an, die Luftmassen der Erdatmosphäre, würden sich nicht mit bewegen, d. h. die Erde würde sich unter der Luft hinweg drehen.
a) Mit welcher Geschwindigkeit würden die Luftmassen dann den Leuten am Äquator um die Ohren sausen, wenn man von anderen Winden absieht?
b) Welche Windgeschwindigkeiten würden in unseren Breiten vorherrschen?
c) Gäbe es überhaupt Orte auf dieser Welt, in denen man sich auf die Straße wagen könnte, ohne weggeweht zu werden?

2

Natürlich ist dir längst bekannt: Zur genauen Bezeichnung aller Orte auf der Erde gibt es ein Netz aus Längen- und Breitenkreisen. Während die Längenkreise alle durch die beiden Pole der Erde verlaufen und daher alle gleich lang sind (ca. 40 000 km), verlaufen die Breitenkreise parallel zum Äquator und ihre Länge nimmt mit der Entfernung vom Äquator ab.
Aber wusstest du auch, dass eine deutsche Seemeile genau der Bogenlänge auf einem Längenkreis entspricht, die zum Zentriwinkel $\frac{1}{60}$ Grad gehört?

a) Ein Meridian ist ein halber Längenkreis auf der Erdoberfläche. Dazu gehört ein Zentriwinkel von 180°. Welche Bogenlänge gehört zum Zentriwinkel 1°?
b) Nürnberg und Erfurt liegen auf demselben Meridian. Ihre Breitenkreise unterscheiden sich um 1,56°. Wie weit ist Nürnberg von Erfurt entfernt?
Ist diese Angabe sinnvoll?
c) Ermittle die Länge einer deutschen Seemeile. Welche Länge hätte eine entsprechend definierte „Mondseemeile"? (Mondradius: $r = 1738$ km)

3^L

a) Wie groß ist der Drehwinkel des Minutenzeigers, wenn eine Uhr um 10 min, 40 min, 1 h bzw. 90 min zurückgestellt wird?
b) Welchen Weg legt die Spitze des 1,5 m langen Minutenzeigers einer Turmuhr in 1 h (in 5 min) zurück? Vergleiche mit einer Armbanduhr (Zeigerlänge 1 cm).
c) Vergleiche die Wege, die der 1,5 m lange Minutenzeiger und der 1,2 m lange Stundenzeiger einer Turmuhr in 25 min, 40 min bzw. 2,5 h zurücklegen.

ERINNERE DICH
Der Umfang u eines Kreises mit dem Radius r beträgt $u = 2\pi r$.
Die Länge b_α eines Kreisbogens verhält sich zu seinem Zentriwinkel α wie der Kreisumfang zu 360°: $\frac{b_\alpha}{\alpha} = \frac{u}{360°}$.
Die Länge b_α eines Kreisbogens über einem Zentriwinkel α beträgt also:
$b_\alpha = u \cdot \frac{\alpha}{360°}$ bzw. $b_\alpha = 2\pi r \cdot \frac{\alpha}{360°}$.

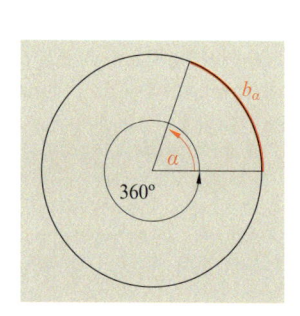

Grad- und Bogenmaß

4
a) Berechne b_α für $r = 3$ cm und $\alpha = 10°$ (45°, 150°, 270°, 310°).
b) Begründe: b_α und α sind für ein konstantes r proportional zueinander.

5
a) Berechne b_α für $\alpha = 45°$ und $r = 1$ cm (2 cm, 5 cm). Zeichne die Kreisbögen.
b) Begründe: b_α und r sind für ein konstantes α proportional zueinander.

ERINNERE DICH
Zwei Größen X und Y sind genau dann (direkt) proportional zueinander ($X \sim Y$), wenn der Quotient einander zugeordneter Zahlenwerte von X und Y konstant ist.

MERKE
Wegen $b_\alpha = 2\pi r \cdot \dfrac{\alpha}{360°}$ gilt:

b_α und α sind für ein konstantes r proportional zueinander.
b_α und r sind für ein konstantes α proportional zueinander.
$\dfrac{b_\alpha}{r}$ und α sind proportional zueinander.

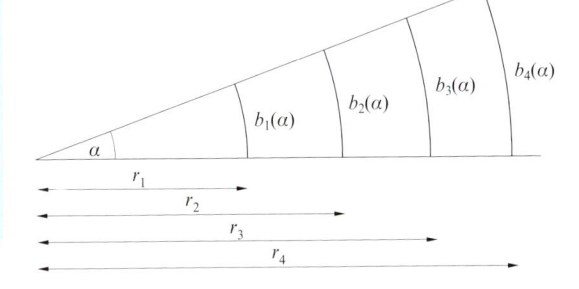

6
a) Welche Vorteile könnte die Festlegung haben, stets einen Radius der Länge 1 zu verwenden, wenn man von Winkelangaben zu Bogenlängen wechselt?
b) Wie könnte man von einer Bogenlänge bei einem Radius der Länge 1 auf die entsprechende Bogenlänge bei einem anderen Radius schließen?

DEFINITION
Hat ein Kreis einen Radius von einer Längeneinheit, so heißt er **Einheitskreis**. Die Bogenlänge b_α zum Zentriwinkel α in einem Einheitskreis nennt man das **Bogenmaß des Winkels α** und schreibt dafür **arc α**, gelesen arcus alpha.

INFORMATION
arcus (lat.) Bogen
arc α ist also der Bogen, der zum Winkel α gehört.

Mithilfe des Bogenmaßes lässt sich nun jeder Winkel durch eine reelle Zahl beschreiben. Es gilt:

$\text{arc } \alpha = \dfrac{\pi}{180°} \cdot \alpha$

Merke: Das Bogenmaß eines Winkels wird in der Regel als Vielfaches von π angegeben.

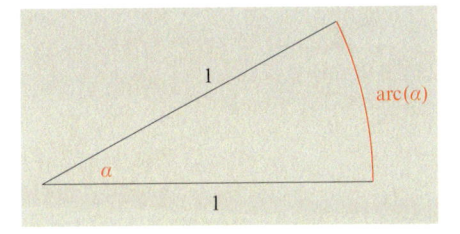

BEACHTE
Einem Winkel von 180° entspricht ein Bogenmaß von π (arc 180° = π), dem Vollkreis entspricht also ein Bogenmaß von 2π (arc 360° = 2π).

7
a) Wandle vom Gradmaß ins Bogenmaß um. Lege eine entsprechende Tabelle an für $\alpha = 0°$ (30°, 45°, 60°, 90°, 180°, 270°, 360°).
b) Welches Bogenmaß ergibt sich für $\alpha = -30°$ (–60°, –90°, 405°, 540°, 1080°)?

8L

Welche Winkel gehören zu folgenden Bogenmaßen? Gib sie im Gradmaß an.

a) $\dfrac{\pi}{10}$ b) $\dfrac{\pi}{5}$ c) $\dfrac{\pi}{4}$ d) $\dfrac{5}{6} \cdot \pi$ e) $\dfrac{2}{3} \cdot \pi$ f) $\dfrac{3}{10} \cdot \pi$ g) 4π h) 1

i) $-\dfrac{\pi}{6}$ j) $\dfrac{\pi}{30}$ k) $-\dfrac{\pi}{12}$ l) $\dfrac{5}{4} \cdot \pi$ m) $-\dfrac{3}{2} \cdot \pi$ n) $\dfrac{7}{2} \cdot \pi$ o) -5π p) -10

Die Sinusfunktion und ihre Eigenschaften

1

Für unser Eingangsbeispiel „Riesenrad" ergab sich folgender Graph zur Beschreibung der Höhendifferenz eines Kreispunktes (Befestigungspunktes einer Gondel) in Abhängigkeit vom Drehwinkel. Der Graph ist hier für etwas mehr als zwei volle Umdrehungen des Riesenrades gezeichnet.

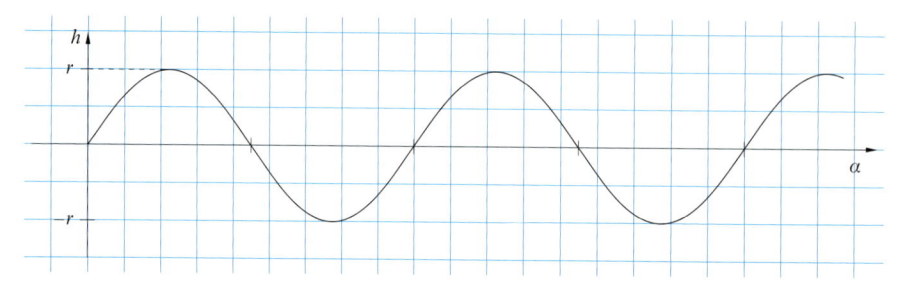

Übertrage die Kurve ins Heft und trage auf der α-Achse die zu markanten Kurvenpunkten gehörigen Drehwinkel sowohl im Gradmaß als auch im Bogenmaß ein.

2

Der in Aufgabe 1 gezeichnete Funktionsgraph beschreibt die Ordinate eines Kreispunktes P in Abhängigkeit vom Drehwinkel α.

Zeichne einen weiteren Graphen, der die Bewegung eines Kreispunktes in Abhängigkeit vom Drehwinkel beschreibt, wobei sich der Punkt diesmal jedoch auf einem Einheitskreis (Radius 1) bewegen soll.

Hinweis: Zeichne zunächst einen Kreis mit $r = 10$ cm und lies die entsprechende Ordinate in Abhängigkeit vom Drehwinkel ab.

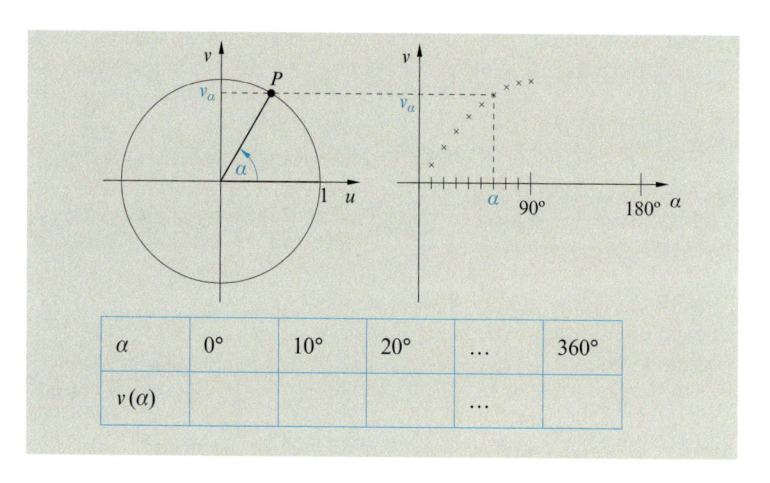

α	0°	10°	20°	...	360°
$v(\alpha)$				...	

> **DEFINITION**
> P sei ein Punkt des Einheitskreises, der sich ausgehend vom Punkt $(1|0)$ im mathematisch positiven Drehsinn oder im mathematisch negativen Drehsinn auf dem Kreis bewegt.
> Die Funktion, die dem Drehwinkel α die Ordinate des Punktes P zuordnet, heißt **Sinusfunktion** und wird mit **sin** bezeichnet.

3

a) Erläutere, warum die Sinusfunktion eine periodische Funktion ist, und gib die kleinste (positive) Periode im Grad- bzw. im Bogenmaß an.
b) Welches Merkmal des Funktionsgraphen der Sinusfunktion deutet auf eine periodische Funktion hin?

Die Sinusfunktion und ihre Eigenschaften

4

Bei allen bisher behandelten Funktionstypen haben wir stets bestimmte Eigenschaften untersucht. Wie steht es mit diesen Eigenschaften bei der Sinusfunktion? Argumentiere jeweils mithilfe der Definition der Sinusfunktion und mithilfe des Funktionsgraphen.

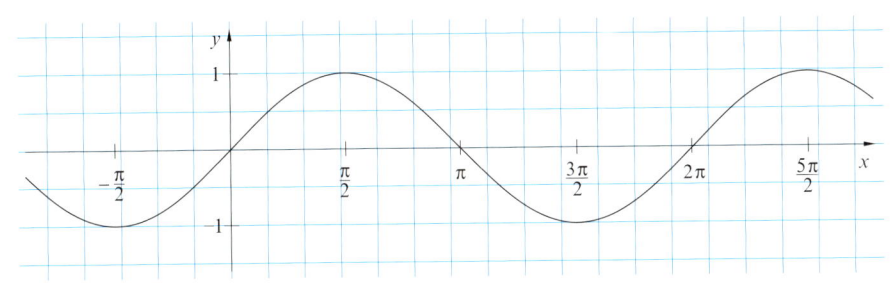

a) Wo besitzt die Sinusfunktion Nullstellen?
   Gib eine allgemeine Formel an.
b) In welchen Bereichen ist der Graph monoton steigend bzw. monoton fallend?
   Gib die entsprechenden Intervalle in allgemeiner Form an.
c) An welchen Stellen ist der Funktionswert maximal bzw. minimal?
d) Welches Symmetrieverhalten hat der Graph der Sinusfunktion?

BEACHTE

Ein maximaler bzw. minimaler Funktionswert heißt Maximum bzw. Minimum. Entsprechende Punkte des Graphen heißen auch Hochpunkte bzw. Tiefpunkte des Graphen.

5^L

Welche Beziehungen bestehen zwischen den Funktionswerten in den vier Quadranten?
Drücke dazu den Sinus des angegebenen Winkels durch den Sinus von α aus.

a) $180° + \alpha$ b) $180° - \alpha$ c) $-\alpha$ d) $\alpha - 180°$
e) $360° + \alpha$ f) $360° - \alpha$ g) $-180° - \alpha$ h) $-180° + \alpha$

6

Deute die folgenden Werte mithilfe der Zeichnung in der Randspalte und drücke sie durch sin x aus. Beispiel: $-\sin(\pi - x) = -\sin x$
Vergleiche mit den Ergebnissen von Aufgabe 5.

a) $\sin(\pi + x)$ b) $\sin(\pi - x)$ c) $\sin(-x)$ d) $\sin(x - \pi)$
e) $\sin(2\pi + x)$ f) $\sin(2\pi - x)$ g) $-\sin(\pi + x)$ h) $-\sin(2\pi - x)$

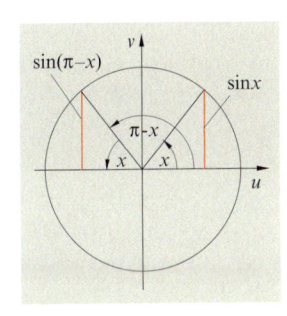

7

Zeichne mithilfe eines grafikfähigen Taschenrechners die Funktion f mit der Gleichung $f(x) = \sin x$.
Welche Parameter kannst du dabei einstellen?
Was kannst du durch verschiedene Parametereinstellungen verändern?
Begründe, welche Parametereinstellung du für die Sinusfunktion optimal findest.

8

Zeichne mithilfe eines grafikfähigen Taschenrechners die Funktionen, die durch die bei Aufgabe 6 genannten Terme beschrieben werden.
Welche Veränderung gegenüber der Funktion f mit $f(x) = \sin x$ sind jeweils erkennbar?
Vergleiche mit den Ergebnissen von Aufgabe 6.

9

Berechne den Wert des angegebenen Terms ohne Taschenrechner.

a) $\sin \frac{\pi}{4}$ b) $\sin\left(-\frac{\pi}{2}\right)$ c) $\sin \frac{4}{3}\pi$ d) $\sin\left(-\frac{3}{2}\pi\right)$

e) $\sin 4\pi$ f) $\sin \frac{2}{3}\pi$ g) $\sin\left(-\frac{\pi}{6}\right)$ h) $\sin \frac{7}{4}\pi$

> **Wie erkennt der Taschenrechner, ob ein Winkel im Bogenmaß oder im Gradmaß eingegeben wird?**
> Auf jedem Taschenrechner kann man die spezielle Form der Winkeleingabe als Gradmaß DEG (Degree) oder Bogenmaß RAD (Radiant) einstellen. Die Winkel werden dann in der jeweiligen Form gelesen oder ausgegeben. Durch GRAD wird ein Winkel in Neugrad angegeben.

INFORMATION
Neben TR-Einstellungen DEG für Gradmaß und RAD für Bogenmaß gibt es noch die Einstellung GRAD. Diese Angabe bezieht sich auf Winkelangaben in Neugrad. 90° ≙ 100 Neugrad. Mit diesem Winkelmaß wird im Vermessungswesen gearbeitet.

10

Berechne mit dem TR. Vergleiche die Werte und erläutere die Unterschiede.

a) $\sin 0°$ und $\sin 0$ b) $\sin 30°$ und $\sin 30$ c) $\sin 90°$ und $\sin 90$

d) $\sin\left(\frac{\pi}{4}\right)°$ und $\sin \frac{\pi}{4}$ e) $\sin \pi°$ und $\sin \pi$ f) $\sin\left(\frac{3}{2}\pi\right)°$ und $\sin \frac{3}{2}\pi$

11

Ermittle mithilfe eines TR für folgende Winkel x den Wert von $\sin x$.

a) 13,5°   b) 72,08°   c) 98,5°   d) −123,45°   e) −98,07°   f) −46,3°

g) $\frac{\pi}{3}$ h) $-\frac{\pi}{6}$ i) $\frac{2\pi}{3}$ j) −0,33   k) −98,07   l) 1,2

12

Ermittle mithilfe eines TR für die gegebenen Werte von $\sin x$ jeweils einen Winkel x im Grad- bzw. im Bogenmaß.

a) 0,5   b) 0,3   c) 0,7071   d) −0,9659   e) −0,8660   f) −0,463

g) $\frac{\pi}{3}$ h) $-\frac{\pi}{6}$ i) $\frac{2\pi}{3}$ j) −0,33   k) −0,9807   l) 1,2

> **BEISPIEL**
> Gesucht sind alle Zahlen $x \in \mathbb{R}$, für die gilt: $\sin x = \frac{1}{2}$.
> $\sin x = \frac{1}{2}$ gilt für $x = 30°$ bzw. $x = \frac{\pi}{6}$ im ersten Quadranten
> und für $x = 150°$ bzw. $x = \frac{5}{6}\pi$ im zweiten Quadranten.
> Wegen der Periodizität der Sinusfunktion ist die gesuchte Lösungsmenge:
> $L = \left\{\frac{\pi}{6} + k \cdot 2\pi \mid k \in \mathbb{Z}\right\} \cup \left\{\frac{5}{6}\pi + k \cdot 2\pi \mid k \in \mathbb{Z}\right\}$

13^L

Ermittle alle Lösungen im Bogenmaß.

a) $\sin x = \frac{1}{2}\sqrt{3}$ b) $\sin x = -1$ c) $\sin x = 0$ d) $\sin x = -\frac{1}{2}\sqrt{2}$

e) $\sin x = -\frac{1}{2}$ f) $\sin x = -\frac{1}{2}\sqrt{3}$ g) $\sin x = 1$ h) $\sin x = \frac{1}{2}\sqrt{2}$

Die Sinusfunktion und ihre Eigenschaften

14

Ermittle alle Lösungen der folgenden Gleichungen.
a) $\sin x = 0{,}6$
b) $\sin x = -0{,}4$
c) $\sin x = 0{,}94$
d) $\sin x = -0{,}99$
e) $\sin x = 0{,}125$
f) $\sin x = -0{,}628$
g) $\sin x = -0{,}111$
h) $\sin x = 0{,}567$

Die Eigenschaften der Sinusfunktion

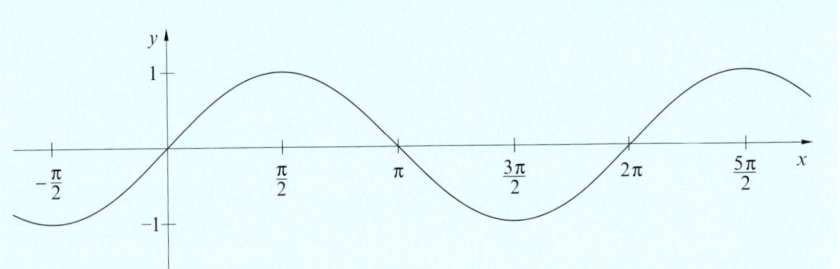

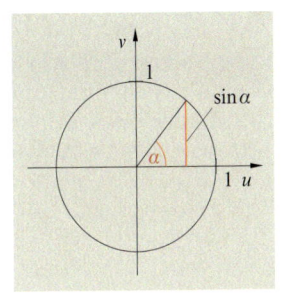

Definitionsbereich	$\mathbb{R}$ (Die Sinusfunktion ist für jede reelle Zahl definiert.)
Wertebereich	$-1 \leq \sin x \leq 1$ für alle $x \in \mathbb{R}$
Periodizität	Die Sinusfunktion ist periodisch. Die kleinste (positive) Periode beträgt 2π.
Nullstellen	$\sin x = 0$ für $x = k \cdot \pi$ mit $k \in \mathbb{Z}$
Monotonie	monoton steigend über $\left[-\frac{\pi}{2} + k \cdot 2\pi; \frac{\pi}{2} + k \cdot 2\pi\right]$ mit $k \in \mathbb{Z}$ monoton fallend über $\left[\frac{\pi}{2} + k \cdot 2\pi; \frac{3\pi}{2} + k \cdot 2\pi\right]$ mit $k \in \mathbb{Z}$
Maxima	$\sin x = 1$ für $x = \frac{\pi}{2} + k \cdot 2\pi$ mit $k \in \mathbb{Z}$
Minima	$\sin x = -1$ für $x = \frac{3\pi}{2} + k \cdot 2\pi$ mit $k \in \mathbb{Z}$
Symmetrie	Punktsymmetrie bezüglich $O(0\|0)$ $\sin(-x) = -\sin x$

AUFGABEN ZUR WIEDERHOLUNG

1. Bei den linearen Funktionen f mit $f(x) = mx + n$ kann man aus m und n auf alle weiteren Eigenschaften der Funktion schließen.
   Diskutiere folgende lineare Funktionen.
   a) $f(x) = -2x + 3{,}5$
   b) $g(x) = \frac{1}{3}x - \frac{7}{5}$

2. Zeichne die Graphen der linearen Funktionen aus Aufgabe 1 in ein Koordinatensystem.
   Lies die Nullstellen und die Koordinaten des Schnittpunktes von f und g ab.
   Überprüfe dein Ergebnis durch Rechnung.

3. Bei den quadratischen Funktionen f mit $f(x) = ax^2 + bx + c$ kann man aus a, b und c ebenfalls auf Eigenschaften der Funktion schließen.
   Gib für die folgenden Funktionen jeweils a, b und c an und stelle sie in einem Koordinatensystem im Intervall $-4 \leq x \leq 2$ dar. Fertige dazu Wertetabellen an. Zeichne jeweils die Parabelachse ein.
   Gib jeweils an, für welchen Bereich die Funktion monoton steigend bzw. monoton fallend ist.
   Lies die Koordinaten der Scheitelpunkte und die Nullstellen ab.
   a) $y = x^2 + 2x - 3$
   b) $y = 2x^2 + 4x - 6$

Die Kosinusfunktion und ihre Eigenschaften

1

Bei unserem Riesenradbeispiel (Seite 54) haben wir die Abhängigkeit der Höhe eines Kreispunktes vom Drehwinkel untersucht. Mit dem Drehwinkel ändert sich aber nicht nur die Höhe, sondern auch die seitliche Auslenkung des Kreispunktes.
Erfasse analog zu Aufgabe 5, Seite 55 die waagerechten Koordinaten eines Punktes, der sich auf einer Kreisbahn bewegt, in Abhängigkeit vom Drehwinkel. Zeichne dann einen Graphen, der die Zuordnung *Drehwinkel → seitliche Auslenkung des Kreispunktes* beschreibt.

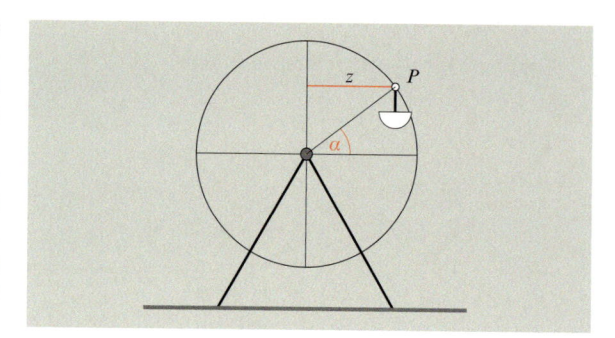

2

a) Erstelle mithilfe eines Einheitskreises eine Wertetabelle für die seitliche Entfernung eines Kreispunktes vom Mittelpunkt in Abhängigkeit vom Drehwinkel für den Bereich von 0° bis 360°. *Beachte:* Der Startpunkt der Drehbewegung liegt auf der *u*-Achse, zum Zeitpunkt Null ist der Kreispunkt also genau 1 Längeneinheit vom Mittelpunkt des Kreises entfernt.
b) Zeichne mithilfe der Wertetabelle einen Graphen, der die oben genannte Zuordnung beschreibt. Vergleiche mit dem Graphen, der die Höhe des Kreispunktes in Abhängigkeit von Drehwinkel beschreibt.

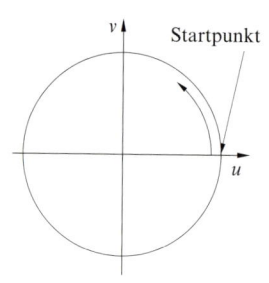

DEFINITION
P sei ein Punkt des Einheitskreises, der sich ausgehend vom Punkt $(1|0)$ im mathematisch positiven Drehsinn oder im mathematisch negativen Drehsinn auf dem Kreis bewegt.
Die Funktion, die dem Drehwinkel α die Abszisse des Punktes P zuordnet, heißt **Kosinusfunktion** und wird mit **cos** bezeichnet.

3

Zeichne mit dem GTR die Graphen der Funktionen f mit $f(x) = \cos x$ und g mit $g(x) = \sin x$. Vergleiche die Graphen, nenne Gemeinsamkeiten und Unterschiede. Wie müsste man den einen Graphen bewegen, damit er mit dem anderen zur Deckung kommt?

4

Betrachte den Graphen der Funktion f mit $f(x) = \cos x$.
a) Beschreibe den Verlauf. Ermittle die kleinste (positive) Periode.
b) Wo besitzt die Kosinusfunktion Nullstellen?
c) In welchen Bereichen ist die Funktion monoton steigend, wo monoton fallend?
d) An welchen Stellen ist der Funktionswert maximal bzw. minimal?
e) Welches Symmetrieverhalten hat der Graph der Kosinusfunktion?

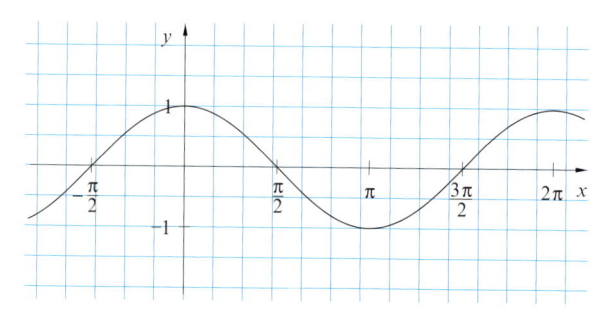

Die Kosinusfunktion und ihre Eigenschaften

5

Welche Beziehungen bestehen zwischen den Funktionswerten in den vier Quadranten? Drücke dazu den Kosinus des angegebenen Winkels durch den Kosinus von α aus.
a) $180° + \alpha$ b) $180° - \alpha$ c) $-\alpha$ d) $\alpha - 180°$
e) $360° + \alpha$ f) $360° - \alpha$ g) $-180° - \alpha$ h) $-180° + \alpha$

6^L

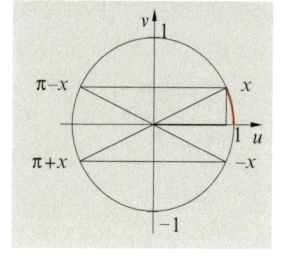

Deute die folgenden Werte mithilfe der Zeichnung in der Randspalte und drücke sie durch cos x aus. Beispiel: $-\cos(\pi - x) = \cos x$ (vergleiche mit Aufgabe 5).
a) $\cos(\pi + x)$ b) $\cos(\pi - x)$ c) $\cos(-x)$ d) $\cos(x - \pi)$
e) $\cos(2\pi + x)$ f) $\cos(2\pi - x)$ g) $-\cos(\pi + x)$ h) $-\cos(2\pi - x)$

7

Zeichne mithilfe eines GTR die Funktionen, die durch die bei Aufgabe 6 genannten Terme beschrieben werden. Welche Veränderungen gegenüber der Funktion f mit $f(x) = \cos x$ sind jeweils erkennbar? Vergleiche mit Aufgabe 6.

8

Berechne den Wert des angegebenen Terms jeweils ohne Taschenrechner.
a) $\cos \frac{\pi}{4}$ b) $\cos\left(-\frac{\pi}{2}\right)$ c) $\cos \frac{4}{3}\pi$ d) $\cos\left(-\frac{3}{2}\pi\right)$
e) $\cos 4\pi$ f) $\cos \frac{2}{3}\pi$ g) $\cos\left(-\frac{\pi}{6}\right)$ h) $\cos \frac{7}{4}\pi$

9

Berechne mit dem TR. Vergleiche die Werte und erläutere die Unterschiede.
a) $\cos 0°$ und $\cos 0$ b) $\cos 30°$ und $\cos 30$ c) $\cos 90°$ und $\cos 90$

10

Ermittle mithilfe eines TR für folgende Winkel x den Wert von cos x.
a) $13,5°$ b) $72,08°$ c) $98,5°$ d) $-123,45°$ e) $-98,07°$ f) $-46,3°$
g) $\frac{\pi}{3}$ h) $-\frac{\pi}{6}$ i) $\frac{2\pi}{3}$ j) $-0,33$ k) $-98,07$ l) $1,2$

11

Ermittle mithilfe eines TR für die gegebenen Werte von cos x jeweils einen Winkel x im Grad- bzw. im Bogenmaß.
a) $0,5$ b) $0,3$ c) $0,7071$ d) $-0,9659$ e) $-0,8660$ f) $-0,463$
g) $\frac{\pi}{3}$ h) $-\frac{\pi}{6}$ i) $\frac{2\pi}{3}$ j) $-0,33$ k) $-0,9807$ l) $1,2$

12^L

Ermittle alle Lösungen im Bogenmaß.
a) $\cos x = \frac{1}{2}\sqrt{3}$ b) $\cos x = -1$ c) $\cos x = 0$ d) $\cos x = -\frac{1}{2}\sqrt{2}$
e) $\cos x = -\frac{1}{2}$ f) $\cos x = -\frac{1}{2}\sqrt{3}$ g) $\cos x = 1$ h) $\cos x = \frac{1}{2}\sqrt{2}$

13

Ermittle alle Lösungen der folgenden Gleichungen.
a) $\cos x = 0{,}7$ b) $\cos x = -0{,}2$ c) $\cos x = 0{,}75$ d) $\cos x = -0{,}85$
e) $\cos x = -0{,}165$ f) $\cos x = 0{,}123$ g) $\cos x = -0{,}003$ h) $\cos x = 0{,}111$

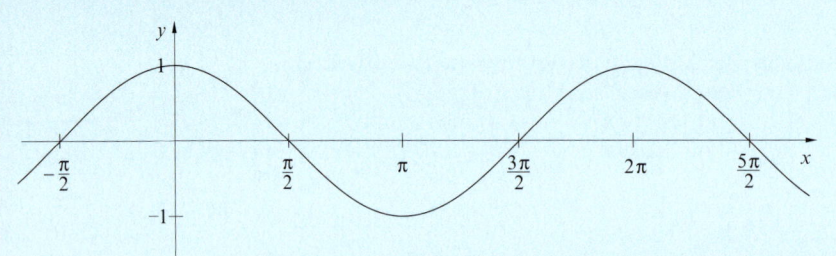

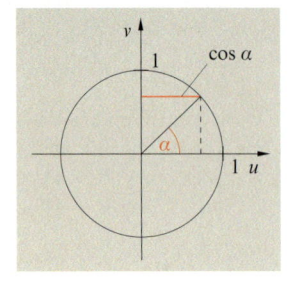

Die Eigenschaften der Kosinusfunktion

Definitionsbereich	$\mathbb{R}$ (Die Kosinusfunktion ist für alle reellen Zahlen definiert.)
Wertebereich	$-1 \leq \cos x \leq 1$ für alle $x \in \mathbb{R}$
Periodizität	Die Kosinusfunktion ist periodisch. Die kleinste (positive) Periode beträgt 2π.
Nullstellen	$\cos x = 0$ für $x = \frac{\pi}{2} + k \cdot \pi$ mit $k \in \mathbb{Z}$
Monotonie	monoton steigend über $[\pi + k \cdot 2\pi;\ 2\pi + k \cdot 2\pi]$ mit $k \in \mathbb{Z}$ monoton fallend über $[0 + k \cdot 2\pi;\ \pi + k \cdot 2\pi]$ mit $k \in \mathbb{Z}$
Maxima	$\cos x = 1$ für $x = 0 + k \cdot 2\pi$ mit $k \in \mathbb{Z}$
Minima	$\cos x = -1$ für $x = \pi + k \cdot 2\pi$ mit $k \in \mathbb{Z}$
Symmetrie	Achsensymmetrie bezüglich der y-Achse $\cos(-x) = \cos x$

AUFGABEN ZUR WIEDERHOLUNG

1. Folgende Bestimmungsstücke eines Dreiecks sind gegeben:
   a) $a = 6{,}2$ cm $c = 5{,}4$ cm $\beta = 55°$
   b) $a = 6{,}2$ cm $b = 10{,}2$ cm $c = 3{,}8$ cm
   c) $\alpha = 65°$ $a = 4{,}8$ cm $b = 6{,}3$ cm
   d) $c = 7{,}4$ cm $\alpha = 26°$ $\beta = 102°$
   Untersuche, ob die Konstruktion möglich ist und ob sie zu genau einer Lösung führt. Begründe deine Antwort. Führe die Konstruktion aus.

2. Konstruiere ein Dreieck aus:
   a) $a = 5{,}0$ cm $\gamma = 82°$ $w_\gamma = 3{,}6$ cm
   b) $c = 6{,}2$ cm $\beta = 90°$ $s_c = 4{,}8$ cm
   c) $\alpha = 56°$ $c = 6{,}2$ cm $h_c = 4{,}5$ cm

3. Wähle 3 Punkte A, B und C, die nicht auf einer Geraden liegen.
   a) Konstruiere alle Punkte, die von A, B und C den gleichen Abstand haben. Wie viele solcher Punkte gibt es?
   b) Konstruiere alle Geraden, die von A, B und C den gleichen Abstand haben. Wie viele solcher Geraden gibt es?

4. a) Konstruiere im Dreieck ABC mit $c = 8$ cm, $\alpha = 104°$ und $\beta = 32°$ die Winkelhalbierenden.
   b) Wie groß sind die Winkel, unter denen sich w_α und w_β bzw. w_α und w_γ schneiden?
   c) Überprüfe das Ergebnis durch Berechnung.

Die Tangensfunktion und ihre Eigenschaften

1

Lisa beobachtet in der Diskothek einen Lichtpunkt, der an einer Wand entlang wandert. Seine Ursache ist ein in der Mitte des Raumes aufgehängter Laser, der in zwei zueinander entgegengesetzte Richtungen Licht aussendet. Die Laserquelle und mit ihr die „Lasergerade" rotieren gleichmäßig in einer horizontalen Ebene.
Lisa wundert sich, dass sich der Lichtpunkt unterschiedlich schnell bewegt. Außerdem fragt sie sich, ob er wohl bis ins Unendliche auf seiner Geraden weiterwandern würde, wenn nur die Wand unendlich lang wäre. Was meinst du?

2

Schaut Lisa an die Decke, sieht sie in der rauchigen Luft diesen Strahlenverlauf:

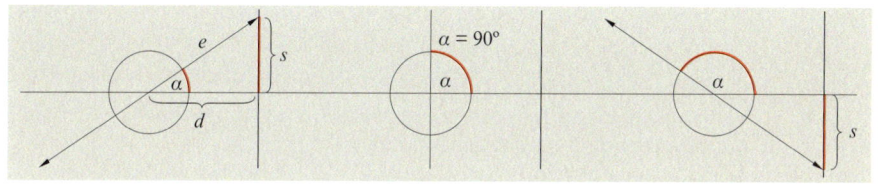

a) Beschreibe die Bewegung des Lichtpunktes in Abhängigkeit vom Drehwinkel mit Worten. Wann gibt es keinen Punkt? Nach welchem Drehwinkel ist der Punkt das nächste Mal an derselben Stelle?
b) Wie lässt sich im linken Bild die Strecke s ausrechnen, wenn $d = 10$ m ist? Welcher Zusammenhang besteht dabei mit $\sin \alpha$ und $\cos \alpha$?

3

a) Ermittle jeweils zeichnerisch die Länge der Strecke t (vgl. nebenstehendes Bild) in Abhängigkeit vom Winkel α für $\alpha = 0°, 10°, 20°, \ldots$
Hinweis: Beachte, dass es sich um einen Einheitskreis handelt. Wähle als eine Einheit zum Beispiel 10 cm.
b) Zeichne den Graphen der Funktion f mit $f(\alpha) = t$ (Werte aus Teilaufgabe a)).

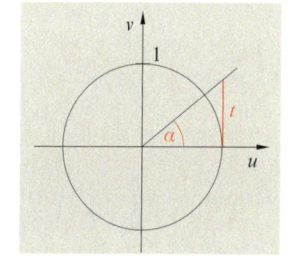

4

a) Zeichne den Graphen der Funktion f mit $f(x) = \frac{\sin x}{\cos x}$.
Stelle dazu zunächst eine entsprechende Wertetabelle auf.
b) Vergleiche die Graphen der bei Aufgabe 3 b) bzw. 4 a) untersuchten Funktionen. Versuche den Zusammenhang der betrachteten Funktionen zu erklären. Beachte dazu das nebenstehende Bild.

DEFINITION
P sei ein Punkt des Einheitskreises, der sich ausgehend vom Punkt $(1 | 0)$ im mathematisch positiven Drehsinn oder im mathematisch negativen Drehsinn auf dem Kreis bewegt.
Die Funktion, die dem Drehwinkel α das Verhältnis von Ordinate zu Abszisse des Punktes P zuordnet, heißt **Tangensfunktion** und wird mit **tan** bezeichnet.
$\tan \alpha = \frac{\sin \alpha}{\cos \alpha}$, wobei $\cos \alpha \neq 0$

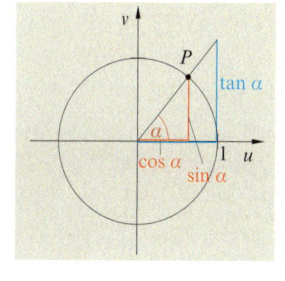

5

a) Erläutere, warum die Tangensfunktion eine periodische Funktion ist und gib ihre kleinste (positive) Periode im Grad- bzw. im Bogenmaß an.
b) Welches Merkmal des Funktionsgraphen der Tangensfunktion deutet auf eine periodische Funktion hin?

NACHGEDACHT

Für welche Winkel ist die Tangensfunktion nicht definiert?
Warum ist die Tangensfunktion an diesen Stellen nicht definiert?

6

Welche Eigenschaften hat die Tangensfunktion? Argumentiere jeweils mithilfe der Definition der Tangensfunktion und mithilfe des Funktionsgraphen.

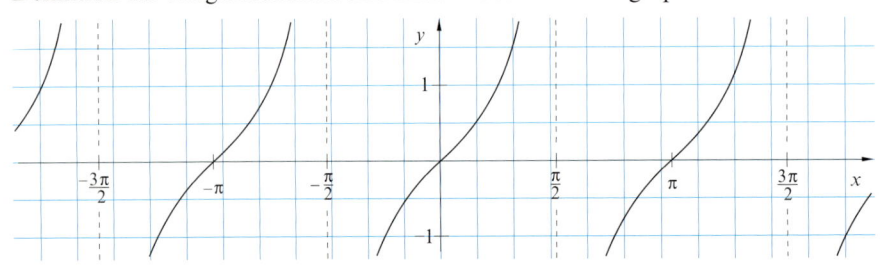

a) Wo besitzt die Tangensfunktion Nullstellen? Gib eine allgemeine Formel an.
b) In welchen Bereichen ist der Graph monoton steigend bzw. monoton fallend? Gib die entsprechenden Intervalle in allgemeiner Form an.
c) An welchen Stellen ist der Funktionswert maximal bzw. minimal?
d) Welches Symmetrieverhalten hat der Graph der Tangensfunktion?
e) Beschreibe den Verlauf des Graphen mit eigenen Worten möglichst so genau, dass eine andere Person nach deiner Beschreibung den Graphen zeichnen kann.

7

a) Zeichne mit dem GTR den Graphen der Tangensfunktion. Wähle dazu ein x-Intervall, sodass du mehrere Perioden der Tangensfunktion sehen kannst. Vergleiche die von dir per Hand gezeichnete Tangensfunktion mit der vom Rechner gezeichneten. Wie erklärst du dir Unterschiede?
b) Zoome ganz nah an eine Stelle heran, an der die Tangensfunktion nicht definiert ist (Polstelle). Wähle dazu einen ganz kleinen Bereich für die x-Werte und einen y-Bereich, in dem du noch Funktionswerte finden kannst. Gibt es einen Bereich, in dem die Tangensfunktion senkrecht zur x-Achse verläuft?
c) Berechne mit dem Taschenrechner mehrere Funktionswerte in der Nähe der Polstellen. Welche Besonderheit fällt auf?

8 L

Welche Beziehungen bestehen zwischen den Funktionswerten in den vier Quadranten? Drücke dazu den Tangens des angegebenen Winkels durch den Tangens von α aus.
a) $180° + \alpha$ b) $180° - \alpha$ c) $-\alpha$ d) $\alpha - 180°$
e) $360° + \alpha$ f) $360° - \alpha$ g) $-180° - \alpha$ h) $-360° + \alpha$

AUFGABE

Ermittle mit den Kenntnissen über die Sinus- und die Kosinusfunktion das Vorzeichenschema für den Tangens in den 4 Quadranten.

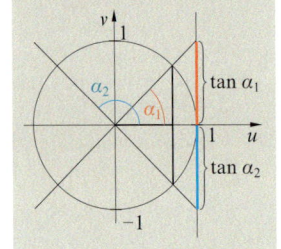

9

Drücke den angegebenen Funktionswert durch den Tangens von x aus.
Wie kann man die Gleichungen am Graphen der Tangensfunktion deuten?
a) $\tan(\pi + x)$ b) $\tan(\pi - x)$ c) $\tan(-x)$ d) $\tan(x - \pi)$
e) $\tan\left(x + \frac{\pi}{2}\right)$ f) $\tan\left(x - \frac{\pi}{2}\right)$ g) $-\tan\left(\frac{\pi}{2} - x\right)$ h) $-\tan(2\pi - x)$

Die Tangensfunktion und ihre Eigenschaften

10

Berechne die Funktionswerte ohne Taschenrechner.

a) $\tan \frac{\pi}{4}$ b) $\tan \frac{5}{6}\pi$ c) $\tan \frac{2}{3}\pi$ d) $\tan \pi$

e) $\tan \frac{3}{2}\pi$ f) $\tan 6\pi$ g) $\tan \frac{10}{3}\pi$ h) $\tan \frac{7}{6}\pi$

11

Ermittle alle Lösungen im Bogenmaß und im Gradmaß (ohne Taschenrechner).

a) $\tan x = 1$ b) $\tan x = \sqrt{3}$ c) $\tan x = -\sqrt{3}$ d) $\tan x = 0$

e) $\tan x = \frac{1}{\sqrt{3}}$ f) $\tan x = -1$ g) $\tan x = -\frac{1}{\sqrt{3}}$ h) $|\tan x| = 1$

12

Ermittle alle Lösungen der folgenden Gleichungen (mit Taschenrechner).

a) $\tan x = 2$ b) $\tan x = -1$ c) $\tan x = 0{,}5$ d) $\tan x = -10$

e) $\tan x = 1{,}25$ f) $\tan x = -\sqrt{5}$ g) $\tan x = \pi$ h) $\tan(-x) = 3$

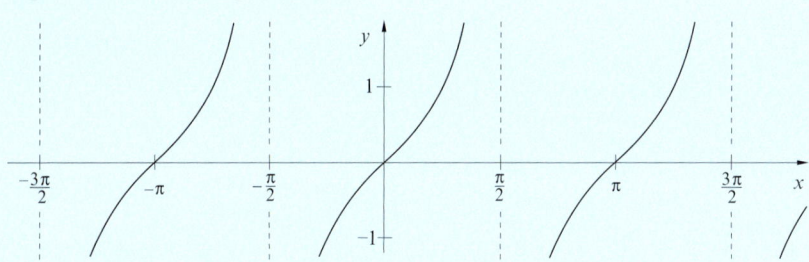

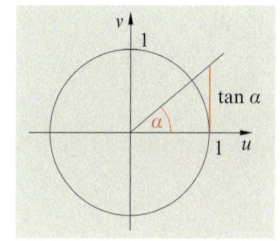

AUFGABE

Auch der Quotient $\frac{\cos \alpha}{\sin \alpha}$ (also $\frac{1}{\tan \alpha}$) ergibt eine Funktion von α. Sie wird Kotangens genannt und cot abgekürzt.
Überlege dir, welche Eigenschaften diese Funktion hat.

Eigenschaften der Tangensfunktion

Definitionsbereich	$\mathbb{R} \setminus \left\{\frac{\pi}{2} + k \cdot \pi \mid k \in \mathbb{Z}\right\}$ $\tan x = \frac{\sin x}{\cos x}$ ist nicht definiert, falls $\cos x = 0$, also für $x = \frac{\pi}{2} + k \cdot \pi$ mit $k \in \mathbb{Z}$. Die Parallelen zur y-Achse durch die Punkte $\left(\frac{\pi}{2} + k \cdot \pi \mid 0\right)$, $k \in \mathbb{Z}$, sind Asymptoten des Graphen von $y = \tan x$.
Wertebereich	$\mathbb{R}$
Periodizität	Die Tangensfunktion ist periodisch. Die kleinste (positive) Periode beträgt π.
Nullstellen	$\tan x = 0$, falls $\sin x = 0$, also für $x = k \cdot \pi$ mit $k \in \mathbb{Z}$.
Monotonie	Die Tangensfunktion ist streng monoton steigend über den Intervallen $\left(-\frac{\pi}{2} + k \cdot \pi; \frac{\pi}{2} + k \cdot \pi\right)$ mit $k \in \mathbb{Z}$.
Minima, Maxima	Der Graph besitzt keine Extrempunkte.
Symmetrie	Punktsymmetrie bezüglich $O(0 \mid 0)$ $\tan(-x) = -\tan x$

Beziehungen zwischen den Winkelfunktionen

1

Die nebenstehende Zeichnung zeigt einen Einheitskreis, in dem die Drehwinkel α, $90° + \alpha$, $180° + \alpha$ und $270° + \alpha$ eingetragen sind. Im Bogenmaß sind es die Winkel α, $\frac{\pi}{2} + \alpha$, $\pi + \alpha$ und $\frac{3}{2}\pi + \alpha$. In den 4 Quadranten ergeben sich dabei 4 rechtwinklige Dreiecke.

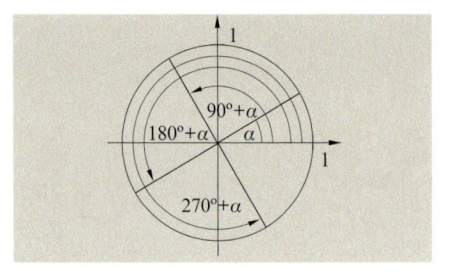

a) Beweise, dass diese Dreiecke zueinander kongruent sind.

b) Zeige mithilfe der Darstellung des Sinus und des Kosinus am Einheitskreis in den 4 Quadranten die Gültigkeit des folgenden Satzes.
   Für alle $x \in \mathbb{R}$ gilt: $\sin\left(x + \frac{\pi}{2}\right) = \cos x$ und $\cos\left(x + \frac{\pi}{2}\right) = -\sin x$.

c) Welche Bedeutung haben die beiden Gleichungen für die Graphen der Sinus- und Kosinusfunktion? Formuliere einen Zusammenhang.

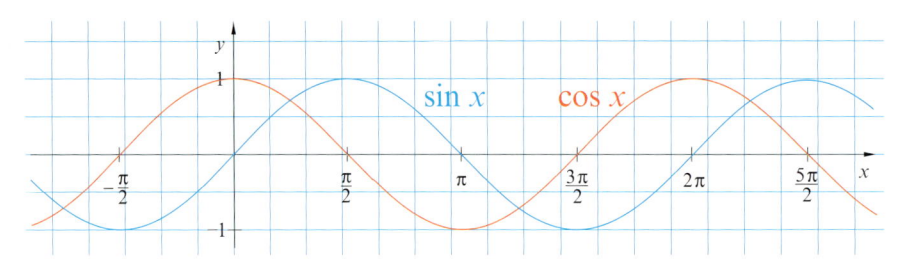

2

a) Zeige mithilfe der Zeichnung aus Aufgabe 1:
   Für alle $x \in \mathbb{R}$ gilt: $\sin\left(x - \frac{\pi}{2}\right) = -\cos x$ und $\cos\left(x - \frac{\pi}{2}\right) = \sin x$.

b) Die Gleichungen aus a) lassen sich auch rechnerisch herleiten. Begründe die Gültigkeit der einzelnen Gleichungen:
   $\sin\left(x - \frac{\pi}{2}\right) = -\sin\left(-x + \frac{\pi}{2}\right) = -\cos(-x) = -\cos x$.

c) Beweise analog zu b) die Gültigkeit der Gleichung $\cos\left(x - \frac{\pi}{2}\right) = \sin x$.

HINWEIS
Berücksichtige die Beziehungen
$\sin(-x) = -\sin x$
bzw.
$\cos(-x) = \cos x$,
die auf der Symmetrie der jeweiligen Funktion beruhen.

3

a) Folgere aus den bei Aufgabe 2 untersuchten Gleichungen die so genannten Komplementwinkelbeziehungen:
   Für alle $x \in \mathbb{R}$ gilt: $\sin\left(\frac{\pi}{2} - x\right) = \cos x$ und $\cos\left(\frac{\pi}{2} - x\right) = \sin x$.

b) Welche Bedeutung haben die Komplementwinkelbeziehungen für Winkel am Einheitskreis?

INFORMATION
Man nennt den Winkel, der einen gegebenen Winkel α zu einem rechten Winkel ergänzt, den **Komplementwinkel** zu α. Der Winkel $\left(\frac{\pi}{2} - x\right)$ ist der Komplementwinkel zu x. Komplementwinkel treten in rechtwinkligen Dreiecken auf.

SATZ
Für alle $x \in \mathbb{R}$ gilt: $\sin\left(\frac{\pi}{2} - x\right) = \cos x$ und $\cos\left(\frac{\pi}{2} - x\right) = \sin x$.
Für beliebige Winkel α gilt: $\sin(90° - \alpha) = \cos \alpha$ und $\cos(90° - \alpha) = \sin \alpha$.

Beziehungen zwischen den Winkelfunktionen

4

Die Definition der Sinus- und Kosinusfunktion am Einheitskreis deutet auf eine weitere Beziehung zwischen diesen beiden Funktionen hin.
Beweise die Gültigkeit der Gleichung
$\sin^2 x + \cos^2 x = 1$
für alle reellen Zahlen x.

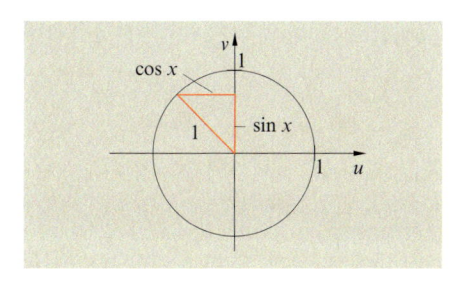

SATZ
Für beliebige Winkel α gilt die Gleichung $\sin^2 \alpha + \cos^2 \alpha = 1$.

MERKE

sin 0°	$\frac{1}{2}\sqrt{0}$
sin 30°	$\frac{1}{2}\sqrt{1}$
sin 45°	$\frac{1}{2}\sqrt{2}$
sin 60°	$\frac{1}{2}\sqrt{3}$
sin 90°	$\frac{1}{2}\sqrt{4}$

5

a) Für einige Winkel kann man sich die Sinuswerte sehr gut merken (vgl. Randspalte). Stelle eine entsprechende Tabelle für die Kosinuswerte auf.
b) Sieht diese Tabelle für die Tangenswerte auch so einfach aus?

BEISPIEL
Kennt man für einen Winkel x den Funktionswert einer der Winkelfunktionen, so kann man daraus die entsprechenden Funktionswerte der anderen Winkelfunktionen (sin, cos, tan) ermitteln.

Gilt z.B. $\sin x = 0{,}6$, so gilt $\cos x = \pm \sqrt{1 - \sin^2 x} = \pm \sqrt{1 - 0{,}36} = \pm 0{,}8$,

und daraus folgt: $\tan x = \dfrac{\sin x}{\cos x} = \pm \dfrac{0{,}6}{0{,}8} = \pm 0{,}75$.

6

Berechne aus dem gegebenen Funktionswert entsprechende Werte der anderen beiden Winkelfunktionen.

a) $\sin x = -\dfrac{1}{5}$ b) $\sin x = 0{,}7$ c) $\cos x = \dfrac{2}{3}$ d) $\cos x = -0{,}4$

ANREGUNG
Löse Aufgabe 6 auch zeichnerisch am Einheitskreis.

7

Übertrage folgende Tabelle ins Heft und vervollständige sie.
Beweise die Gültigkeit jeder eingetragenen Formel.

	$\sin x$	$\cos x$	$\tan x$
$\sin x$			
$\cos x$	$\cos x = \pm \sqrt{1 - \sin^2 x}$		
$\tan x$			

AUFGABE
Schreibe einfacher:
a) $\dfrac{1 - \cos^2 x}{\cos x}$
b) $\sqrt{1 - \cos x} \cdot \sqrt{1 + \cos x}$
c) $1 + \tan^2 x$
d) $\dfrac{1}{\sqrt{1 + \tan^2 x}}$
e) $\sin^4 x - \cos^4 x$
f) $\dfrac{0{,}5}{1 - \sin x} + \dfrac{0{,}5}{1 + \sin x}$

8

Zeige, dass für alle reellen Zahlen x folgende Beziehungen gelten.

a) $(\sin x + \cos x)^2 = 1 + 2 \sin x \cos x$ b) $\sin\left(\dfrac{\pi}{4} + x\right) = \cos\left(\dfrac{\pi}{4} - x\right)$

Funktionen mit Gleichungen der Form $f(x) = a \sin(bx + c)$

1

a) Zeichne mit dem GTR oder mithilfe von Wertetabellen ins Heft verschiedene Funktionen mit einer Gleichung $f(x) = a \sin x$.
Was haben die Graphen gemeinsam, wodurch unterscheiden sie sich?
b) Welche Eigenschaften der Sinusfunktion bleiben erhalten, welche ändern sich durch den Faktor a? Lege eine entsprechende Tabelle an.

> **ERINNERE DICH**
> Bei den quadratischen Funktionen bewirkt der Faktor a in der Funktionsgleichung $f(x) = a x^2$ eine Streckung (für $|a| > 1$) oder Stauchung (für $|a| < 1$) des entsprechenden Funktionsgraphen bezüglich der Normalparabel in Richtung der y-Achse. Vergleiche mit den Auswirkungen des Faktors a auf den Graphen der Sinusfunktion.

2

In der Abbildung sind Funktionen des Typs $f(x) = a \sin x$ dargestellt. Ermittle jeweils den Faktor a.

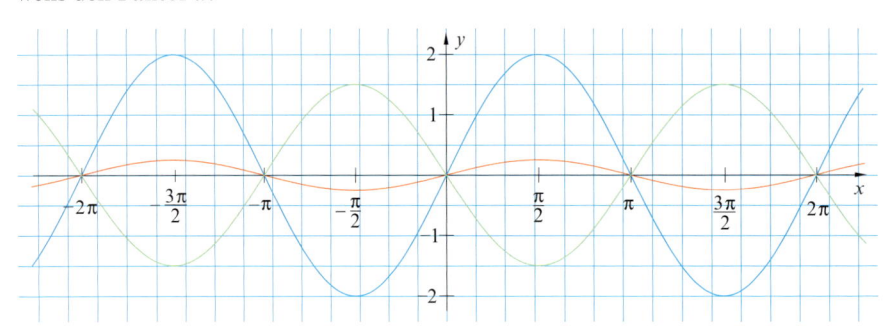

> Der Graph der Funktion f mit $f(x) = a \sin x$, wobei $a \neq 0$, entsteht aus dem Graphen der Sinusfunktion durch Streckung (für $|a| > 1$) oder Stauchung (für $|a| < 1$) in Richtung der y-Achse.
> Für $a < 0$ wird zusätzlich an der x-Achse gespiegelt.
> Der Wertebereich der Funktion f mit $f(x) = a \sin x$ ist $[-|a|; |a|]$.
> Der größte Funktionswert $|a|$ wird als **Amplitude** bezeichnet.

3

Zeichne mithilfe einer Schablone eine Sinuskurve in ein Koordinatensystem.
Zeichne in das gleiche Koordinatensystem die Graphen folgender Funktionen ohne irgendwelche Funktionswerte auszurechnen.
a) $f(x) = 2 \sin x$ b) $f(x) = 1{,}5 \sin x$ c) $f(x) = -3 \sin x$

4

a) Zeichne (z. B mit dem GTR) die Graphen zu $f(x) = \sin\left(x + \frac{\pi}{2}\right)$, $g(x) = \sin\left(x - \frac{\pi}{4}\right)$ und $h(x) = \sin(x - 2)$ und vergleiche jeweils mit der Sinusfunktion.
b) Zu welchen Funktionen gehören folgende Graphen?

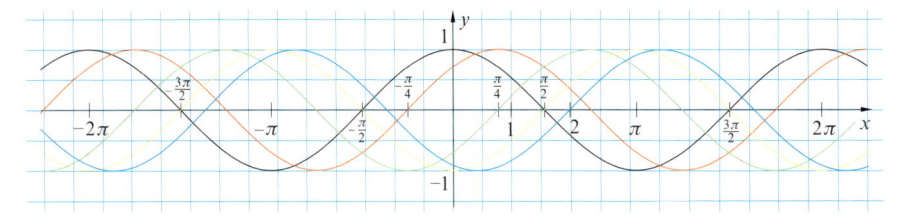

> **ERINNERE DICH**
> Wir haben schon einmal den Zusammenhang zwischen $\sin\left(x + \frac{\pi}{2}\right)$ und $\cos x$ untersucht.

Funktionen mit Gleichungen der Form $f(x) = a \sin(bx + c)$

5

Welche Eigenschaften der Sinusfunktion bleiben erhalten, welche ändern sich, wenn man zu dem Argument x einen festen Wert c addiert?
Probiere verschiedene Summanden c aus und lege eine entsprechende Tabelle an.

> Der Graph der Funktion f mit $f(x) = \sin(x + c)$ entsteht aus dem Graphen der Sinusfunktion durch eine Verschiebung um c in negative x-Richtung ($c > 0$) bzw. in positive x-Richtung ($c < 0$).
> Die Amplitude der Sinusfunktion sowie ihre Periode bleiben dabei erhalten.
> Die Lage der Nullstellen verschiebt sich ebenfalls um c.

INFORMATION
Den Wert c nennt man in diesem Zusammenhang in der Physik auch Phasenverschiebung der Funktion.

6

Zeichne mithilfe einer Schablone die Graphen folgender Funktionen in ein Koordinatensystem.
Beschreibe jeweils die Eigenschaften der Funktion.
a) $f(x) = \sin(x + 2)$ b) $f(x) = \sin(x - 1{,}5)$ c) $f(x) = \sin(x + 2\pi)$
d) $f(x) = \cos\left(x - \frac{\pi}{4}\right)$ e) $f(x) = \cos(x + \pi)$ f) $f(x) = \cos(x - 5)$

HINWEIS
Übertrage deine Erkenntnisse auf die Kosinusfunktion.

7

Zeichne die Graphen folgender Funktionen.
Was bewirken der Faktor a vor dem Funktionsterm und der Summand c im Argument der Funktion gemeinsam?
Vergleiche untereinanderstehende Teilaufgaben.
a) $f(x) = 2\sin\left(x - \frac{\pi}{4}\right)$ b) $f(x) = -3\sin(x + \pi)$ c) $f(x) = 0{,}5 \sin(x - 5)$
d) $f(x) = 2\cos\left(x - \frac{\pi}{4}\right)$ e) $f(x) = -3\cos(x + \pi)$ f) $f(x) = 0{,}5 \cos(x - 5)$

8

Das Bild zeigt die GTR-Darstellung eines Funktionsgraphen im Bereich $-5 \leq x \leq 5$ und $-3 \leq y \leq 3$.
Gib zwei zu dem Graphen passende Funktionsgleichungen an, eine unter Verwendung der Sinusfunktion und eine unter Verwendung der Kosinusfunktion.

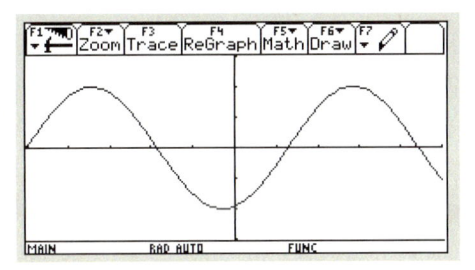

9

a) Zeichne mit dem GTR (oder per Wertetabelle ins Heft) die Funktionsgraphen zu $f(x) = \sin(2x)$, $g(x) = \sin(3x)$ und $h(x) = \sin\left(\frac{1}{2}x\right)$.
   Was haben die Graphen gemeinsam, wodurch unterscheiden sie sich?
b) Welche Eigenschaften der Sinusfunktion bleiben erhalten, welche ändern sich durch den Faktor b vor dem Argument x? Lege eine entsprechende Tabelle an.
c) Vergleiche mit den Auswirkungen des Faktors b vor dem Argument x bei anderen Funktionstypen, z. B. bei $f(x) = (bx)^2$.
d) Skizziere den Graphen der Funktion f mit $f(x) = \sin(bx)$ für verschiedene Werte von b ohne eine Wertetabelle anzulegen. Überprüfe deine Skizze mit dem GTR.

NACHGEDACHT
Welche Periode hat die Funktion f mit $f(x) = \sin(bx)$?
Wo liegen jetzt die Nullstellen?
Was passiert mit der Amplitude?

10ᴸ

Zu welchen Funktionen gehören die folgenden Graphen?

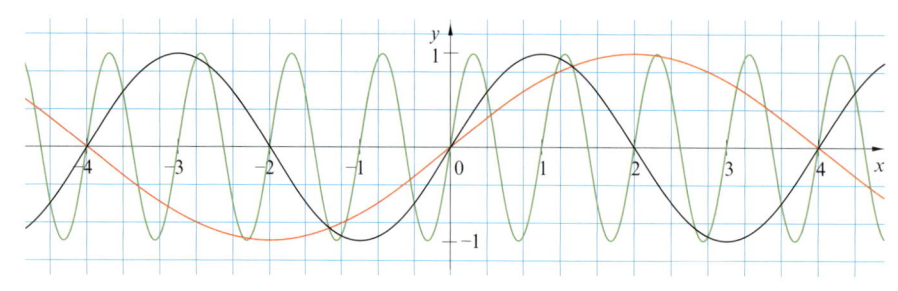

11

Zeichne (z. B. mit dem GTR) die Graphen zu folgenden Funktionen f und ermittle jeweils die kleinste positive Periode.

a) $f(x) = \sin\left(\frac{1}{3}x\right)$ **b)** $f(x) = \sin\left(\frac{2}{5}x\right)$ **c)** $f(x) = \sin\left(\frac{4}{3}x\right)$

d) $f(x) = \sin(\pi x)$ **e)** $f(x) = \sin\left(\frac{1}{2}\pi x\right)$ **f)** $f(x) = \sin(1{,}5\pi x)$

HINWEIS

Ist b ein rationales Vielfaches von π (d. h. $b = r \cdot \pi$ mit $r \in \mathbb{Q}$), so ergibt sich als kleinste positive Periode eine rationale Zahl. Umgekehrt führt ein rationales b auf eine Periode, die sich als rationales Vielfaches von π ausdrücken lässt.

12

Zeige ausführlich für die Funktion f mit $f(x) = \sin(bx)$ mit $b \neq 0$ die Gültigkeit der Gleichung $f\left(x + \frac{2\pi}{b}\right) = f(x)$.

> Der Graph der Funktion f mit $f(x) = \sin(bx)$, wobei $b \neq 0$, entsteht aus dem Graphen der Sinusfunktion durch eine Stauchung (für $|b| > 1$) oder durch eine Streckung (für $|b| < 1$) in Richtung der x-Achse.
> Für $b < 0$ wird zusätzlich an der y-Achse gespiegelt.
>
> Das Intervall $[0; 2\pi]$ wird für $|b| > 1$ „schneller" und für $|b| < 1$ „langsamer" durchschritten. Die kleinste positive Periode beträgt $\frac{2\pi}{|b|}$.

13

Zu welchen Funktionen gehören folgende Graphen?

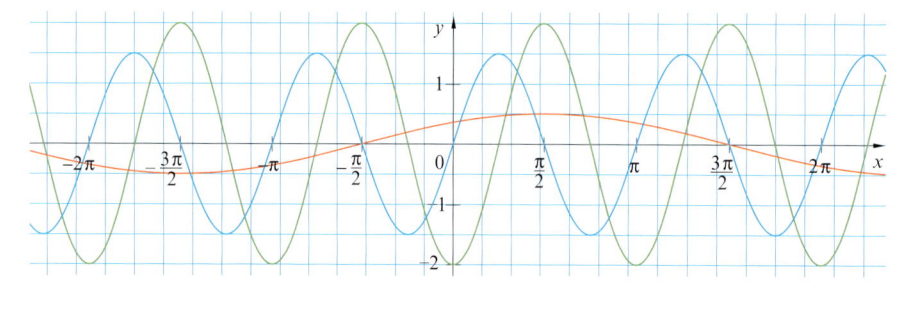

BEACHTE

Der Abstand zwischen zwei benachbarten Nullstellen ist eine halbe Periode.

Beschreibe, wie die dargestellten Funktionen schrittweise aus der Sinusfunktion entstanden sind.

Funktionen mit Gleichungen der Form $f(x) = a \sin(bx + c)$

Der Graph der Funktion f mit $f(x) = a \sin(bx + c)$ entsteht aus dem Graphen der Sinusfunktion durch:
1) Strecken oder Stauchen um den Faktor $|a|$ in y-Richtung.
   Falls $a < 0$, wird der Graph zusätzlich an der x-Achse gespiegelt.
   Die Amplitude verändert sich, sie beträgt jetzt: $|a|$
2) Strecken oder Stauchen um den Faktor $\left|\frac{1}{b}\right|$ in x-Richtung.
   Falls $b < 0$, wird der Graph zusätzlich an der y-Achse gespiegelt.
   Die kleinste Periode ist $\frac{2\pi}{|b|}$. Der Abstand benachbarter Nullstellen ist $\frac{\pi}{|b|}$.
3) Verschiebung um $\left|\frac{c}{b}\right|$ in negative x-Richtung (für $\frac{c}{b} > 0$) bzw. in positive x-Richtung (für $\frac{c}{b} < 0$).

AUFGABE
Erläutere, wie die Funktion
$f(x) = 0{,}5 \sin\left(\frac{2}{3}\left(x - \frac{\pi}{2}\right)\right)$
schrittweise aus der Sinusfunktion entsteht. Schreibe den Funktionsterm dann in der Form $f(x) = a \sin(bx + c)$.
Würdest du die schrittweise Modifikation der Sinusfunktion jetzt anders beschreiben?

14

Zeichne die Graphen zu $f(x)$ mit dem GTR oder per Wertetabelle ins Heft.
Bestimme Amplitude, Nullstellen und die kleinste positive Periode.

a) $f(x) = 2 \sin(2x + 2)$ b) $f(x) = \frac{1}{2} \sin\left(\frac{1}{2}x + \frac{1}{2}\right)$ c) $f(x) = -3 \sin(4x - 5)$

d) $f(x) = \frac{1}{2} \sin\left(-2x + \frac{1}{3}\right)$ e) $f(x) = -\sin(-2x + \pi)$ f) $f(x) = \frac{1}{2} \cos\left(\frac{1}{3}x - \frac{1}{4}\right)$

15 L

Bestimme die Amplitude, die kleinste positive Periode und die kleinste positive Nullstelle. Skizziere den Graphen und überprüfe deine Skizze mit dem GTR.

a) $f(x) = \sin(5x + \pi)$ b) $f(x) = -2 \sin(3 - x)$ c) $f(x) = -\pi \sin(-\pi x)$

d) $f(x) = -\cos(-x)$ e) $f(x) = 4 \cos\left(\frac{1}{4}x\right)$ f) $f(x) = 3 \sin(0{,}5x - \pi)$

16

Gegeben sind eine Amplitude a, eine Periode p und eine Nullstelle x_0 einer Winkelfunktion. Gib eine passende Funktion an.

a) $|a| = 1$, $p = 2\pi$, $x_0 = \frac{\pi}{2}$ b) $|a| = \frac{3}{2}$, $p = \pi$, $x_0 = -\frac{\pi}{2}$ c) $|a| = \frac{1}{2}$, $p = 4\pi$, $x_0 = \frac{3\pi}{2}$

NACHGEDACHT
Ist die Lösung eindeutig? Kann man einen Funktionsterm angeben, der alle Möglichkeiten einschließt?

17

Welche Funktionen sind hier dargestellt?

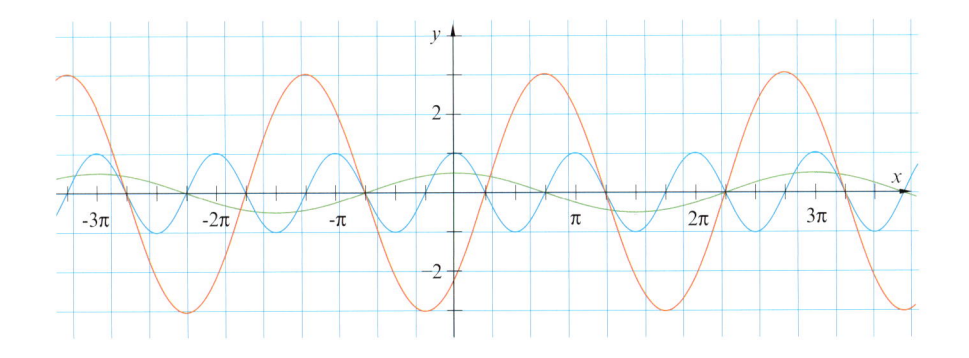

Additionstheoreme

1

Für welche Winkel α mit α ∈ [0°; 90°] kannst du die zugehörigen Sinus-, Kosinus- und Tangenswerte genau angeben?

2

Vergleiche die Ergebnisse von
a) sin(60° + 30°) und sin 60° + sin 30° b) cos(30° + 45°) und cos 30° + cos 45°
c) cos(90° − 60°) und cos 90° − cos 60° d) tan(45° + 30°) und tan 45° + tan 30°

Offenbar ist z. B. der Sinuswert einer Summe nicht gleich der Summe der Sinuswerte der Summanden. Es besteht jedoch ein Zusammenhang zwischen sin(α + β) einerseits und den einzelnen Sinus- und Kosinuswerten von α und β andererseits.

Additionstheoreme für die Sinus- und die Kosinusfunktion
Für beliebige Winkel α und β gilt:
$\sin(\alpha + \beta) = \sin\alpha \cos\beta + \cos\alpha \sin\beta$ $\cos(\alpha + \beta) = \cos\alpha \cos\beta - \sin\alpha \sin\beta$
$\sin(\alpha - \beta) = \sin\alpha \cos\beta - \cos\alpha \sin\beta$ $\cos(\alpha - \beta) = \cos\alpha \cos\beta + \sin\alpha \sin\beta$

ERINNERE DICH
Auch beim Wurzelziehen aus Summen gilt für $a, b \neq 0$:
$\sqrt{a+b} \neq \sqrt{a} + \sqrt{b}$
Bsp.: $\sqrt{16+9} \neq \sqrt{16} + \sqrt{9}$

Beweis der Gleichung $\sin(\alpha + \beta) = \sin\alpha \cos\beta + \cos\alpha \sin\beta$ (für $0° \leq \alpha, \beta \leq 90°$):
Wir betrachten den Einheitskreis, es gilt also $\overline{MP_1} = \overline{MP_2} = r = 1$.
Der Punkt $P(1|0)$ wird zunächst um α gedreht (es entsteht P_1) und dann um β (es entsteht P_2). Das Lot des Punktes P_1 bzw. P_2 auf die u-Achse bezeichnen wir mit L_1 bzw. L_2. Das Lot von P_2 auf die Strecke $\overline{MP_1}$ habe den Fußpunkt L_3. Von L_3 fällen wir zusätzlich das Lot auf die u-Achse (L_4) und auf die Strecke $\overline{P_2 L_2}$ (L_5). (vgl. Abb.)

(1) $\sin(\alpha + \beta) = \overline{P_2 L_2}$
(2) $\sin\alpha = \overline{P_1 L_1}$, $\cos\alpha = \overline{ML_1}$
(3) $\sin\beta = \overline{P_2 L_3}$, $\cos\beta = \overline{ML_3}$
(4) $\dfrac{\overline{P_1 L_1}}{\overline{MP_1}} = \dfrac{\overline{L_3 L_4}}{\overline{ML_3}}$,

also $\dfrac{\sin\alpha}{1} = \dfrac{\overline{L_3 L_4}}{\cos\beta}$ bzw. $\overline{L_3 L_4} = \sin\alpha \cdot \cos\beta$

(5) $\sphericalangle ML_3 L_5 = \alpha$, also auch $\sphericalangle L_3 P_2 L_2 = \alpha$
(6) $\dfrac{\overline{P_2 L_5}}{\overline{P_2 L_3}} = \dfrac{\overline{ML_1}}{\overline{MP_1}}$,

also $\dfrac{\overline{P_2 L_5}}{\sin\beta} = \dfrac{\cos\alpha}{1}$ bzw. $\overline{P_2 L_5} = \cos\alpha \cdot \sin\beta$

(7) wegen $\overline{L_3 L_4} = \overline{L_2 L_5}$ gilt: $\overline{P_2 L_2} = \overline{L_3 L_4} + \overline{P_2 L_5}$
(8) $\sin(\alpha + \beta) = \sin\alpha \cos\beta + \cos\alpha \sin\beta$
q.e.d.

3

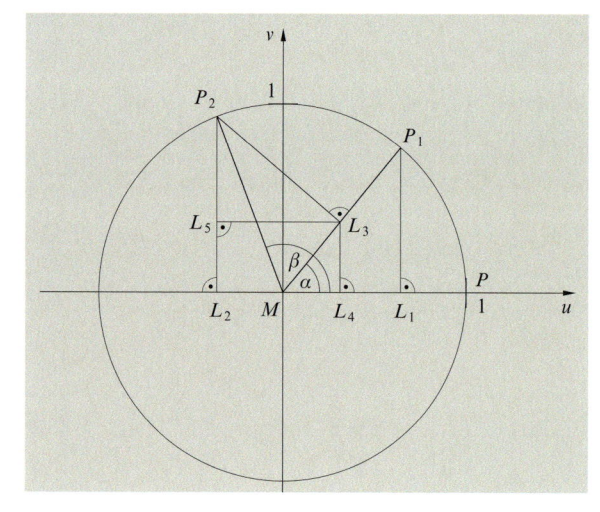

a) Vollziehe jeden Schritt im obenstehenden Beweis nach und begründe ihn.
b) Beweise das Additionstheorem $\cos(\alpha + \beta) = \cos\alpha \cos\beta - \sin\alpha \sin\beta$ nach dem gleichen Beweisprinzip. Folgere dann die beiden anderen Additionstheoreme aus den beiden schon bewiesenen.

Additionstheoreme

4

Mithilfe der Additionstheoreme kann man zu weiteren Winkeln Funktionswerte exakt angeben. Führe dies in den folgenden Fällen aus.
a) $\sin 15°$ **b)** $\cos 75°$ **c)** $\cos 105°$ **d)** $\sin 135°$ **e)** $\cos 195°$

5

a) Beweise, dass die Seitenlänge s eines regelmäßigen Zehnecks mit dem Radius r des einhüllenden Kreises über die Gleichung $s = r\left(\frac{\sqrt{5}-1}{2}\right)$ zusammenhängt.

b) Leite aus der Gleichung in a) die Beziehung $\sin 18° = \frac{\sqrt{5}-1}{4}$ her.

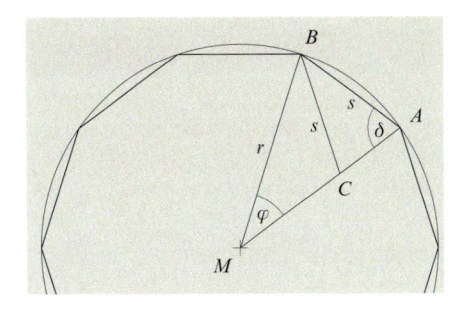

TIPPS
zu Aufgabe 5 a):
1) Betrachte zunächst einen Einheitskreis.
2) Ermittle die Winkelmaße von φ und δ.
3) Drücke alle Strecken mithilfe von s bzw. mithilfe von $\sin \varphi$ oder $\cos \varphi$ aus.

6

Leite folgende Additionstheoreme für die Tangensfunktion aus denen für die Sinus- bzw. Kosinusfunktion her.

Additionstheoreme für die Tangensfunktion
$\tan(\alpha + \beta) = \frac{\tan \alpha + \tan \beta}{1 - \tan \alpha \cdot \tan \beta}$, für alle α, β mit $\tan \alpha \cdot \tan \beta \neq 1$
$\tan(\alpha - \beta) = \frac{\tan \alpha - \tan \beta}{1 + \tan \alpha \cdot \tan \beta}$, für alle α, β mit $\tan \alpha \cdot \tan \beta \neq -1$

7 L

a) Berechne den Schnittwinkel zwischen den Geraden $y = 2x - 1$ und $y = \frac{1}{2}x + 2$, indem du die Steigungszahlen als Tangenswerte deutest. Überprüfe dein Ergebnis mithilfe obiger Formeln.

b) Unter welchem Winkel schneiden sich die Geraden $y = -3x + 4$ und $y = -0{,}8x - 7$?

Doppelwinkelbeziehungen
$\sin 2\alpha = 2 \sin \alpha \cos \alpha$
$\cos 2\alpha = \cos^2 \alpha - \sin^2 \alpha$
$\tan 2\alpha = \frac{2 \tan \alpha}{1 - \tan^2 \alpha}$, wobei $\tan \alpha \neq \pm 1$

8

a) Leite die Doppelwinkelbeziehungen aus den Additionstheoremen her.

b) Beweise: $\sin \frac{\alpha}{2} = \pm \sqrt{\frac{1-\cos \alpha}{2}}$; $\cos \frac{\alpha}{2} = \pm \sqrt{\frac{1+\cos \alpha}{2}}$; $\tan \frac{\alpha}{2} = \frac{\sin \alpha}{1+\cos \alpha}$.

AUFGABE
Mit einem Tabellenkalkulationsprogramm wie *Excel* oder *Works* lässt sich mithilfe des in Aufgabe 9 benutzten Verfahrens eine komplette Sinustabelle erstellen. Probiere es aus.

9

Berechne den Sinus von 44° mithilfe eines Additionstheorems. Setze dazu $\alpha = 45°$ und $\beta = 1°$. Verwende die Werte $\sin 45° = \frac{1}{2}\sqrt{2}$ bzw. $\sin 1° \approx \text{arc } 1° = \pi : 180$. Berechne entsprechend $\sin 33°$.

Summe und Produkt von Winkelfunktionen

1

a) Zeichne die Graphen zu $f_1(x) = \sin x$, $f_2(x) = \cos x$ sowie $f(x) = f_1(x) + f_2(x)$ für $x \in \left[-\frac{\pi}{2}; \pi\right]$ mit unterschiedlichen Farben in ein und dasselbe Koordinatensystem.
b) Beschreibe kurz, wie du den Graphen der Funktion f angefertigt hast.

> Es seien f_1 und f_2 Funktionen mit dem gleichen Definitionsbereich.
> Der **Graph der Summenfunktion f mit** $f(x) = f_1(x) + f_2(x)$ lässt sich für jeden Wert des Definitionsbereiches durch Addition der zugehörigen Ordinaten $f_1(x)$ und $f_2(x)$ gewinnen.

BEACHTE
bei der Addition von Ordinaten die *Vorzeichen*.

2 L

a) Ermittle die Funktionsterme der drei farbig dargestellten Winkelfunktionen.
b) Gib die gemeinsamen Nullstellen sowie die Periode der Summenfunktion an.

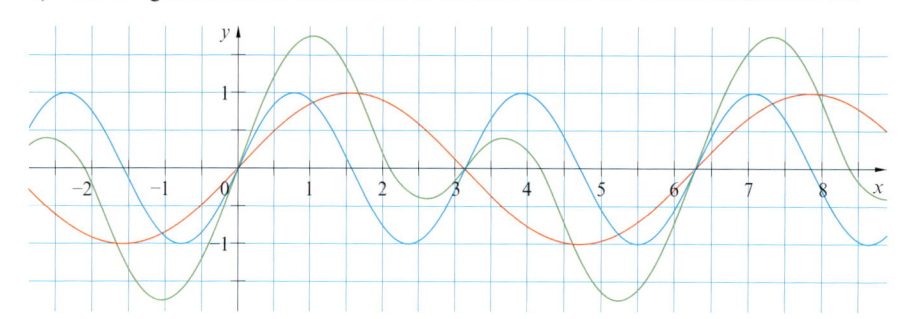

HINWEIS
Bei additiv zusammengesetzten Winkelfunktionen ist die Amplitude oft nicht mehr konstant.

3

Zeichne die Graphen von f_1, f_2 und deren Summenfunktion f jeweils über eine volle Periode von f in ein Koordinatensystem.
a) $f_1(x) = 2; f_2(x) = -\sin(0{,}5x)$
b) $f_1(x) = 2\cos x; f_2(x) = -\sin\left(x - \frac{\pi}{2}\right)$
c) $f_1(x) = \cos x; f_2(x) = -\sin\left(\frac{\pi}{2} - x\right)$
d) $f_1(x) = 2\sin x; f_2(x) = \cos 2x$

4

Ermittle mit einem GTR den Graphen der Funktion f mit $f(x) = f_1(x) + f_2(x)$.
a) $f_1(x) = -\cos(2x); f_2(x) = 2\sin(0{,}5x)$
b) $f_1(x) = \sin(3x); f_2(x) = \sin\left(3x + \frac{\pi}{6}\right)$
c) $f_1(x) = \sin(3x); f_2(x) = \cos\left(\frac{x}{3}\right)$
d) $f_1(x) = \sin(4x); f_2(x) = \sin(5x)$
e) $f_1(x) = \sin(9x); f_2(x) = 3\sin x$
f) $f_1(x) = 2\sin\left(2x + \frac{\pi}{2}\right); f_2(x) = 2{,}8\sin x$

5

Ermittle mithilfe eines GTR den Graphen der Funktion f und ermittle daraus die Amplitude und die Periode. Leite auch aus dem Funktionsterm einen Höchstwert für die Amplitude sowie einen Mindestwert für die Periode her.
a) $f(x) = \cos(5x) + \sin(4x)$
b) $f(x) = 2\cos\left(\frac{x}{2}\right) - \sin\left(\frac{x}{3}\right)$

Summe und Produkt von Winkelfunktionen

6

a) Welche Funktionen f_1, f_2 stellen die beiden blau und grün gefärbten Kurven dar?

b) Zur rot gefärbten Kurve gehört eine Funktion f.
Welcher Zusammenhang besteht zwischen den Funktionstermen von f_1, f_2 und f?

c) Welche Nullstellen hat die Funktion f mit f_1 bzw. f_2 gemeinsam?

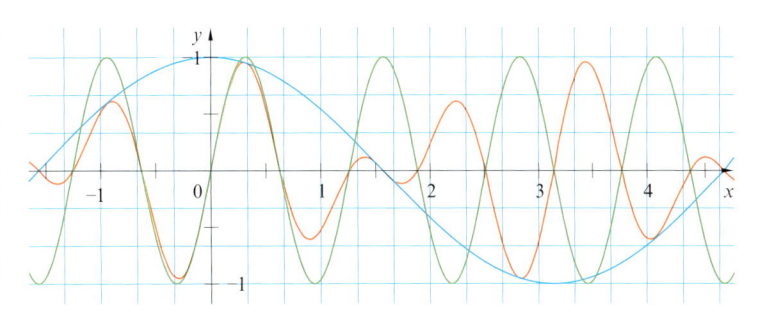

Es seien f_1 und f_2 Funktionen mit dem gleichen Definitionsbereich.
Der **Graph der Produktfunktion f mit** $f(x) = f_1(x) \cdot f_2(x)$ lässt sich aus dem Graphen von f_2 dadurch gewinnen, dass die Ordinaten von f_2 an jeder Stelle x des Definitionsbereiches mit dem Faktor $f_1(x)$ multipliziert werden.

7

a) Die Funktion f mit $f(x) = \text{int}(x)$ liefert für jedes $x \in \mathbb{R}$ die größte ganze Zahl k mit $k \leq x$.
Beispiele: $\text{int}(1{,}9) = 1$; $\text{int}(2) = 2$; $\text{int}(-2{,}3) = -3$.
Wie lässt sich mithilfe von $\text{int}(x)$ die zum roten Graphen gehörende Funktion beschreiben?

b) Welche Funktion gehört jeweils zur blauen und zur grünen Kurve?

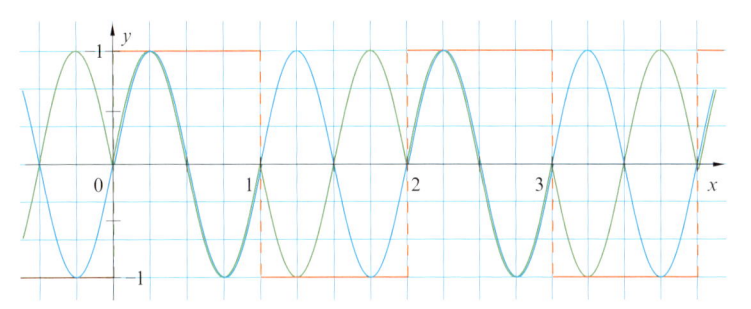

8

Beweise mithilfe der Additionstheoreme die Gültigkeit der Beziehung
$\sin u + \sin v = 2 \sin\left(\frac{u+v}{2}\right) \cdot \cos\left(\frac{u-v}{2}\right)$.

TIPP

zu Aufgabe 8:
Setze $u = \alpha + \beta$ und $v = \alpha - \beta$. Addiere auch die rechten Seiten der zugehörigen Additionstheoreme.

9

a) Ersetze in der Gleichung von Aufgabe 8 die Variablen u und v durch $5\pi x$ bzw. $4\pi x$. Betrachte die auf diese Weise links und rechts vom Gleichheitszeichen entstandenen Terme als Funktionsterme und erstelle zu beiden jeweils über dem Intervall $[-1; 5]$ den zugehörigen Graphen. (*Hinweis*: Benutze einen GTR.)

b) Welche Eigenarten des Graphen lassen sich aus dem rechten Funktionsterm erklären? Was passiert bei $u \approx v$?

10

a) Der Graph der Funktion f mit $f(x) = \cos x$ kann im Intervall $\left[-\frac{\pi}{2}; \frac{\pi}{2}\right]$ näherungsweise durch eine Parabel aus der Funktionenschar $f_a(x) = a \cdot x^2 + 1$ dargestellt werden. Ermittle a unter der Voraussetzung, dass $f\left(\frac{\pi}{2}\right) = f_a\left(\frac{\pi}{2}\right)$ bzw. $f\left(\frac{\pi}{4}\right) = f_a\left(\frac{\pi}{4}\right)$.

b) Berechne die prozentualen Abweichungen von f_a an den Stellen $x = k \cdot \frac{\pi}{10}$ mit $k \in \{0, 1, 2, 3, 4, 5\}$.

Navigation aus dem All

Im *Vermessungswesen* geht es u. a. darum, die Lage ausgewählter Punkte *möglichst genau* zu ermitteln. Autos, die sich von *Navigationssystemen* leiten lassen, benötigen ihre sich ändernden Positionsdaten *möglichst schnell*. Beides lässt sich mithilfe des **G**lobal-**P**ositioning-**S**ystems (GPS) erreichen.

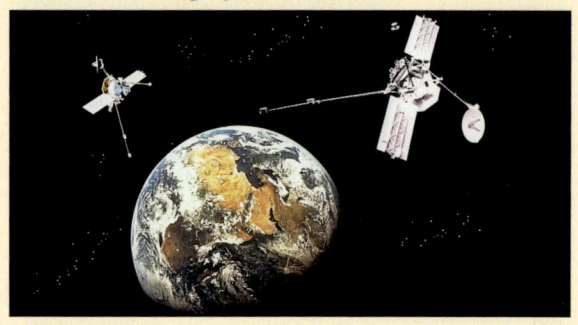

Trägerschwingung
Signalcode
phasenmodulierte Schwingung

Satelliten in der Erdumlaufbahn

Die Voraussetzungen
Unter der Kontrolle von fünf Bodenstationen (Zentrale in Colorado Springs, USA) kreisen insgesamt 24 Satelliten in ca. 20 000 km Höhe zweimal täglich um die Erde. Sie sind gleichmäßig auf 6 um jeweils 60° gegeneinander geneigte Bahnebenen verteilt. Jeder Satellit „kennt" (über die Bodenstationen) seine eigenen Bahndaten. Diese werden zusammen mit einigen für den Satelliten charakteristischen Ortungssignalen einer hochfrequenten Sinusschwingung als so genannter Binärcode aufgeprägt. Die derart modulierte Schwingung wird vom Satelliten abgestrahlt und kann mit einem GPS-Empfangsgerät dekodiert und weiterverarbeitet werden.

Das Prinzip
Von jedem Punkt auf (und über) der Erde können stets die Daten mehrerer Satelliten gleichzeitig empfangen werden. Die Positionsdaten beziehen sich dabei auf ein *globales geodätisches Koordinatensystem* (*Geodäsie*, Erdvermessung). Kennt man zu einem Zeitpunkt t sowohl die kartesischen Koordinaten dreier Satelliten S_1, S_2, S_3 als auch deren Abstände r_1, r_2, r_3 vom Empfänger, so kann man daraus die Position $P(x, y, z)$ des Empfängers bestimmen. Die Koordinaten von P ergeben sich aus einem der geometrischen Situation entsprechenden System von 3 (nichtlinearen!) Gleichungen mit den Unbekannten x, y, z. Die Abstände r_1, r_2, r_3 werden zuvor aus drei Gleichungen vom Typ $r = c \cdot \Delta t$ ermittelt, wobei c die Lichtgeschwindigkeit ist und Δt die Zeit, die ein Signal benötigt, um vom jeweiligen Satelliten zum Empfänger zu gelangen.

Verwirklichung in der Praxis
Leider sind die so erhaltenen Koordinaten noch nicht genau genug. Dafür gibt es mehrere Gründe, beispielsweise die Rotation der Erde um sich selbst. Die größte Fehlerquelle stellt jedoch die Messung der Zeit Δt dar, weil die Uhr im Empfangsgerät nicht völlig synchron mit der hochpräzisen Atomuhr des Satelliten läuft. Mithilfe eines vierten Satelliten kann man jedoch die Zeitmessung präzisieren: Weil zu einem bestimmten Zeitpunkt t die Uhrenabweichung $\Delta u = t_{\text{Satellit}} - t_{\text{Empfänger}}$ für alle Satelliten gleich ist, kann Δu neben x, y, z als vierte Variable in das nunmehr aus vier Gleichungen bestehende, eindeutig lösbare System aufgenommen werden.
Eine weitere Möglichkeit, die Entfernungen genauer zu bestimmen, besteht darin, mit einer *Referenzstation*, also einer festen GPS-Station Kontakt aufzunehmen, deren Koordinaten genau bekannt sind (weil sie sich z. B. direkt auf einem trigonometrischen Punkt TP befindet; siehe auch S.104/105).

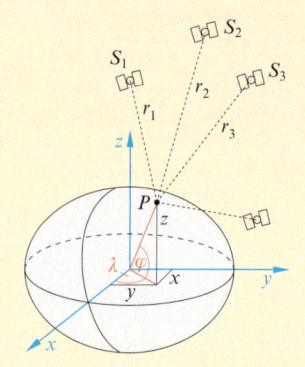

Erde als WGS84-Ellipsoid (World Geodetic System 1984)
große Halbachse:
$r_{\text{Äqu}} = 6\,378\,137$ m
kleine Halbachse:
$r_{\text{Pol}} = 6\,356\,752$ m
Kartesisches Koordinatensystem
Ursprung:
Schwerpunkt der Erde
z-Achse:
Drehachse der Erde
x-Achse: durchstößt den Äquator im Null-Meridian
y-Achse: Drehung der *x*-Achse um 90° gegen den Uhrzeigersinn
Geographisches (Polar-) Koordinatensystem
λ: Längengrad
φ: Breitengrad

Navigation aus dem All

KFZ-Navigationssystem
Hier geht es darum, ein Kraftfahrzeug von einem *Startort* zu einem *Zielort* zu führen. Ein Computer registriert zunächst die vom GPS-Gerät erhaltenen Koordinaten des Startortes. Der Fahrer tippt den Namen des Zielortes ein, worauf der Rechner sich aus der zuvor eingelegten CD die Koordinaten des Zielortes besorgt. Diese CD stellt eine Art digitale Straßenkarte dar, mit deren Hilfe die Software in Abhängigkeit eventueller weiterer Vorgaben wie „möglichst schnell" oder „möglichst kurze Strecke" eine günstige Verbindung plant.
Setzt sich der Wagen in Bewegung, erfasst ein Sensor die Anzahl der Radumläufe, ein Kompass registriert die Bewegungsrichtung und der Computer ermittelt

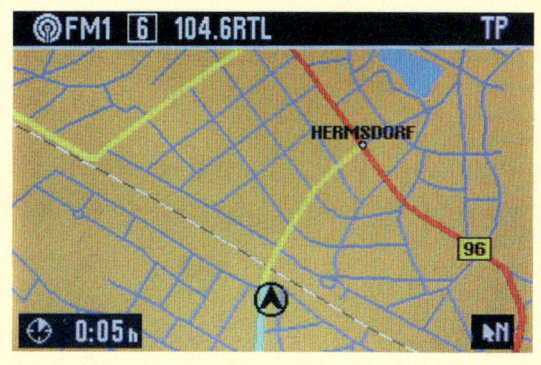

GPS-Display

unter Beachtung des Radumfangs und der verstrichenen Zeit die zurückgelegte Wegstrecke bzw. die Koordinaten der neuen Position. Diese Koordinaten werden einerseits mit den inzwischen aktualisierten Daten des GPS-Empfängers und andererseits mit der CD-Kartenposition abgeglichen, worauf der Fahrer ggf. über Bildschirm oder Lautsprecher seine Direktiven erhält.

1

a) Mit welcher Geschwindigkeit bewegt sich ein Satellit, wenn er die Erde in einer Höhe von $h = 20\,230$ km in der Zeit $T = 11$ h 58 min umkreist ($r_{Erde} = 6\,378$ km)?
b) Wie lange dauert es mindestens, bis ein Signal vom Satelliten zum Empfänger gelangt ist? ($c_{Sign} = 2{,}997\,924\,58 \cdot 10^8$ m/s $\approx 300\,000$ km/s)

2

a) Auf wie viele Dezimalen muss die „Sekunde" bei der Satellitenuhr genau sein, wenn der Abstand Satellit – Empfänger auf ± 1 m genau berechnet werden soll?
b) Die im Satelliten enthaltene Cäsium-Atomuhr geht so genau, dass erst innerhalb von 300 000 Jahren ein Fehler von 1 s entsteht.
Ist so die Forderung von a) erfüllt?

3

In der Ebene ist ein Punkt P durch seine Abstände zu zwei bekannten Punkten A und B noch nicht eindeutig festgelegt. Berechne mit den Mitteln der Trigonometrie mögliche Koordinaten eines Punktes P, der von den Punkten $A(2|5)$ und $B(5|9)$ die Entfernungen $r_A = \sqrt{53}$ und $r_B = \sqrt{52}$ hat.
Kontrolliere das Ergebnis durch eine Konstruktion.

4

Eine Referenzstation in Düsseldorf besitzt die kartesischen Koordinaten
$x = 3\,976\,445{,}831$; $y = 473\,151{,}729$; $z = 4\,947\,854{,}669$.
Am 12. 10. 2000 um 11^{00} Uhr ergab dort eine GPS-Kontroll-Messung das auf dem oberen Bild dargestellte Ergebnis. Das mittlere Bild stammt von einem anderen GPS-Gerät, welches zur gleichen Zeit in der City den Standort eines Hydranten ermittelte.
a) Korrigiere den Standort des Hydranten mithilfe der Referenzdaten.
b) Rechne die kartesischen Koordinaten des Hydranten in die geographischen Koordinaten λ und φ um und vergleiche mit den Daten im unteren Bild.

BEACHTE
für Aufgabe 4:
Die Differenzen zwischen den bekannten Koordinaten der Referenzstation und den mithilfe der Satelliten laufend gemessenen Koordinaten der Station gelten auch für die nähere Umgebung, d. h. bis zu einer Entfernung von ca. 100 km.

X	3 976 445,503 m
Y	473 151,723 m
Z	4 947 857,403 m

X	3 976 435,402 m
Y	473 451,994 m
Z	4 947 781,845 m

WGS84	
φ	+ 51° 12' 10,2''
λ	+ 6° 47' 23,7''

Goniometrische Gleichungen

1

Beim Werfen eines Schlagballs ergibt sich die Wurfweite s_w in Abhängigkeit von der Abwurfgeschwindigkeit v und vom Abwurfwinkel α aus der Gleichung $s_w = \frac{v^2}{g} \sin(2\alpha)$, wobei s_w in m und v in m/s gemessen wird ($g = 9{,}81$ m/s^2).
a) Unter welchem Winkel erhält man bei $v = 28$ m/s die Wurfweite $s_w = 68{,}4$ m?
b) Lässt sich die Wurfweite unter einem anderen Winkel noch verbessern?

ZUR INFORMATION
Bei **goniometrischen Gleichungen** tritt die Lösungsvariable als Argument in Winkelfunktionen auf.
gonia (griech.) Winkel
Beispiele:
$x - 1 = \sin x$
$3 \sin x = \sqrt{3} \cos x$

2 L

Gib alle Lösungen der folgenden Gleichungen an
a) $\cos(x + \pi) = 1$
b) $\sqrt{3} \sin\left(x - \frac{\pi}{4}\right) = \frac{3}{2}$
c) $\cos x = \sin x$

3

Ermittle zeichnerisch Näherungslösungen für die folgenden Gleichungen.
a) $x = \cos x$
b) $1 + \sin x = x$
c) $\tan x = 2x + 1$
d) $\sin(2x) = 0{,}5 x$

HINWEIS
Bestimme die Schnittpunkte der Graphen zweier Funktionen.
x steht dabei für $f(x) = x$.

4 L

Ermittle die Lösungsmengen der folgenden Gleichungen ohne Taschenrechner.
a) $2 \sin\left(\frac{1}{4} x\right) = 1$
b) $\tan(2x) = \sqrt{3}$
c) $\sqrt{3} \cos x - \sin x = 0$
d) $\tan x = \sin x \cdot \cos x$
e) $\cos(x + 1) = 0{,}5 \cdot \sqrt{2}$
f) $1 - \cos^2 x = \sin x$

BEISPIEL
Lösen einer goniometrischen Gleichung durch **Substitution** (Ersetzung):

Zu lösende Gleichung: $\sin x + 1 = 2 \cos^2 x$
Umformen: $\sin x + 1 = 2 - 2 \sin^2 x$
Ersetzen von $\sin x$ durch z: $z + 1 = 2 - 2 z^2$
Ersatzgleichung lösen: $z^2 + \frac{1}{2} z - \frac{1}{2} = 0$, also $z_1 = -1$ und $z_2 = \frac{1}{2}$
Resubstitution: $z_1 = -1$ bedeutet $\sin x = -1$, also
(Rückübersetzung)
$$x = \frac{3}{2}\pi + k \cdot 2\pi \text{ mit } k \in \mathbb{Z}$$
$z_2 = \frac{1}{2}$ bedeutet $\sin x = \frac{1}{2}$, also
$$x = \frac{1}{6}\pi + k \cdot 2\pi \text{ oder } x = \frac{5}{6}\pi + k \cdot 2\pi \text{ mit } k \in \mathbb{Z}$$
$$L = \left\{\frac{1}{6}\pi + k \cdot 2\pi \mid k \in \mathbb{Z}\right\} \cup \left\{\frac{5}{6}\pi + k \cdot 2\pi \mid k \in \mathbb{Z}\right\} \cup \left\{\frac{3}{2}\pi + k \cdot 2\pi \mid k \in \mathbb{Z}\right\}$$

BEACHTE
Goniometrische Gleichungen lassen sich nur selten durch Substitution lösen. In den meisten Fällen sind sie nur mithilfe von Näherungsverfahren lösbar.

5

Bestimme mittels Substitution alle Lösungen der folgenden Gleichungen.
a) $\cos(4x + \pi) = 1$
b) $\sin(2x - \pi) = -0{,}5$
c) $2 \sin^2 x = 1$
d) $2 \sin(0{,}5 x) = \sqrt{3}$
e) $\tan\left(2x - \frac{\pi}{2}\right) = 1$
f) $\cos\left(2x + \frac{\pi}{9}\right) = 0{,}5$

Goniometrische Gleichungen

6

Ermittle die Lösungen der Gleichungen im Intervall $[0, 2\pi]$.
a) $2\cos x = \sin x$
b) $\cos x = \tan x$
c) $5\sin x = 3\cos x$
d) $\sin\left(x + \dfrac{\pi}{2}\right) = \cos x$
e) $\sin(2x - 1) = \cos(2x - 1)$
f) $\dfrac{3}{2}\sin\left(x - \dfrac{\pi}{4}\right) = \dfrac{1}{3}$

TIPP
zu Aufgabe 6:
Nutze den Zusammenhang zwischen $\sin x$, $\cos x$ und $\tan x$.

7

Ermittle zu den Gleichungen sämtliche Lösungen.
a) $\sin(2x) = 1$
b) $\sqrt{2} = 2\cos(4x)$
c) $3\tan x = \sqrt{3}$
d) $\tan x \cdot \cos x = \sin x$
e) $\cos\left(\dfrac{\pi}{2} - \dfrac{4}{7}x\right) = 0$
f) $\cos(2x) = \dfrac{1}{2}\sqrt{2}$

8

Ermittle die Lösungen folgender Gleichungen im Intervall $[0; 2\pi]$.
a) $\sin^2 x - 6\sin x + 2 = 0$
b) $\cos(2x) + 3\cos^2 x = 0$
c) $\cos^2 x + 2\sin x = 2$
d) $2\sin x \cos x \tan x = 1$
e) $2\cos^2 x + \cos x = 1$
f) $\tan^2 x - 3\tan x = 18$

TIPP
zu Aufgabe 8:
Nutze die Beziehung $\sin^2 x + \cos^2 x = 1$

9

In der Praxis werden goniometrische Gleichungen oft mittels **C**omputer-**A**lgebra-**S**oftware gelöst. Teilweise werden Lösungen dabei sogar in exakter Form ausgegeben. Die nebenstehende Abbildung zeigt den Bildschirmausdruck eines **CAS**-Taschenrechners:
I   alle Lösungen der Gleichung $\sin(2x) = \cos(2x)$; @n1 entspricht einer Variablen für eine ganze Zahl.
II eine Näherungslösung der Gleichung $x + 1 = \tan x$ im Intervall $(0; \pi)$.
Versuche auch eine grafische Lösung mit dem GTR.

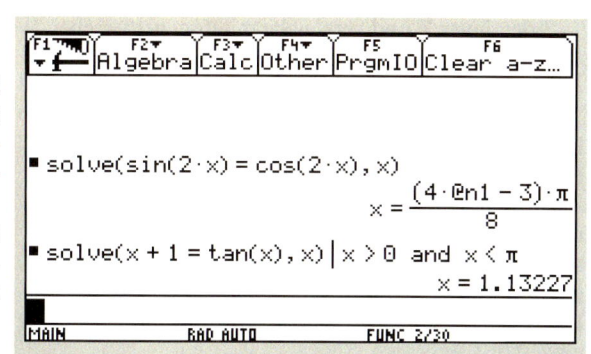

Lösen einer Gleichung durch Iteration
Das Bild zeigt die Gerade $y = x$ und die Kurve zu $y = 2 - \sin x$ im ersten Quadranten.
Die Abszisse x_s des zugehörigen Schnittpunkts S ist eine Lösung der Gleichung $x = 2 - \sin x$
Die Pfeilkette kreist S einer Spirale vergleichbar ein und zeigt anschaulich, wie man dabei von einem Startwert wie z. B. $x_0 = 0{,}5$ aus über die Zahlenfolge $x_1, x_2, x_3, \ldots$ immer näher an x_s herankommt:
$y_0 = 2 - \sin x_0 \approx 1{,}52057 \; (= x_1)$
$y_1 = 2 - \sin x_1 \approx 1{,}00126 \; (= x_2)$
$y_2 = 2 - \sin x_2 \approx 1{,}15785 \; (= x_3)$ usw.
x_s heißt *Fixpunkt* der Funktion $f(x) = 2 - \sin x$.
Weil sich die Rechenschritte stets wiederholen, spricht man von einem *Iterationsverfahren* (lat. *iteratio*, Wiederholung).

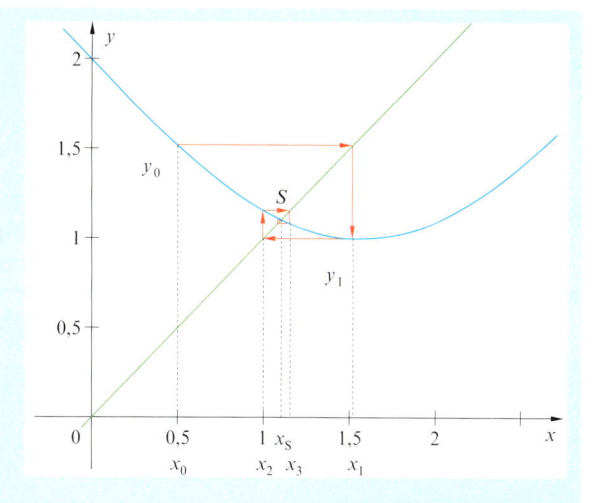

10

Löse die folgenden Gleichungen durch Iteration auf drei Stellen genau.
a) $0{,}5x - 1 = 2\sin x$
b) $\cos(2x) = 3 - 5x$
c) $\cos x + 1{,}5 = 2x$

HINWEIS
Hier hilft ein Tabellenkalkulationsprogramm.

9 L

Mit einem Generator wird die Wechselspannung $U = 12\,\text{V} \cdot \sin(4\pi \cdot t)$ erzeugt.
a) Ermittle Effektivwert, Frequenz und Periodendauer der Wechselspannung.
b) Berechne die Momentanspannungen zu den Zeitpunkten $t = 0{,}2$ s und $t = 0{,}375$ s.
c) Obige Spannung wird an einen ohmschen Widerstand von 60 Ω angelegt. Berechne den Maximalwert und den Effektivwert der Stromstärke sowie die Momentanwerte der Stromstärke zu den unter b) aufgeführten Zeitpunkten.

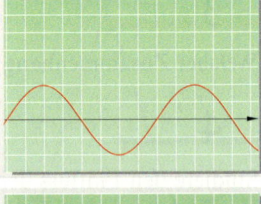

10

An einen Oszillografen wurden nacheinander eine Wechselspannung (oberes Bild; $U_0 = 4$ V, $f = 50$ Hz) und eine Gleichspannung (mittleres Bild) angelegt.
Unter welcher Voraussetzung ergibt sich am Oszillografen das untere Bild?

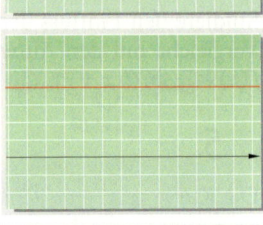

11

Stelle den Verlauf der beiden Schwingungen $f_1(t)$ und $f_2(t)$ sowie die zugehörige resultierende Schwingung $f(t)$ möglichst mit unterschiedlichen Farben jeweils im selben Koordinatensystem dar.
a) $f_1(t) = \sin\left(\dfrac{\pi}{2}t\right), f_2(t) = 2\sin\left(\dfrac{\pi}{2}t\right), f(t) = \sin\left(\dfrac{\pi}{2}t\right) + 2\sin\left(\dfrac{\pi}{2}t\right)$
b) $f_1(t) = \sin(t), f_2(t) = \sin\left(2t - \dfrac{\pi}{2}\right), f(t) = \sin(t) + \sin\left(2t - \dfrac{\pi}{2}\right)$

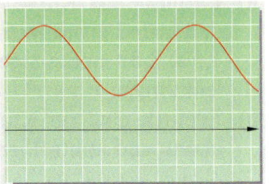

> Zwei Schwingungen mit den Auslenkungen $y_1(t)$ und $y_2(t)$ überlagern sich zu einer **resultierenden Schwingung** mit der Auslenkung $y(t) = y_1(t) + y_2(t)$.

12

Stelle die Funktionen f_1, f_2 und $f = f_1 + f_2$ in verschiedenen Farben im gleichen Koordinatensystem dar.
a) $f_1(t) = \sin(4t); f_2(t) = 2\sin(4t)$
b) $f_1(t) = \sin(4t); f_2(t) = \sin\left(4t + \dfrac{\pi}{2}\right)$
c) $f_1(t) = 2\sin(4t); f_2(t) = 2\sin(5t)$
d) $f_1(t) = \sin(4t - \pi); f_2(t) = 2\sin t$

TIPP
Benutze bei Aufgabe 12 einen grafikfähigen Taschenrechner oder einen PC.

13

a) Welche Periode könnte die rechts dargestellte Funktion haben?
b) Stellt die Kurve eine harmonische Schwingung dar? Begründe.
c) Welche resultierenden Schwingungen aus Aufgabe 12 verlaufen harmonisch?
d) Zeige mithilfe der Formel aus Aufgabe 8, Seite 97, dass folgende Beziehung richtig ist:
$\sin(4\pi t) + \sin(5\pi t) = 2 \cdot \sin 4{,}5\pi t \cdot \cos 0{,}5\pi t$.
e) Der abgebildete Graph stellt eine Schwebung dar.
Berechne die Perioden der beiden Faktoren auf der rechten Seite der Gleichung bei Aufgabe 13 d) und vergleiche mit dem im Bild dargestellten Graphen.
f) Schwebungen kann man hören. Stimme zwei Saiten einer Gitarre ungefähr auf gleiche Tonhöhe. Wenn du beide Saiten anschlägst, hörst du ein Auf- und Abschwellen der Lautstärke.

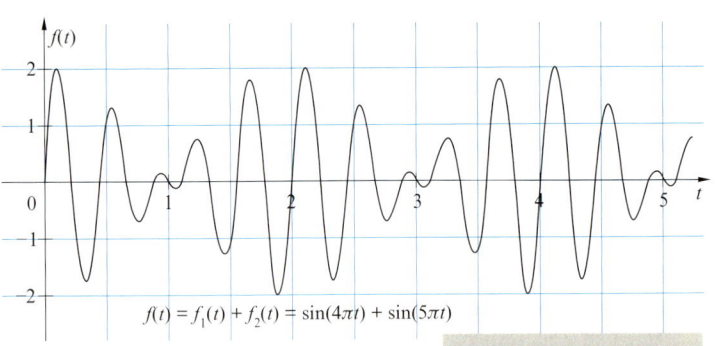

$f(t) = f_1(t) + f_2(t) = \sin(4\pi t) + \sin(5\pi t)$

BEACHTE
Überlagern sich zwei Schwingungen mit geringem Frequenzunterschied, so bezeichnet man die resultierende Schwingung als **Schwebung**.

ZUSAMMENFASSUNG

Grad- und Bogenmaß

Beim Gradmaß wird dem Vollwinkel die Zahl 360 zugeordnet.
Ein Winkel von 1° ist der 360ste Teil des Vollwinkels.
Beim Bogenmaß wird jedem Winkel die Länge des zugehörigen
Kreisbogens im Einheitskreis zugeordnet.

Umrechnung: $\text{arc}\,\alpha = \frac{\pi}{180°} \cdot \alpha$

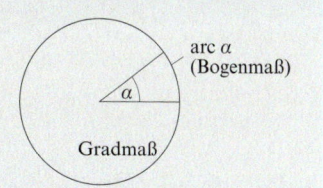

Eigenschaften der Sinus-, Kosinus- und Tangensfunktion

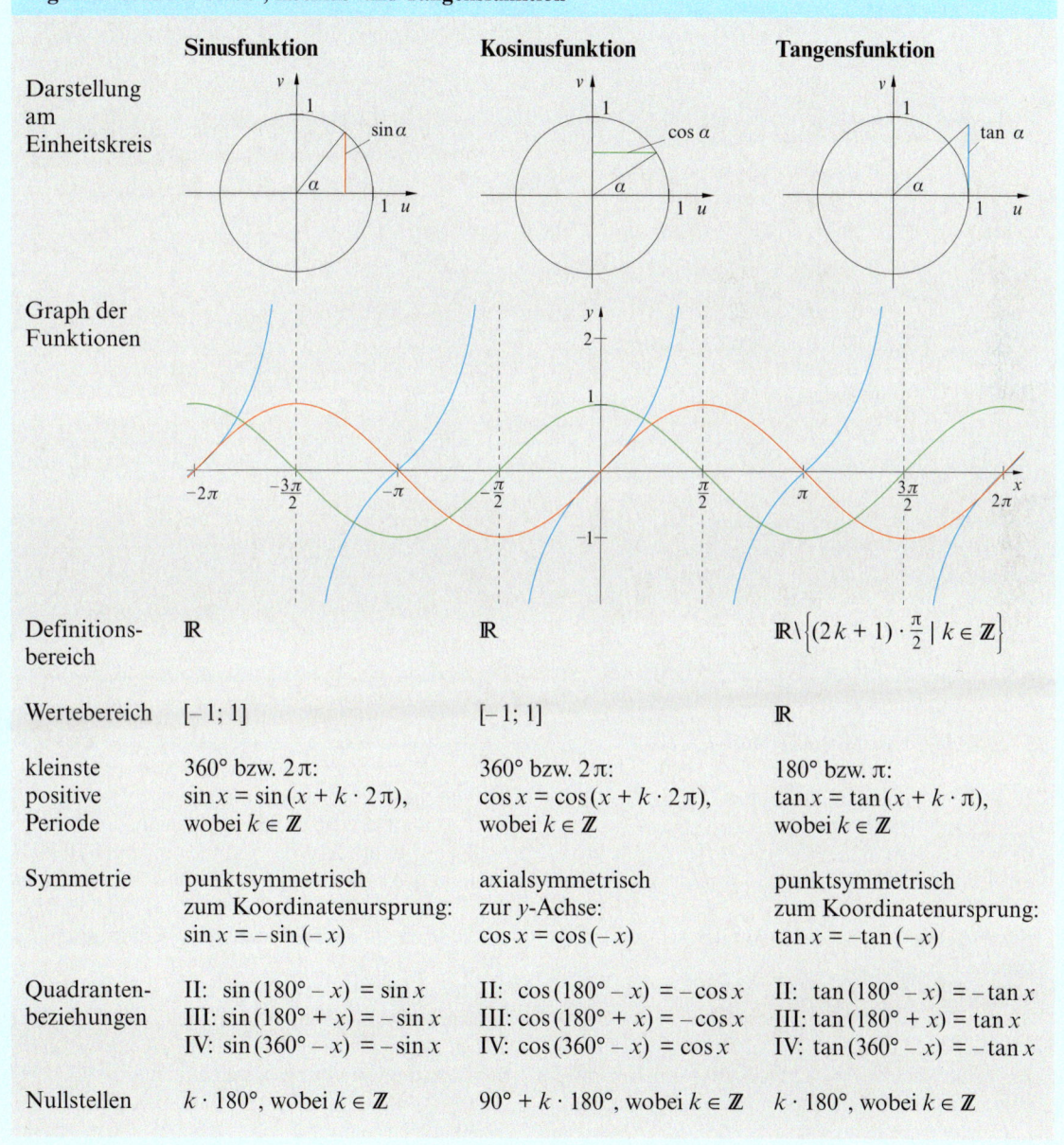

	Sinusfunktion	Kosinusfunktion	Tangensfunktion
Darstellung am Einheitskreis			
Graph der Funktionen			
Definitionsbereich	$\mathbb{R}$	$\mathbb{R}$	$\mathbb{R} \setminus \left\{(2k+1) \cdot \frac{\pi}{2} \mid k \in \mathbb{Z}\right\}$
Wertebereich	$[-1; 1]$	$[-1; 1]$	$\mathbb{R}$
kleinste positive Periode	360° bzw. 2π: $\sin x = \sin(x + k \cdot 2\pi)$, wobei $k \in \mathbb{Z}$	360° bzw. 2π: $\cos x = \cos(x + k \cdot 2\pi)$, wobei $k \in \mathbb{Z}$	180° bzw. π: $\tan x = \tan(x + k \cdot \pi)$, wobei $k \in \mathbb{Z}$
Symmetrie	punktsymmetrisch zum Koordinatenursprung: $\sin x = -\sin(-x)$	axialsymmetrisch zur y-Achse: $\cos x = \cos(-x)$	punktsymmetrisch zum Koordinatenursprung: $\tan x = -\tan(-x)$
Quadrantenbeziehungen	II: $\sin(180° - x) = \sin x$ III: $\sin(180° + x) = -\sin x$ IV: $\sin(360° - x) = -\sin x$	II: $\cos(180° - x) = -\cos x$ III: $\cos(180° + x) = -\cos x$ IV: $\cos(360° - x) = \cos x$	II: $\tan(180° - x) = -\tan x$ III: $\tan(180° + x) = \tan x$ IV: $\tan(360° - x) = -\tan x$
Nullstellen	$k \cdot 180°$, wobei $k \in \mathbb{Z}$	$90° + k \cdot 180°$, wobei $k \in \mathbb{Z}$	$k \cdot 180°$, wobei $k \in \mathbb{Z}$

Funktionen und Gleichungen der Form $f(x) = a \sin(bx + c)$

	$f(x) = \sin x$	$f(x) = a\sin x$	$f(x) = \sin(bx)$	$f(x) = \sin(x+c)$	$f(x) = a\sin(bx+c)$
kleinste Periode	2π	2π	$\frac{2\pi}{|b|}$	2π	$\frac{2\pi}{|b|}$
Nullstellen	$k\cdot\pi, k\in\mathbb{Z}$	$k\cdot\pi, k\in\mathbb{Z}$	$k\cdot\frac{\pi}{b}, k\in\mathbb{Z}$	$k\pi - c, k\in\mathbb{Z}$	$\frac{k\pi - c}{b}, k\in\mathbb{Z}$
Auswirkung des Parameters		Streckung ($|a|>1$) bzw. Stauchung ($|a|<1$) in y-Richtung	Streckung ($|b|<1$) bzw. Stauchung ($|b|>1$) in x-Richtung	Verschiebung in positive ($c<0$) bzw. negative ($c>0$) x-Richtung	Kombination der entsprechenden Streckungen, Stauchungen bzw. Verschiebungen

Beziehungen zwischen den Winkelfunktionen

	$\sin x$	$\cos x$	$\tan x$
$\sin x$	$\sin x$	$\sin x = \cos(90° - x)$ $\sin^2 x = 1 - \cos^2 x$	$\sin^2 x = \frac{\tan^2 x}{1 + \tan^2 x}$
$\cos x$	$\cos x = \sin(90° - x)$ $\cos^2 x = 1 - \sin^2 x$	$\cos x$	$\cos^2 x = \frac{1}{1 + \tan^2 x}$
$\tan x$	$\tan^2 x = \frac{\sin^2 x}{1 - \sin^2 x}$	$\tan^2 x = \frac{1 - \cos^2 x}{\cos^2 x}$	$\tan x$

Additionstheoreme

Für beliebige Winkel α und β gilt:

$\sin(\alpha + \beta) = \sin\alpha\cos\beta + \cos\alpha\sin\beta$ $\qquad$ $\sin(\alpha - \beta) = \sin\alpha\cos\beta - \cos\alpha\sin\beta$

$\cos(\alpha + \beta) = \cos\alpha\cos\beta - \sin\alpha\sin\beta$ $\qquad$ $\cos(\alpha - \beta) = \cos\alpha\cos\beta + \sin\alpha\sin\beta$

$\tan(\alpha + \beta) = \frac{\tan\alpha + \tan\beta}{1 - \tan\alpha\cdot\tan\beta}$, für $\tan\alpha\cdot\tan\beta \neq 1$ $\qquad$ $\tan(\alpha - \beta) = \frac{\tan\alpha - \tan\beta}{1 + \tan\alpha\cdot\tan\beta}$, für $\tan\alpha\cdot\tan\beta \neq -1$

AUFGABEN ZUR WIEDERHOLUNG

1. Löse die folgenden Gleichungen.
   a) $5(2x - 3) = 15$
   b) $5(2x - 3) = 5x + 7$
   c) $0{,}4(2x - 11) - (4x + 3{,}6) = 1{,}6(-x - 2)$

2. Setze Klammern so, dass die Gleichung die angegebene Lösung hat.
   a) $7 - 2x + 4 = -x + 4;$ $\quad x = 7$
   b) $2x + 1 = 4x - 7;$ $\quad x = 15$

3. Ein gleichschenkliges Dreieck hat einen Umfang von 28 cm. Die Schenkel sind zusammen dreimal so lang wie die Basis.
   Wie lang sind die Dreiecksseiten?

4. Die Summe von drei aufeinanderfolgenden Zahlen beträgt 342. Gib die drei Zahlen an.
   Ist es richtig, dass die Summe von drei aufeinanderfolgenden Zahlen immer durch 3 teilbar sein muss?

5. Löse das lineare Gleichungssystem grafisch.
   (I) $-x + 5 = y$ $\qquad$ (II) $x - 2y = -4$
   Verändere die erste Gleichung so, dass das Gleichungssystem keine Lösung hat.

6. Löse die Gleichungssysteme rechnerisch.
   a) (I) $3x - 2y = 7{,}2$ $\qquad$ (II) $-2x - 4y = 0$
   b) (I) $6y = 4x + 1$ $\qquad$ (II) $10x + 6y = 5$
   c) (I) $3x - 13 = -y$ $\qquad$ (II) $-5x + 31 = -y$

Trigonometrische Berechnungen

Im Februar 1752 ermittelten die Astronomen LALANDE und LACAILLE durch Messungen im Dreieck Berlin–Kapstadt–Mond die Entfernung des Mondes von der Erde. Was würdest du dazu messen?

Winkelbeziehungen in rechtwinkligen Dreiecken

1

Der Winkel, den ein Sonnenstrahl gegen die horizontale Erdoberfläche bildet, wird Sonnenhöhe genannt. Um an einem bestimmten Ort auf der Erde die Sonnenhöhe zu bestimmen, hat man schon im Altertum einen Stab so weit von dem Ort senkrecht in die Erdoberfläche gesteckt, dass der Schatten des Stabes gerade an dem Ort endete.

a) Sprecht über die altertümliche Methode zur Bestimmung der Sonnenhöhe α. Findet weitere Möglichkeiten, die Sonnenhöhe zu bestimmen.
b) Bestimmt zeichnerisch die Sonnenhöhe, wenn ein 2 m langer Stab eine Schattenlänge von 2,47 m hat. Welche Schattenlänge hätte zu gleicher Zeit am selben Ort ein 1 m langer Stab bzw. ein 10 m hoher Baum?

2

a) Ermittle zeichnerisch die Länge eines Stabes, dessen Schatten bei einer Sonnenhöhe von 42° gerade 2,0 m (2,4 m; 2,8 m) lang ist.
b) Wie lang ist der Schatten eines 1,0 m (1,5 m; 2,0 m) langen Stabes bei einer Sonnenhöhe von 45°?

3

Jan, dessen Augen sich 1,80 m über der Erdoberfläche befinden, sieht den Kirchturm einer Stadt aus einer Entfernung von 1500 m unter einem Sehwinkel von $\alpha = 3°$ gegenüber der Horizontalen.

a) Ermittle anhand einer Zeichnung die Höhe des Kirchturmes.
b) Wie weit ist Jans Auge von der Kirchturmspitze entfernt?
c) Wie weit ist der Kirchturm vom Stadtrand entfernt, wenn man vom Kirchturm aus den Stadtrand unter einem Tiefenwinkel von $\beta = 2°$ sieht?
d) Bestimme zeichnerisch den Sehwinkel, unter dem Jan den Kirchturm aus einer Entfernung von 500 m sehen würde.

4

Zeichne fünf rechtwinklige Dreiecke mit einem gemeinsamen (Ausgangs-)Punkt A und dem gleichen Winkel α ins Heft. Miss in jedem der gezeichneten Dreiecke alle Seitenlängen und berechne jeweils alle möglichen Seitenverhältnisse. Notiere alle Ergebnisse in einer Tabelle. Begründe auffällige Ergebnisse.

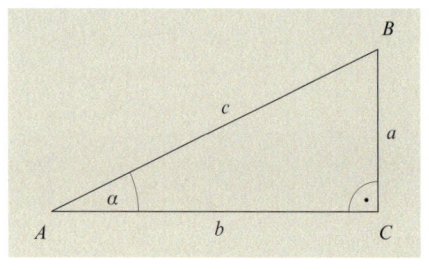

Winkelbeziehungen in rechtwinkligen Dreiecken

5

a) Begründe mithilfe der nebenstehenden Abbildung, dass die Zuordnung $\alpha \to \frac{a}{c}$ für $0° < \alpha < 90°$ mit der Sinusfunktion im Intervall $(0; \pi/2)$ übereinstimmt.

b) Stelle analoge Betrachtungen zur Kosinus- und zur Tangensfunktion an.

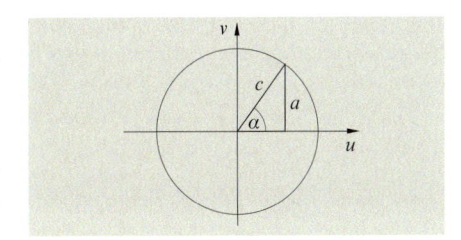

6

Beweise: Wenn in zwei rechtwinkligen Dreiecken mit dem gleichen spitzen Winkel α das Verhältnis zweier Seiten (z. B. $\frac{a}{c}$) übereinstimmt, so stimmt auch jedes andere Verhältnis zweier Seiten in beiden Dreiecken überein.

ERINNERE DICH

Bezeichnungen im rechtwinkligen Dreieck

In einem rechtwinkligen Dreieck nennt man die beiden dem rechten Winkel anliegenden Seiten **Katheten**.
Die dem rechten Winkel gegenüberliegende Seite nennt man **Hypotenuse**.

Die einem nicht-rechten Winkel gegenüberliegende Kathete nennt man **Gegenkathete** dieses Winkels und die ihm anliegende Kathete seine **Ankathete**.

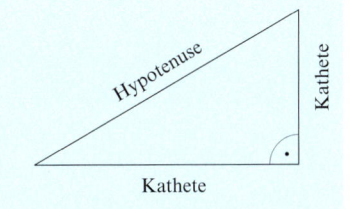

FACHWORTE

káthetos (griech.)
senkrechte Linie
hypoteínusa (griech.)
dazwischen gespannte Linie

7

Übertrage die Figuren ins Heft und markiere in Bezug auf jeden bezeichneten Winkel jeweils seine Ankathete rot und seine Gegenkathete blau.

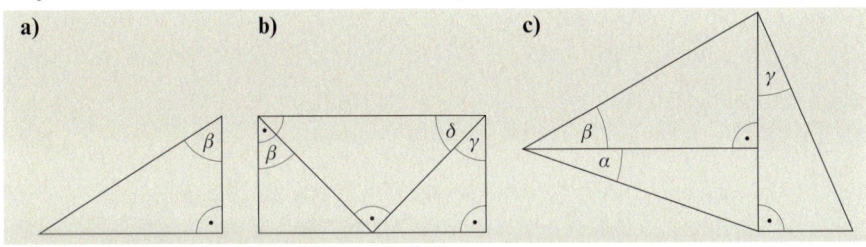

a)   b)   c)

Trigonometrische Beziehungen

In jedem rechtwinkligen Dreieck gilt für einen nicht-rechten Winkel α:

(1) $\sin \alpha = \dfrac{\text{Gegenkathete}}{\text{Hypotenuse}} = \dfrac{a}{c}$
    (Sinus von α)

(2) $\cos \alpha = \dfrac{\text{Ankathete}}{\text{Hypotenuse}} = \dfrac{b}{c}$
    (Kosinus von α)

(3) $\tan \alpha = \dfrac{\text{Gegenkathete}}{\text{Ankathete}} = \dfrac{a}{b}$
    (Tangens von α)

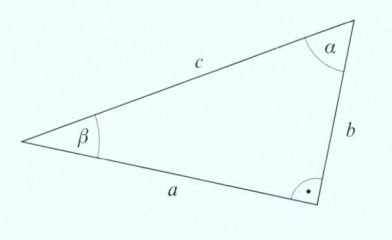

INFORMATION

Zusätzlich kann man folgende Seitenverhältnisse definieren:

$\operatorname{cosec} \alpha = \dfrac{\text{Hypotenuse}}{\text{Gegenkathete}}$
(Kosekans von α)

$\sec \alpha = \dfrac{\text{Hypotenuse}}{\text{Ankathete}}$
(Sekans von α)

$\cot \alpha = \dfrac{\text{Ankathete}}{\text{Gegenkathete}}$
(Kotangens von α)

8

Erläutere anhand einer Strahlensatzfigur, dass die trigonometrischen Beziehungen auf Seite 91 bei einer zentrischen Streckung des rechtwinkligen Dreiecks unverändert bleiben.

TIPP
Wiederhole die Inhalte der Strahlensätze.

9

Zeige: Für einen spitzen Winkel α im rechtwinkligen Dreieck ist $\tan\alpha = \dfrac{\sin\alpha}{\cos\alpha}$.

WUSSTEST DU SCHON?
trigonon (griech.) Dreieck
metron (griech.) Maß

10

Stelle jeweils für die Winkel α, β, γ die trigonometrischen Beziehungen in den rechtwinkligen Teildreiecken auf.

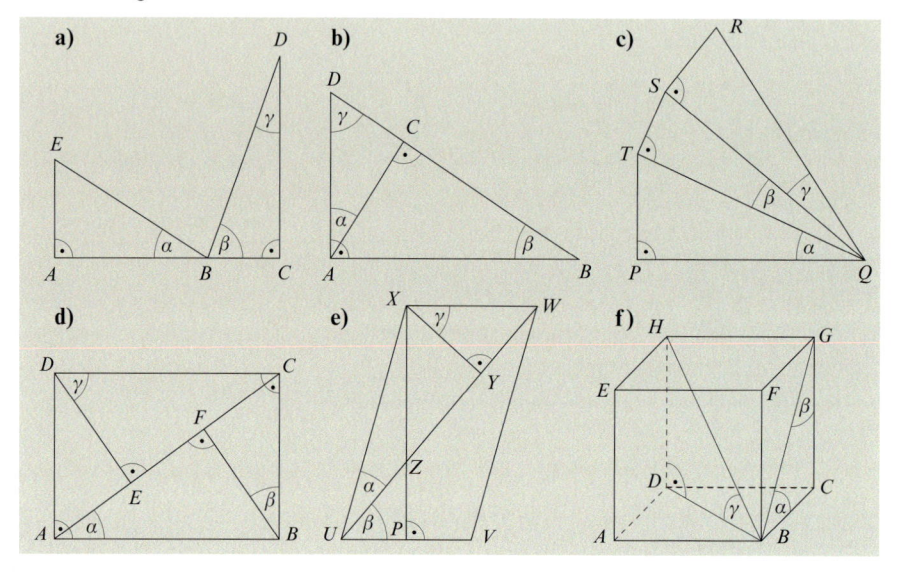

a) b) c) d) e) f)

AUFGABE
Zeichne eigene Figuren passend zu Aufgabe 10 und stelle daran trigonometrische Bezeichnungen auf.

11

a) Ermittle die Länge der Katheten und der Hypotenuse sowie die Größe der Winkel deines Geo-Dreiecks. Berechne Sinus, Kosinus und Tangens der nicht-rechten Winkel.
b) Konstruiere ein rechtwinkliges Dreieck mit der Hypotenusenlänge $c = 10$ cm und einem Winkel $\alpha = 45°$. Ermittle mithilfe der Zeichnung $\sin\alpha$, $\cos\alpha$ und $\tan\alpha$. Vergleiche mit den Werten aus a). Begründe Auffälligkeiten.

12

a) Zeichne ein rechtwinkliges Dreieck, bei dem die Katheten im Verhältnis $3:4$ stehen. Ermittle in dem gezeichneten Dreieck die Länge der Hypotenuse.
b) Berechne genaue Werte für Sinus, Kosinus und Tangens der beiden nicht-rechten Innenwinkel des Dreiecks.
c) Bestätige: Für beide nicht-rechten Winkel dieses Dreiecks ist $\sin^2\alpha + \cos^2\alpha = 1$.

HINWEIS
Erinnere dich an die Beziehungen zwischen der Sinus-, Kosinus- und Tangensfunktion.

13

Für einen Innenwinkel α eines rechtwinkligen Dreiecks gelte $\sin\alpha = \dfrac{5}{13}$. Berechne ohne TR genaue Werte für $\cos\alpha$, $\cos(90° - \alpha)$, $\tan\alpha$ und $\tan(90° - \alpha)$.

Winkelbeziehungen in rechtwinkligen Dreiecken

14^L

Berechne ohne TR die genauen Werte der angegebenen Terme, wobei $\alpha \in (0°; 90°)$.

a) $\cos \alpha$, $\tan \alpha$ und $\tan(90° - \alpha)$ für $\sin \alpha = 0{,}5$, $\sin \alpha = \frac{8}{17}$, $\sin \alpha = \frac{1}{2}\sqrt{3}$

b) $\sin \alpha$, $\tan \alpha$ und $\tan(90° - \alpha)$ für $\cos \alpha = 0{,}5$, $\cos \alpha = \frac{9}{41}$, $\cos \alpha = \frac{1}{2}\sqrt{3}$

NACHGEDACHT

Ein rechtwinkliges Dreieck mit einem Umfang von 60 cm hat eine Hypotenusenlänge von 26 cm. Wie lang sind seine Katheten, wie groß seine Innenwinkel?

15

Vereinfache folgende Terme für $\alpha \in (0°; 90°)$.

a) $\frac{1}{\cos \alpha} + \frac{\tan \alpha}{\sin \alpha}$
b) $\sin \alpha \cdot \frac{\cos \alpha}{\tan \alpha}$
c) $\sqrt{1 - \sin \alpha} \cdot \sqrt{1 + \sin \alpha}$
d) $\sin \alpha - \sin \alpha \cdot \cos^2 \alpha$
e) $\sin^3 \alpha + \sin \alpha \cdot \cos^2 \alpha$
f) $\sin^4 \alpha - \cos^4 \alpha$

16

Übertrage die nebenstehende Zeichnung ins Heft.

a) Bestätige anhand der Zeichnung:
$\overline{BC} = \sin \alpha$,
$\overline{OC} = \cos \alpha$,
$\overline{DE} = \tan \alpha$ und
$\overline{OE} = \sqrt{1 + \tan^2 \alpha}$.

b) Zeige mithilfe eines Strahlensatzes, dass $\sin \alpha = \frac{\tan \alpha}{\sqrt{1 + \tan^2 \alpha}}$ ist.

c) Drücke analog zu b) $\cos \alpha$ durch $\tan \alpha$ aus.

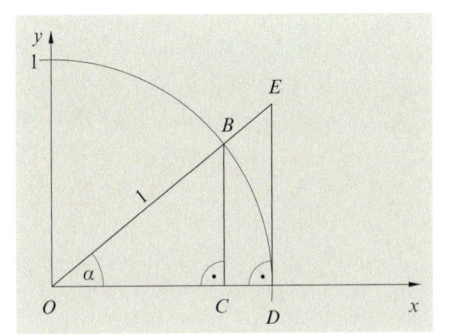

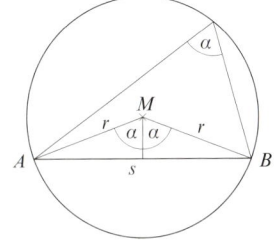

Abbildung zu Aufgabe 17

17

Bereits im antiken Griechenland beschäftigte man sich mit Beziehungen zwischen Winkeln und Strecken am Kreis und in Dreiecken.

Eines der Probleme, mit denen sich Klaudios Ptolemäus (85–165 n. Chr.) vor benahe 2000 Jahren befasst hat, war die Berechnung der Länge s einer Kreissehne in Abhängigkeit vom zugehörigen Zentriwinkel. (Vergleiche dazu die Abbildung in der Randspalte.)

Ptolemäus stellte eine so genannte Sehnentabelle für diese Zuordnung auf, und zwar ordnete er dem zur Sehne gehörigen Zentriwinkel (in der Abbildung also dem Winkel 2α) den Quotienten $\frac{s}{r}$ zu. Untersuche den Zusammenhang dieser Funktion mit der Sinusfunktion.

Das Foto soll einen Eindruck geben von der Landschaft, in der Ptolemäus über solchen mathematischen Fragestellungen grübelte.

Tempelruine in Delphi, Griechenland

Berechnungen in rechtwinkligen und in gleichschenkligen Dreiecken

1

Geometrie, Arithmetik und Astronomie waren bereits im antiken Griechenland vielfältig aufeinander bezogene Wissenschaften. Viele Mathematiker jener Zeit waren zugleich bedeutende Astronomen. Einer von ihnen war *Aristarch von Samos*, der um etwa 250 v. Chr. versucht hatte, die Entfernungen zwischen Himmelskörpern mithilfe geometrischer Konstruktionen zu bestimmen. Bei Halbmond betrug der Winkel zwischen den gedachten Verbindungslinien Erde–Mond und Erde–Sonne etwa 87°. Wie konnte Aristarch daraus das Verhältnis der Entfernung Erde–Mond zur Entfernung Erde–Sonne ermitteln?

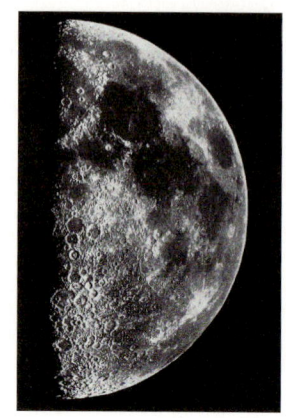

Halbmond

2

In den Figuren ist die Seite a jeweils 3 cm lang. Berechne die Seitenlänge x.

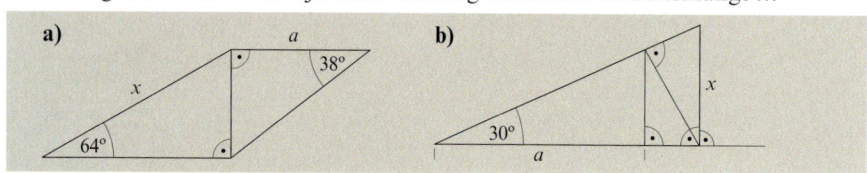

a) b)

> Jedes rechtwinklige Dreieck ist durch den rechten Winkel und zwei Seitenlängen oder eine Seitenlänge und einen weiteren Winkel bis auf Kongruenz eindeutig bestimmt. Alle anderen Seiten bzw. Winkel lassen sich aus den gegebenen Größen eindeutig berechnen.

3

Berechne in einem rechtwinkligen Dreieck die gesuchten Größen.
a) Gegeben: $\alpha = 34°$; $a = 2{,}8$ cm Gesucht: β, b, c
b) Gegeben: $\alpha = 43°$, $b = 3{,}1$ cm Gesucht: β, a, c
c) Gegeben: $\beta = 67{,}4°$; $c = 9{,}3$ cm Gesucht: α, a, b
d) Gegeben: $\beta = 57{,}9°$; $b = 8{,}6$ cm Gesucht: α, a, c

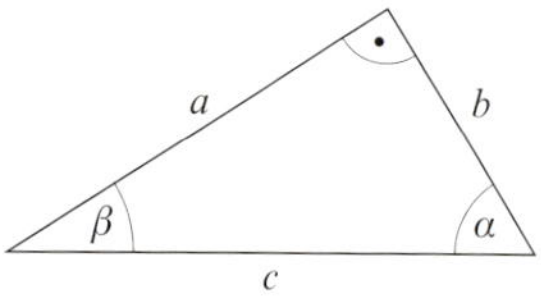

4

Bei einem Rhombus (Raute) $ABCD$ (vgl. Randspalte) sind aus den gegebenen die gesuchten Größen zu berechnen.
a) Gegeben: $b = 4{,}5$ cm, $\alpha = 53°$ Gesucht: β, e, f
b) Gegeben: $\alpha = 62°$, $e = 4{,}8$ cm Gesucht: β, a, f
c) Gegeben: $\beta = 128°$, $f = 4{,}6$ cm Gesucht: α, a, e
d) Gegeben: $e = 5{,}3$ cm, $f = 2{,}9$ cm Gesucht: α, β, a

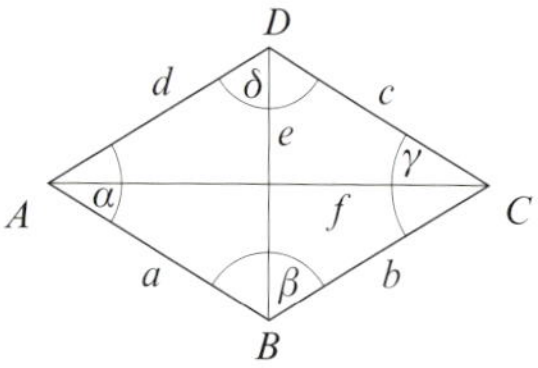

5L

Bei einem gleichschenkligen Trapez (vgl. Randspalte) sind aus den gegebenen die gesuchten Größen zu berechnen.
a) Gegeben: $a = 8{,}4$ cm, $d = 4{,}5$ cm, $\alpha = 38°$ Gesucht: γ, h, c, e
b) Gegeben: $h = 3{,}6$ cm, $c = 4{,}8$ cm, $\delta = 118°$ Gesucht: α, a, d, e

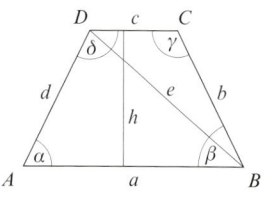

Berechnungen in rechtwinkligen und gleichschenkligen Dreiecken

6

Zeichne in einem Koordinatensystem durch die gegebenen Punkte eine Gerade g. Berechne den Schnittwinkel α zwischen der Geraden g und der x-Achse und überprüfe das Ergebnis an der Zeichnung.

a) $(1|2), (2|6)$ b) $(0|-6), (3|3)$ c) $(1|10), (-4|4)$
d) $(2|5), (-4|2)$ e) $(0{,}5|-4{,}5), (1|-4)$ f) $(-1|0), (3|0)$

WIEDERHOLE die Begriffe „lineare Funktion" und „Steigungsdreieck".

7

Gegeben ist in einem Koordinatensystem eine beliebige steigende Gerade g durch die Punkte $P_1(x_1|y_1)$ und $P_2(x_2|y_2)$ sowie ein dritter Punkt $P_3(x_2|y_1)$.
a) Berechne alle Seiten und Winkel in dem Dreieck $P_1 P_2 P_3$.
b) Ermittle den Schnittwinkel α zwischen der Geraden g und der x-Achse.

8

From an observatory tower A a column of smoke can be seen to the south. From a second tower B, five miles west of A, the smoke can be observed in the direction S 63° E. How far is the fire F from B and from A?

HINWEIS
observe … beobachten
column … Säule
S 63° E (vgl. S. 99)

9

Der gleichschenklige Giebel eines Einfamilienhauses, das eine Breite $b = 8{,}9$ m hat, soll erneuert werden. Die Dachneigung beträgt $\alpha = 50°$.
a) Wie hoch ist der Dachgiebel?
b) Das obere Dreieck mit einer Höhe $h = 2{,}90$ m soll weiß gestrichen werden. Wie groß ist die zu streichende Fläche, wenn das kleine Fenster (vgl. Foto) 50 cm breit und 60 cm hoch ist?
c) In dem Trapez unterhalb dieses Dreiecks sollen die oberste und die unterste Holzlatte erneuert werden; sie sind jeweils 20 cm breit. Gib die genauen Maße dieser beiden trapezförmigen Latten an.

Giebelseite eines Einfamilienhauses

10

Von einem Dreieck ABC sei die Länge der Strecke $\overline{AB} = 5$ cm sowie die Größe des Winkels $\alpha = 35°$ bekannt.
a) Konstruiere einen Punkt C, sodass das Dreieck ABC gleichschenklig mit der Basis $\overline{AB}$ ist.
b) Konstruiere einen zusätzlichen Punkt D auf dem Strahl $\overrightarrow{AC}$, sodass das Dreieck BCD gleichschenklig mit der Basis $\overline{BD}$ ist. Beschreibe die Konstruktion.
c) Berechne für die Figur, die sich bei den Konstruktionen aus a) und b) ergeben hat (siehe Randspalte), alle auftretenden Winkel und Streckenlängen.

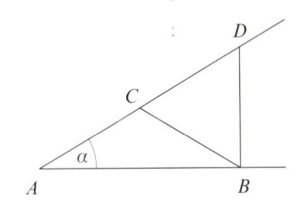

11

Berechne jeweils aus den angegebenen Größen alle weiteren Winkel und Streckenlängen des in der Planfigur zu Aufgabe 4 abgebildeten Rhombus.
a) $\alpha = 54°; e = 4{,}5$ cm   b) $\beta = 63°; a = 6{,}2$ cm
c) $\gamma = 42°; f = 3{,}9$ cm   d) $a = 8{,}4$ cm; $f = 13{,}2$ cm
e) $e = 3{,}4$ cm; $f = 6{,}2$ cm   f) $a = 4{,}4$ cm; $\gamma = 38$

AUFGABE
Zeige, dass für den Flächeninhalt F jedes Rhombus' gilt:
$F = a^2 \sin \alpha$.

12

Berechne in den folgenden Figuren aus den gegebenen Größen alle anderen bezeichneten Winkel und Strecken.

a) $\alpha = 52°, \beta = 110°, h = 2{,}5$ cm, $e = 5{,}5$ cm
b) $\beta = 40°, \delta = 56°, a = 7{,}6$ cm
c) $\alpha = \beta = 52°, a = 8{,}4$ cm
d) $\alpha = 128°, e = 6{,}1$ cm

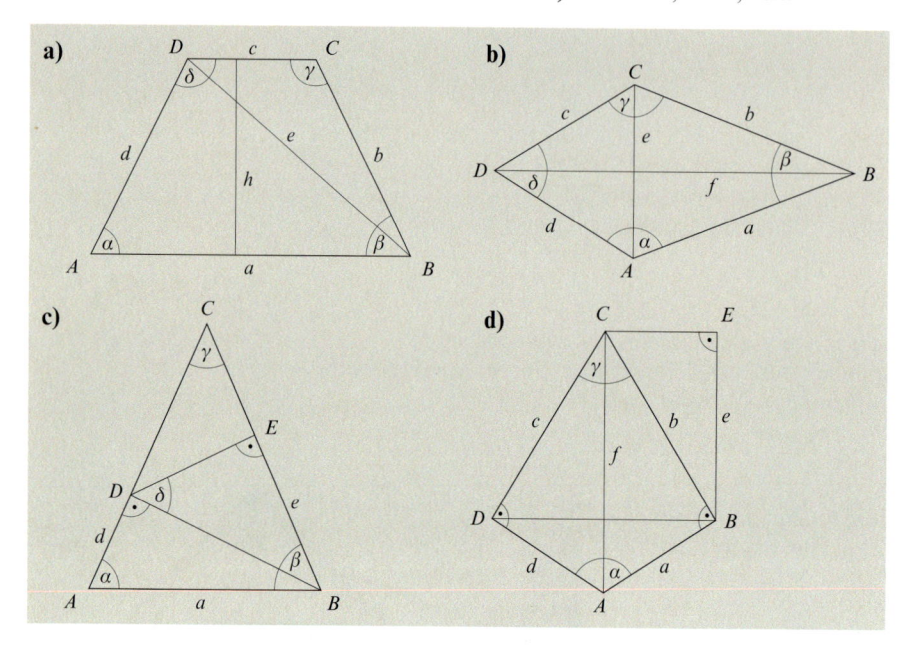

ERINNERE DICH
Bei einem Drachen wird eine Diagonale durch die andere Diagonale (Symmetrieachse) halbiert.

13

Ein Kreis mit dem Radius $r = 5$ cm und dem Mittelpunkt $M(6|4)$ schneidet die x-Achse in den Punkten A und B. Berechne die Länge der Strecke $\overline{AB}$.

14

Unter dem Neigungswinkel μ zweier Seitenflächen eines Tetraeders versteht man den Winkel, den deren Seitenflächenhöhen miteinander bilden.
Zeige: $\cos \mu = \frac{1}{3}$.

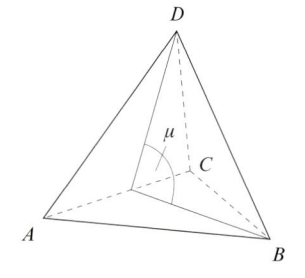

15

Befördert man Sand oder ähnliches Material über ein Förderband, das seine Stellung nicht verändert, so entsteht ein gerader Schüttkegel. Interessant ist, dass der Öffnungswinkel γ (an der Spitze des Kegels) eine Materialkonstante ist, also nicht abhängt von der geschütteten Menge. Der Durchmesser d wächst natürlich mit der Schüttmenge.

Leite aus der Kenntnis des Durchmessers d und des Schüttwinkels α (Basiswinkel) eine Formel für das Volumen des Schüttkegels her.

Leite ebenfalls eine Volumenformel her, wenn statt des Schüttwinkels α der Winkel γ an der Spitze des Kegels bekannt ist.

Berechnungen in rechtwinkligen und in gleichschenkligen Dreiecken

16

An airplane is headed due north at a speed of 184 mph. Find the direction and speed of the flight of the airplane, if the wind is blowing from east with a velocity of 27.3 mph.

HINWEIS
1 mph (miles per hour) ≈ 1,609 km/h

17

From a point on the street 90 ft from the base of a building the angles of elevation of the bottom and the top of a flagpole standing on top of the building are 25° 30′ and 30°30′, respectively. How high is the flagpole?

HINWEIS
1 ft (foot) ≈ 30,5 cm

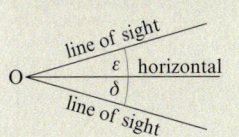

18

From a window in a building across the street from a skyscraper, the angle of elevation of the top of the skyscraper is 77°10′ and the angle of depression of the bottom is 36°30′. The window is 74 ft above the street level. How far apart are the buildings? How high is the skyscraper?

O = observer
ε = angle of elevation
δ = angle of depression

19

Konstruiere ein gleichseitiges Dreieck ABC mit der Seitenlänge $a = 10$ cm. Zeichne um C einen Kreis mit dem Radius $r = 10$ cm. Verlängere die Höhe h_c über ihren Fußpunkt F hinaus bis zum Schnittpunkt D mit dem Kreis. 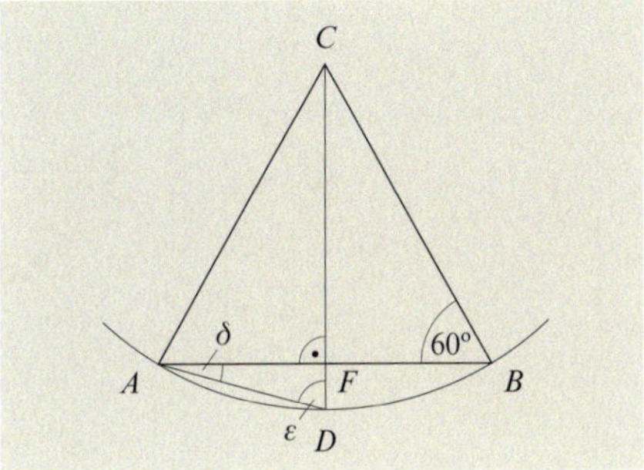
a) Zeige, dass $\delta = 15°$ und $\varepsilon = 75°$.
b) Bestätige mithilfe des rechtwinkligen Dreiecks ADF folgende Werte:

ZUSATZAUFGABE
Verallgemeinere die exakten Ergebnisse für sin 15° und cos 15° unter Beachtung von $\frac{1}{2}\sqrt{3} = \cos 30°$ zu Formeln für $\sin\frac{\alpha}{2}$ und $\cos\frac{\alpha}{2}$.

α	$\sin\alpha$	$\cos\alpha$	$\tan\alpha$
15°	$\frac{1}{2}\sqrt{2-\sqrt{3}}$	$\frac{1}{2}\sqrt{2+\sqrt{3}}$	$2-\sqrt{3}$
75°	$\frac{1}{2}\sqrt{2+\sqrt{3}}$	$\frac{1}{2}\sqrt{2-\sqrt{3}}$	$2+\sqrt{3}$

20

a) Konstruiere ein regelmäßiges Sechseck mit einem Umkreisradius von $r = 5$ cm.
b) Konstruiere seinen Inkreis.
c) Bekanntlich ist die Seitenlänge eines regelmäßigen Sechsecks gleich der Länge des Umkreisradius.
Zeige für den Radius ϱ des Inkreises:
$\varrho = r \cos\frac{\alpha}{2} = 2,5 \cdot \sqrt{3}$ cm.
d) Berechne den Flächeninhalt A des Inkreises.

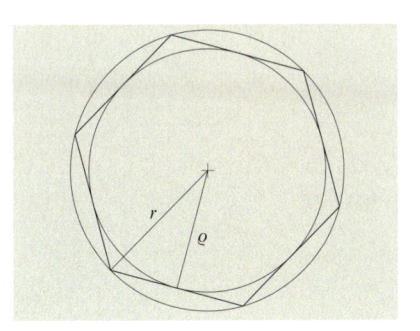

21

a) Konstruiere in einem Kreis mit $r = 5$ cm ein regelmäßiges Zwölfeck.
b) Berechne die Länge einer Seite des Zwölfecks.
c) Berechne die Länge des Inkreisradius und den Flächeninhalt des Inkreises.

22

Zeichne ein gleichschenkliges Dreieck ABC mit Basiswinkeln von 72°. Die Schenkel $\overline{AC}$ und $\overline{BC}$ seien jeweils 4 cm lang.
Konstruiere die Winkelhalbierende des Winkels $\sphericalangle BAC$; der Schnittpunkt mit der Strecke $\overline{BC}$ sei W.
a) Begründe, dass die Dreiecke ABW und AWC gleichschenklig sind.
b) Begründe, dass die Dreiecke ABW und ABC einander ähnliche Dreiecke sind.
Folgere daraus die Verhältnisgleichung
$\overline{AC} : \overline{AB} = \overline{AB} : \overline{BW}$.
c) Berechne die Länge der Strecke $\overline{AB}$.
d) Zeige, dass für die Höhe h des Dreiecks ABC gilt:
$h = \sqrt{10 + 2\sqrt{5}}$ cm.
e) Übertrage die folgende Tabelle ins Heft und fülle sie mit exakten Werten.

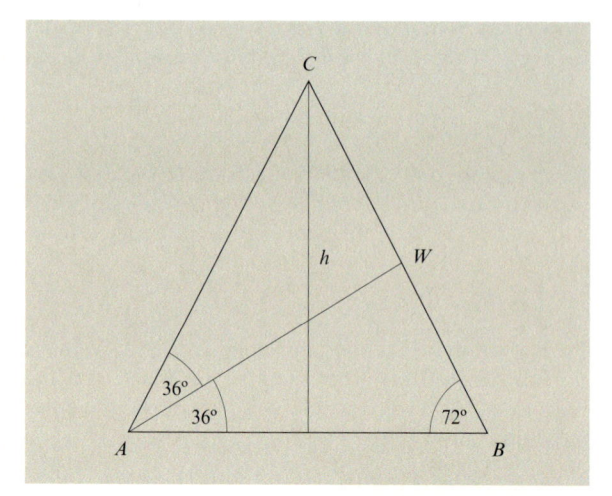

α	18°	36°	54°	72°
$\sin \alpha$				
$\cos \alpha$				
$\tan \alpha$				

INFORMATION
Wegen
$\overline{CW} = \dfrac{\overline{BC}}{2}(\sqrt{5} - 1)$
teilt W die Strecke $\overline{BC}$ im Goldenen Schnitt.

23

Vorgegeben sei ein regelmäßiger Oktaeder mit der Kantenlänge $a = 6$ cm.
a) Begründe, dass die blau markierte Schnittfläche in der nebenstehenden Figur ein Rhombus ist.
b) Berechne die Seitenlänge h des gekennzeichneten Rhombus.
c) Unter dem Neigungswinkel eines Oktaeders versteht man den Winkel $2 \cdot \mu$, den zwei aneinandergrenzende Dreiecksflächen gegeneinander bilden.
Berechne den Neigungswinkel 2μ.

ERINNERE DICH
Ein regelmäßiger Oktaeder ist ein platonischer Körper, der von 8 gleichseitigen Dreiecken begrenzt wird. Alle Kanten sind daher gleich lang.

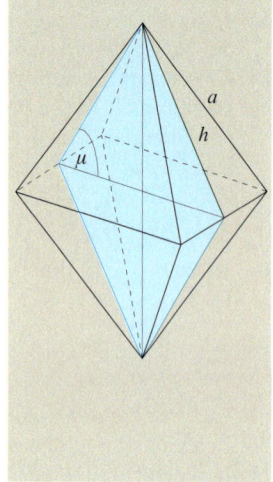

24

Von der geradlinig zwischen den Orten A und B verlaufenden Wasserleitung soll eine Abzweigleitung zum Ort C gebaut werden, der für einen Wasserturm genutzt wird. Die Abzweigleitung soll senkrecht zu AB verlaufen.
Die Orte A, B und C können sich gegenseitig anpeilen, vom Wasserturm aus hat man aber keine freie Sicht zum gesuchten Abzweigpunkt P. Erschwerend kommt hinzu, dass man nur die Länge der Strecke $\overline{AB}$ messen kann.
Wie kann man den Abzweigpunkt P ermitteln?
Wie lang ist die Abzweigleitung?

Sinussatz und Kosinussatz

1

Von einem Schiff (Position C) werden gleichzeitig ein Leuchtturm A am westlichen Ufer einer Hafeneinfahrt unter S 37° W und ein zweiter Leuchtturm B am östlichen Ufer unter S 57° O angepeilt. Nach der Seekarte beträgt die Entfernung zwischen den beiden Leuchttürmen $c = 2{,}47$ km. Die Verbindungslinie der beiden Leuchttürme verläuft genau von West nach Ost.
Wie weit ist das Schiff von jedem Leuchtturm entfernt?

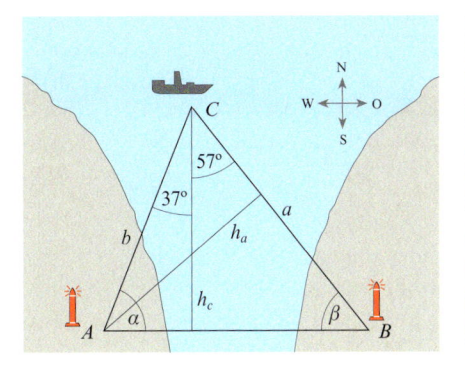

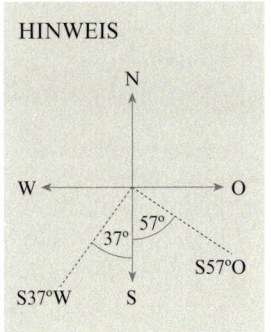

HINWEIS

2

Die Entfernung der beiden Leuchttürme in Aufgabe 1 wurde einer Seekarte entnommen. Vor der Aufnahme in die Seekarte musste die Entfernung bestimmt werden. Dazu benutzt man einen weiteren Hilfspunkt.
Angenommen, auf der östlichen Uferseite gibt es zusätzlich einen Kirchturm K. Die Entfernung des Leuchtturms B vom Kirchturm K ist messbar und beträgt 2,3 km. Weiterhin kann man messen: $\sphericalangle BKA = 73°$ und $\sphericalangle ABK = 42°$.
Überprüfe mithilfe dieser Messwerte die in der Seekarte angegebene Entfernung zwischen den Leuchttürmen A und B.

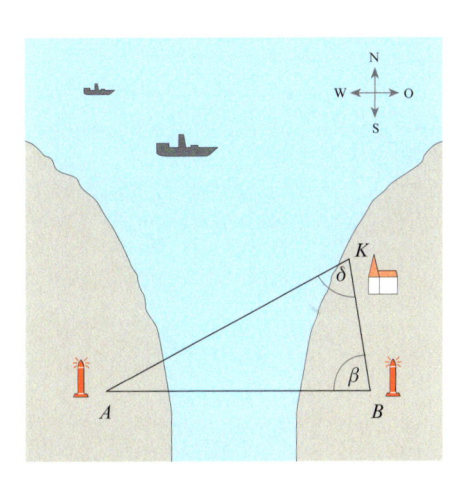

TIPP
Zeichne geeignete Höhen in das gegebene Dreieck ein und betrachte die entstehenden Teildreiecke.

3

Verallgemeinere die Überlegungen, die zur Lösung der beiden obigen Aufgaben führten. Ermittle auf diese Weise Formeln, mit deren Hilfe man aus der Größe zweier Winkel und der Länge einer Seite in einem spitzwinkligen Dreieck alle Seitenlängen berechnen kann.

Sinussatz
In jedem Dreieck ABC verhalten sich die Längen zweier Seiten wie die Sinuswerte der ihnen gegenüberliegenden Innenwinkel:
(1) $\dfrac{a}{b} = \dfrac{\sin\alpha}{\sin\beta}$ 	(2) $\dfrac{b}{c} = \dfrac{\sin\beta}{\sin\gamma}$ 	(3) $\dfrac{a}{c} = \dfrac{\sin\alpha}{\sin\gamma}$

INFORMATION
Die Gleichungskette kann auch in Form einer fortlaufenden Proportion $a:b:c = \sin\alpha:\sin\beta:\sin\gamma$ dargestellt werden.

4

Zeige, dass man die Verhältnisse im Sinussatz auch in Form der folgenden Gleichungskette formulieren kann: $\dfrac{a}{\sin\alpha} = \dfrac{b}{\sin\beta} = \dfrac{c}{\sin\gamma}$.

5

Beweise für ein beliebiges spitzwinkliges Dreieck den Sinussatz. Betrachte dazu die drei Höhen des Dreiecks h_a, h_b und h_c.

a) Zeige jeweils anhand entsprechender rechtwinkliger Teildreiecke folgende Höhenformeln:
$h_a = c \cdot \sin\beta$, $h_b = a \cdot \sin\gamma$, $h_c = b \cdot \sin\alpha$.

b) Zeige jeweils anhand entsprechender rechtwinkliger Teildreiecke folgende Höhenformeln:
$h_a = b \cdot \sin\gamma$, $h_b = c \cdot \sin\alpha$, $h_c = a \cdot \sin\beta$.

c) Leite aus den Höhenformeln in a) und b) die Verhältnisse im Sinussatz her.

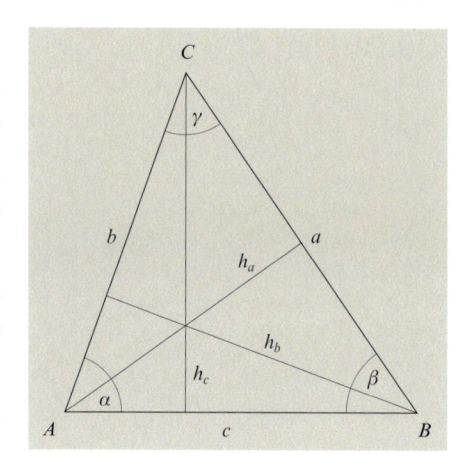

6

Beweise, dass der Sinussatz auch für stumpfwinklige Dreiecke gilt.
Hinweis: Es gilt $\sin\alpha = \sin(180° - \alpha)$.

7L

Konstruiere ein Dreieck aus den gegebenen Größen und berechne anschließend die fehlenden Seitenlängen und Winkel.

a) $c = 5{,}2$ cm; $\alpha = 48°$; $\beta = 53°$
b) $a = 7{,}6$ cm; $\alpha = 59°$; $\beta = 24°$
c) $b = 8{,}4$ cm; $\alpha = 61°$; $\gamma = 67°$
d) $a = 3{,}1$ cm; $c = 4{,}4$ cm; $\gamma = 44°$
e) $a = 7{,}3$ cm; $b = 6{,}2$ cm; $\alpha = 71°$
f) $b = 4{,}8$ cm; $c = 3{,}5$ cm; $\beta = 38°$
g) $a = 2{,}6$ cm; $c = 8{,}0$ cm; $\gamma = 114°$
h) $a = 8{,}2$ cm; $c = 14{,}4$ cm; $\gamma = 44°$
i) $b = 5{,}9$ cm; $c = 6{,}9$ cm; $\beta = 36°$
j) $a = 4{,}9$ cm; $c = 11$ cm; $\alpha = 39°$

8

Konstruiere zu einem beliebigen spitzwinkligen Dreieck ABC den Umkreis.

a) Zeige:
$$r = \frac{a}{2\sin\alpha}, \quad r = \frac{b}{2\sin\beta}, \quad r = \frac{c}{2\sin\gamma}.$$

b) Nutze a) für einen erneuten Beweis des Sinussatzes.

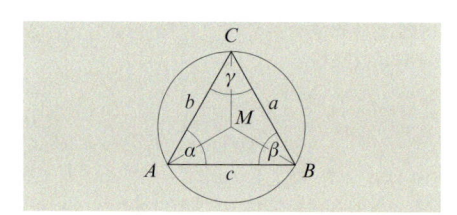

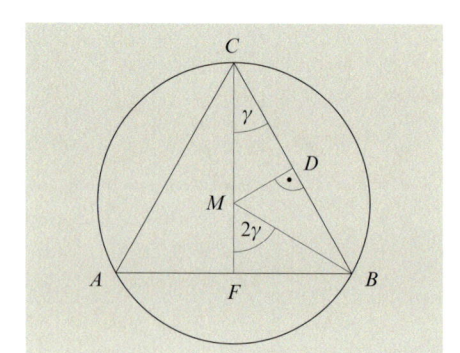

HINWEIS

Der Sinussatz kann speziell als Satz über Kreise aufgefasst werden:
Für ein Sehnendreieck ABC in einem Kreis mit dem Durchmesser $d = 1$, also $2r = 1$ gilt:
$a = \sin\alpha$,
$b = \sin\beta$,
$c = \sin\gamma$.

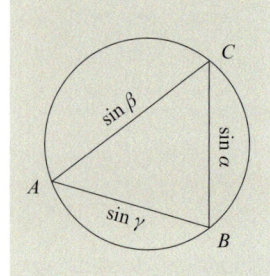

9

Zeichne in einen Kreis mit dem Radius $r = 1$ ein gleichschenkliges Dreieck ABC mit der Basis $\overline{AB}$.

a) Zeige mithilfe der nebenstehenden Figur:
$$\sin(2\gamma) = a\sin\gamma \text{ und } \cos\gamma = \frac{a}{2}$$

b) Zeige: $\sin(2\gamma) = 2\sin\gamma \cdot \cos\gamma$

c) Bestätige jeden Schritt der folgenden Herleitung:
$\cos(2\gamma) = \overline{MF} = h_c - 1 = a\cos\gamma - 1$
$= 2\cos\gamma \cdot \cos\gamma - 1 = 2\cos^2\gamma - 1$

Sinussatz und Kosinussatz

10

Von einem Schiff, das gerade die Boje B in der Nähe einer Insel passiert, wird ein Leuchtturm unter S 23° W angepeilt. Nach der Seekarte ist die Entfernung der Boje zum Leuchtturm 4,3 sm. Nach 7,1 sm Fahrt genau nach Süden wird der Leuchtturm in Position A erneut angepeilt.
a) Wie weit ist das Schiff jetzt vom Leuchtturm entfernt?
b) Wie groß ist der Winkel $\sphericalangle BAC$?
c) Löse Aufgabe a) noch einmal, jetzt aber unter Benutzung der Höhe h_c als Hilfslinie.

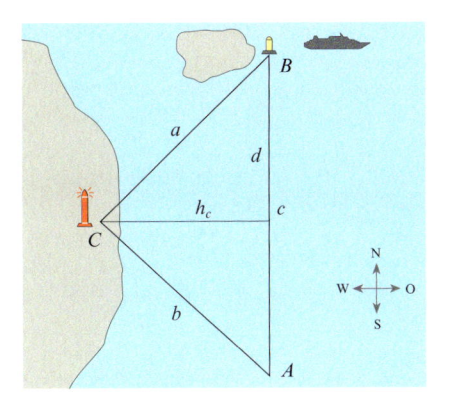

HINWEIS
1 sm = 1,852 km

11^L

Berechne in einem spitzwinkligen Dreieck aus den gegebenen Größen die fehlenden Seiten und Winkel. Kannst du dein Vorgehen verallgemeinern?
a) $b = 5{,}8$ cm; $c = 9{,}8$ cm; $\alpha = 81°$
b) $a = 11{,}1$ cm; $b = 27{,}5$ cm; $\gamma = 57°$
c) $a = 2{,}3$ cm; $c = 2{,}1$ cm; $\beta = 16°$
d) $a = 16{,}5$ cm; $b = 6{,}8$ cm; $c = 17{,}5$ cm

Kosinussatz
In jedem spitzwinkligen Dreieck ist das Quadrat einer Seite gleich der Summe der Quadrate der beiden anderen Seiten vermindert um das Doppelte des Produkts aus diesen beiden Seiten und dem Kosinus des eingeschlossenen Winkels:
(1) $a^2 = b^2 + c^2 - 2bc \cdot \cos\alpha$
(2) $b^2 = a^2 + c^2 - 2ac \cdot \cos\beta$
(3) $c^2 = a^2 + b^2 - 2ab \cdot \cos\gamma$

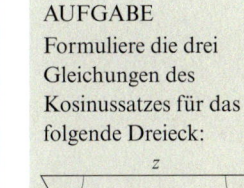

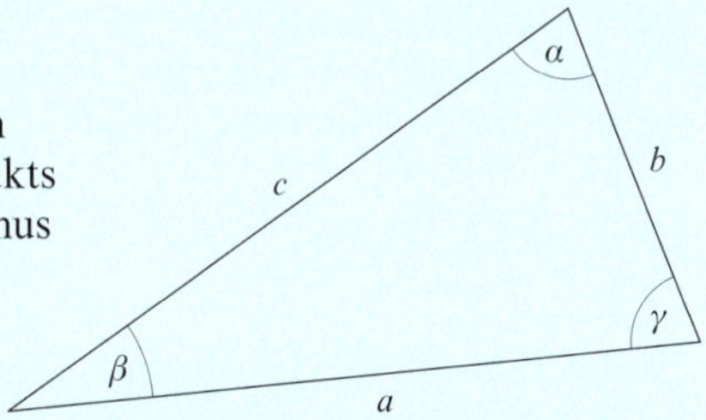

AUFGABE
Formuliere die drei Gleichungen des Kosinussatzes für das folgende Dreieck:

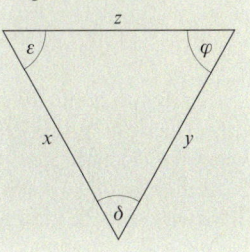

12

Zeige, dass der Kosinussatz auch für stumpfwinklige Dreiecke gilt.

13

Zeige, dass der Satz des Pythagoras ein Spezialfall des Kosinussatzes ist.

14

Beweise für ein beliebiges spitzwinkliges Dreieck ABC die Aussage (1) des Kosinussatzes. Zeichne dazu die Höhe h_c als Hilfslinie ein.
Zeige $h_c^2 = a^2 - (c - d)^2$, $h_c^2 = b^2 - d^2$ und $d = b \cdot \cos\alpha$.
Setze dann diese 3 Gleichungen so zusammen, dass sich Gleichung (1) ergibt.

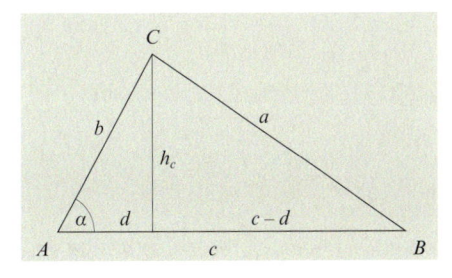

15

Warum genügt zum Beweis des Kosinussatzes der Beweis *einer* der Aussagen (1), (2), (3)?

16^L

Berechne aus den gegebenen Größen eines Dreiecks die fehlenden Seiten und Winkel dieses Dreiecks.

a) $a = 3{,}3$ cm; $c = 4{,}6$ cm; $\beta = 46°$ b) $b = 5{,}7$ cm; $c = 9{,}3$ cm; $\alpha = 79°$
c) $a = 25{,}2$ cm; $b = 37{,}8$ cm; $c = 43{,}4$ cm   d) $a = 4{,}5$ cm; $b = 3{,}8$ cm; $c = 5{,}2$ cm
e) $a = 34{,}6$ cm; $b = 28{,}4$ cm; $\gamma = 69°$ f) $b = 3{,}4$ cm; $\alpha = 54°$; $w_\alpha = 4{,}3$ cm

HINWEIS

w_α bezeichnet die Winkelhalbierende von α

17

Bei drei Kreisen mit den Mittelpunkten M_1, M_2, M_3 und den Radien $r_1 = 11{,}5$ cm, $r_2 = 15$ cm, $r_3 = 22{,}5$ cm berühre jeder die beiden anderen.

a) Wie groß sind die Innenwinkel des Dreiecks $M_1 M_2 M_3$?
b) Löse die Aufgabe für allgemein vorgegebene Radien r_1, r_2, r_3.

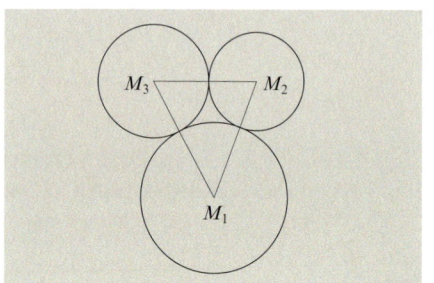

18

Ein Tunnel soll von X nach Y durch einen Berg gebaut werden.
Von einem dritten Punkt Z, der 981 m von X und 836 m von Y entfernt ist, kann man die Punkte X und Y unter einem Winkel von 51° sehen.
Wie lang ist der Tunnel und wie groß sind die Winkel $\sphericalangle ZXY$ und $\sphericalangle XYZ$?

19

In dieser Lerneinheit wurden insbesondere aus drei gegebenen Seiten bzw. Winkeln eines Dreiecks die anderen Seiten bzw. Winkel berechnet.
Nach den Kongruenzsätzen für Dreiecke (*sss*, *wsw*, *sww*, *sws*, *SsW*) konnten diese fehlenden Größen bereits konstruiert werden.
Stelle eine Tabelle zusammen, aus der für jeden der genannten Kongruenzsätze Formeln zur Berechnung der fehlenden Seiten bzw. Winkel ersichtlich werden.

BEACHTE

wsw und *sww* werden hier nicht unterschieden, da der 3. Winkel vorher aus der Winkelsumme berechnet werden kann.

20

Konstruiere ein Dreieck mit den Seitenlängen 5 cm, 6 cm und 7 cm. Entnimm der Zeichnung die zugehörigen Winkel und überprüfe ihre Werte rechnerisch.

> **BEISPIEL** *sss*
> Gegeben ist ein Dreieck mit den Seiten $a = 7{,}2$ cm, $b = 8{,}4$ cm und $c = 3{,}6$ cm. Gesucht sind die Winkel α, β und γ.
>
> (I) $\cos\beta = \dfrac{a^2 + c^2 - b^2}{2ac} \approx -0{,}11111$. Daraus folgt $\beta \approx 96{,}38°$.
>
> (II) $\sin\alpha = \dfrac{a \cdot \sin\beta}{b} \approx 0{,}8518$. Daraus folgt $\alpha \approx 58{,}4°$.
>
> (III) $\gamma = 180° - \alpha - \beta \approx 180° - 58{,}4° - 96{,}4° = 25{,}2°$
>
> *Ergebnis:* Die gesuchten Winkel sind $\alpha \approx 58{,}4°$, $\beta \approx 96{,}4°$ und $\gamma \approx 25{,}2°$

BEACHTE

Wegen $\sin\varphi = \sin(180° - \varphi)$ gehören zu jedem Sinuswert zwei Winkel. Wenn man jedoch zunächst denjenigen Winkel berechnet, der der größten Seite gegenüber liegt, kann man bei Schritt II stets den spitzen Winkel, also den TR-Wert, nehmen. Warum?

Sinussatz und Kosinussatz

21
Ermittle alle Winkel des jeweiligen Dreiecks.
a) $a = 2{,}4$ cm, $b = 5{,}3$ cm, $c = 4{,}8$ cm
b) $a = 7$ m, $b = 13$ m, $c = 14$ m
c) $a = 281$ mm, $b = 224$ mm, $c = 425$ mm
d) $a = 1{,}8$ dm, $b = 3{,}2$ dm, $c = 4$ dm

22
Konstruiere ein Dreieck aus zwei Seiten von 4 bzw. 6 Zentimeter Länge, welche einen Winkel von 50° einschließen. Entnimm die Länge der dritten Seite und die Größe der restlichen Winkel der Zeichnung und überprüfe ihre Werte rechnerisch.

23
Berechne alle Seiten und Winkel der Dreiecke, kontrolliere durch Konstruktionen.
a) $c = 14{,}7$ cm, $a = 8{,}5$ cm, $\beta = 28°$
b) $a = 4{,}1$ cm, $b = 4{,}9$ cm, $\gamma = 17°$
c) $b = 3{,}8$ cm, $c = 4{,}3$ cm, $\alpha = 65°$
d) $c = 7$ cm, $\alpha = 10{,}8°$, $\beta = 39°$
e) $c = 4$ cm, $a = 6$ cm, $\alpha = 28°$
f) $a = 6{,}7$ cm, $b = 9$ cm, $\beta = 77°$
g) $c = 3$ cm, $a = 4{,}2$ cm, $\alpha = 95°$
h) $c = 6{,}2$ cm, $b = 3$ cm, $\gamma = 65°$

24
Konstruiere ein Dreieck aus zwei Seiten von 7 bzw. 4 Zentimeter Länge, wobei der größeren Seite ein Winkel von 65° gegenüberliegt. Entnimm die Länge der dritten Seite und die Größe der restlichen Winkel der Zeichnung und überprüfe ihre Werte rechnerisch.

25
Berechne – falls die Dreiecke existieren – die restlichen Seiten und Winkel.
a) $b = 2$ m, $a = \sqrt{12}$ m, $\beta = 30°$
b) $b = 2$ m, $a = 4$ m, $\beta = 30°$
c) $b = 2$ m, $a = 4$ m, $\beta = 40°$
d) $b = 2$ m, $a = 1{,}5$ m, $\beta = 30°$

26
Ermittle die restlichen Seiten und Winkel der Dreiecke.
a) $c = 4{,}7$ cm, $\alpha = 85°$, $\beta = 28°$
b) $a = 11$ cm, $\beta = 49°$, $\alpha = 27°$
c) $b = 6{,}5$ cm, $\gamma = 36°$, $\alpha = 65°$
d) $c = 5{,}4$ cm, $\gamma = 108°$, $\beta = 39°$

ANREGUNG

Ein empfehlenswertes **Projekt** für die Gruppenarbeit: Erstellt in einer euch zur Verfügung stehenden Computersprache ein Programm, welches Folgendes leistet: Nachdem der Benutzer drei Seitenlängen oder Winkel eingegeben hat, die ein Dreieck eindeutig festlegen, ermittelt das Programm zunächst, welcher der vier Fälle sss, sws, SsW oder wsw vorliegt und berechnet anschließend mithilfe von Sinus-, Kosinus- bzw. Winkelsummensatz die fehlenden Stücke. Beachte auch, dass für Computerberechnungen der Kosinussatz dem Sinussatz oft vorzuziehen ist. Warum wohl?

AUFGABEN ZUR WIEDERHOLUNG

1. Eine Energie AG bietet den Kunden folgenden Stromlieferungsvertrag an:
   Jahresverbrauch bis 5000 kWh
   Arbeitspreis: 10,95 ct/kWh
   Grundpreis: 8,50 €/Monat
   Jahresverbrauch über 5000 kWh
   Arbeitspreis: 12,99 ct/kWh
   Grundpreis: entfällt
   a) Stelle für beide Tarife Wertetabellen auf. Zeichne beide Funktionen in ein Koordinatensystem. Beachte die angegebenen Intervalle.
   b) Diskutiere die Preisgestaltung des Stromlieferers.

2. Jana hat einen preiswerten Handy-Tarif gefunden:
   Monatliche Grundgebühr:
   2,30 €
   Telefongebühren:
   0,14 €/Gesprächsminute
   a) Stelle die monatlichen Kosten in Abhängigkeit von der Gesprächszeit grafisch dar.
   b) Wie lange kann Jana telefonieren, wenn sie im Monat nicht mehr als 7 € (10 €, 12 €, 15 €, 20 €) bezahlen will?
   c) Wie hoch ist Janas monatliche Telefonrechnung, wenn sie 75 min (85 min, 100 min, 115 min, 145 min) telefoniert?

Gauß und die Vermessung des Königreiches Hannover

Wer kennt ihn nicht? Auf Briefmarken und auf dem vor Einführung des Euros verwendeten 10-DM-Schein war er abgebildet, **Carl Friedrich Gauß** (1777 bis 1855), ein sehr bedeutender deutscher Mathematiker, Astronom, Geodät und Physiker.

1

Gestaltet ein Projekt über das Leben und Werk von Carl Friedrich Gauß.
Als Teilaufgaben seien genannt
- Gauß, seine Herkunft, seine Schulzeit und sein Studium,
- seine ersten wissenschaftlichen Arbeiten auf dem Gebiet der Mathematik,
- Gauß und die Astronomie, Berechnung der Bahndaten des Ceres,
- Tätigkeit als Direktor der Sternwarte Göttingen,
- Gauß und die Vermessung des Königreiches Hannover,
- Freundschaften und Verbindungen zu anderen Naturwissenschaftlern.

Befragt Mathematik-, Physik- und Astronomielehrer über Gauß, sucht im Internet, nutzt das Angebot der Bibliotheken.

Im 18. Jahrhundert beschäftigten sich Wissenschaftler in mehreren Ländern intensiv damit, die genaue Größe und Gestalt der Erde zu vermessen. Eine in den Jahren 1736 bis 1737 vorgenommene Meridianmessung in Lappland bestätigte die Ansichten von Newton, dass die Erde an den Polen und nicht am Äquator abgeplattet ist.

Die französische Gradmessung zwischen 1792 und 1798 zur Festlegung der Längeneinheit 1 Meter als zehnmillionsten Teil der Länge eines Erdmeridianquadranten wurde Ausgangspunkt eines allmählich zusammenwachsenden Vermessungsnetzes in vielen Ländern Europas.

Heinrich Christian Schumacher, ein mit Gauß befreundeter Professor für Astronomie, erhielt 1816 den Auftrag für eine Gradmessung in Dänemark. Dieser setzte sich dafür ein, dass seine Arbeiten weiter südlich im Königreich Hannover von Gauß fortgesetzt wurden. 1820 befahl eine Kabinettsorder des Königs von England und Hannover, Georg IV., die Ausführung der Gradmessung für Hannover.
In den Jahren 1821 bis 1825 hat Gauß diese mühselige Arbeit auf sich genommen. Er setzte seinen Ehrgeiz daran, dass die Vermessung der Länge des Meridianbogens zwischen den Sternwarten Göttingen und Hamburg Altona zu einem Muster an Genauigkeit wurde. An diese Gradmessung schloss sich in den Jahren 1828 bis 1844 die hannoversche Landesvermessung an, die unter Leitung von Gauß von seinem Sohn und weiteren hannoverschen Offizieren ausgeführt wurde. Nach Abschluss der Arbeiten lag nach hohem Rechenaufwand ein Koordinatenverzeichnis von 2578 Punkten vor.

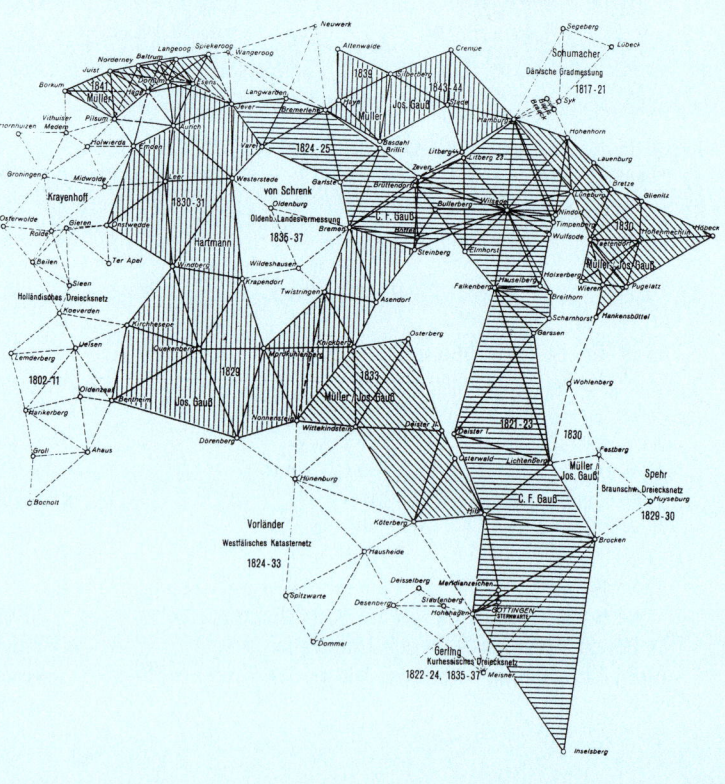

Carl Friedrich Gauß und die Vermessung des Königreiches Hannover

Auf der Rückseite des zuletzt gültigen 10-DM-Scheines fand man einen Ausschnitt aus der Gauß'schen Vermessung des Königreiches Hannover.

Die geodätischen Messungen wurden so ausgeführt, dass von einem Messpunkt aus zwei andere Punkte anvisiert und zwischen ihnen der Winkel bestimmt wurde. Diese Punkte waren entweder markante Geländeerhebungen oder Kirchtürme. Von Punkt zu Punkt wurde so ein Netz von Messpunkten über das zu untersuchende Gebiet gelegt.

Wenn für ein so aufgestelltes Dreieck die Länge einer Seite bekannt ist, so lassen sich mithilfe der vermessenen Winkel die beiden übrigen Seiten berechnen, die dann wieder Basis der sich anschließenden Dreiecke sein können. Die Genauigkeit einer solchen *Triangulation* hängt davon ab, wie genau die Länge der ersten Basisstrecke und wie präzise alle weiteren Winkel gemessen werden.

Auszüge aus Gauß, Werke Band IV, Seite 449 bis 464

von	nach	Azimut
Hohenhorn	Wilsede	39° 29′ 31,934″
	Hamburg	107° 12′ 49,223″
Hamburg	Hohenhorn	287° 12′ 41,899″
	Wilsede	3° 29′ 0,970″
	Litberg	53° 35′ 18,445″
Wilsede	Hamburg	183° 29′ 1,832″
	Litberg	138° 28′ 9,948″
	Zeven	108° 22′ 31,951″
	Steinberg	67° 11′ 28,095″
Litberg	Zeven	66° 0′ 48,785″
	Wilsede	318° 28′ 12,193″
Zeven	Wilsede	288° 22′ 41,424″
	Steinberg	1° 17′ 44,058″
	Bremen	53° 26′ 12,202″
Steinberg	Zeven	181° 17′ 37,150″
	Bremen	106° 46′ 2,221″

Theodolit, geodätisches Messgerät

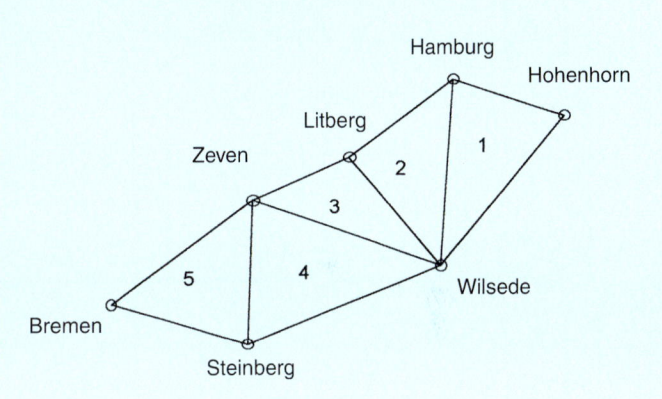

2

Die von Gauß ausgeführten Dreiecksberechnungen gründen sich auf die Länge der Dreiecksseite Hamburg – Hohenhorn (26977,483 m) und diese auf die von Schumacher vermessene Braaker Basis der dänischen Gradmessung.
Berechne die Länge der Dreiecksseite Bremen – Zeven in obiger Dreieckskette.
Hinweis: Die erforderlichen Winkel ergeben sich aus der obigen Tabelle.
Das Azimut ist die als Winkel angegebene und in Gradmaß ausgedrückte Himmelsrichtung. Es wird von Süden aus in Uhrzeigerrichtung gemessen.

Bei der Auswertung des sehr umfangreichen Zahlenmaterials verstand es Gauß beispielhaft, seine theoretischen Arbeiten über geodätische Probleme mit dem Messfehlerausgleich nach der Methode der kleinsten Quadrate zu verbinden.
Insgesamt zeigen die Arbeiten von Gauß zur Landesvermessung eine sehr fruchtbare Verbindung von Theorie und Praxis und eine außerordentliche Gründlichkeit.

Flächeninhaltsberechnungen bei Dreiecken

1

Der Giebel eines Fachwerkhauses muss neu gestrichen werden. Er ist 12 m breit und 3 m hoch. Eine Dose mit Farbe kostet 8,95 € und reicht für 5 m². Wie viel Euro kostet der Anstrich?
Fertige zunächst eine Skizze an.

2

An einer Straßeneinmündung befindet sich ein Grundstück mit den in der Abbildung dargestellten Abmessungen. Welchen Wert hat das Grundstück, wenn der Quadratmeterpreis in dieser Gegend 210 € beträgt?

3

Versuche, den Flächeninhalt A eines spitzwinkligen Dreiecks aus der Länge der Seiten b und c sowie der Größe des Winkels α zu ermitteln.

Flächeninhalt eines Dreiecks
Sind von einem Dreieck die Längen zweier Seiten und die Größe des eingeschlossenen Winkels bekannt, so lässt sich der Flächeninhalt auch ohne Kenntnis der Höhe berechnen:

(1) $A = \frac{1}{2} a\, b \sin \gamma$

(2) $A = \frac{1}{2} a\, c \sin \beta$

(3) $A = \frac{1}{2} b\, c \sin \alpha$

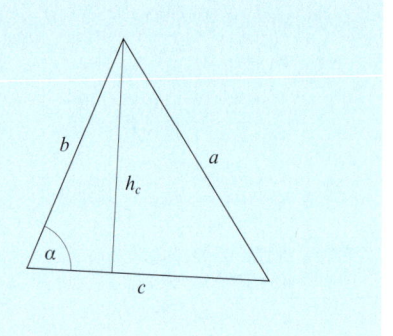

4

Beweise die obigen Formeln zur Berechnung des Flächeninhaltes von Dreiecken zunächst für spitzwinklige Dreiecke, beschränke dich zunächst auf Formel (1) und verwende nebenstehende Abbildung.

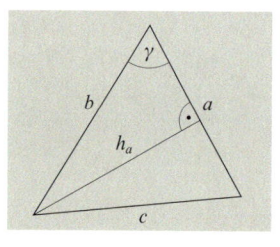

5L

Berechne die Flächeninhalte der durch die folgenden Größen gegebenen Dreiecke.
a) $b = 4$ cm, $c = 6$ cm, $\alpha = 40°$
b) $c = 9$ cm, $a = 7$ cm, $\beta = 35°$
c) $a = 5$ cm, $b = 3$ cm, $\gamma = 80°$
d) $a = 3,5$ cm, $b = 4,8$ cm, $\gamma = 80°$
e) $a = 5,6$ m, $c = 8,2$ m, $\beta = 70°$
f) $b = 45$ mm, $c = 21$ mm, $\alpha = 50°$

6

Beweise mithilfe der nebenstehenden Abbildung, dass die Formeln zur Berechnung von Dreiecksflächen auch für stumpfwinklige Dreiecke gelten.

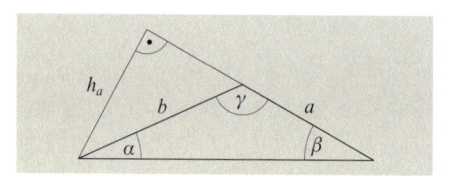

Flächeninhaltsberechnungen bei Dreiecken

7

Von einem gleichschenkligen Dreieck ist die Länge der Basis c und die Länge der Schenkel a bekannt.
a) Berechne den Flächeninhalt des Dreiecks für $c = 4{,}2$ cm und $a = 6{,}8$ cm.
b) Leite aus der Beziehung $A = \frac{1}{2} \cdot a \cdot c \cdot \sin\beta$ eine Formel her, mit der man den Flächeninhalt eines solchen Dreiecks unmittelbar aus c und a berechnen kann.
c) Überprüfe die unter b) hergeleitete Formel mithilfe des Satzes des Pythagoras.

ERINNERE DICH

Der Satz des Pythagoras besagt, dass im rechtwinkligen Dreieck das Hypotenusenquadrat gleich der Summe der beiden Kathetenquadrate ist.

8

a) Berechne den Flächeninhalt eines gleichseitigen Dreiecks mit der Seite $a = 3$ cm.
b) Leite eine Formel her, mit der man den Flächeninhalt eines gleichseitigen Dreiecks unmittelbar aus der Seitenlänge a berechnen kann.

9

Berechne den Flächeninhalt eines Dreiecks, von dem die Seitenlänge $a = 6$ cm und die Winkel $\alpha = 77°$ und $\beta = 46°$ bekannt sind.

HINWEIS

zu Aufgabe 9:

Nutze den Sinussatz!

BEISPIEL

Ein Dreieck enthält eine 8 cm lange Seite, der gegenüberliegende Winkel beträgt 102°. Ein weiterer Winkel beträgt 40°. Berechne den Flächeninhalt des Dreiecks.

Bezeichnen wir die 8 cm lange Seite mit c, dann ist $\gamma = 102°$.
Setzen wir $\alpha = 40°$, so wird $\beta = 38°$ (andernfalls wäre $\beta = 40°$ und $\alpha = 38°$).
Aus dem Sinussatz in der Form

$\frac{\sin\alpha}{\sin\gamma} = \frac{a}{c}$ ergibt sich

$\frac{\sin 40°}{\sin 102°} = \frac{a}{8}$ bzw.

$a = \frac{8 \sin 40°}{\sin 102°}$.

Damit erhält man

$A = \frac{1}{2} \cdot a \cdot c \cdot \sin\beta = 12{,}95$ cm²

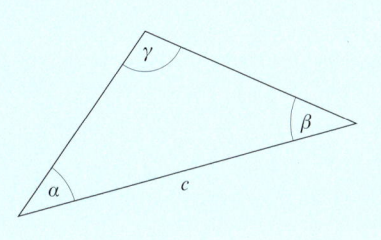

10^L

Berechne die Flächeninhalte der durch die folgenden Größen gegebenen Dreiecke.
a) $a = 4{,}5$ cm, $\alpha = 75°$, $\beta = 35°$
b) $b = 1{,}6$ m, $\beta = 34°$, $\gamma = 72°$
c) $c = 20$ dm, $\gamma = 47°$, $\alpha = 12°$
d) $a = 4{,}2$ m, $\beta = 104°$, $\gamma = 56°$
e) $b = 72$ mm, $\alpha = 82°$, $\beta = 35°$
f) $c = 15{,}4$ cm, $\gamma = 17{,}5°$, $\beta = 68{,}2°$

11

Ein Dreieck mit den Winkeln $\gamma = 78°$ und $\beta = 56°$ besitzt den Flächeninhalt 14,94 cm². Wie lang sind seine Seiten?

HINWEIS

zu Aufgabe 12:

Berechne zunächst einen Winkel mithilfe des Kosinussatzes.

12^L

Berechne den Flächeninhalt des Dreiecks mit den jeweils gegebenen Seitenlängen.
a) $c = 4$ cm, $a = 5$ cm, $b = 6$ cm
b) $a = 7$ cm, $b = 3$ cm, $c = 8$ cm
c) $b = 5$ cm, $c = 6$ cm, $a = 7$ cm
d) $a = 9$ cm, $b = 12$ cm, $c = 5$ cm

Sachaufgaben

1

Der Querschnitt eines Daches hat die Form eines stumpfwinkligen Dreiecks mit einer Grundseite von 16 m und zwei geneigten Seiten von 12 m bzw. 6 m Länge.
Die im Winter auf einer Dachfläche liegenden Schneemassen können abrutschen, falls der Neigungswinkel mehr als 20° beträgt.
Ist dies hier der Fall?

2

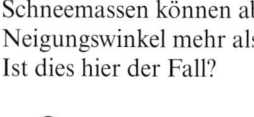

Der Balken, der den First des abgebildeten Dachstuhls abstützt, muss erneuert werden (Bild).
Welche Länge muss der zu beschaffende Balken haben?

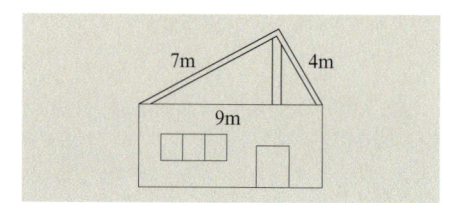

3

Ein Grundstück hat die Form eines Vierecks mit den Eckpunkten $ABCD$.
Die Länge der Strecke $\overline{AB}$ beträgt 208 m. Um die Grundstücksfläche zu berechnen, werden von den Punkten A und B aus jeweils die Punkte D und C angepeilt und die zugehörigen Winkel $\alpha_1 = 41°$, $\alpha_2 = 29°$, $\beta_1 = 30°$, $\beta_2 = 25°$ ermittelt.
Wie groß ist das Grundstück?

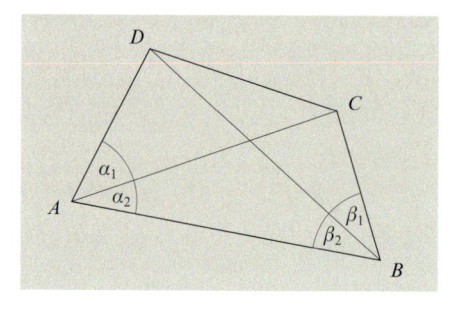

4

a) 13 km westlich von Chemnitz liegt Limbach-Oberfrohna. Von dort aus gesehen liegt in nordöstlicher Richtung der Ort Mittweida. Mittweida ist 17 km von Chemnitz entfernt.
Wie weit sind Mittweida und Limbach-Oberfrohna voneinander entfernt?

b) Genau südlich von Weimar liegt in einer Entfernung von 28 km Rudolstadt. Westlich der Verbindungsstrecke Weimar–Rudolstadt gibt es den Ort Hohenfelden. Er ist 17 km von Weimar und 20 km von Rudolstadt entfernt.
In welcher Richtung liegt Weimar von Hohenfelden aus gesehen?

ANREGUNG
Suche in einem Atlas die angesprochenen Orte und überprüfe die gegebenen und die berechneten Daten.

5

Erscheinen zwei nebeneinander befindliche Gegenstände dem menschlichen Auge unter einem Sehwinkel von weniger als 1′ (1/60°), so werden sie nicht mehr getrennt wahrgenommen.

a) Die beiden Kirchturmspitzen eines Domes liegen 12 m auseinander.
Von welcher Entfernung ab werden sie nicht mehr getrennt wahrgenommen?

b) Mond und Erde sind 384 000 km voneinander entfernt. Sieht man von einem Raumschiff aus 1,5 Mrd. Kilometer Entfernung Erde und Mond noch getrennt?

Nikolaikirche, Berlin

Sachaufgaben

6

Das Bild zeigt eine Bundesstraße, die durch ein Erholungsgebiet führt. Von dieser Straße zweigt an der Stelle S unter einem Winkel von 32° ein Fahrweg zu einem 500 m entfernten Restaurant R ab. Dort kann man nicht parken, an der Bundesstraße hingegen befindet sich 800 m hinter der Verzweigung ein großer Parkplatz P. Die Punkte P und R sind durch einen geradlinigen Fußweg verbunden. Wie lang ist dieser?

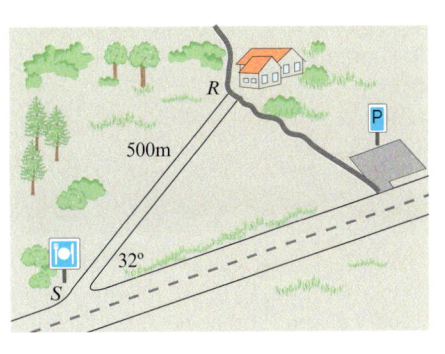

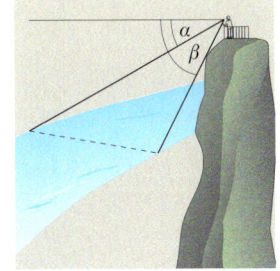

7

In einem Wandergebiet gibt es eine 89 m hohe Felsnadel. Blickt man von ihr auf einen Fluss hinab, so erscheinen die beiden Ufer unter den Tiefenwinkeln $\alpha = 19°$ und $\beta = 71°$. Wie breit ist der Fluss an dieser Stelle?

8

Zwischen den Anlegestellen A und B verkehrt eine Fähre über den Fluss. Um die Länge der Strecke $s = \overline{AB}$ zu ermitteln, wird 120 m von Punkt B entfernt ein Punkt C abgesteckt und anschließend $\sphericalangle ACB = 42°$ und $\sphericalangle CBA = 108°$ ermittelt. Berechne die Strecke $\overline{AB}$.

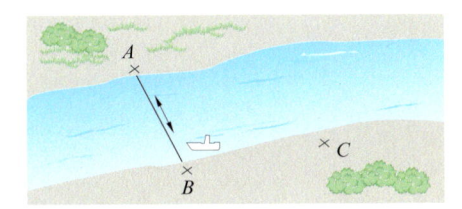

9

Ein Schiff fährt geradlinig mit 13 kn an einer Insel vorbei und peilt innerhalb von 10 Minuten zweimal den dort befindlichen Leuchtturm an. Es wurden N 41° O und N 62° W gemessen. In welchem Abstand fuhr das Schiff am Leuchtturm vorbei?

HINWEIS
1 kn (Knoten) = 1,852 km/h

10

Der Mast eines Segelschiffes wird in Längsrichtung mittels zweier Stahlseile von 8 m und 7 m Länge am Bootsrumpf aufrecht gehalten (s. Bild).
Wie hoch ist der Mast, wenn die Befestigungspunkte am Rumpf 6 m auseinander liegen?

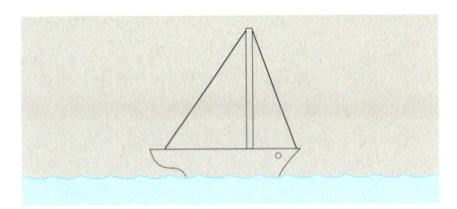

11

Ein starker, genau aus Südost wehender Wind treibt ein Boot mit einer Geschwindigkeit von 2,5 m/s vor sich her. Daraufhin wirft der Kapitän den Motor an, welcher dem Boot eine Eigengeschwindigkeit von 18 km/h verleiht.
a) In welche Richtung muss er sein Boot steuern, wenn er, ohne seitlich abzutreiben, genau nach Westen will? Wie schnell bewegt sich das Boot dabei „über Grund"?
b) In welche Richtung würde sich das Boot tatsächlich bewegen, wenn es genau auf Westen zuhalten würde?

12

Das Bild zeigt ein Kräfteparallelogramm, von dem die Teilkraft $F_1 = 10$ N und die Gesamtkraft $F = 8$ N bekannt sind.
Gesucht ist der Betrag der Teilkraft F_2, welche einen Winkel von 100° mit der Gesamtkraft F bildet, sowie der Winkel zwischen den beiden Teilkräften.

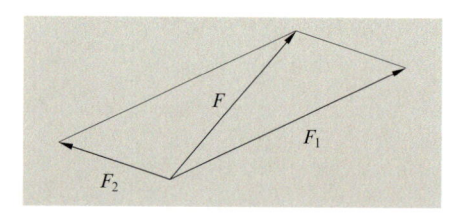

13

Zwei Kräfte F_1 und F_2 greifen unter einem Winkel α gemeinsam an einem Punkt an. Die zugehörige Gesamtkraft F bildet mit F_1 den Winkel α_1.
Berechne jeweils die fehlenden Größen.
a) $F_1 = 38$ N, $F_2 = 65$ N, $\alpha = 40°$
b) $F_1 = 120$ N, $F = 165$ N, $\alpha = 100°$
c) $F_1 = 55$ N, $F_2 = 50$ N, $\alpha_1 = 60°$
d) $F = 88$ N, $F_2 = 70$ N, $\alpha = 110°$
e) $F = 180$ N, $\alpha_1 = 60°$, $\alpha = 140°$
f) $F_1 = 38$ N, $\alpha_1 = 40°$, $\alpha = 60°$

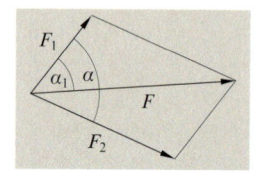

14

Bis zu welcher Höhe kann der in der Randspalte abgebildete Kran Lasten heben?

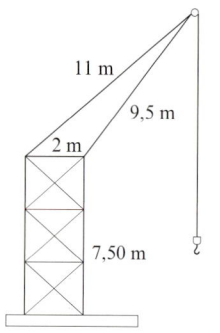

11 m
9,5 m
2 m
7,50 m

15

Eine 20 kg schwere Lampe hängt an zwei Drahtseilen von 5 m bzw. 8 m Länge, die in gleicher Höhe an Hauswänden befestigt sind. Das kürzere Seil bildet mit der Hauswand einen Winkel von 48°. Mit welchen Kräften ziehen die Seile an den Verankerungen?
Beachte: Die Masse der Drahtseile ist zu vernachlässigen.

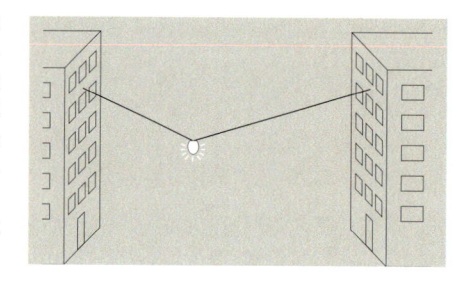

16

a) Gegeben ist der Punkt P_0 mit den Koordinaten $x_0 = 3$ und $y_0 = 2$.
   Gesucht sind die Koordinaten eines Punktes P, der vom Punkt P_0 genau 5 LE entfernt ist, wobei die Gerade P_0P mit der y-Achse einen Winkel von 53,13° bildet.
b) Trage die Punkte $P_1(2|1)$, $P_2(10|2)$ und $P_3(7|9)$ in ein Koordinatensystem ein und berechne den Flächeninhalt des Dreiecks $P_1P_2P_3$.
   Überprüfe den erhaltenen Wert mithilfe der Zeichnung.

17

Ein Bergsee liegt 1120 m hoch über dem Meer. Um die Höhe eines nahen Berggipfels G zu bestimmen, ermittelt man von der in Seehöhe gelegenen Standstrecke $\overline{AB}$ aus die Erhebungswinkel δ und φ sowie die zum Fußpunkt F von G gerichteten Horizontalwinkel α und β.
Wie hoch ist der Gipfel für $\overline{AB} = 218$ m, $\delta = 51°$, $\alpha = 42°$ und $\beta = 105°$ über NN?

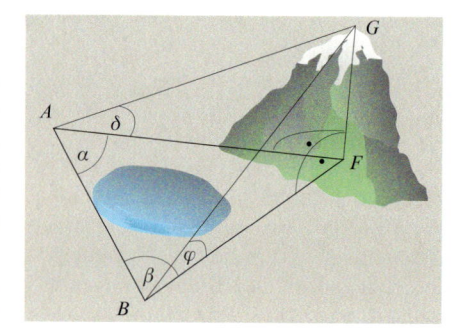

NACHGEDACHT

Bei Aufgabe 17 braucht man den zweiten Erhebungswinkel (φ) nur zur Kontrolle.
Wie groß müsste φ im vorliegenden Falle sein?

Sachaufgaben

18

In einem Badesee befindet sich ein hölzerner Ponton P. Um dessen Abstand von der Zugangstreppe Z zu bestimmen, werden von den Endpunkten A und B einer nahe gelegenen 120 m langen Standstrecke aus die Winkel ∢ $PAZ = 35°$, ∢ $PAB = 73°$, ∢ $ZBP = 60°$ und ∢ $ZBA = 122°$ ermittelt. Berechne den gesuchten Abstand.
Im Vermessungswesen nennt man das *Vorwärtseinschneiden nach 2 Punkten*.

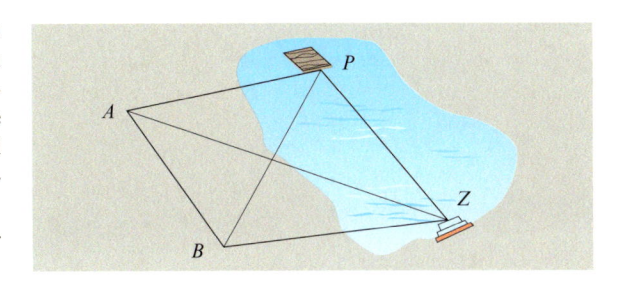

19

Man kann den Abstand zwischen den Punkten P und Z in der vorangegangenen Aufgabe auch dadurch ermitteln, dass man umgekehrt von P und Z aus jeweils die Punkte A und B anpeilt: *Rückwärtseinschneiden nach 2 Punkten*
Es wurden gemessen:
∢ $BPA = 45°$, ∢ $ZPA = 118,82°$, ∢ $BZA = 20°$, ∢ $BZP = 46,18°$.
Berechne unter der *falschen – später zu korrigierenden –* Annahme, dass $\overline{PZ}$ 100 m lang sei, welche Länge s dann zur Strecke $\overline{AB}$ gehören würde (vgl. Aufgabe 18).

20

Weil keine Winkel verändert wurden, handelt es sich in den letzten beiden Aufgaben um ähnliche Vierecke.
Daraus folgt als Verhältnis entsprechender Seiten $\overline{PZ} : 100\text{ m} = \overline{AB} : s$.
Berechne daraus die wahre Länge der Strecke $\overline{PZ}$.

AUFGABEN ZUR WIEDERHOLUNG

1. Berechne den Wert der folgenden Terme für $a = 3{,}25$; $b = -6{,}52$; $c = 0{,}88$; runde auf Hundertstel.
   a) $6a(b+c) - a(2b - 3c)$
   b) $11(4a - 3b) + 5(2c + 5b)$
   c) $5{,}2(b-a) - 1{,}7(c-a) + 3{,}5(a - b + c)$

2. Für welche Zahlen sind die Terme nicht definiert?
   a) $\dfrac{7}{2x}$
   b) $\dfrac{3xy}{4z}$
   c) $\dfrac{3xy}{4(x-y)}$
   d) $\dfrac{12x}{4-x}$
   e) $\dfrac{2x-y}{7}$
   f) $\dfrac{8-y}{4+x}$

3. Vereinfache die folgenden Terme.
   (Der Definitionsbereich sei so gewählt, dass der Nenner ungleich Null ist).
   a) $\dfrac{6xy}{7z} \cdot \dfrac{2{,}1 z^2}{0{,}12 x}$
   b) $\dfrac{1{,}5 a^2}{32 b^2} : \dfrac{2{,}25 a^2}{0{,}8 b}$
   c) $\dfrac{169 p^2 q^3}{33 rt^4} : \dfrac{121 r^4 t}{39 p^4}$
   d) $\dfrac{a+b}{a-b} : \dfrac{1}{a^2 - b^2}$
   e) $\dfrac{3x + 4xy}{x^2} \cdot \dfrac{3 - 4y}{y^2}$
   f) $\dfrac{x^2 - y^2}{x+y} \cdot \dfrac{x-y}{x+y}$

4. Gib jeweils eine Formel zur Berechnung des Flächeninhaltes der schraffierten Fläche an und berechne diesen Flächeninhalt für $a = 7{,}2$ cm; $b = 5{,}4$ cm; $c = 1{,}6$ cm; $d = 0{,}7$ cm.

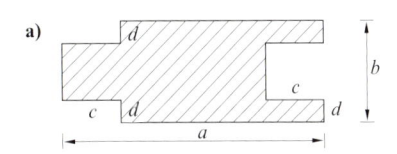

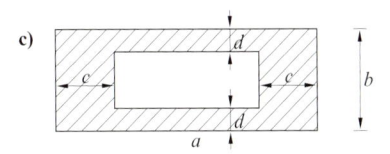

   a)
   b)
   c)

ZUSAMMENFASSUNG

Bezeichnungen im rechtwinkligen Dreieck

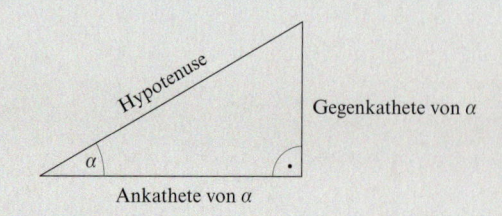

Hypotenuse, *Gegenkathete von α*, *Ankathete von α*

Winkel-Seiten-Beziehungen im rechtwinkligen Dreieck

(1) $\sin \alpha = \dfrac{\text{Gegenkathete}}{\text{Hypotenuse}}$ (2) $\cos \alpha = \dfrac{\text{Ankathete}}{\text{Hypotenuse}}$ (3) $\tan \alpha = \dfrac{\text{Gegenkathete}}{\text{Ankathete}}$

Winkel-Seiten-Beziehungen in beliebigen Dreiecken

Sinussatz:
In jedem Dreieck stehen die Längen zweier Seiten zueinander in demselben Verhältnis wie die Sinuswerte der ihnen gegenüberliegenden Innenwinkel:

(1) $\dfrac{a}{b} = \dfrac{\sin \alpha}{\sin \beta}$ (2) $\dfrac{b}{c} = \dfrac{\sin \beta}{\sin \gamma}$ (3) $\dfrac{a}{c} = \dfrac{\sin \alpha}{\sin \gamma}$

Kosinussatz:
In jedem Dreieck ist das Quadrat einer Seite gleich der Summe der Quadrate der beiden anderen Seiten vermindert um das Doppelte des Produktes aus diesen beiden Seiten und dem Kosinus des eingeschlossenen Winkels:

(1) $a^2 = b^2 + c^2 - 2bc \cos \alpha$ (2) $b^2 = a^2 + c^2 - 2ac \cos \beta$ (3) $c^2 = a^2 + b^2 - 2ab \cos \gamma$

Spezialfall des Kosinussatzes für $\gamma = 90°$ (**Satz des Pythagoras**):
Im rechtwinkligen Dreieck mit Hypotenuse c und Katheten a und b gilt: $a^2 + b^2 = c^2$.

Flächeninhalt von Dreiecken und von Vielecken

Der **Flächeninhalt eines Dreiecks** ist gleich dem halben Produkt aus den Längen zweier Seiten und dem Sinus des eingeschlossenen Winkels:

(1) $A = \dfrac{1}{2} ab \sin \gamma$ (2) $A = \dfrac{1}{2} bc \sin \alpha$ (3) $A = \dfrac{1}{2} ac \sin \beta$

Der Flächeninhalt eines beliebigen Vielecks kann im Prinzip stets durch Zerlegung (Unterteilung) des Vierecks in Dreiecke berechnet werden.

Hinweise für trigonometrische Berechnungen

- Skizze anfertigen, gegebene Stücke markieren
- Dreiecke suchen, die die gesuchten Stücke enthalten
- gesuchte Stücke in einer zweckmäßigen Reihenfolge berechnen
- rechtwinklige Dreiecke sind besonders vorteilhaft wegen der Anwendbarkeit des Satzes des Pythagoras; sonst helfen Sinus- und Kosinussatz weiter; Anwendung des Sinussatzes kann zwei Lösungen ergeben
- Kontrollmöglichkeiten nutzen und Ergebnisse mit sinnvoller Genauigkeit angeben

Körperberechnung und -darstellung

Regelmäßige Formen kommen nicht nur in den Köpfen der Mathematiker vor.

Oder vielleicht doch ?

Einfache und zusammengesetzte Körper

1

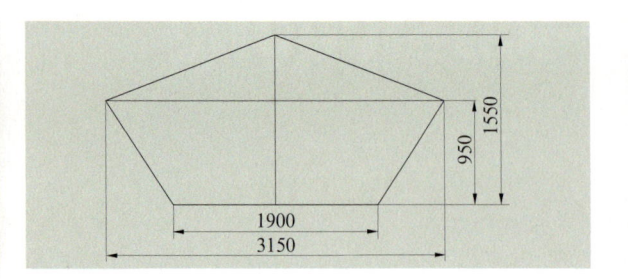

Bernd ist Auszubildender in einer Maschinenbaufirma. Er hat einen Container repariert und anschließend von innen und außen mit Rostschutzfarbe gestrichen. Für die Seitenansicht des Containers hat er die angegebenen Maße ermittelt. Die Tiefe des Containers beträgt 1 650 mm, das Eigengewicht beträgt 770 kg.
a) Berechne das Fassungsvermögen des Containers.
b) Berechne die Gesamtfläche, die Bernd gestrichen hat.
c) Ermittle aus dem Eigengewicht und dem Oberflächeninhalt, wie dick die Stahlplatten höchstens sind, aus denen der Container hergestellt wurde.

2

Berechne Volumen und Oberflächeninhalt der abgebildeten Prismen (Maße in mm).

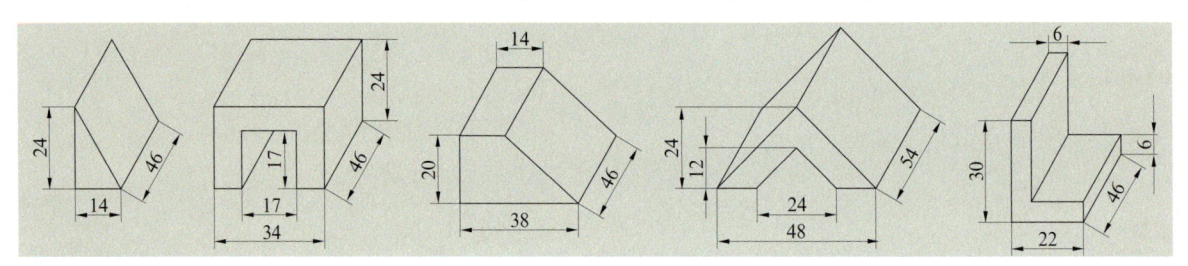

3L

Ein oben offener, würfelförmiger Wasserbehälter hat eine Kantenlänge von $a = 0{,}62$ m. Durch eine Unterlage längs einer Kante hat der Behälter eine Schrägstellung, sodass die gegenüberliegende Kante 10 cm tiefer liegt.
Berechne die Wassermenge in Litern, die sich im Behälter befindet, wenn dieser bis zum Rand gefüllt ist.

4

a) Ein Profilstahl hat als Querschnittsfläche ein regelmäßiges Sechseck mit der Seitenkante $a = 12$ mm. Seine Länge beträgt 1,25 m. Berechne das Volumen und den Oberflächeninhalt. Ermittle die Masse pro Meter für diesen Profilstahl, wenn die Dichte $\varrho = 7{,}86$ g/cm³ beträgt.
b) Ein Kreiszylinder hat einen Radius von $r = 3{,}6$ cm und eine Höhe von $h = 8{,}6$ cm. Berechne das Volumen und den Oberflächeninhalt des Kreiszylinders. Berechne die Masse des Zylinders für $\varrho = 7{,}2$ g/cm³.
c) Wie ändern sich Volumen und Oberflächeninhalt von Pyramide und Zylinder, wenn die Höhe verändert wird? Stelle die Zusammenhänge grafisch dar.

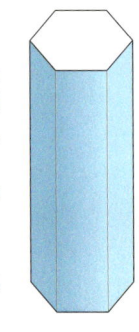

Einfache und zusammengesetzte Körper

BEISPIEL für **Genauigkeitsbetrachtungen** bei Körperberechnungen:
Von einem Kreiszylinder wurden der Durchmesser $d = 5{,}8$ cm und die Höhe $h = 9{,}8$ cm gemessen. Das Volumen V soll berechnet werden.

Formel zur Berechnung des Volumens: $V = \frac{\pi}{4} d^2 h$.

Die Multiplikation mit dem Taschenrechner ergibt $V = 258{,}92378$ cm^3.
Dieses Ergebnis täuscht eine nicht vorhandene Genauigkeit vor. Es muss unbedingt gerundet werden:
Die Ausgangswerte (für d und h) haben jeweils zwei zuverlässige Ziffern, das Ergebnis darf nicht mehr zuverlässige Ziffern besitzen, also $V \approx 260$ cm^3.

Begründung:
Die Messwerte für Durchmesser und Höhe sind Näherungswerte. Da keine weiteren Stellen ermittelt wurden, muss man von den Wertschranken
$5{,}75$ cm $\leq d \leq 5{,}85$ cm und $9{,}75$ cm $\leq h \leq 9{,}85$ cm ausgehen.
Rechnet man einmal mit den kleinsten und dann mit den größten Werten, so erhält man $253{,}18046$ cm$^3 \leq V \leq 264{,}75114$ cm^3.
Innerhalb dieses Bereiches muss der Wert für V liegen.
Es ist also sinnvoll auf $V = 260$ cm^3 zu runden.

FAUSTREGEL
Bei der Multiplikation oder Division von Näherungswerten können nicht mehr Ziffern zuverlässig sein als in dem Eingangswert mit der geringsten Anzahl zuverlässiger Ziffern.

5^L

Bei einem Kreiszylinder kann man Radius, Durchmesser, Höhe, Grundflächeninhalt, Mantelflächeninhalt, Oberflächeninhalt und Volumen angeben.
Berechne die fehlenden Größen für einen 10 cm hohen Kreiszylinder.
a) $r = 3{,}4$ cm   **b)** $d = 0{,}5$ mm   **c)** $A_G = 0{,}081$ m^2
d) $A_M = 1435{,}6$ mm^2 **e)** $A_O = 1{,}0$ cm^2 **f)** $V = 849{,}5$ dm^3

6

a) Berechne Volumen und Oberflächeninhalt zweier Hohlzylinder, die sich durch den Innenradius unterscheiden.
   (I) $r_a = 44$ mm, $r_i = 4{,}0$ mm, $h = 1{,}5$ mm
   (II) $r_a = 44$ mm, $r_i = 40$ mm, $h = 1{,}5$ mm
b) Berechne Volumen und Oberflächeninhalt zweier Hohlzylinder, die sich durch den Außenradius unterscheiden.
   (I) $r_a = 0{,}82$ m, $r_i = 80$ cm, $h = 2{,}4$ m
   (II) $r_a = 8{,}0$ m, $r_i = 80$ cm, $h = 2{,}4$ m
c) Stelle in vier Kurven grafisch dar, wie sich Volumen und Oberflächeninhalt eines Hohlzylinders mit dem Innenradius bzw. dem Außenradius verändern.

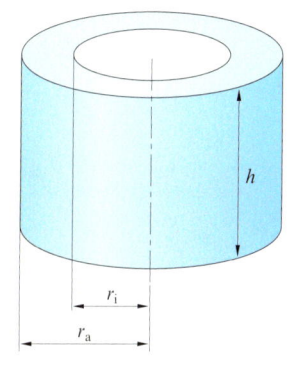

7

Eine oben offene zylindrische Regentonne aus Stahlblech fasst 400 Liter, ihre Höhe ist doppelt so groß wie ihr Durchmesser. Berechne den Radius der Tonne.
Wie viel Kilogramm Farbe braucht man, um sie innen und außen anzustreichen, wenn 0,1 kg etwa für 1 m^2 ausreicht?

8

Von einer geraden Pyramide mit rechteckiger Grundfläche kennt man die Grundkanten a, b und das Volumen V.
Berechne die Höhe h, die Länge der Diagonalen d der Grundfläche, die Länge einer Seitenkante s und die Oberfläche A_O in Abhängigkeit von a, b, V.

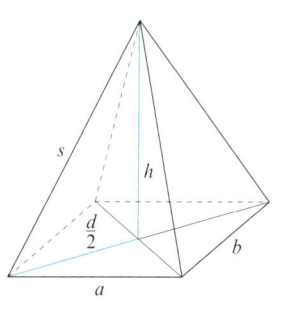

9

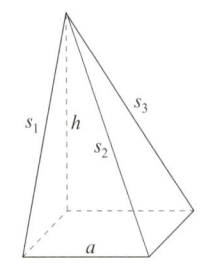

a) Eine schiefe quadratische Pyramide, deren Spitze senkrecht über einem Eckpunkt des Quadrates liegt, hat die Grundkante $a = 3{,}8$ cm und die Höhe $h = 6{,}3$ cm. Berechne das Volumen V, die Längen der Seitenkanten s_1, s_2, s_3 und den Oberflächeninhalt A_O.

b) Lasse die Spitze der Pyramide in gleicher Höhe über einer Grundkante wandern. Wie verändern sich Volumen, Oberflächeninhalt und Seitenkantenlängen mit der Entfernung vom Ausgangspunkt?

c) Stelle die Graphen der Funktion aus b) mithilfe eines GTR dar.

10

Die Grundfläche einer geraden Pyramide sei ein regelmäßiges Sechseck mit $a = 2{,}6$ cm. Die Höhe der Pyramide beträgt $h = 5{,}4$ cm.

a) Berechne Volumen und Oberflächeninhalt der Pyramide.

b) Von der Pyramide soll ein Modell angefertigt werden. Berechne die Länge der Seitenkanten s und zeichne ein Körpernetz.

BEACHTE

Eine Pyramide heißt gerade, wenn die Grundfläche einen Mittelpunkt hat und die Spitze senkrecht über diesem Mittelpunkt liegt. Alle anderen Pyramiden heißen schief.

11

Ein kegelförmiger durchsichtiger Plastikkörper hat einen Innenradius von 4,1 cm und eine Innenhöhe von 12,3 cm. Er ist mit einer farbigen Flüssigkeit gefüllt, deren Volumen halb so groß ist wie das Kegelvolumen. Wie hoch steht die Flüssigkeit, wenn der Kegel auf der Grundfläche bzw. wenn er auf der Spitze steht?

12

Berechne Volumen und Oberflächeninhalt der unten im Achsenschnitt dargestellten Rotationskörper in Abhängigkeit von a.

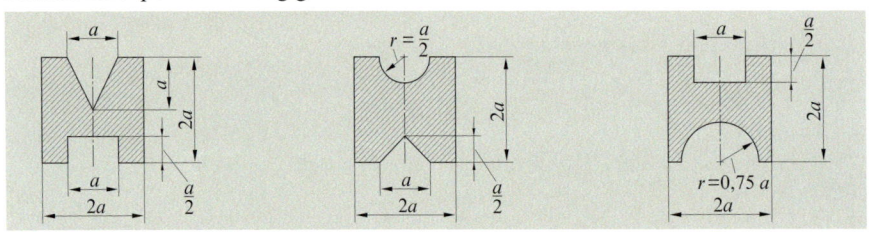

AUFGABE

Beschreibe die im Achsenschnitt dargestellten Körper.

13^L

Von einer Kugel sei r der Radius, d der Durchmesser, V das Volumen, A_O der Oberflächeninhalt. Berechne die fehlenden Größen.

a) $d = 12{,}6$ cm **b)** $A_O = 6\,425$ m^2 **c)** $V = 2\,345$ dm^3 **d)** $A_O = 2\,498$ mm^2
e) $r = 42{,}8$ dm **f)** $V = 1$ km^3 **g)** $A_O = 12{,}56$ m^2 **h)** $V = 1\,333{,}3$ mm^3

14

Ein kugelförmiger Tropfen Seifenlösung hat einen Durchmesser von 3,2 mm. Er wird zu einer Seifenblase mit einem Durchmesser von 8,4 cm aufgeblasen. Wie dick ist die Haut der Seifenblase?

a) Löse die Aufgabe mit der Volumenformel für die Kugel.

b) Löse die Aufgabe unter Verwendung folgender Näherungsformel:
Volumen des Tropfens ≈ Oberfläche der Seifenblase · Dicke der Haut.

c) Begründe die Näherungsformel und vergleiche die Rechnungen.

Einfache und zusammengesetzte Körper 117

15

Eine Kugel mit dem Durchmesser d und ein Würfel mit der Kantenlänge a sollen denselben Oberflächeninhalt besitzen.
In welchem Verhältnis stehen ihre Volumina zueinander?

16

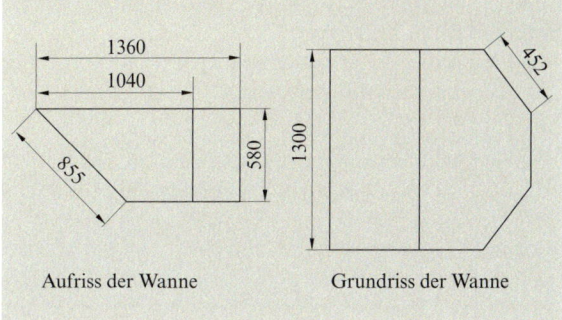

Aufriss der Wanne

Grundriss der Wanne

Der Dumper 800 D wird in der Garten- und Anlagenpflege zum Transport von Erde, Laub und Abfall verwendet. Er hat eine hydraulische Kippvorrichtung, die das Entladen der Wanne nach vorne und nach beiden Seiten ermöglicht.
Aus der Zeichnung sind die Maße (in mm) der Wanne zu entnehmen.
Berechne das Fassungsvermögen der bis an den Rand gefüllten Wanne.
Wie viel Stahlblech wird zum Bau dieser Wanne mindestens benötigt?

17

Einem Würfel der Kantenlänge a wird eine Kugel umbeschrieben und eine Kugel einbeschrieben. In welchem Verhältnis stehen die Volumina beider Kugeln?

18

Ein gerader Zylinder, dessen Durchmesser und Höhe übereinstimmen, sowie ein Würfel und eine Kugel haben alle das Volumen V. Berechne die jeweiligen Oberflächen und vergleiche sie miteinander. Welcher dieser drei Körper besitzt bei gleichem Rauminhalt den kleinsten Oberflächeninhalt?

19

Erde    Saturn

HINWEIS
Die Erde hat einen Radius von 6 378 km und eine Masse von $5{,}98 \cdot 10^{24}$ kg.
Der Saturn hat einen Radius von 60 335 km und eine Masse von $5{,}68 \cdot 10^{26}$ kg.

Berechne für beide Planeten die mittlere Dichte.

Pyramidenstümpfe

1

Zerlege eine Pyramide gedanklich oder praktisch (z. B. mit Knetmasse) mit einem geraden Schnitt in zwei Teilkörper, von denen der eine wieder eine Pyramide ist.
Skizziere beide Teilkörper.
Beschreibe die Form des Restkörpers und vergleiche mit dir bekannten Körperformen.

> Wenn man eine Pyramide mit einer zur Grundfläche parallelen Ebene schneidet, so erhält man einen **Pyramidenstumpf** und eine Ergänzungspyramide.
>
> Ein Pyramidenstumpf ist ein ebenflächig begrenzter Körper, der von zwei zueinander ähnlichen n-Ecksflächen und n Trapezflächen begrenzt wird.

2

Gib Beispiele für die Verwendung von Pyramidenstümpfen in der Praxis an. Erläutere jeweils, welche Vorteile die Verwendung dieser Form bringt.

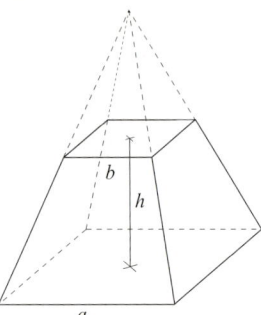

3

Eine gerade quadratische Pyramide der Höhe $h = 6$ cm wird parallel zur Grundfläche in einer Höhe von 4 cm geschnitten. Die Grundfläche der Pyramide wird von Kanten der Länge $a = 4,2$ cm begrenzt.
a) Berechne die Kantenlänge der Deckfläche des Pyramidenstumpfes.
b) Zeichne den entstehenden Pyramidenstumpf im Zweitafelbild.
c) Konstruiere das Körpernetz des Pyramidenstumpfes.
d) In welchem Verhältnis stehen die Höhe h der Pyramide und die Höhe h_E der Ergänzungspyramide? Vergleiche mit dem Verhältnis der Grundflächen bzw. dem Verhältnis der Volumina von Pyramide und Ergänzungspyramide.

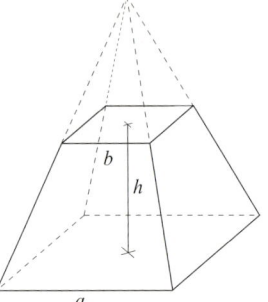

ERINNERE DICH

Sind zwei Körper K und K' zueinander ähnlich mit dem Ähnlichkeitsfaktor k, so gilt für ihre Flächen $A' = k^2 A$ und für die Volumina $V' = k^3 V$.

4 L

Ein Pyramidenstumpf mit quadratischer Grund- und Deckfläche hat die Maße $a = 5,6$ cm, $b = 2,2$ cm und $h_T = 3,6$ cm.
a) Berechne den Oberflächeninhalt des Pyramidenstumpfes.
b) Berechne das Volumen des kleinsten quaderförmigen Kartons, in den man den Pyramidenstumpf einpacken könnte.
c) Schätze die Größe des Volumens des Pyramidenstumpfes.

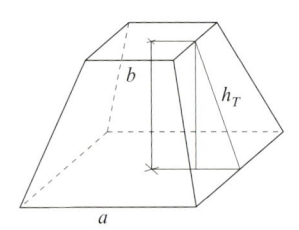

5

Von einem Tetraeder der Kantenlänge $a = 4,8$ cm wird in halber Höhe durch eine Ebene parallel zur Grundfläche ein kleiner Tetraeder abgetrennt.
a) Berechne den Oberflächeninhalt des Pyramidenstumpfes.
b) Zeige, dass das Verhältnis aus dem Oberflächeninhalt des Pyramidenstumpfes zum Oberflächeninhalt des Tetraeders $7:8$ beträgt.
c) Begründe, dass das Volumen des abgetrennten Tetraeders $\frac{1}{8}$ des Volumens des Ausgangskörpers beträgt.

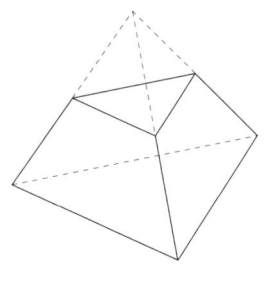

Pyramidenstümpfe

6ᴸ

Die in der Randspalte abgebildete Verpackung besteht aus zwei quadratischen Pyramidenstümpfen. Die Kantenlängen der kleineren Quadratflächen betragen $a = 4{,}8$ cm, die Kantenlängen des mittleren Quadrates betragen $b = 8{,}8$ cm und die schrägen Seitenkanten betragen $s = 3{,}6$ cm. Berechne den Materialbedarf an Karton für diese Verpackung sowie ihr Fassungsvermögen.

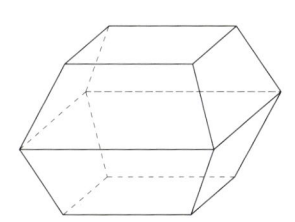

7

Von zwei Körpern K_1 und K_2 ist folgendes bekannt:

	Körper K_1	Körper K_2
Grundfläche	Rechteck $a_1 = 5$ cm, $b_1 = 4$ cm	Rechteck $a_1 = 6$ cm, $b_1 = 4$ cm
Deckfläche	Rechteck $a_2 = 3$ cm, $b_2 = 2{,}4$ cm	Rechteck $a_2 = 4$ cm, $b_2 = 2$ cm
Körperhöhe	$h = 2{,}5$ cm	$h = 3$ cm

Die Mittelpunkte von Grund- und Deckfläche liegen bei beiden Körpern jeweils auf derselben Senkrechten zur Grundfläche.
a) Zeichne beide Körper im Zweitafelbild.
b) Begründe, dass einer der beiden Körper kein Pyramidenstumpf ist.
c) Berechne von beiden Körpern den Oberflächeninhalt.
d) Schätze von beiden Körpern das Volumen.

8

Papyrusrollen aus dem mittleren Reich (2000 bis 1800 v. u. Z.) bezeugen die Leistungen der altägyptischen Mathematik. Das Bild zeigt einen Papyrus, in dem die Berechnung des Volumens eines quadratischen Pyramidenstumpfes beschrieben wird.

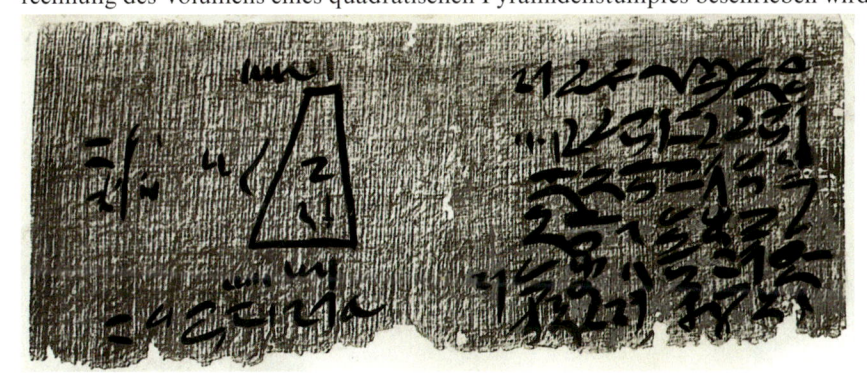

Der Pyramidenstumpf hat die Seiten 2 und 4 Ellen und die Höhe 6 Ellen.
Der Lösungsweg für die Volumenberechnung lautet:
Addiere du zusammen diese 16 mit dieser 8 und mit dieser 4. Es entsteht 28. Berechne du $\frac{1}{3}$ von 6. Es entsteht 2. Rechne du 28 mal 2. Es entsteht 56. Siehe, es ist 56. Du hast richtig gefunden.
Begründe das Verfahren der Ägypter. Beachte folgende Denkansätze:
a) Der Pyramidenstumpf kann zu einer Pyramide ergänzt werden, die bereits berechenbar ist.
b) Der Pyramidenstumpf kann in Teilkörper zerlegt werden, die ebenfalls mit bekannten Formeln berechnet werden können.

> **ZUR INFORMATION**
> Die Pyramidenstumpfaufgabe wurde von einem Schüler einer Schreibschule im 20. Jh. v. u. Z. aufgeschrieben. Dieser Papyrus wurde in der Nähe von Theben gefunden und enthält 25 Aufgaben des täglichen Lebens.
> Niemand weiß, aufgrund welcher Überlegungen oder anderer vielleicht experimenteller Verfahren der völlig richtige Rechenweg von den Ägyptern aufgefunden wurde.

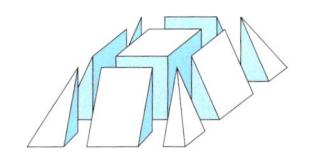

BEISPIEL
Die Seitenlängen a und b der quadratischen Grund- bzw. Deckfläche sowie die Höhe h eines Pyramidenstumpfes seien gegeben.
Das Volumen V des Pyramidenstumpfes soll berechnet werden.

Lösungsansatz:
Würde man die Maße der Ausgangspyramide (P_1) kennen, aus der der Pyramidenstumpf durch Abschneiden der Ergänzungspyramide (P_2) entstanden ist, könnte man das gesuchte Volumen V schnell ermitteln:
$V = V_1 - V_2 = \frac{1}{3} a^2 \cdot h_1 - \frac{1}{3} b^2 \cdot h_2$.
Es sind also h_1 und h_2 aus a, b und h zu berechnen.
Nach dem Strahlensatz gilt: $\frac{h_1}{h_2} = \frac{a}{b}$,
außerdem gilt für die beteiligten Höhen: $h_1 = h_2 + h$.
Ersetzt man h_1 in der Verhältnisgleichung, so folgt:
$\frac{h_2 + h}{h_2} = \frac{a}{b}$ bzw. $h_2 = \frac{bh}{a-b}$

9
Berechne das Volumen eines quadratischen Pyramidenstumpfes mit den Seitenlängen $a = 6{,}4$ cm und $b = 4{,}8$ cm der Grund- bzw. Deckfläche sowie der Höhe $h = 3{,}6$ cm. Benutze die Überlegungen im obigen Beispiel.

10
a) Beweise, dass für das Volumen eines quadratischen Pyramidenstumpfes mit den Seitenlängen a und b der Grund- bzw. Deckfläche sowie der Höhe h die folgende Formel gilt:
$V = \frac{1}{3} h (a^2 + ab + b^2)$.
b) Beweise die Gültigkeit folgender Volumenformel für beliebige Pyramidenstümpfe mit dem Grundflächeninhalt A_G, dem Deckflächeninhalt A_D und der Höhe h:
$V = \frac{1}{3} h (A_G + \sqrt{A_G A_D} + A_D)$.
Hinweis: Betrachte die zentrische Streckung, die die Ergänzungspyramide auf die Ausgangspyramide abbildet. Verwendet man die Bezeichnungen aus dem Beispiel, so ist der Streckungsfaktor $k = \frac{h_2 + h}{h_2}$.
Für die Flächeninhalte von Grund- und Deckfläche gilt: $A_G = k^2 A_D$.

11 L
Berechne das Volumen und den Oberflächeninhalt eines Pyramidenstumpfes mit quadratischer Grund- und Deckfläche.
a) $a = 16{,}4$ cm, $b = 12{,}2$ cm, $h = 15{,}3$ cm **b)** $a = 12{,}2$ dm, $b = 8{,}4$ dm, $h = 6{,}8$ dm
c) $a = 2{,}55$ m, $b = 1{,}48$ m, $h = 1{,}24$ m **d)** $a = 8{,}4$ cm, $b = 5{,}8$ cm, $h = 4{,}2$ cm

12
Ein Betonkübel hat die Form eines Pyramidenstumpfes mit einer regelmäßigen sechseckigen Grundfläche.
Die Höhe des Pyramidenstumpfes beträgt 42 cm und seine Wandstärke 5 cm. Wie viel Liter Erde benötigt man zum Füllen dieses Kübels?

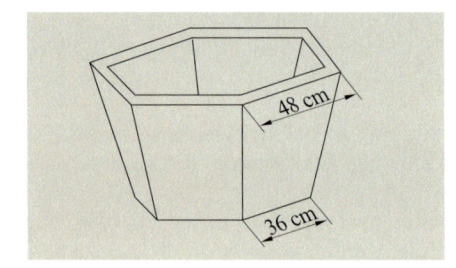

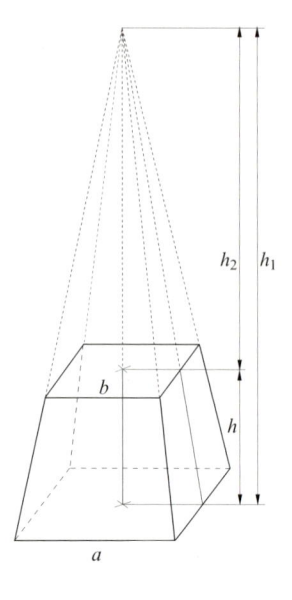

Pyramidenstümpfe

13

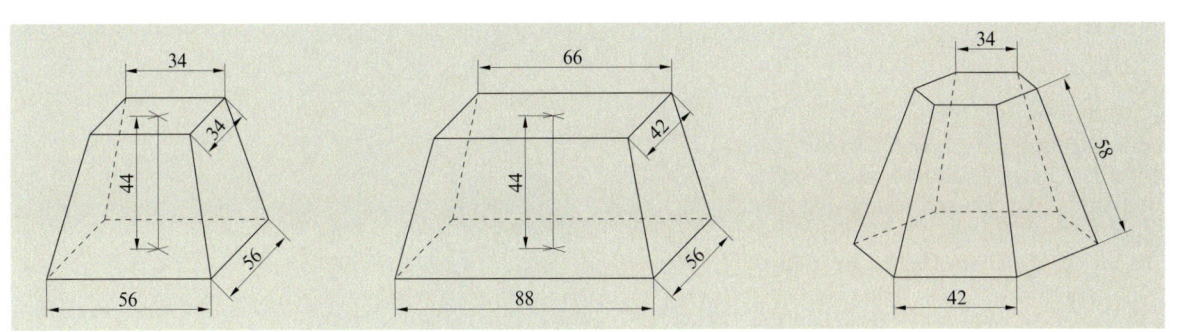

Gegeben sind die oben dargestellten Körper: ein quadratischer Pyramidenstumpf, ein rechteckiger Pyramidenstumpf und ein sechseckiger Pyramidenstumpf.
Beim sechseckigen Pyramidenstumpf sind Grund- und Deckfläche regelmäßige Sechsecke.
a) Stelle die Körper im Zweitafelbild dar.
b) Berechne Volumen und Oberflächeninhalt aller drei Körper (Maße in mm).

14

Aus einer rechteckigen Sperrholzplatte mit der Länge 1,00 m und der Breite 0,80 m soll ein oben offener Abfallbehälter gebaut werden.
Der Abfallbehälter soll die Form eines quadratischen Pyramidenstumpfes haben. Die Kantenlänge der Grundfläche soll 24 cm, die Kantenlänge an der oberen quadratischen Öffnung soll 36 cm und die Höhe der trapezförmigen Seitenflächen soll 40 cm betragen.
a) Wie viel Quadratzentimeter Sperrholz werden wirklich benötigt?
b) Wie würdest du die einzelnen Teile aus der gegebenen Platte herausschneiden? Fertige eine maßstabsgerechte Zeichnung hierfür an.
c) Reicht das verbleibende Sperrholz noch aus für einen quadratischen Deckel, der den Abfallbehälter verschließt?
d) Berechne das Fassungsvermögen des Behälters in Litern.

AUFGABEN ZUR WIEDERHOLUNG

1. Von einer quadratischen Funktion $y = x^2 + px + q$ sind die Koordinaten des Scheitelpunktes bekannt. Stelle die Funktion jeweils grafisch dar und gib eine Funktionsgleichung sowie die Nullstellen an.
    a) $S(3|-1)$ **b)** $S(3|-5)$ **c)** $S(8|0)$
    d) $S(-2|2)$ **e)** $S(-5,2|0,8)$ **f)** $S(\frac{8}{3}|-1)$

2. Stelle die Funktion jeweils grafisch dar und gib die Koordinaten des Scheitelpunktes an.
    a) $y = (x+2)^2 - 4$ **b)** $y = (x-4)^2 + 2$
    c) $y = x^2 - 2,25$ **d)** $y = 3(x-3)^2 - 3$

3. Ergänze die Terme jeweils zu einem vollständigen Quadrat.
    a) $x^2 + 6x$ **b)** $x^2 - 6x$ **c)** $x^2 + 3,2x$
    d) $x^2 - \frac{4}{7}x$ **e)** $x^2 + \frac{x}{3}$ **f)** $x^2 - \frac{7}{5}x$

4. Gib eine Gleichung für die Funktion an, deren Graph aus dem Graphen von $f(x) = x^2$ durch eine Verschiebung um 2,5 Einheiten nach links und 4 Einheiten nach unten entsteht.
   Ermittle für diese Funktion
    a) Wertebereich **b)** kleinsten Funktionswert
    c) Monotonieverhalten **d)** Nullstellen
    e) Schnittpunkte des Graphen mit den Koordinatenachsen.

5. Von einer quadratischen Funktion $y = x^2 + px + q$ sind die Nullstellen bekannt. Gib eine Gleichung der Funktion in Normalform an.
    a) $x_1 = -2,2; x_2 = 2,2$ **b)** $x_1 = 6,3; x_2 = 9,3$
    c) $x_1 = \frac{1}{5}; x_2 = \frac{17}{5}$ **d)** $x_1 = -12; x_2 = -10$
    e) $x_1 = -\frac{3}{8}; x_2 = -\frac{7}{8}$ **f)** $x_1 = \frac{3}{8}; x_2 = -\frac{7}{8}$

Kegelstümpfe

1

Fülle ein kegelförmiges Sektglas mit einer farbigen Flüssigkeit. Drücke eine Scheibe (Glas o. ä.) fest auf das Sektglas und drehe das Ganze schnell auf den Kopf.
Beschreibe die Form, die die Flüssigkeit einnimmt, und skizziere sie im Heft.
Denke dir ein weiteres Experiment aus, bei dem man diese Körperform erhält.

> Wenn man einen Kegel mit einer zur Grundfläche parallelen Ebene schneidet, so erhält man einen **Kegelstumpf** und einen Ergänzungskegel.
>
> Ein Kegelstumpf ist ein Körper, der von zwei in parallelen Ebenen liegenden Kreisflächen und einer gekrümmten Mantelfläche begrenzt wird.

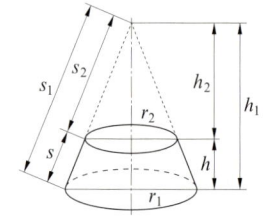

2

Gib Beispiele für die Verwendung von Kegelstümpfen in der Praxis an.
Erläutere jeweils, welche Vorteile die Verwendung dieser Form bringt.

3

Wie kann man aus den Radien von Grund- und Deckkreis eines Kegelstumpfes sowie seiner Höhe sein Volumen ermitteln? Stelle eine entsprechende Formel auf und beweise sie.
Hinweis: Übertrage das entsprechende Vorgehen zur Herleitung der Volumenformel für Pyramidenstümpfe.

NACHGEDACHT
Lässt sich die Mantelfläche eines Kegelstumpfes in eine Ebene abwickeln?

4L

Ein Eimer hat oben einen Durchmesser von 28 cm, unten einen Durchmesser von 21 cm und eine Höhe von 26 cm.
Wie viel Liter beträgt sein Fassungsvermögen?

5L

Schätze Volumen und Masse folgender Kegelstümpfe. Vergleiche dann mit den errechneten Werten.
a) $r_1 = 44$ mm, $r_2 = 28$ mm, $h = 32$ mm, Material: Kupfer, $\varrho = 8{,}9$ g/cm^3
b) $r_1 = 15{,}6$ cm, $r_2 = 9{,}4$ cm, $s = 12{,}4$ cm, Material: Aluminium, $\varrho = 2{,}7$ g/cm^3
c) $r_1 = 0{,}42$ m, $r_2 = 0{,}34$ m, $h = 0{,}48$ m, Material: Beton, $\varrho = 2{,}2$ g/cm^3
d) $r_1 = 2{,}4$ dm, $r_2 = 1{,}8$ dm, $h = 24{,}6$ dm, Material: Eichenholz, $\varrho = 0{,}82$ g/cm^3

AUFGABE
Ermittle die Masse von 2000 Aluminiumnieten der folgenden Form (Maße in mm, $\varrho = 2{,}7$ g/cm^3).

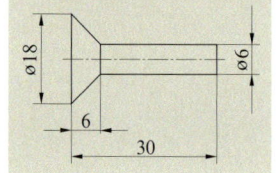

6

Aus einem Bleikegel von 64 mm Höhe und 24 mm Grundkreisradius soll ein Kegelstumpf mit gleicher Grundfläche gegossen werden, dessen Deckkreisradius 12 mm beträgt. Berechne die Höhe und die Masse des Kegelstumpfes ($\varrho = 11{,}3$ g/cm^3).

Kegelstümpfe

BEISPIEL
Die Radien r_1 und r_2 der Grund- bzw. Deckfläche eines Kegelstumpfes sowie die Länge einer Mantellinie s seien gegeben.
Der Flächeninhalt der Mantelfläche des Kegelstumpfes ist gesucht.

Lösungsansatz:
Der Mantel des Kegelstumpfes ergibt beim Abwickeln in eine Ebene einen Kreisringausschnitt, dessen Flächeninhalt als Differenz der Flächeninhalte zweier Kegelmäntel berechnet werden kann:
$A_M = A_{M1} - A_{M2} = \pi r_1 s_1 - \pi r_2 s_2$
Gesucht ist aber eine Formel, in der nur r_1, r_2 und s vorkommen, s_1 und s_2 müssen also noch ersetzt werden.
Dabei sind die folgenden beiden Gleichungen behilflich:
Einerseits gilt: $s_1 = s + s_2$
Andererseits gilt nach Strahlensatz (vgl. Bild in der Randspalte):
$\dfrac{s_2}{r_2} = \dfrac{s}{r_1 - r_2}$, also: $s_2 = r_2 \dfrac{s}{r_1 - r_2}$

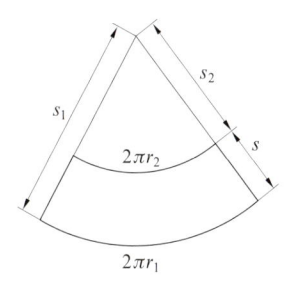

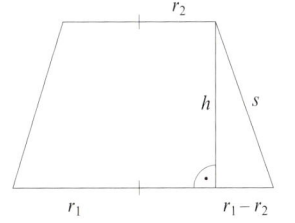

7

Stelle Formeln auf zur Berechnung des Mantelflächeninhaltes bzw. des Oberflächeninhaltes eines Kegelstumpfes und beweise ihre Gültigkeit.
Hinweis: Berücksichtige den Lösungsansatz im obigen Beispiel.

8 L

Berechne die Mantelfläche folgender Kegelstümpfe.
a) $r_1 = 88$ mm, $r_2 = 56$ mm, $s = 95$ mm
b) $r_1 = 4{,}8$ cm, $r_2 = 1{,}8$ cm, $h = 6{,}4$ cm
c) $r_1 = 12{,}5$ cm, $h = 18{,}5$ cm, $s = 22$ cm

9

Berechne den Oberflächeninhalt folgender Kegelstümpfe.
a) $r_1 = 188$ mm, $r_2 = 86$ mm, $s = 295$ mm
b) $r_1 = 8{,}8$ cm, $r_2 = 4{,}8$ cm, $h = 16{,}4$ cm
c) $r_1 = 22{,}5$ cm, $h = 28{,}5$ cm, $s = 32$ cm

10

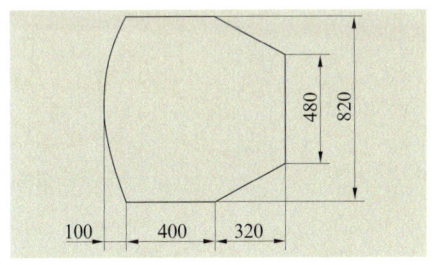

Berechne das Fassungsvermögen der Trommel des abgebildeten Betonmischers.
a) Ersetze den kugelförmigen Boden der Trommel durch einen ebenen Abschluss und rechne näherungsweise.
b) Benutze eine entsprechende Formel und berechne den Kugelteil genau.
c) Wie viel Stahlblech wird zur Herstellung der Trommel benötigt?

Wahre Länge von Strecken, wahre Gestalt von Figuren

1

Gegeben ist der Stumpf einer geraden quadratischen Pyramide mit den Seitenlängen 4,0 cm und 2,0 cm der Grund- bzw. Deckfläche. Die Höhe des Stumpfkörpers beträgt 3,0 cm.
Findest du einen Weg, die Kante s in wahrer Länge zu konstruieren?

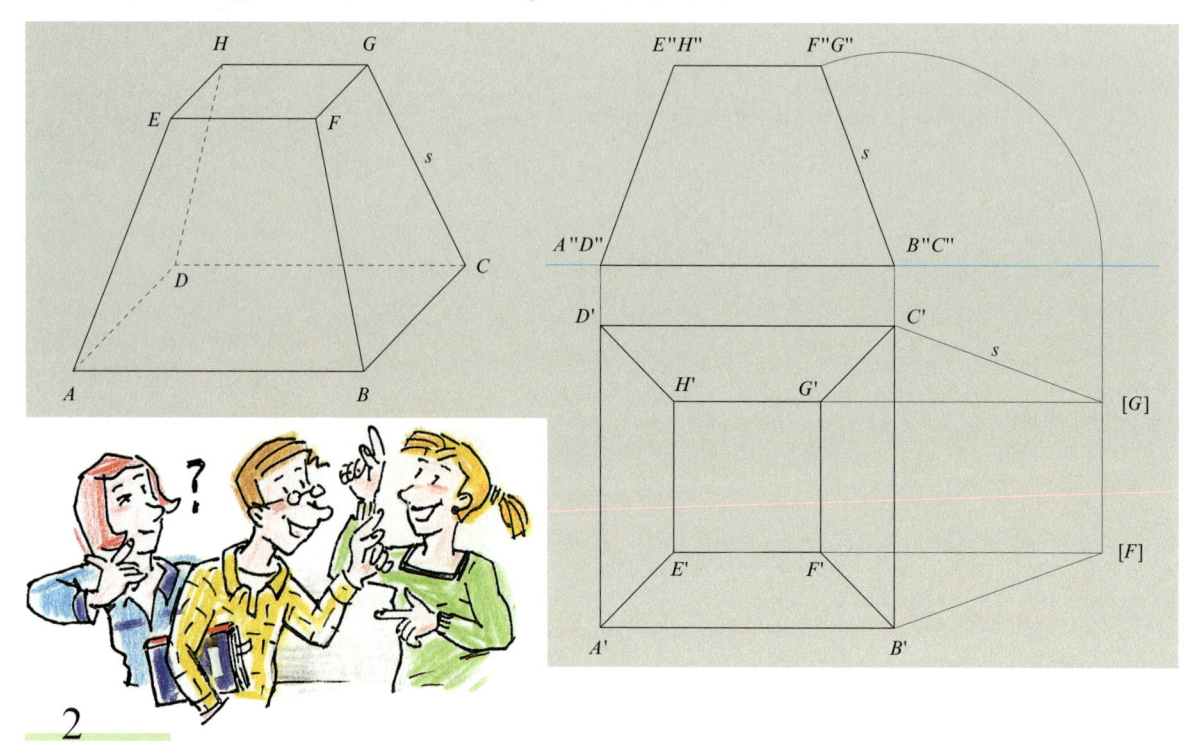

2

a) Beschreibe den im Zweitafelbild dargestellten Körper mit Worten.
Von welchen Flächen wird er begrenzt? Wie viele Eckpunkte und wie viele Kanten hat er?
b) Von welchen Körperkanten kann man die Längen nicht direkt der Zeichnung entnehmen. Begründe.
c) Zeichne ein Schrägbild des Körpers. Kennzeichne die bei b) gefundenen Strecken farbig.
d) Versuche, die wahre Länge der farbigen Strecken zu konstruieren.

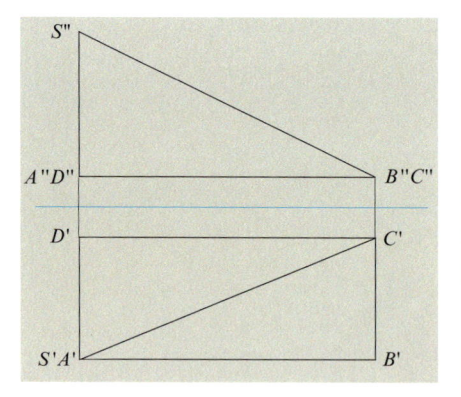

NACHGEDACHT
Warum kann man weder in der Kavalierperspektive noch im Zweitafelbild erkennen, wie lang die Seitenkante s des Pyramidenstumpfes (Aufgabe 1) wirklich ist?

HINWEIS
Fertige eine Klapptafel an zur Veranschaulichung der Zweitafelprojektion. Benutze einen Bleistift, um die Lage einer Strecke zu simulieren.

3

a) Gib Bedingungen dafür an, dass eine Strecke nur in der Draufsicht (nur in der Vorderansicht bzw. in beiden Ansichten) in wahrer Länge zu sehen ist.
b) Gib Bedingungen dafür an, dass eine Strecke nur in der Draufsicht (nur in der Vorderansicht bzw. in beiden Ansichten) als Punkt zu sehen ist.

Wahre Länge von Strecken, wahre Gestalt von Figuren

BEISPIEL
Konstruktion der wahren Länge einer Strecke im Zweitafelbild

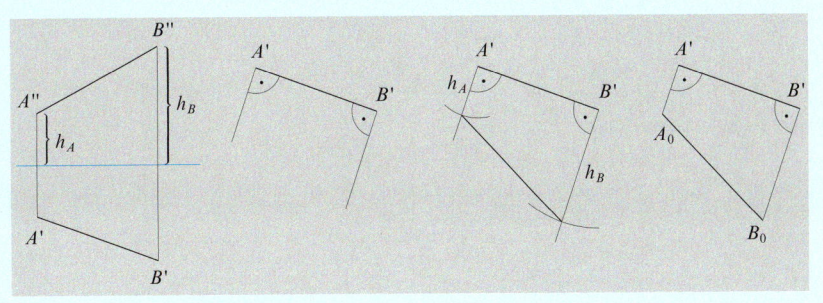

In A' und B' Senkrechten zu $\overline{A'B'}$ errichten

Höhen h_A und h_B der Punkte A und B abtragen

$\overline{A_0 B_0}$ ist die wahre Länge der Strecke $\overline{AB}$.

HINWEIS
Stelle dir vor, die Strecke, deren wahre Länge bestimmt werden soll, sei die obere Seite eines Trapezes, das senkrecht auf der Grundrissebene steht.

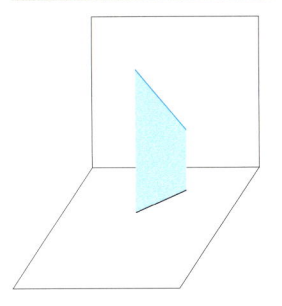

4

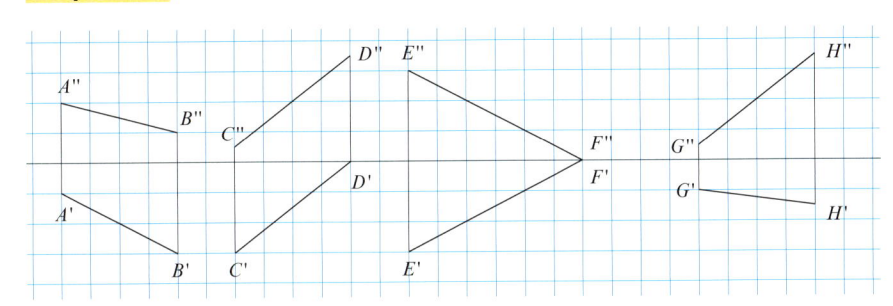

Übertrage die vier Zweitafelbilder ins Heft und konstruiere jeweils die wahre Länge der dargestellten Strecke.

5

Gegeben sind die Zweitafelbilder von vier verschiedenen Körpern.
a) Beschreibe die Körper mit Worten und skizziere sie im Schrägbild.
b) Übertrage jeweils das Zweitafelbild ins Heft. Benenne die Eckpunkte und konstruiere die wahre Größe und Gestalt derjenigen Flächen, die den Körper nach oben begrenzen.

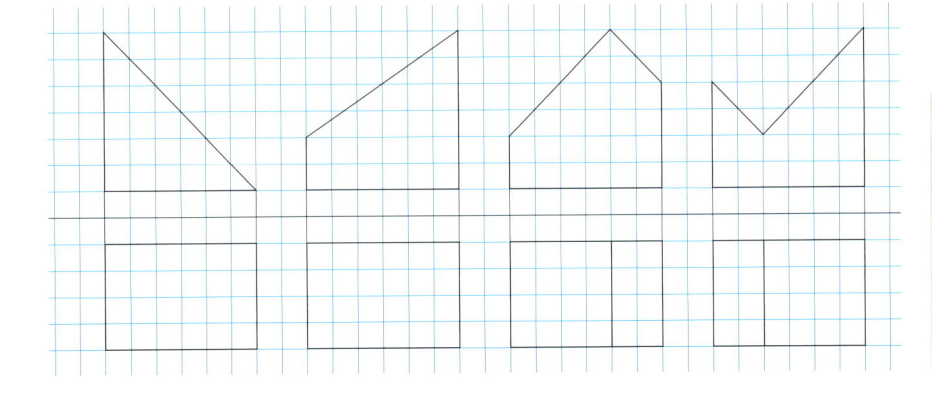

AUFGABE
Berechne den Flächeninhalt der in Aufgabe 5b) konstruierten Flächen. Welcher der vier Körper hat das größte Volumen? Schätze bevor du rechnest.

BEISPIEL
Wahre Größe und Gestalt einer Schnittfigur

Ein Quader wird von einer Ebene geschnitten. Die Schnittebene steht senkrecht auf der Aufrissebene, hat zur Grundrissebene den Neigungswinkel α und schneidet die Grundrissebene in der Geraden g.

Zur Konstruktion der wahren Größe und Gestalt der Schnittfigur wird die Ebene um g in die Grundrissebene geklappt.

Die Eckpunkte der Schnittfigur beschreiben im Aufriss Kreisbögen und im Grundriss Strecken, die parallel zur Rissachse liegen.

Hieraus ergibt sich die Konstruktion.

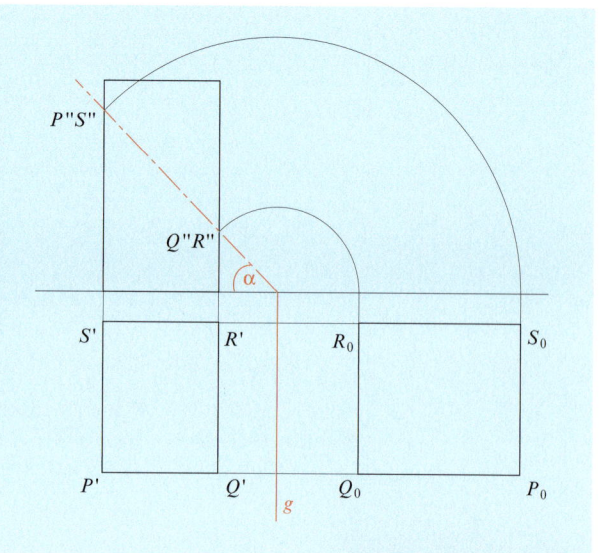

6

Zeichne den Quader aus obigem Beispiel so in senkrechter Zweitafelprojektion, dass die Diagonale $\overline{AC}$ der Grundfläche senkrecht zur Rissachse verläuft.
Dieser Quader soll in gleicher Weise wie oben von einer Ebene geschnitten werden. Konstruiere die wahre Größe und Gestalt der Schnittfigur.

7

Übertrage jeweils das Zweitafelbild des Körpers ins Heft und konstruiere die wahre Größe und Gestalt der Schnittfigur.
Welche Körper werden durch die Schnittebene in zueinander kongruente Teilkörper zerlegt?

Schnitt durch einen Quader

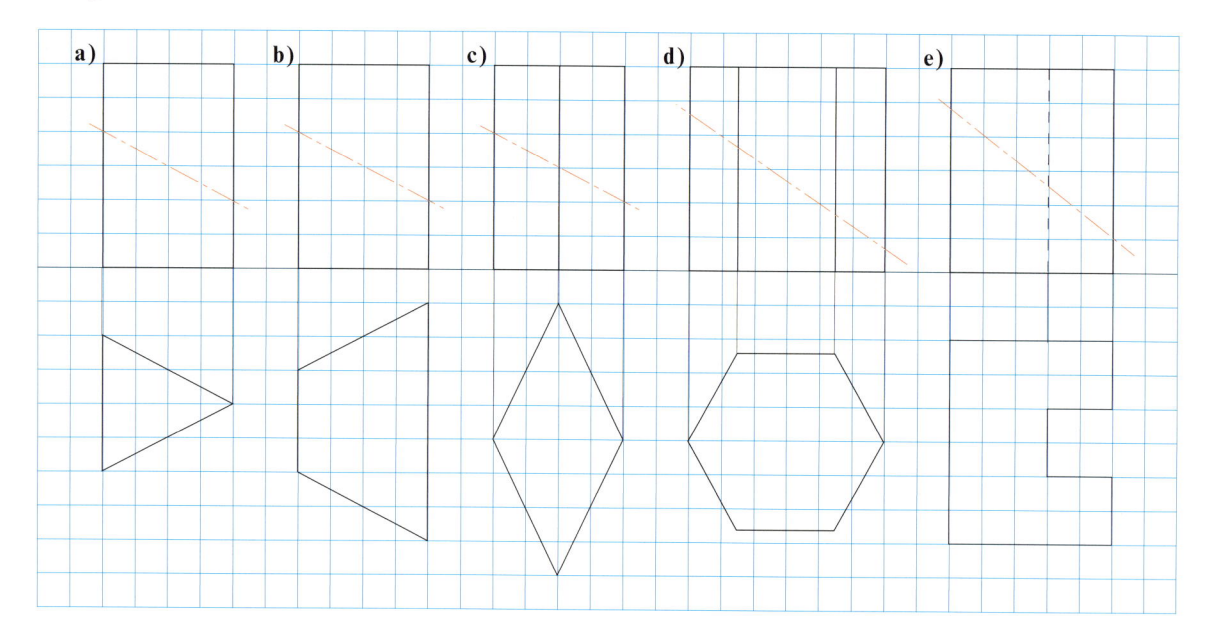

Regelmäßige Polyeder

1

Pavillon von Dänemark auf der EXPO 2000

Pavillon von ZERI auf der EXPO 2000

Die Weltausstellung EXPO 2000 fand in Hannover statt.
Die EXPO sollte keine Industrieschau, das Gelände kein Vergnügungspark sein, sondern Visionen erzeugen und praktische Beispiele für das Zusammenleben von 6 Milliarden Menschen zeigen.
Die Messehallen waren das Kernstück des Weltausstellungsgeländes. Vielseitig, interessant und phantasievoll wurden die Pavillons gestaltet. Einige siehst du auf den obigen Fotos.
a) Beschreibe die abgebildeten Pavillons.
b) Entwirf einen Pavillon nach deinem Geschmack. Skizziere ihn in verschiedenen Ansichten auf Zeichenkarton.
c) Baue ein Modell deines Pavillons.
d) Stellt eure Entwürfe und Modelle im Rahmen der Klasse vor.
e) Welche geometrischen Körperformen hast du in deinem Bau verwendet? Findet ihr in euren Entwürfen auch regelmäßige Polyeder oder Teile davon?

ANREGUNG
Als Alternative könnt ihr auch Modelle für ein neues Schulgebäude entwerfen. Denkt dabei an die verschiedenen Funktionen, die ein Schulgebäude erfüllen muss.

2

Ein Teil des Messegeländes der EXPO 2000 war als Themenpark gestaltet. In der Ausstellung „Planet of Visions" befand sich das vielleicht größte dreidimensionale Bild von 140 m Länge, 12 m Breite und einer Tiefe von 12 m.
a) Beschreibe geometrische Formen, die du in dem Bild erkennst.
b) Entdeckst du im Bild Darstellungen in Form regelmäßiger Polyeder? Begründe deine Feststellung.

3-dimensionales Bild im „Planet of Visions"

3

a) Formuliere eine Definition für regelmäßige Polyeder und zeichne verschiedene regelmäßige Polyeder.
b) Wie viele gleichseitige Vielecke können höchstens an eine Ecke eines regelmäßigen Polyeders anstoßen? Begründe.
c) Welche Vielecke kommen als Seitenflächen infrage?
d) Aus den Feststellungen bei b) und c) kannst du die Anzahl der regelmäßigen Polyeder ableiten. Nenne ihre Namen und die Anzahlen der Ecken, Kanten und Flächen.

FREMDWORTE
In der griechischen Sprache heißt
tettares vier
hex sechs
okto acht
dodeka zwölf
likosi zwanzig

4

Zwei kongruente regelmäßige Tetraeder werden so zusammengeklebt, dass zwei der Seitenflächen genau aufeinander liegen.
a) Wie heißt der entstehende Körper? Begründe deine Meinung.
b) Überprüfe anhand des entstandenen Körpers, ob deine in Aufgabe 3 a) gegebene Definition vollständig ist.

5

a) Welche der in der Randspalte dargestellten Netze gehören zu regelmäßigen Polyedern?
b) Zeichne die Netze auf Zeichenkarton (Kantenlänge $a = 4$ cm), bringe Klebefalze an, schneide aus und bastele die Körper.
c) Vergleiche deine in Aufgabe 3 aufgestellte Definition mit den gebastelten Körpern.

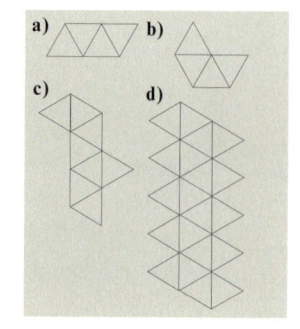

6

a) Baue vier Tetraeder mit der Kantenlänge $a = 4$ cm.
b) Füge die vier regelmäßigen Tetraeder mit durchsichtigen Klebestreifen so zusammen, dass sie sich nur mit den Ecken berühren.
Welche Körperform hat die Zusammensetzung?
c) In dem Gebilde ist ein Hohlraum entstanden. Beschreibe seine Form. Fertige den Körper zur Kontrolle an und setze alle fünf Körper zu einem Körper zusammen.

7

a) In welchem Verhältnis steht das Volumen des zusammengesetzten Körpers (Aufgabe 6) zu dem Volumen eines der benutzten Tetraeder bzw. zu dem Volumen des Hohlraumes?
b) Leite anhand des zusammengesetzten Körpers die Volumenformel für ein Oktaeder aus der Volumenformel für ein Tetraeder her.
c) Berechne die Summe der Oberflächeninhalte der von dir in Aufgabe 6 hergestellten fünf Körper.
d) Gib ohne erneute Flächenberechnung an, in welchem Verhältnis der Oberflächeninhalt des Oktaeders zu dem des großen Tetraeders steht.

Vier von den in Aufgabe 6 hergestellten zusammengesetzten Tetraedern ergeben wiederum ein Tetraeder.

8

Dem Kantenmodell eines Würfels sind zwei regelmäßige Tetraeder einbeschrieben, die einander durchdringen (siehe Bild).
a) Beschreibe den entstandenen Körper.
Ist es ein regelmäßiges Polyeder?
b) Berechne Volumen und Oberflächeninhalt des sternförmigen Körpers.
c) Welche Körperform haben die entstandenen Hohlräume?
d) Berechne das Gesamtvolumen der Hohlräume. Kontrolliere die Richtigkeit der Volumenberechnung.

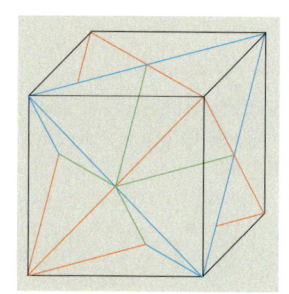

Regelmäßige Polyeder

9

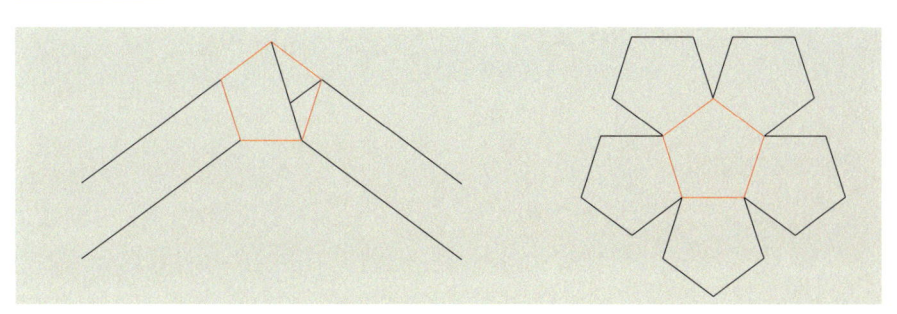

a) Falte ein regelmäßiges Fünfeck: Schneide dazu einen parallelen Papierstreifen von 3,5 cm Breite, schlinge einen Knoten, ziehe ihn glatt und schneide die überstehenden Ecken ab (linkes Bild).
b) Benutze das gefaltete Fünfeck aus a) als Schablone und zeichne damit zwei kongruente halbe Netze eines Dodekaeders (rechtes Bild). Ritze, falte und verbinde benachbarte Fünfecke mit Klebeband. Es entstehen zwei „Körbchen", die sich einfach zum Dodekaeder verbinden lassen.
c) Kontrolliere die Anzahl der Ecken, Kanten und Seitenflächen (vgl. Aufgabe 3 d).

10

Gegeben sind ein Dodekaeder und ein Ikosaeder, jeweils mit der Kantenlänge $a = 37$ mm.
a) Schätze, welcher der beiden Körper das größere Volumen und welcher den größeren Oberflächeninhalt hat.
b) Berechne Volumen und Oberflächeninhalt beider Körper. Vergleiche mit den Schätzungen.

HINWEIS
Dodekaeder:
$A_O = 3\,a^2 \cdot \sqrt{25 + 10\sqrt{5}}$
$V = \frac{a^3}{4} \cdot (15 + 7\sqrt{5})$
Ikosaeder:
$A_O = 5\,a^2 \cdot \sqrt{3}$
$V = \frac{5\,a^3}{12} \cdot (3 + \sqrt{5})$

11

Berechne Kantenlänge und Oberflächeninhalt der 5 platonischen Körper, wenn das Volumen jeweils 1 m³ beträgt.

12

Diamanttetraeder ($a = 5$ mm)    Diamantwürfel ($a = 2,5$ cm)    Diamantoktaeder (616 Karat)

Karat (1 k = 0,2 g) ist die Einheit zur Gewichtsangabe von Edelsteinen.
a) Wie viel Karat hat der im Bild gezeigte Würfel?
b) Welche Kantenlänge hat der berühmte „616-Diamant"?
c) Berechne den Oberflächeninhalt der drei abgebildeten Diamanten.
d) Der „Tereschkowa", ein ungeschliffener Oktaeder von 51,66 Karat Masse, wird in Moskau im Kreml aufbewahrt. Berechne seinen Oberflächeninhalt.

WUSSTEST DU SCHON?
Der Diamant ist dir sicher als einer der wertvollsten Edelsteine bekannt. Er ist auch der härteste aller natürlichen Stoffe und hat andere wertvolle Eigenschaften, z. B. hohe chemische Resistenz, höchste Wärmeleitfähigkeit u. a. Deshalb wird er für viele industrielle Zwecke genutzt.
Der Diamant tritt häufig als regelmäßig geformter Rohstein (z. B. als Oktaeder) auf.
Dichte von Diamant: etwa 3,5 g/cm³

ZUSAMMENFASSUNG

Pyramide

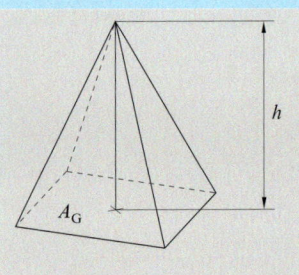

$V = \frac{1}{3} A_G \cdot h$
$A_M = A_1 + A_2 + \ldots + A_n$
$A_O = A_G + A_M$

Kreiskegel

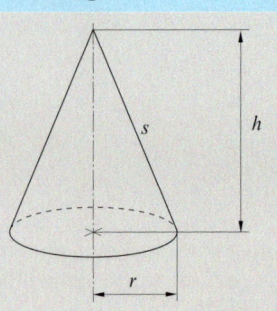

$V = \frac{1}{3} \pi r^2 \cdot h$
$A_M = \pi \cdot r \cdot s$
$A_O = \pi \cdot r^2 + \pi \cdot r \cdot s$

Pyramidenstumpf

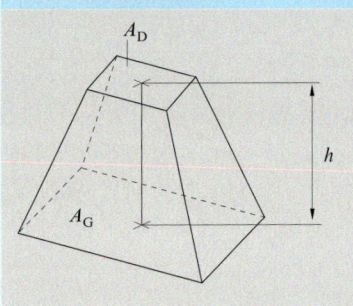

$V = \frac{1}{3} h \cdot (A_G + \sqrt{A_G \cdot A_D} + A_D)$
$A_M = A_1 + A_2 + \ldots + A_n$
$A_O = A_G + A_D + A_M$

Kreiskegelstumpf

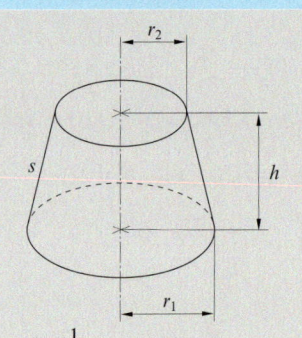

$V = \frac{1}{3} \pi \cdot h \cdot (r_1^2 + r_2^2 + r_1 r_2)$
$A_M = \pi \cdot s \cdot (r_1 + r_2)$
$A_O = \pi \cdot r_1^2 + \pi \cdot r_2^2 + \pi \cdot s \cdot (r_1 + r_2)$

wahre Länge einer Strecke in senkrechter Zweitafelprojektion

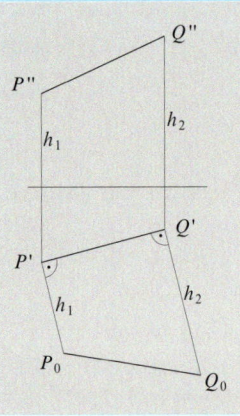

wahre Größe und Gestalt einer Schnittfigur in senkrechter Zweitafelprojektion

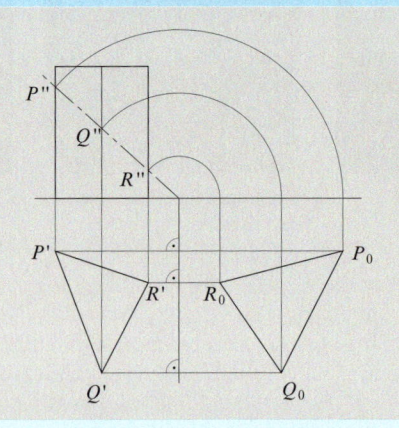

Stochastik

Welche Unglücksfälle einem Menschen in seinem Leben zustoßen werden, kann niemand vorhersehen. Mit den Methoden der Stochastik können aber anhand vieler Einzelfälle mit hoher Zuverlässigkeit Wahrscheinlichkeiten für das Eintreten bestimmter Ereignisse geschätzt werden. Das ist beispielsweise für Versicherungsunternehmen von Bedeutung, etwa bei der Kalkulation der Beitragshöhe für die Versicherung eines Fertighauses gegen Sturmschäden.

Zufallsexperimente, Ereignisse und Wahrscheinlichkeiten

1

Beschreibe fünf Vorgänge, bei denen man nicht sicher vorhersagen kann, welches Ergebnis eintritt, und gib jeweils alle möglichen Ergebnisse an.

> Ein **Zufallsexperiment** oder **Zufallsversuch** ist ein Vorgang mit mehreren möglichen Ergebnissen, von denen nicht sicher vorhergesagt werden kann, welches eintreten wird. Alle möglichen Ergebnisse werden in einer **Ergebnismenge** Ω (Omega) zusammengefasst.

2

In einer Lostrommel sind 9 Nieten und ein Gewinn. Jemand will solange ein Los ziehen, bis er das Gewinnlos hat. Es interessiert die Anzahl der notwendigen Ziehungen. Gib eine geeignete Ergebnismenge an.

3

Aus einer Urne mit 3 gelben, 5 blauen, 7 roten und 1 weißen Kugel werden auf gut Glück mit einem Griff zwei Kugeln gezogen.
a) Bei welchen Ergebnissen treten die folgenden Ereignisse ein?
   A – Beide Kugeln haben die gleiche Farbe.
   B – Höchstens eine Kugel ist weiß.
   C – Mindestens eine Kugel ist blau.
b) Bei welchen Ergebnissen treten die folgenden Ereignisse ein?
   D – Eine Kugel ist blau und die andere Kugel ist nicht weiß.
   E – Genau eine Kugel ist rot oder beide Kugeln haben verschiedene Farben.
   F – Mindestens eine Kugel ist gelb oder höchstens eine Kugel ist grün.

Die Goldene Urne im Wörlitzer Park

> Oft interessieren bei einem Zufallsexperiment alle Ergebnisse, bei denen ein bestimmtes **Ereignis** eintritt. Solche Ergebnisse nennt man **günstig** für das Ereignis.
> Ein Ereignis beschreibt man entweder in Worten oder man gibt es durch die Menge aller der dafür günstigen Ergebnisse an. Ein Ereignis A ist eine Teilmenge der Ergebnismenge Ω.
> Die Ergebnismenge Ω heißt **sicheres Ereignis**, weil es immer eintritt.
> Ein Ereignis, für das kein Ergebnis günstig ist, heißt **unmögliches Ereignis**.
> Das unmögliche Ereignis bekommt das Symbol $\emptyset$ (leere Menge).
>
> Ein Ereignis heißt **Gegenereignis** oder **komplementäres** Ereignis zum Ereignis A, falls es genau dann eintritt, wenn das Ereignis A *nicht* eintritt.
> Das Gegenereignis von A wird mit $\overline{A}$ (gesprochen: A quer) bezeichnet. Für $\overline{A}$ sind also alle Ergebnisse aus Ω günstig, die für A nicht günstig sind.
>
> Das Ereignis $A \cap B$ (gesprochen: A geschnitten B) tritt ein, wenn sowohl A als auch B eintritt. Zur Teilmenge $A \cap B$ gehören alle Ergebnisse, die sowohl zu A als auch zu B gehören.
> Das Ereignis $A \cup B$ (gesprochen: A vereinigt B) tritt ein, wenn A oder B oder beide Ereignisse eintreten. Zur Teilmenge $A \cup B$ gehören alle Ergebnisse, die zu A, zu B oder zu beiden Ereignissen gehören.
> Man kann auch mehr als zwei Ereignisse „schneiden" oder „vereinigen".

BEACHTE
In der Umgangssprache steht das Wort Ereignis oft für eine besonderes, nicht alltägliches Geschehnis.
In der Wahrscheinlichkeitsrechnung verbindet sich mit dem Begriff Ereignis hingegen *keinerlei Wertung*.

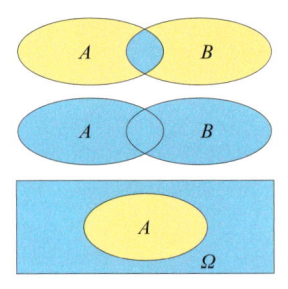

4

Gib die Gegenereignisse zu folgenden Ereignissen beim Werfen zweier Würfel an.
A – die Augensumme beträgt mindestens 4,
B – es fällt höchstens eine 6,
C – die Augensumme beträgt höchstens 11.

5

Eine Münze wird dreimal geworfen. Die Ergebnismenge Ω wird so gewählt, dass der Ausgang jedes einzelnen Wurfes erkennbar ist: Ω = {WWW, WWZ, WZW, WZZ, ZWW, ZWZ, ZZW, ZZZ}. Wir betrachten die Ereignisse A – „Wappen im ersten Wurf" und B – „Wappen im dritten Wurf".
a) Stelle die Ereignisse A und B als Teilmengen von Ω dar.
b) Beschreibe $A \cap B$ sowie $A \cup B$ verbal und als Teilmenge von Ω.
c) Beschreibe das Gegenereignis zu $A \cap B$ sowie $\overline{A} \cup \overline{B}$ verbal und als Teilmenge von Ω.
d) Beschreibe das Gegenereignis zu $A \cup B$ sowie $\overline{A} \cap \overline{B}$ verbal und als Teilmenge von Ω.
e) Begründe, dass sich die Beobachtung aus den Teilaufgaben c) und d) verallgemeinern lässt. Argumentiere verbal und mithilfe von Mengendiagrammen.

HINWEIS
WWZ bedeutet: Wappen im 1. und 2. Wurf und Zahl im 3. Wurf.

INFORMATION
Die beiden Regeln
$\overline{A \cup B} = \overline{A} \cap \overline{B}$
$\overline{A \cap B} = \overline{A} \cup \overline{B}$
heißen **de Morgansche Regeln**.

> Die **relative Häufigkeit** eines Ereignisses A bei n Versuchen gibt den *Anteil* derjenigen Versuche, in denen A eintrat, an allen Versuchen an.
> Man bezeichnet sie mit $h_n(A)$. Also gilt $h_n(A) = \dfrac{\text{absolute Häufigkeit von } A}{\text{Anzahl der Versuche}}$.

6

a) Begründe: Die relative Häufigkeit eines Ereignisses ist immer ≥ 0 und ≤ 1. Für welches Ereignis ist die relative Häufigkeit immer gleich 1?
b) Begründe: Die relative Häufigkeit eines Ereignisses ist gleich der Summe der relativen Häufigkeiten der für dieses Ereignis günstigen Ergebnisse.

7

a) Wie viele Sechsen erwartest du ungefähr beim Werfen eines Spielwürfels in 30 (300, 600, 1200 bzw. 24 000) Würfen?
b) Wievielmal erwartest du ungefähr das Ereignis A – „Die Augenzahl ist eine Primzahl" bei 1000 Würfen mit dem abgebildeten Oktaederwürfel?

Der Oktaederwürfel ist mit den Zahlen 1 bis 8 beschriftet.

BEACHTE
Das **Stabilisieren** der relativen Häufigkeit eines Ereignisses auf einen festen Wert wurde immer wieder beobachtet und wird deshalb als experimentell gesichert angesehen. Es bezieht sich auf große Beobachtungsanzahlen. Man nennt die beobachtete Gesetzmäßigkeit deshalb das **„Empirische Gesetz der großen Zahlen"**. Man kann dieses Gesetz nicht beweisen wie z. B. den Satz des Pythagoras. Es gehört in die Erfahrungswelt und ist kein mathematischer Satz.

> Bei einer sehr großen Anzahl von Beobachtungen stabilisiert sich die relative Häufigkeit eines beobachteten Ereignisses. Je größer die Anzahl der Beobachtungen, desto geringer sind in der Regel die Abweichungen von einer festen Zahl.
> Diese Zahl gibt an, wie groß die Chance für das Eintreten des Ereignisses ist, sie beschreibt die **Wahrscheinlichkeit** des Ereignisses.
> Die relative Häufigkeit eines Ereignisses bei einer großen Anzahl von Beobachtungen ist damit ein Näherungswert für die Wahrscheinlichkeit eines Ereignisses.
> Kennt man umgekehrt die Wahrscheinlichkeit eines Ereignisses, so kann man ungefähr die absolute oder relative Häufigkeit vorhersagen, mit der dieses Ereignis in einer Beobachtungsserie eintreten wird.

8

Mit welcher Wahrscheinlichkeit wird beim Fußball ein Elfmeter verwandelt? Aus den Jahren 1963 bis 1998 der 1. Fußball-Bundesliga stehen die folgenden Daten zur Verfügung:
- Es wurden insgesamt 3102 Elfmeter vergeben. Davon wurden 2311 verwandelt.
- 224 Schüsse gingen ohne Zutun des Torwarts nicht ins Tor. Wir nennen sie Fehlschüsse.

a) Schätze die Wahrscheinlichkeit, mit der ein Elfmeter verwandelt wird.
b) Schätze die Wahrscheinlichkeit, mit der ein Spieler vom Elfmeterpunkt aus einen Fehlschuss produziert.
c) Warum wird wohl niemand versuchen, die Wahrscheinlichkeit für das Verwandeln eines Elfmeters exakt zu berechnen?

> **ERINNERE DICH**
>
> Die Wahrscheinlichkeit des Ereignisses A wird mit $P(A)$ bezeichnet. P kommt vom lateinischen Wort *probabilitas* für Wahrscheinlichkeit.

9

Wir würfeln einmal mit einem Spielwürfel. Wie groß sind die Wahrscheinlichkeiten folgender Ereignisse?
A – Es fällt eine 6.
B – Es fällt eine 1 oder eine 6.
C – Es fällt weder eine 1 noch eine 6.

Pierre Simon de Laplace
1749–1827

> Wenn alle Ergebnisse eines Zufallsexperiments als gleichwahrscheinlich angenommen werden, dann kann man die Wahrscheinlichkeit eines Ereignisses A berechnen, indem man die Anzahl der für A günstigen Ergebnisse durch die Anzahl der möglichen Ergebnisse teilt:
>
> $$P(A) = \frac{\text{Anzahl der für } A \text{ günstigen Ergebnisse}}{\text{Anzahl aller möglichen Ergebnisse}}$$
>
> Solche Zufallsexperimente heißen nach dem französischen Mathematiker Pierre Simon Laplace auch **Laplace-Experimente**. Die so ermittelten Wahrscheinlichkeiten nennt man **Laplace-Wahrscheinlichkeiten**.

> **ERLÄUTERUNG**
>
> Das sichere Ereignis Ω soll die Wahrscheinlichkeit 1 besitzen. Diese Wahrscheinlichkeit wird bei der Definition der Laplace-Wahrscheinlichkeit „zu gleichen Teilen auf die möglichen Ergebnisse aufgeteilt".

10

a) Gib drei Zufallsexperimente und jeweils eine Ergebnismenge an, bei der du annehmen würdest, dass alle Ergebnisse gleichwahrscheinlich sind. Wie groß sind dann jeweils die Wahrscheinlichkeiten der Ergebnisse?
b) Gib drei Zufallsexperimente und jeweils eine Ergebnismenge an, bei der du nicht annehmen würdest, dass alle Ergebnisse gleichwahrscheinlich sind.
Begründe jeweils deine Entscheidungen.

11

Ein roter und ein blauer Würfel werden geworfen. Als Ergebnis notieren wir ein Paar (Augenzahl rot; Augenzahl blau). (6; 3) bedeutet eine 6 auf dem roten Würfel und eine 3 auf dem blauen Würfel.
a) Wie viele Ergebnisse sind möglich?
b) Unter welchen Umständen würdest du alle Ergebnisse als gleichwahrscheinlich ansehen?
c) Nimm an, dass es sich um ein Laplace-Experiment handelt und berechne die Wahrscheinlichkeiten der folgenden Ereignisse A und B.
A – „Die Augensumme beträgt 11."
B – „Die Augensumme beträgt 12."

> **NACHGEDACHT**
>
> Der große Gelehrte Gottfried Wilhelm Leibniz war der Meinung, dass die Augensummen 11 und 12 beim Werfen zweier Würfel mit gleicher Wahrscheinlichkeit auftreten. Kannst du dir vorstellen, welcher Fehler ihm unterlaufen ist?

Zufallsexperimente, Ereignisse und Wahrscheinlichkeiten

12

Wir betrachten ein Laplace-Experiment mit der Ergebnismenge Ω. Für $A \subset \Omega$ bezeichne $P(A)$ die Laplace-Wahrscheinlichkeit des Ereignisses A.
a) Wie groß ist $P(\Omega)$?
b) Begründe, dass $0 \leq P(A) \leq 1$ für alle Ereignisse A gilt.
c) Begründe, dass $P(\overline{A}) = 1 - P(A)$ für alle Ereignisse A gilt.
d) Es sei $A = \{a_1, a_2, \ldots, a_m\}$, d.h. für A sind genau die Ergebnisse $a_1, a_2, \ldots, a_m$ günstig. Begründe, dass dann $P(A) = P(a_1) + P(a_2) + \ldots + P(a_m)$ gilt.
e) Begründe, z.B. anhand von Mengendiagrammen, dass für beliebige zwei Ereignisse A und B gilt: $P(A \cup B) = P(A) + P(B) - P(A \cap B)$.

ERINNERE DICH

Zwei Ereignisse A und B heißen **unvereinbar**, wenn $A \cap B = \emptyset$ gilt, das heißt, wenn sie niemals zugleich eintreten können.
Nenne Beispiele für unvereinbare Ereignisse.

Relative Häufigkeiten als Schätzwerte für Wahrscheinlichkeiten und Laplace-Wahrscheinlichkeiten, die man aus der Annahme der Gleichwahrscheinlichkeit der Ergebnisse eines Zufallsexperiments berechnet, haben eine Reihe von gemeinsamen Eigenschaften. Diese Eigenschaften sollen auch dann gelten, wenn durch andere Überlegungen Ereignissen Wahrscheinlichkeiten zugeordnet werden.

Eigenschaften der Wahrscheinlichkeit
1. Die Wahrscheinlichkeit des sicheren Ereignisses ist 1: $P(\Omega) = 1$.
2. Die Wahrscheinlichkeit eines beliebigen Ereignisses liegt zwischen 0 und 1: $0 \leq P(A) \leq 1$.
3. Die Wahrscheinlichkeit des Gegenereignisses zu A ist gleich 1 minus die Wahrscheinlichkeit von A: $P(\overline{A}) = 1 - P(A)$.
4. Die Wahrscheinlichkeit für das Eintreten von a_1 oder a_2 oder … oder a_m ist gleich der Summe der Wahrscheinlichkeiten von a_1 und a_2 und … und a_m: $P(\{a_1, a_2, \ldots, a_m\}]) = P(a_1) + P(a_2) + \ldots + P(a_m)$.
5. Die Wahrscheinlichkeit der Vereinigung zweier Ereignisse A und B ist gleich der Summe der Wahrscheinlichkeiten der einzelnen Ereignisse vermindert um die Wahrscheinlichkeit des Durchschnitts der beiden Ereignisse: $P(A \cup B) = P(A) + P(B) - P(A \cap B)$.
6. Die Wahrscheinlichkeit des unmöglichen Ereignisses ist Null: $P(\emptyset) = 0$.

AUFGABEN

Begründe, dass die Eigenschaft 3 aus der Eigenschaft 5 folgt.

Zeige, dass im Falle einer endlichen Ergebnismenge die Eigenschaften 4 und 5 zueinander äquivalent sind, das heißt, dass aus der Eigenschaft 4 die Eigenschaft 5 folgt und aus der Eigenschaft 5 die Eigenschaft 4.

13

Eine Münze wird dreimal geworfen. Zeichne ein Baumdiagramm. Notiere W für Wappen und Z für Zahl.
a) Sind alle Pfade gleichwahrscheinlich?
b) Welche Wahrscheinlichkeit hat das Ereignis A: „Es fällt genau ein Wappen"?

Den Ablauf eines mehrstufigen Zufallsexperiments kann man oft übersichtlich als **Baumdiagramm** darstellen. Jeder Pfad in einem Baumdiagramm gehört zu einem Ergebnis des Zufallsexperimentes. Ein Pfad heißt **günstig** für ein Ereignis A, wenn der Ablauf entlang dieses Pfades dazu führt, dass das Ereignis A eintritt.

Die Summe der Wahrscheinlichkeiten an den Zweigen, die von einem Verzweigungspunkt des Baumdiagramms ausgehen, ist immer gleich 1.

Pfadregeln für mehrstufige Zufallsversuche:
1. Pfadregel: Die Wahrscheinlichkeit eines Ergebnisses ist gleich dem Produkt der Wahrscheinlichkeiten längs seines Pfades.
2. Pfadregel: Die Wahrscheinlichkeit eines Ereignisses ist gleich der Summe der Wahrscheinlichkeiten aller Pfade, die für dieses Ereignis günstig sind.

BEISPIEL

Es dürfen aus einer Urne 2 Kugeln gezogen werden.

zugehöriges Baumdiagramm:

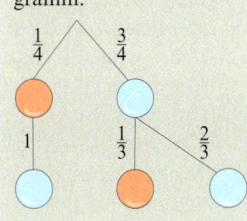

Bedingte Wahrscheinlichkeit und Unabhängigkeit

1

Wie groß ist beim Lotto „6 aus 49" die Wahrscheinlichkeit, dass die zweite gezogene Zahl eine Richtige ist? Wie groß ist die Wahrscheinlichkeit, dass die zweite gezogene Zahl eine Richtige ist, *wenn die erste keine Richtige war*?

2

In einer Stichprobe aus einer Bevölkerung wurden die Merkmale „Rotgrünblindheit" (R) und „Geschlecht" erfasst. Es wurden die in der Tabelle angegebenen Häufigkeiten beobachtet.

	männlich	weiblich
$\overline{R}$	8324	9032
R	725	40

INFORMATION
Eine Tabelle wie die zu Aufgabe 2 angegebene bezeichnet man auch als **Vierfeldertafel.**
In einer Vierfeldertafel werden die Beobachtungshäufigkeiten bei der Klassifizierung nach zwei Merkmalen notiert, für deren Eintreten bzw. Nichteintreten man sich interessiert.

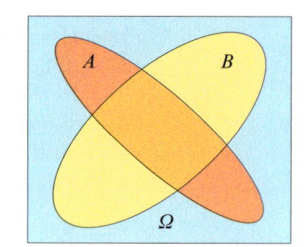

a) Wie groß ist der Umfang der Stichprobe?
b) Eine Person wird zufällig aus der betrachteten Bevölkerung ausgewählt. Gib Schätzwerte für die Wahrscheinlichkeit dafür an, dass die Person
   – rotgrünblind ist,
   – weiblich ist,
   – männlich und rotgrünblind ist,
   – rotgrünblind ist unter der Bedingung, dass sie weiblich (männlich) ist.
c) Beeinflusst das Geschlecht die Wahrscheinlichkeit, rotgrünblind zu sein?

Für ein Zufallsexperiment seien den Ereignissen Wahrscheinlichkeiten zugeordnet. Stellen wir uns vor, jemand gibt uns über das Zufallsexperiment nun die *Teil*information „Das Ereignis B ist eingetreten." Sollte diese Information Anlass geben, die Chancen für ein Ereignis A neu zu bewerten?
Auf jeden Fall sind nun alle Ergebnisse „ausgeschlossen", die nicht zu B gehören, denn B ist ja eingetreten. Angesichts der Information sind nur noch die Ergebnisse aus B möglich. Günstige Ergebnisse für A sind somit genau diejenigen, die sowohl zu A als auch zu B, d.h. zu $A \cap B$, gehören. Wir sollten also die Chancen dafür, dass $A \cap B$ eintritt, ins Verhältnis setzen zu den Chancen für B.

> Sei B ein Ereignis mit $P(B) > 0$. Dann heißt der Quotient $\frac{P(A \cap B)}{P(B)}$ die **bedingte Wahrscheinlichkeit von A unter der Bedingung B**.
> Wir bezeichnen diese Wahrscheinlichkeit mit $P(A|B)$: $P(A|B) = \frac{P(A \cap B)}{P(B)}$

3

Im AB0-System unterscheidet man die Hauptblutgruppen A, B, AB und 0. Außerdem kann ein Mensch den Rhesusfaktor besitzen (Rh+) oder nicht besitzen (Rh–). Der Blutspendedienst in der Bundesrepublik Deutschland macht die in der Tabelle festgehaltenen Angaben über die Wahrscheinlichkeiten dieser Blutmerkmale.

	Rh+	Rh–
A	0,37	0,06
B	0,09	0,02
AB	0,04	0,01
0	0,35	0,06

a) Eine Person wird zufällig ausgewählt. Mit welcher Wahrscheinlichkeit
   – besitzt sie die Blutgruppe A und ist Rh-positiv,
   – besitzt sie den Rhesusfaktor nicht,
   – ist sie Rh-negativ unter der Bedingung, dass sie die Blutgruppe A hat,
   – ist sie Rh-negativ unter der Bedingung, dass sie die Blutgruppe AB hat?
b) Welcher Anteil der Bevölkerung Deutschlands hat die Blutgruppe B?
c) Wie groß ist unter den Personen mit Blutgruppe B der Anteil der Rh-negativen (Rh-positiven) Personen?

Bedingte Wahrscheinlichkeit und Unabhängigkeit

4

Es gibt eineiige (ee) und zweieiige (ze) Zwillinge. Die möglichen Geschwisterkombinationen sind J (zwei Jungen), M (zwei Mädchen) und V (verschiedene Geschlechter). Die Wahrscheinlichkeiten im Baumdiagramm sind Schätzwerte aus Beobachtungen in der Bundesrepublik in den Jahren 1960 – 1990.

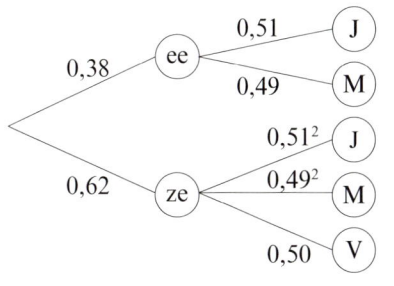

```
            0,51  J
       ee
 0,38      0,49  M
            0,51²  J
 0,62  ze   0,49²  M
            0,50  V
```

a) Mit welcher Wahrscheinlichkeit haben Zwillinge dasselbe Geschlecht?
b) Berechne die Wahrscheinlichkeit dafür, dass die Zwillinge eineiig sind unter der Bedingung, dass sie vom gleichen Geschlecht sind.

> **BEISPIEL**
> Die Randspalte zeigt einen Ausschnitt aus der Sterbetafel 1999/2001 für Deutschland. Darin wird aufgrund von Volkszählungen und anderen Daten aufgelistet, wie viele Frauen und wie viele Männer von jeweils 100 000 Neugeborenen ein bestimmtes Lebensjahr noch vollendeten.
> Möchte man nun z. B. wissen, mit welcher Wahrscheinlichkeit ein 40-jähriger Mann mindestens 60 Jahre alt wird, so betrachtet man dazu die Ereignisse
>
> A: „Ein neugeborener Junge wird mindestens 60 Jahre alt."
> B: „Ein neugeborener Junge wird mindestens 40 Jahre alt."
>
> Der Sterbetafel entnimmt man $P(A) \approx 0{,}870$ und $P(B) \approx 0{,}970$.
> Es gilt $A \cap B = A$, denn wenn das Ereignis A eintritt, dann tritt notwendig auch B ein. Die gesuchte Wahrscheinlichkeit ist die bedingte Wahrscheinlichkeit $P(A\,|\,B) = \dfrac{P(A \cap B)}{P(B)} = \dfrac{P(A)}{P(B)} \approx \dfrac{0{,}87}{0{,}97} \approx 0{,}9$.

5

Eine deutsche Versicherungsgesellschaft verlangt für eine Lebensversicherung mit Kapitalzahlung im Todesfall und im Erlebensfall bei 30-jähriger Laufzeit von einem 25-jährigen Mann einen Jahresbeitrag von 25,03 € pro 1000 € Versicherungssumme, von einem 30-jährigen Mann dagegen einen Beitrag von 25,60 €.
Ermittle aus der Sterbetafel Schätzwerte für den Anteil der 25-jährigen Männer, die mindestens 55 Jahre alt werden, und für den Anteil der 30-jährigen Männer, die mindestens 60 Jahre alt werden.

6ᴸ

Mit welcher Wahrscheinlichkeit wird eine 34-jährige Frau mindestens 75 Jahre alt? Berechne auch die entsprechende Wahrscheinlichkeit für einen 34-jährigen Mann.

7

Wenn ein Mensch geboren wird, kann niemand vorhersagen, wie lange er leben wird. Man spricht deshalb vom zufälligen Lebensalter.
a) Mit welcher Wahrscheinlichkeit beträgt das zufällige Lebensalter eines weiblichen Neugeborenen mindestens 60 und höchstens 80 Jahre?
b) Mit welcher Wahrscheinlichkeit wird eine 60-jährige Frau höchstens 80 Jahre alt?
c) Begründe inhaltlich: Die Wahrscheinlichkeit aus b) ist größer als diejenige aus a).

Auszug aus der Sterbetafel 1999/2001 des Statistischen Bundesamtes Deutschland

Alter	Männer	Frauen
0	100 000	100 000
1	99 513	99 612
2	99 469	99 576
...	...	...
25	98 508	99 130
26	98 430	99 102
27	98 351	99 073
28	98 271	99 041
29	98 191	99 008
30	98 111	98 974
31	98 027	98 941
32	97 942	98 903
33	97 852	98 861
34	97 757	98 815
35	97 655	98 765
36	97 543	98 706
37	97 416	98 643
38	97 281	98 569
39	97 129	98 489
40	96 958	98 399
41	96 769	98 301
42	96 561	98 189
43	96 326	98 065
44	96 066	97 928
45	95 783	97 779
46	95 470	97 614
47	95 125	97 431
48	94 752	97 235
49	94 348	97 019
50	93 915	96 786
51	93 447	96 531
52	92 939	96 256
53	92 387	95 954
54	91 799	95 632
55	91 143	95 283
56	90 439	94 918
57	89 684	94 521
58	88 845	94 093
59	87 969	93 648
60	87 010	93 170
61	85 966	92 654
62	84 832	92 084
63	83 620	91 476
64	82 290	90 816
65	80 855	90 069
66	79 291	89 252
67	77 597	88 352
68	75 764	87 365
69	73 763	86 273
70	71 639	85 068
71	69 344	83 741
72	66 924	82 300
73	64 431	80 695
74	61 839	78 951
75	59 096	77 054
76	56 247	74 953
77	53 282	72 624
78	50 108	70 087
79	46 825	67 315
80	43 337	64 175
81	39 897	60 871
82	36 369	57 316
83	33 024	53 715
84	29 561	49 797
85	26 061	45 568
86	22 701	41 246
87	19 435	36 821
88	16 414	32 444
89	13 662	28 137
90	11 148	23 954

8

Ärzte müssen häufig beurteilen, ob ein Patient an einer bestimmten Krankheit leidet oder nicht. Dabei können grundsätzlich zwei Arten von Fehlern auftreten: Es kann vorkommen, dass ein Arzt bei einem Gesunden die Diagnose „krank" erstellt, und umgekehrt, dass der Arzt bei einem Kranken die Diagnose „gesund" erstellt. Diskutiert darüber, welche Art der Fehldiagnose bedenklicher ist.

BEISPIEL
Überlegungen zu Diagnoseverfahren für seltene Krankheiten

Säuglinge leiden manchmal an einer Stoffwechselkrankheit, die schlimme Folgen hat, wenn sie nicht früh genug erkannt wird, während bei rechtzeitiger Behandlung keine Folgeschäden auftreten. Zur Früherkennung der Krankheit gibt es eine Untersuchungsmethode, die in 0,05 % der Fälle die Krankheit fälschlich nicht nachweist und in 0,4 % der Fälle ein positives Ergebnis liefert, obwohl die Krankheit nicht vorliegt. Im Durchschnitt ist von 10 000 Säuglingen einer von dieser Krankheit betroffen.

Folgende Ereignisse spielen eine Rolle:
E – Kind ist erkrankt, G – Kind ist gesund
T_+ – Test liefert ein positives Ergebnis, T_- – Test liefert ein negatives Ergebnis.

Wir betrachten den Vorgang als zweistufigen Vorgang, bei dem in der ersten Stufe ein Säugling zufällig ausgewählt wird und in der zweiten Stufe der Test durchgeführt wird. Unter Interpretation obiger Angaben als Wahrscheinlichkeiten und mithilfe der 1. Pfadregel erhält man nebenstehendes Baumdiagramm.

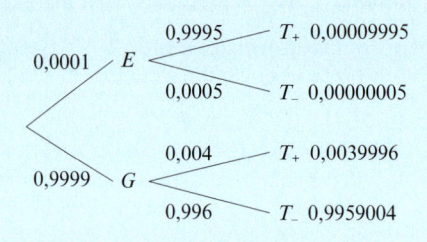

```
                    0,9995 ── T₊  0,00009995
        0,0001  E
                    0,0005 ── T₋  0,00000005

                    0,004  ── T₊  0,0039996
        0,9999  G
                    0,996  ── T₋  0,9959004
```

Das Untersuchungsergebnis war positiv, d. h. T_+ ist eingetreten. Die Eltern interessiert, wie groß *nun* die Wahrscheinlichkeit ist, dass ihr Kind erkrankt ist. Zu berechnen ist also die bedingte Wahrscheinlichkeit von E unter der Bedingung T_+, d. h. $P(E|T_+)$. Mithilfe der Definition erhält man

$$P(E|T_+) = \frac{P(E \cap T_+)}{P(T_+)} = \frac{0,00009995}{0,00409955} \approx 0,024 = 2,4\,\%$$

Nur etwa 2,4 % der Säuglinge, bei denen der Test positiv ausfiel, sind tatsächlich erkrankt. Die Eltern sollten ihr Kind genauer untersuchen lassen, aber sich noch nicht allzu sehr beunruhigen.

Interessant für die Bewertung des Diagnoseverfahren ist auch die bedingte Wahrscheinlichkeit $P(E|T_-)$. Sie gibt die Wahrscheinlichkeit dafür an, dass ein negativ getesteter Säugling dennoch krank ist. Das ist eindeutig die gefährlichere Situation. Diese Wahrscheinlichkeit sollte daher sehr klein sein. Wir rechnen nach:

$$P(E|T_-) = \frac{P(E \cap T_-)}{P(T_-)} = \frac{0,00000005}{0,00000005 + 0,9959004} \approx 0,00000005 = 0,000005\,\%$$

Es bleibt also eine verschwindend kleine Restunsicherheit für das Vorliegen der Krankheit trotz negativen Befundes. Das Diagnoseverfahren kann als sehr wirkungsvoll eingeschätzt werden, wenn man bedenkt, dass Fehlentscheidungen bei solchen Tests nie ausgeschlossen werden können. In jedem Fall – auch bei negativem Testergebnis – besteht die Möglichkeit einer intensiveren Untersuchung. Die Kenntnis der Fehlerwahrscheinlichkeiten des Testverfahrens können für eine Entscheidung hilfreich sein.

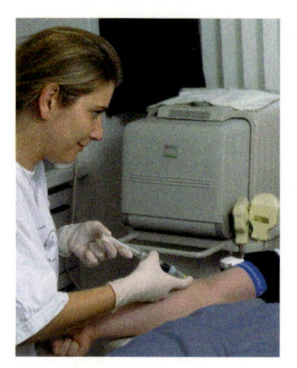

Blutabnahme

BEACHTE
T_- ist das Gegenereignis zu T_+,
G ist das Gegenereignis zu E.

HINWEIS
$P(E \cap T_+)$ ist die Wahrscheinlichkeit des Pfades E-T_+, und $P(T_+)$ wird nach der 2. Pfadregel berechnet. Für T_+ sind die Pfade E-T_+ und G-T_+ günstig. Man erhält
$P(T_+) = 0,00009995 + 0,0039996 = 0,00409955$.

BEACHTE
Die Wahrscheinlichkeiten an den Pfadstücken eines Baumdiagramms (mit Ausnahme der ersten) sind dem Wesen nach *bedingte* Wahrscheinlichkeiten. Bei der Beschriftung des Baumdiagramms berücksichtigen wir nämlich den bisherigen Verlauf des jeweiligen Pfades, wir berücksichtigen also *Teil*informationen über den Ablauf des Zufallsexperiments.

Bedingte Wahrscheinlichkeit und Unabhängigkeit

9

Der im Beispiel ermittelte kleine Wert von 2,4 % für eine Erkrankung bei positivem Testergebnis scheint auf den ersten Blick paradox. Das Ergebnis mutet aber weniger überraschend an, wenn man von einer großen Zahl von 100 000 Säuglingen ausgeht. Diskutiert die Frage mit Bezug auf eure Lösungen der Teile a) und b) dieser Aufgabe.

a) Triff anhand der gegebenen Wahrscheinlichkeiten eine Vorhersage für die im Mittel zu erwartenden Häufigkeiten von tatsächlichen Krankheitsfällen und positiven Testergebnissen, wenn alle 100 000 Säuglinge getestet werden.

b) Wie groß ist die Wahrscheinlichkeit, dass ein zufällig ausgewählter Säugling an der Stoffwechselkrankheit leidet? Vergleiche diese mit der Wahrscheinlichkeit, dass er krank ist, unter der Bedingung, dass er positiv getestet wurde.

10

Nach einer HIV-Infektion bilden sich im Blut Antikörper gegen das Virus, die es aber nicht entfernen können. Der so genannte HIV-Suchtest sucht nach diesen Antikörpern. Bei einer HIV-infizierten Person reagiert der Test mit einer Wahrscheinlichkeit von 99,8 % positiv, d. h. er zeigt Antikörper an. Bei einer nicht HIV-infizierten Person liefert er mit einer Wahrscheinlichkeit von 99 % ein negatives Ergebnis.
In Deutschland schätzt man im Jahre 2004 den Anteil der HIV-Infizierten auf 0,1 %.

a) Berechne die Wahrscheinlichkeit dafür, dass eine Person HIV-infiziert ist, wenn der Suchtest positiv ausging.

b) Mit welcher Wahrscheinlichkeit ist eine Person mit einem negativen Testergebnis dennoch HIV-infiziert?

c) Vergleiche diese Testdaten mit denen im vorangegangenen Beispiel.

d) Bei einem positiven Suchtestergebnis erfolgt ein umfangreicher so genannter Bestätigungstest. Begründe die Notwendigkeit eines solchen Bestätigungstests.

INFORMATION
HIV ist die Abkürzung für *Humanes Immundefekt Virus*

An der Verbesserung der HIV-Tests wird ständig weitergeforscht.

Informationen und Hinweise zum HIV-Virus und zu AIDS findet man unter der Internetadresse http://www.gib-aids-keine-chance.de/a-z/fragen.htm

In den bisherigen Beispielen und Aufgaben wurden bedingte Wahrscheinlichkeiten $P(A|B)$ mithilfe von $P(A \cap B)$ und $P(B)$ berechnet. Häufig ist jedoch die Wahrscheinlichkeit $P(A \cap B)$ gesucht, während $P(A|B)$ und $P(B)$ gegeben sind oder durch den Sachverhalt nahegelegt werden. Durch entsprechende Umstellung der Definitionsgleichung für die bedingte Wahrscheinlichkeit erhält man für diesen Fall die allgemeine Multiplikationsformel.

> Allgemeine Multiplikationsformel: $P(A \cap B) = P(B) \cdot P(A|B)$

HINWEIS
Die 1. Pfadregel erweist sich als Spezialfall der allgemeinen Multiplikationsregel.

11

Ein Mitarbeiter des TÜV schätzt aufgrund seiner langjährigen Erfahrungen, dass bei 15 % aller 10 Jahre alten Autos die Handbremse und davon wiederum bei 80 % die Fußbremse beanstandet werden muss.
Übersetze die Zahlenangaben in Wahrscheinlichkeiten bzw. bedingte Wahrscheinlichkeiten und ermittle, mit welcher Wahrscheinlichkeit bei einem 10 Jahre alten Auto sowohl die Handbremse als auch die Fußbremse zu beanstanden ist.

12L

10 % der Schüler eines Gymnasiums haben ein Auto und 80 % haben ein Fahrrad. Von den Fahrradbesitzern haben 90 % kein Auto. Mit welcher Wahrscheinlichkeit hat ein zufällig ausgewählter Schüler dieses Gymnasiums
a) ein Auto und ein Fahrrad?   b) ein Auto, aber kein Fahrrad?

13

Das Kästchen-Problem von Bertrand
Einem Spieler werden 3 gleiche Kästchen A, B, und C vorgelegt, die auf zwei gegenüberliegenden Seiten je eine Schublade besitzen.
A enthält in jeder Schublade je eine Goldmünze, B enthält in einer Lade eine Goldmünze und in der anderen eine Silbermünze, C enthält in beiden Laden je eine Silbermünze.
Der Spieler wählt ein Kästchen, öffnet eine Schublade und erblickt eine Goldmünze. Gefragt ist jetzt nach der Wahrscheinlichkeit, mit der der Spieler in dem anderen Fach des Kästchens eine Silbermünze findet.
Der Mathematiker Emanuel Czuber (1851–1925) soll sich dazu so geäußert haben: „Die Wahrscheinlichkeit ist gleich 1/2, denn es gibt nur zwei gleichberechtigte Möglichkeiten, nämlich repräsentiert durch Kästchen A und Kästchen B, und eine davon ist günstig." Zeige mithilfe der Bayesschen Regel, dass der Mathematiker Czuber irrte und die gesuchte Wahrscheinlichkeit gleich 1/3 ist.

ERINNERE DICH
Das berühmte „Ziegenproblem" ist mit dem Problem aus Aufgabe 13 eng verwandt. Dabei steht hinter zwei von drei Türen je eine Ziege, hinter der dritten ein Auto, das man gewinnen kann. Jemand wählt eine Tür, dann wird eine der beiden anderen Türen, hinter welcher eine Ziege steht, geöffnet. Er soll sich nun zwischen den beiden noch verschlossenen Türen entscheiden. Die Frage ist also, ob er bei der zuerst gewählten Tür bleiben oder lieber wechseln soll.

14

Aus einem Gefäß mit 4 roten und 6 schwarzen Kugeln werden nacheinander auf gut Glück zwei Kugeln gezogen. Es werden folgende Ereignisse betrachtet:
R_1 – Rot im ersten Zug und R_2 – Rot im zweiten Zug.
a) Die zuerst gezogene Kugel wird nicht zurückgelegt.
Zeichne und beschrifte ein Baumdiagramm für den Vorgang.
Berechne $P(R_1 \cap R_2)$, $P(R_1) \cdot P(R_2)$, $P(R_2|R_1)$ und $P(R_1|R_2)$.
b) Die zuerst gezogene Kugel wird vor dem zweiten Zug wieder zurückgelegt.
Zeichne und beschrifte ein Baumdiagramm für diesen Vorgang.
Berechne wiederum $P(R_1 \cap R_2)$, $P(R_1) \cdot P(R_2)$, $P(R_2|R_1)$ und $P(R_1|R_2)$.
c) Diskutiere die Unterschiede zwischen den beiden Ziehungsvarianten.

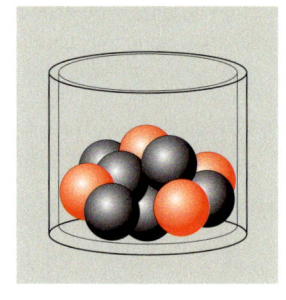

Die Baumdiagramme zeigen: beim Ziehen ohne Zurücklegen hängen die Wahrscheinlichkeiten in der 2. Stufe vom Ergebnis der ersten Stufe ab, beim Ziehen mit Zurücklegen ist dies nicht der Fall; die Chancen für Rot bzw. Weiß sind unabhängig vom Ergebnis des ersten Teilvorgangs. In diesem Fall gilt $P(R_2|R_1) = P(R_2)$. Wenn wir für $P(R_2|R_1)$ gemäß der Definition der bedingten Wahrscheinlichkeit $\frac{P(R_2 \cap R_1)}{P(R_1)}$ einsetzen, dann erhalten wir $\frac{P(R_2 \cap R_1)}{P(R_1)} = P(R_2)$ und nach Multiplikation mit $P(R_1)$ folgt $P(R_2 \cap R_1) = P(R_1) \cdot P(R_2)$.

> Zwei Ereignisse A und B heißen **unabhängig**, wenn für sie die **Produktformel** gilt: $P(A \cap B) = P(A) \cdot P(B)$

Die Unabhängigkeit von A und B bedeutet, dass das Eintreten oder Nichteintreten des einen Ereignisses nichts an den Chancen für das Eintreten oder Nichteintreten des anderen Ereignisses ändert. Als Konsequenz ergibt sich:

> Wenn die Ereignisse A und B unabhängig sind, so sind es auch die Ereignisse A und $\overline{B}$, $\overline{A}$ und B sowie $\overline{A}$ und $\overline{B}$. Es gelten dann die Produktformeln
> $P(A \cap \overline{B}) = P(A) \cdot P(\overline{B})$, $P(\overline{A} \cap B) = P(\overline{A}) \cdot P(B)$, $P(\overline{A} \cap \overline{B}) = P(\overline{A}) \cdot P(\overline{B})$.

AUFGABE
Begründe:
$P(R_1 \cap R_2) = P(R_2 \cap R_1)$

BEACHTE
Die Unabhängigkeit von Ereignissen ist häufig eine **Modellannahme**. Das Zufallsexperiment wird auf der Sachebene analysiert und man kommt zu dem Schluss, zwei Ereignisse als unabhängig anzusehen. Daraus ergibt sich, dass für die betreffenden Ereignisse die Produktformel $P(A \cap B) = P(A) \cdot P(B)$ gilt.

15

Unabhängig oder nicht?

Vorgang	Ereignis A	Ereignis B
Teilnahme am Lotto mit einer festen Zahlenkombination	kein Fünfer in der Mittwochsziehung	Fünfer in der Samstagsziehung
zufällige Auswahl einer Person	Person hat Blutgruppe A	Person besitzt Rhesusfaktor
zufällige Auswahl einer Person	Person ist männlich	Person ist farbenblind
zufällige Auswahl eines Schülers	Schüler ist gut in Mathematik	Schüler ist gut in Sport
Werfen zweier Würfel	Augensumme ist 6	ein Würfel zeigt 2
Werfen zweier Würfel	Würfel 1 zeigt gerade Augenzahl	Würfel 2 zeigt Primzahl

16

Beim zweimaligen Würfeln bezeichne A das Ereignis, dass die Augensumme gerade ist, und B das Ereignis, dass die erste geworfene Augenzahl gerade ist.
Untersuche, ob A und B unabhängig sind.

17

Eine Familie mit zwei Kindern wird auf gut Glück ausgewählt. Betrachtet werden folgende Ereignisse:
A: „Das jüngere Kind ist ein Junge." B: „Wenigstens ein Kind ist ein Mädchen."
C: „Das ältere Kind ist ein Junge." D: „Wenigstens ein Kind ist ein Junge."
a) Versuche, durch inhaltliche Überlegungen zu erschließen, welche der Ereignispaare A und C, A und D, B und C bzw. B und D unabhängig sind.
b) Untersuche die Unabhängigkeit dieser Ereignispaare mithilfe der Definition.

BEACHTE

Die beiden Aufgaben 16 und 17 zeigen, dass sich die Unabhängigkeit nicht immer durch inhaltliche Überlegungen erschließen lässt.

18

Als Paul und Paula heiraten, ist er 28 und sie ist 25 Jahre alt.
Mit welcher Wahrscheinlichkeit könnten sie ihre Goldene Hochzeit feiern, wenn man nur die Lebensdauern betrachtet? Verwende die Sterbetafel von Seite 137. Welche Unabhängigkeitsannahme musstest du treffen? Ist sie plausibel?

19L

a) Mit welcher Wahrscheinlichkeit zeigt beim Werfen von zwei Würfeln der erste Würfel eine 1 und der zweite Würfel eine 6?
b) Mit welcher Wahrscheinlichkeit erscheinen auf beiden Würfeln verschiedene Augenzahlen?

20

a) Können ein Ereignis A und sein Gegenereignis $\overline{A}$ unabhängig sein? Argumentiere zunächst inhaltlich.
b) Beweise: Ein Ereignis A und sein Gegenereignis $\overline{A}$ sind nur dann unabhängig, wenn $P(A) = 0$ oder $P(A) = 1$ gilt.

NACHGEDACHT

Von 100 deutschen Haushalten hatten 1994 etwa 96 % einen Fernseher und 65 % ein Videogerät. Jemand rechnet $0{,}96 \cdot 0{,}65 = 0{,}624$ und schließt daraus, dass 1994 rund 62 % der Haushalte sowohl einen Fernseher als auch ein Videogerät hatten. Würdest du dieser Schlussweise zustimmen?

21

In der Tabelle zu Aufgabe 3 von S. 136 sind die Wahrscheinlichkeiten für die Ereignisse, A ∩ Rh+, A ∩ Rh+, ..., 0 ∩ Rh– gegeben.
a) Berechne mithilfe dieser Wahrscheinlichkeiten die Wahrscheinlichkeiten $P(A)$, $P(B)$, $P(AB)$ und $P(0)$ sowie $P(Rh+)$ und $P(Rh-)$.
b) Untersuche, ob die Ereignispaare A und Rh+, B und Rh+, ..., 0 und Rh– unabhängig sind.

> Wenn n Ereignisse $A_1, A_2, ..., A_n$ **unabhängig** sind, dann gilt die Produktformel
> $P(A_1 \text{ tritt ein und } A_2 \text{ tritt ein und } ... A_n \text{ tritt ein}) = P(A_1 \cap A_2 \cap ... \cap A_n)$
> $= P(A_1) \cdot P(A_2) \cdot ... \cdot P(A_n)$

BEISPIEL
Die Wahrscheinlichkeit für mindestens drei Richtige (Gewinn) im Lotto „6 aus 49" beträgt auf Tausendstel gerundet 0,019. Das Gegenereignis „kein Gewinn" hat die Wahrscheinlichkeit 0,981.
Jemand gibt 52 Wochen lang jeweils einen Tipp ab. Mit welcher Wahrscheinlichkeit geht er 52 Wochen lang leer aus?
Die Ereignisse G_1 – Gewinn in der 1. Woche, G_2 – Gewinn in der 2. Woche, ..., G_{52} – Gewinn in der 52. Woche können als unabhängig angenommen werden. Man sagt auch: Das Ziehungsgerät hat **kein Gedächtnis** und meint damit zum Beispiel: Es besteht hinsichtlich der Chancen kein Zusammenhang zwischen der ersten, der sechsten und der 52. Ziehung. Dann sind aber auch die jeweiligen Gegenereignisse unabhängig und die Wahrscheinlichkeit, 52 Wochen lang leer auszugehen, beträgt:
$P(\text{kein Gewinn in 52 Wochen}) = P(\overline{G}_1 \cap \overline{G}_2 \cap ... \cap \overline{G}_{52}) = 0{,}981^{52} \approx 0{,}37$.

BEACHTE
Auch für mehr als zwei Ereignisse bedeutet Unabhängigkeit: Das Eintreten oder Nichteintreten eines oder mehrerer der Ereignisse hat keinen Einfluss auf die Chancen für das Eintreten oder Nichteintreten der übrigen Ereignisse.

22

Beschreibe in Worten das Gegenereignis zu „kein Gewinn in 52 Wochen im Lotto 6 aus 49" und gib seine Wahrscheinlichkeit an.

23

Die Wahrscheinlichkeit einer Fehlmessung bei Radar-Tempomessungen mit einem bestimmten Gerät liegt bei 0,01. Um das Risiko von Fehlentscheidungen zu verringern, wurde deshalb empfohlen, ein vorbeifahrendes Fahrzeug viermal zu messen. Nimm an, dass die Fehlmessungen unabhängig voneinander auftreten.
a) Mit welcher Wahrscheinlichkeit sind alle vier Messungen Fehlmessungen?
b) Mit welcher Wahrscheinlichkeit ist wenigstens eine Messung richtig?

24

Einen bestimmter Multiple-Choice-Test besteht aus 15 Fragen mit je drei Antwortmöglichkeiten, von denen jeweils genau eine richtig ist.
Jemand kreuzt bei den ersten 5 Fragen mit Wahrscheinlichkeit 0,8 die richtige Antwort an. Bei den nächsten 5 Fragen sieht er jeweils nur eine Chance von 60 % für die richtige Antwort, bei den letzten Fragen kann er nur raten.
a) Mit welcher Wahrscheinlichkeit beantwortet der Kandidat alle Fragen richtig?
b) Mit welcher Wahrscheinlichkeit beantwortet er alle Fragen falsch?
c) Wie groß ist Wahrscheinlichkeit für mindestens eine richtige Antwort?
d) Wie groß ist Wahrscheinlichkeit für mindestens eine falsche Antwort?

HINWEIS
Nimm bei Aufgabe 24 an, dass die Antworten voneinander unabhängig richtig oder falsch sind. Was bedeutet diese Annahme inhaltlich?

Bernoulli-Versuche und Bernoulli-Ketten

1

Am Ende einer riesigen Silvesterparty fahren viele Partygäste mit ihrem eigenen Auto nach Hause. Etwa 10 % der Autofahrer haben trotz des erhöhten Risikos alkoholische Getränke getrunken. Bei einer Verkehrskontrolle, an der alle Autos vorbei müssen, wählt die Polizei stichprobenartig 4 Fahrzeuge aus, um sie zu kontrollieren.

a) Welche Ergebnisse könnte dieser Zufallsversuch haben? Du bist in diesem Fall ein unbeteiligter Zuschauer, versetze dich aber auch einmal in die Lage des Polizisten bzw. des Autofahrers. Was unterscheidet diese 3 Sichtweisen?

b) Begründe, dass es sich aus der Sicht des unbeteiligten Zuschauers um einen mehrstufigen Zufallsversuch handelt. Vergleiche auch hier mit den anderen Sichtweisen.

c) Gib ein Urnen- und ein Glücksradexperiment mit der gleichen Wahrscheinlichkeitsverteilung an.

d) Zeichne für den Vorgang ein vollständiges, vierstufiges Baumdiagramm. Verwende die Buchstaben T für „Trinker" bzw. „Treffer" und N für „Nichttrinker" bzw. „Niete". Notiere am Ende jeden Pfades das zugehörige Ergebnis der vier Alkoholkontrollen in der Form $(T; T; T; T)$, $(T; T; T; N)$ etc.

e) Wie viele Ergebnisse mit genau 3 Treffern gibt es? Wie viele Pfade führen zu genau 3 Treffern?

f) Wie groß ist die Wahrscheinlichkeit, dass die Polizei genau 3 alkoholisierte Fahrer erwischt?

Bei der Situation der Aufgabe 1 interessieren auf jeder Stufe nur zwei Möglichkeiten: *Treffer* oder *Niete*; man spricht auch von Erfolg oder Misserfolg.

> Ein Zufallsversuch mit nur zwei interessierenden Ergebnissen (*Treffer* und *Niete* bzw. *Erfolg* und *Misserfolg*) heißt **Bernoulli-Versuch**.

2

Handelt es sich bei den folgenden Vorgängen um Bernoulli-Versuche?
Gib gegebenenfalls eine passende Ergebnismenge an.

a) Ziehen einer Kugel aus einer Urne mit roten und blauen Kugeln
b) Werfen einer Laplace-Münze
c) Werfen einer gezinkten Münze
d) Ziehen einer Karte aus einem Skatspiel
e) Zweifachwurf eines Würfels; Ereignis: „Augensumme ist Primzahl"
f) Werfen zweier Münzen
g) Ziehen einer Karte aus einer Urne mit den Schülernamen deiner Klasse

Jakob Bernoulli (1654–1705) hat eines der ersten Bücher zur Wahrscheinlichkeitsrechnung verfasst und gilt damit als einer der Mitbegründer der „modernen" Wahrscheinlichkeitsrechnung.

Wird ein Bernoulli-Versuch *n*-mal durchgeführt und ändert sich die Trefferwahrscheinlichkeit dabei nicht, so spricht man von einem ***n*-stufigen Bernoulli-Versuch** bzw. von einer **Bernoulli-Kette der Länge *n***.

3 L

Handelt es sich jeweils um eine Bernoulli-Kette?
a) Ziehen von 8 Kugeln mit (bzw. ohne) Zurücklegen aus einer Urne mit 6 roten und zwei schwarzen Kugeln
b) 20-maliges Werfen einer Münze
c) gleichzeitiges Werfen von 20 Münzen
d) 10-maliges Würfeln mit einem Laplace-Würfel (bzw. einem gezinkten Würfel)

4

Sind folgende Zufallsversuche Bernoulli-Versuche?
a) Aus einem großen Lostopf werden 10 Lose gezogen. (Treffer = Gewinn)
b) Aus 5 verschiedenen Lostöpfen werden 5 Lose gezogen. (Treffer = Gewinn)
c) Aus einem Gefäß, das schwarze, gelbe, blaue und rote Kugeln enthält, wird eine Kugel gezogen. (Treffer = gelbe Kugel)

5 L

Entscheide, ob eine Bernoulli-Kette vorliegt.
a) Zwei Münzen, von denen eine eine Laplace-Münze ist und die andere eine gezinkte Münze, werden viermal gleichzeitig geworfen. (Treffer = Pasch)
b) Zwei Würfel, von denen einer ein Laplace-Würfel ist und der andere ein gezinkter, werden viermal gleichzeitig geworfen. (Treffer = Ziffernsumme 4)
c) Zwei gezinkte Würfel werden gleichzeitig geworfen. (Treffer = Pasch)

6

Eine Computerzeitung veröffentlichte im Jahr 2000 folgende Daten über die Altersstruktur der Internet-Surfer:

	gesamt	BRD
bis 19 Jahre	13,4 %	7,5 %
20–29 Jahre	30,9 %	35,8 %
30–39 Jahre	21,9 %	31,0 %
40–49 Jahre	19,2 %	15,5 %
ab 50 Jahre	14,6 %	10,7 %

Stellt folgendes Vorgehen eine Bernoulli-Kette dar?
a) Fünf Jugendliche unter 20 Jahren werden zufällig ausgewählt und befragt, ob sie im Internet surfen.
b) Es werden fünf Jugendliche unter 20 Jahren nur aus der BRD zufällig ausgewählt und danach befragt, ob sie im Internet surfen.
c) Drei über 29 Jahre alte Personen werden zufällig ausgewählt und befragt, ob sie im Internet surfen.
Gib für a), b), c) auch die Erfolgswahrscheinlichkeiten dafür an, auf genau einen Internet-Surfer zu treffen.

> **HINWEIS**
> *n*-stufige Bernoulli-Versuche sind die einfachsten mehrstufigen Zufallsversuche, die es gibt. Sie kommen bei praktischen Problemen besonders häufig vor.

Bernoulli-Versuche und Bernoulli-Ketten

7

BEACHTE
Die Fotos zeigen ein „normales" Galton-Brett sowie ein „schiefes" Galton-Brett, d. h. ein Galton-Brett, das nicht waagerecht, sondern schief aufgestellt worden ist. Mithilfe von Galton-Brettern können Bernoulli-Ketten simuliert werden.

a) Erläutere den Aufbau und die Funktion eines Galton-Bretts. Begründe, dass beim Galton-Brett die Bedingungen für eine Bernoulli-Kette erfüllt sind.
b) Worin unterscheiden sich normales und schiefes Galton-Brett? Welche Auswirkungen hat dies für den Weg einer Kugel?
c) Wie groß ist die Wahrscheinlichkeit für eine Kugel, beim „normalen" Galton-Brett in dem Fach ganz links zu landen?
d) Die Wahrscheinlichkeit für „Weg links" beim schiefen Galton-Brett sei gleich 0,7. Wie groß ist die Wahrscheinlichkeit für eine Kugel, in dem Fach ganz rechts zu landen?

HINWEIS
Das **Galton-Brett** ist nach Francis Galton (1822–1911), einem englischen Mathematiker benannt.

8

Mit einem Computer oder einem TR können die Vorgänge am Galton-Brett simuliert werden.

a) Formuliere mit Worten einen Algorithmus für die Simulation eines Galton-Bretts. Beachte, dass bei jeder Nagelreihe die Kugel den Weg nach rechts oder links nehmen kann (könnte mit zwei verschiedenen Werten codiert werden).
b) Überlege, wie sich die Anzahl der Kugeln in den einzelnen Fächern berechnen lässt und wie sich daraus die relative Häufigkeit ergibt.
c) Erläutere das nebenstehende GTR-Programm (hier des TI-83 plus).
d) Führe Simulationen mit dem Programm durch.

```
PROGRAM:GALTON
: Prompt R,K
: {0}→L1
: {0}→L2
: 21→dim(L1)
: 21→dim(L2)
: For (I,1,K)
: 1→W
: For (J,1,R)
: W+randInt(0,1)→W
: End
: L1(W)+1→L1(W)
: End
: For (I,1,R+1)
: L1(I)/K→L2(I)
: End
: Disp „VERTEILUNG"
: Disp L2
: Pause
```

AUFTRAG
Hast du schon einmal am Computer programmiert? Versuche in einer dir bekannten Programmiersprache ein benutzerfreundliches Programm zu erstellen, das die Anzahl der Nagelreihen und der Kugeln erfragt und in Abhängigkeit davon die Verteilung der Kugeln in den Fächern berechnet und anzeigt. Nutze die Grundgedanken des nebenstehenden GTR-Programms.

9

Formuliere ein GTR-Programm für ein schiefes Galton-Brett, bei dem die Wahrscheinlichkeit für „Weg links" gleich 0,7 ist. Führe mit diesem Programm Simulationen durch.

Binomialkoeffizienten

1

Betrachte noch einmal die Aufgabe 1, Seite 143.
a) Wie viele Möglichkeiten gibt es, keinen (bzw. 2, 3 oder 4) Treffer zu landen?
b) Wie viele Möglichkeiten gibt es für jede Trefferanzahl, wenn 5 bzw. 6 Autos kontrolliert wurden?

> **BEISPIEL**
> Für genau einen Treffer bei 4 Versuchen gibt es genau 4 Möglichkeiten:
> $(T; N; N; N)$, $(N; T; N; N)$, $(N; N; T; N)$, $(N; N; N; T)$.

2

Auf dem Bild siehst du einen Ausschnitt aus dem Stadtplan von Mannheim.
a) Was fällt dir an dem Straßenverlauf auf?
b) Ein Fußgänger möchte ohne Umwege vom Hauptzollamt (D7) zum Herschelbad (U3) gehen.
Wie viele verschiedene Routen hat er dafür zur Auswahl.
c) Wie viele Wege gibt es vom Haupteingang des Schlosses zum Ordnungsamt (K7)?
d) Vergleiche die Situation des Fußgängers mit der Situation einer Kugel auf dem Galton-Brett.

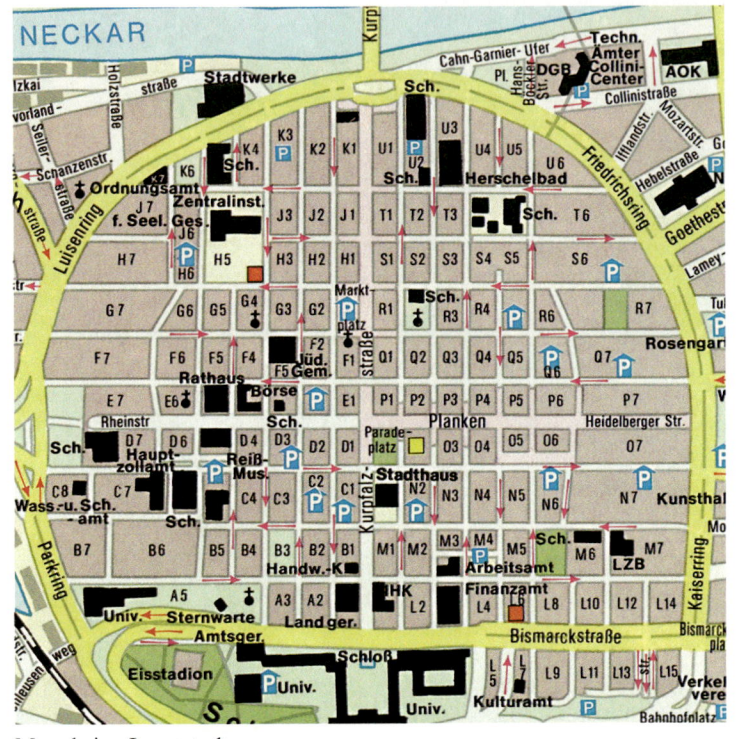

Mannheim, Innenstadt

3

a) Zeichne zu der Situation in Aufgabe 2 ein Baumdiagramm und schreibe an jeden Straßengabelpunkt die Anzahl der Wege, die zu ihm führen.
b) Drehe das Baumdiagramm so, dass der Startpunkt die Spitze bildet und die Wege jeweils nach unten verlaufen.

4

Du erhältst in Aufgabe 3 das dir bereits bekannte Pascal'sche Dreieck.
Begründe, dass man jede innere Zahl im Pascal'schen Dreieck als Summe der beiden darüber stehenden erhält. Nutze dabei, dass die Zahlen als Anzahlen der Wege zu diesem Punkt aufgefasst werden können.

Zeile	Pascal'sches Dreieck
0	1
1	1 1
2	1 2 1
3	1 3 3 1
4	1 4 6 4 1
5	1 5 10 10 5 1
6	1 6 15 20 15 6 1
7	1 7 21 35 35 21 7 1

5

Das Produkt $(a + b) \cdot (a + b) \cdot (a + b) \cdot (a + b)$ lässt sich in der Kurzform $(a + b)^4$ schreiben. Beim Ausmultiplizieren entstehen z. B. Summanden wie $a^3 b$ oder b^4.
a) Berechne $(a + b)^2$, $(a + b)^3$ und $(a + b)^4$.
b) Vergleiche die Koeffizienten vor den einzelnen Summanden mit den Zahlen im Pascal'schen-Dreieck.

Binomialkoeffizienten

6

a) Zeichne ein Baumdiagramm für $(a+b)^4$, dessen Anfang nebenstehend zu sehen ist. Die Entscheidung, einem linken Ast zu folgen, soll die Entscheidung für den Faktor a bedeuten und die Entscheidung für den rechten Ast die Entscheidung für b. Überlege, wie viele Verzweigungsstufen nötig sind.

b) Schreibe an das Ende der letzten Äste die zugehörigen Produktsorten: a^4, a^3b, usw.
Wie viele Wege führen zu den einzelnen Produktsorten?

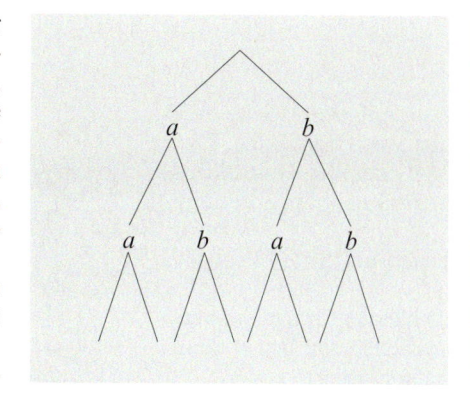

c) Erläutere, dass die Anzahl der Wege zu einer bestimmten Produktsorte gleich der Anzahl der Produkte von dieser Sorte ist.
Welche Summe ergibt sich demnach für $(a+b)^4$?

d) Erläutere den Zusammenhang dieser Aufgabe zur Situation am Galton-Brett.

BEACHTE

a^6b steht für folgende Produkte
$a \cdot a \cdot a \cdot a \cdot a \cdot a \cdot b$
$a \cdot a \cdot a \cdot a \cdot a \cdot b \cdot a$
$a \cdot a \cdot a \cdot a \cdot b \cdot a \cdot a$
$a \cdot a \cdot a \cdot b \cdot a \cdot a \cdot a$
$a \cdot a \cdot b \cdot a \cdot a \cdot a \cdot a$
$a \cdot b \cdot a \cdot a \cdot a \cdot a \cdot a$
$b \cdot a \cdot a \cdot a \cdot a \cdot a \cdot a$

Wird die Potenz $(a+b)^n$ (wobei $n \in \mathbb{N}$) ausmultipliziert, so entsteht eine Reihe von Summanden, die jeweils das Produkt einer natürlichen Zahl mit einer Potenz von a und einer Potenz von b sind.
Beispielsweise: $(a+b)^3 = a^3 + 3a^2b + 3ab^2 + b^3$.

Die Koeffizienten (Zahlen) vor den einzelnen Summanden nennt man **Binomialkoeffizienten**. Sie stehen in der Zeile n des Pascal'schen-Dreiecks.

Vereinbarung:
Nummeriert man in der Zeile n die Binomialkoeffizienten mit
$0, 1, 2, \ldots, k, \ldots, n$,
so schreibt man für den an der Stelle k stehenden Koeffizienten das Symbol $\binom{n}{k}$ (sprich „n über k").

ERINNERE DICH

Für $n \geq 2$ kann man $(a+b)^n$ mithilfe des Pascal'schen-Dreiecks leicht berechnen.
Beispielsweise ist
$(a+b)^6 = 1a^6 + 6a^5b$
$+ 15a^4b^2 + 20a^3b^3$
$+ 15a^2b^4 + 6ab^5 + 1b^6$

7

a) Beschreibe nochmals den Zusammenhang zwischen Wegen in Mannheim, Pascal'schem Dreieck und Binomialkoeffizienten.

b) Begründe, dass folgende Vereinbarungen sinnvoll sind:
$\binom{n}{0} = 1$ und $\binom{n}{n} = 1$.
Welche Bedeutung haben sie bzgl. Aufgabe 1 bzw. im Pascal'schen Dreieck?

8

Begründe:
a) Bei einer Bernoulli-Kette der Länge n gibt es insgesamt so viele Ergebnisse, die zum Ereignis „k Treffer" gehören, wie es Wege im Baumdiagramm gibt, die k-mal nach links (bzw. zum Ergebnis „Treffer") führen.

b) Die Anzahl der Ergebnisse wird durch die k-te Zahl in der n-ten Zeile des Pascal'schen Dreiecks angegeben und beträgt $\binom{n}{k}$.

AUFTRAG

Forsche zu biographischen Daten über Blaise Pascal z. B. im Internet. Was ist die so genannte Pascal'sche Wette? Welche bedeutsamen mathematischen Zusammenhänge hat Pascal entdeckt?

Binomialverteilung

1

Betrachten wir nochmal die in Aufgabe 1 Seite 143 beschriebene Verkehrskontrolle von Partygästen. Die Wahrscheinlichkeit dafür, dass jeder der kontrollierten Autofahrer Alkohol getrunken hatte, beträgt $0{,}1 \cdot 0{,}1 \cdot 0{,}1 \cdot 0{,}1$ also $(0{,}1)^4$.
(vgl. dazu auch das entsprechende, auf Seite 136 abgebildete Baumdiagramm).
a) Berechne die Wahrscheinlichkeiten für die anderen Trefferanzahlen (1 alkoholisierter von den 4 kontrollierten Autofahrern, 2 alkoholisierte ...).
b) Stelle die bei a) ermittelte Wahrscheinlichkeitsverteilung in einem Diagramm dar.
c) Wie sieht die Wahrscheinlichkeitsverteilung aus, wenn nur 3 Autofahrer von der Polizei kontrolliert werden?

> Die **Wahrscheinlichkeitsverteilung** ordnet jedem möglichen Wert eines Zufallsversuches seine Wahrscheinlichkeit zu.
>
> Die Wahrscheinlichkeitsverteilung, die zu einer Bernoulli-Kette gehört, heißt **Binomialverteilung**.
> Die Binomialverteilung hängt ab von der Trefferwahrscheinlichkeit p und der Länge n der Bernoulli-Kette.

BEISPIEL
In dem Beispiel mit der Verkehrskontrolle beträgt die Trefferwahrscheinlichkeit für jeden Teilversuch (bei jedem kontrollierten Autofahrer) 0,1.
Da 4 Autofahrer kontrolliert wurden, der Teilversuch also 4-mal wiederholt wurde, beträgt die Länge der Bernoulli-Kette 4.
Wie viele angetrunkene unter den 4 kontrollierten Autofahrern wird die Polizei erwartet haben?

2

Stelle jeweils eine Wahrscheinlichkeitsverteilung für den beschriebenen Versuch auf. Handelt es sich um eine Binomialverteilung?
a) Eine Münze wird 5-mal geworfen und die Anzahl von „Wappen" wird gezählt.
b) 5 Münzen werden geworfen und die Anzahl von „Wappen" wird gezählt.
c) Aus einer Urne mit 3 gelben und 2 roten Kugeln wird 3-mal eine Kugel gezogen und nicht wieder zurückgelegt. Wie oft war die Kugel rot?
d) Aus einer Urne mit 3 gelben und 2 roten Kugeln wird 3-mal eine Kugel gezogen und wieder zurückgelegt. Wie oft war die Kugel rot?

3

Bei der Massenproduktion von Eisenkleinteilen (z. B. Schrauben) wird aus einem Karton eine Stichprobe von 4 Teilen entnommen.
a) Begründe, dass man hier von einer Bernoulli-Kette sprechen kann.
b) Wie sieht die Wahrscheinlichkeitsverteilung aus, wenn bekannt ist, dass durchschnittlich 2 % der Teile defekt sind?

4L

Bei einem Preisrätsel sollen 8 Fragen beantwortet werden, wobei jeweils 3 mögliche Antworten vorgegeben sind. Du weißt leider gar nichts und musst zufällig ankreuzen. Mit welcher Wahrscheinlichkeit hast du 0, 1, ..., 8 Richtige?
Stelle die entsprechende Wahrscheinlichkeitsverteilung grafisch dar.

Binomialverteilung

5

a) Begründe, dass im Beispiel mit der Verkehrskontrolle die Wahrscheinlichkeit für *einen* Weg, der zu genau drei Trinkern führt, gleich $0{,}1^3 \cdot 0{,}9^1$ ist.
b) Wie viele Wege führen zu dem Ergebnis „3 Treffer" (genau drei Trinker zu erwischen)?
c) Wie groß ist dann die Wahrscheinlichkeit für genau drei Treffer?

6

a) Begründe: Bei einem Bernoulli-Versuch sei die Wahrscheinlichkeit für das Eintreten des Ereignisses „Treffer" gleich p. Die Wahrscheinlichkeit für das Gegenereignis „Niete" ist dann gleich $1-p$.
b) Begründe: Bei einer Bernoulli-Kette der Länge n und der Trefferwahrscheinlichkeit p gehören zum Ereignis „k Treffer" alle Ergebnisse mit der Wahrscheinlichkeit $p^k \cdot (1-p)^{n-k}$.

> Bei einer Bernoulli-Kette der Länge n und der Trefferwahrscheinlichkeit p tritt das Ereignis „k Treffer" mit der Wahrscheinlichkeit $\binom{n}{k} \cdot p^k \cdot (1-p)^{n-k}$ auf.

7L

a) Wie groß ist die Wahrscheinlichkeit, dass in einer Familie mit vier Kindern 3 Jungen aufwachsen, wenn die Wahrscheinlichkeit für eine Jungengeburt 0,51 beträgt?
b) Im Durchschnitt sind unter 1000 neugeborenen Kindern 514 Jungen.
Wie groß ist die Wahrscheinlichkeit dafür, dass eine Familie, die sich auf das vierte Kind freut und schon 3 Mädchen hat, noch ein Mädchen dazu bekommt?

8

a) Berechne die Wahrscheinlichkeit dafür, dass die Polizei genau 12 alkoholisierte Fahrer ertappt, wenn sie insgesamt 20 Autos kontrolliert und bekannt ist, dass sich in der Silvesternacht im Schnitt 2 von 5 Fahrern trotz Alkoholgenusses ans Steuer setzen.
b) Mit welcher Wahrscheinlichkeit ertappt die Polizei genau 3 alkoholisierte bei 7 kontrollierten Fahrern, wenn die Wahrscheinlichkeit für einen Treffer 0,15 beträgt?

9

Bei einer Umfrage werden 10 zufällig gewählte Personen gefragt, ob sie eine bestimmte Fernsehsendung gesehen haben. Zuvor war ermittelt worden, dass die Einschaltquote für diese Fernsehsendung bei 0,6 lag.
Stelle eine Binomialverteilung auf für die Anzahl der Personen, die die Sendung gesehen haben.

10^L

Berechne jeweils die zu n und p gehörende Binomialverteilung.
Stelle die Wahrscheinlichkeitsverteilungen auch grafisch dar. Was fällt dabei auf?
a) $n = 12, p = 0{,}4$ b) $n = 20, p = 0{,}3$ c) $n = 20, p = 0{,}5$ d) $n = 30, p = 0{,}6$

HINWEIS
Unter Verwendung der Funktion binompdf(...) kann auf dem GTR ein Programm zur Berechung von Binomialverteilungen formuliert werden.

11

Eine Krankheit K tritt in der Bevölkerung mit der Wahrscheinlichkeit 5% auf.
Wie groß ist die Wahrscheinlichkeit, dass sich in einer zufällig gebildeten Gruppe von 20 Personen die folgende Anzahl von Kranken befindet?
a) genau ein Kranker
b) genau zwei Kranke
c) genau 5 Kranke
d) weniger als zwei Kranke

12

Ein Würfel wird 20-mal geworfen. Wie groß ist die Wahrscheinlichkeit für
a) genau 6-mal „gerade Zahl"?
b) höchstens 5-mal „gerade Zahl"?
c) genau 3-mal „6"?
d) mindestens 4-mal „1"?

13

Wie groß ist die Wahrscheinlichkeit, dass in einer Familie mit 5 Kindern die Geschlechter folgendermaßen verteilt sind, wenn man davon ausgeht, dass die Wahrscheinlichkeit für die Geburt eines Mädchens genauso groß ist wie die Wahrscheinlichkeit für die Geburt eines Jungen?
a) nur Mädchen
b) genau 3 Mädchen
c) mindestens 2 Mädchen
d) mindestens 1 Junge

Bequem kann man die Wahrscheinlichkeiten bei Binomialverteilungen mithilfe von entsprechenden Tabellen ermitteln.
Die nebenstehende Abbildung zeigt einen Ausschnitt aus solch einer Tabelle.
Dabei bedeutet ein eingetragener Wert die Wahrscheinlichkeit dafür, dass bei einer Bernoulli-Kette der Länge n und einer Trefferwahrscheinlichkeit p **genau** k Treffer beobachtet werden, also $P(X = k)$.
(X ist die Zufallsgröße „Anzahl der Treffer".)
Dabei berechnet sich jeder Wert wie folgt: $P(X = k) = \binom{n}{k} \cdot p^k \cdot (1-p)^{n-k}$.

Ablesebeispiel:
$n = 50, p = 0{,}2, k = 6 \rightarrow P(X = k) = 0{,}0554$

Hinweis:
Steht kein Wert in der Tabelle, so beträgt die entsprechende Wahrscheinlichkeit nahezu null.

n	k\p	0,01	0,02	0,05	0,1	1/6	0,2	1/4	1/3	0,5
	0	0,6050	0,3642	0,0769	0,0052	0,0001				
	1	0,3056	0,3716	0,2025	0,0286	0,0011	0,0002			
	2	0,0756	0,1858	0,2611	0,0779	0,0054	0,0011	0,0001		
	3	0,0122	0,0607	0,2199	0,1386	0,0172	0,0044	0,0004		
	4	0,0015	0,0145	0,1360	0,1809	0,0405	0,0128	0,0016		
	5	0,0001	0,0027	0,0658	0,1849	0,0745	0,0295	0,0049	0,0001	
	6		0,0004	0,0260	0,1541	0,1118	0,0554	0,0123	0,0004	
	7		0,0001	0,0086	0,1076	0,1405	0,0870	0,0259	0,0012	
	8			0,0024	0,0643	0,1510	0,1169	0,0463	0,0033	
	9			0,0006	0,0333	0,1410	0,1364	0,0721	0,0077	
	10			0,0001	0,0152	0,1156	0,1398	0,0985	0,0157	
	11				0,0061	0,0841	0,1271	0,1194	0,0286	
	12				0,0022	0,0546	0,1033	0,1294	0,0465	0,0001
	13				0,0007	0,0319	0,0755	0,1261	0,0679	0,0003
	14				0,0002	0,0169	0,0499	0,1110	0,0898	0,0008
	15				0,0001	0,0081	0,0299	0,0888	0,1077	0,0020
	16					0,0035	0,0164	0,0648	0,1178	0,0044
	17					0,0014	0,0082	0,0432	0,1178	0,0087
	18					0,0005	0,0037	0,0264	0,1080	0,0160
	19					0,0002	0,0016	0,0148	0,0910	0,0270
50	20					0,0001	0,0006	0,0077	0,0705	0,0419
	21						0,0002	0,0036	0,0503	0,0598
	22						0,0001	0,0016	0,0332	0,0788
	23							0,0006	0,0202	0,0960
	24							0,0002	0,0114	0,1080
	25							0,0001	0,0059	0,1123
	26								0,0028	0,1080
	27								0,0013	0,0960

Binomialverteilung

14

Die Länge einer Bernoulli-Kette sei gleich 50.
Ermittle anhand der Tabelle die Wahrscheinlichkeit für folgende Ereignisse.
a) genau 8 Treffer bei $p = 0{,}30$
b) höchstens 8 Treffer bei $p = 0{,}30$
c) genau 3 Treffer bei $p = 0{,}10$
d) höchstens 1 Treffer bei $p = 0{,}05$
e) genau 1 Treffer bei $p = 0{,}10$
f) höchstens 2 Treffer bei $p = 0{,}02$

15L

Eine Laplace-Münze wird 50-mal geworfen. X sei die Zufallsgröße „Anzahl der Wappen". Ermittle die folgenden Wahrscheinlichkeiten.
Gib auch eine verbale Beschreibung der Wahrscheinlichkeiten an.
a) $P(X = 5)$
b) $P(5 \leq X \leq 10)$
c) $P(X \leq 6)$
d) $P(X \neq 5)$
e) $P(12 \leq X \leq 15)$
f) $P(X \leq 25)$

Es gibt auch Tabellen zur Binomialverteilung, in der die (von 0 bis k) **aufsummierten** binomialen Wahrscheinlichkeiten in Abhängigkeit von n, p und k zu finden sind. Hier wird benutzt, dass
$P(X \leq k) =$
$P(X = 0) + P(X = 1) + ... + P(X = k)$.
Nebenstehende Abbildung zeigt einen Ausschnitt aus einer solchen Tabelle.

Ablesebeispiel:
$n = 50$, $p = 0{,}2$, $k = 6 \rightarrow P(X \leq k) = 0{,}1034$

Hinweis:
In der Tabelle findet man nur die 4 ersten Stellen nach „Null Komma".
Steht kein Wert in der Tabelle, so beträgt die entsprechende Wahrscheinlichkeit nahezu eins.

n	k\p	0,02	0,03	0,04	0,05	0,1	1/6	0,2	1/4	1/3	0,5
50	0	0,3642	2181	1299	0769	0052	0001	0000	0000	0000	0000
	1	7358	5553	4005	2794	0338	0012	0002	0000	0000	0000
	2	9216	8108	6767	5405	1117	0066	0013	0001	0000	0000
	3	9822	9372	8609	7604	2503	0238	0057	0005	0000	0000
	4	9968	9832	9510	8964	4312	0643	0185	0021	0000	0000
	5	9995	9963	9856	9622	6161	1388	0480	0070	0001	0000
	6	9999	9993	9964	9882	7702	2506	1034	0194	0005	0000
	7		9999	9992	9968	8779	3911	1904	0453	0017	0000
	8			9999	9992	9421	5421	3073	0916	0050	0000
	9				9998	9755	6830	4437	1637	0127	0000
	10					9906	7986	5836	2622	0284	0000
	11					9968	8827	7107	3816	0570	0000
	12					9990	9373	8139	5110	1035	0002
	13					9997	9693	8894	6370	1715	0005
	14					9999	9862	9393	7481	2612	0013
	15						9943	9692	8369	3690	0033
	16						9978	9856	9017	4868	0077
	17						9992	9937	9449	6046	0164
	18						9997	9975	9713	7126	0325
	19						9999	9991	9861	8036	0595
	20							9997	9937	8741	1013
	21							9999	9974	9244	1611
	22								9990	9576	2399
	23								9996	9778	3359

BEISPIELE
n sei gleich 50.
Die Wahrscheinlichkeit für „höchstens 5 Treffer" bei $p = 0{,}1$ beträgt 0,6161
Die Wahrscheinlichkeit für „genau 5 Treffer" bei $p = 0{,}1$ entsteht aus „höchstens 5 Treffern" ohne „höchstens 4 Treffer", beträgt also $0{,}6161 - 0{,}4312 = 0{,}1849$.

HINWEIS
Am Ende dieses Kapitels, auf den Seiten 173–176 findest du weitere Tabellen zur Binomialverteilung, in denen auch Werte für andere Versuchsanzahlen n zu finden sind.

16

Ermittle anhand der Tabelle für $n = 50$ und das jeweils gegebene p die Wahrscheinlichkeit des angegebenen Ereignisses.
a) $P(X \leq 12)$ bei $p = 0{,}2$
b) $P(X \leq 6)$ bei $p = 0{,}1$
c) $P(X \leq 20)$ bei $p = 0{,}5$
d) $P(X \leq 18)$ bei $p = 0{,}05$
e) $P(X \leq 38)$ bei $p = 0{,}5$
f) $P(X \leq 30)$ bei $p = 0{,}2$

AUFGABE
Erkläre mit eigenen Worten an einem selbst gewählten Beispiel, was $P(X \leq k)$ bzw. $P(X \geq k)$ bedeutet.

17

Ermittle anhand der Tabelle für $n = 50$ und das jeweils gebene p die Wahrscheinlichkeit des angegebenen Ereignisses.
a) $P(X < 20)$ bei $p = 0{,}25$
b) $P(X < 30)$ bei $p = 0{,}5$
c) $P(X < 12)$ bei $p = 0{,}2$
d) $P(X \geq 20)$ bei $p = 0{,}25$
e) $P(X \geq 40)$ bei $p = 0{,}5$
f) $P(X \geq 45)$ bei $p = 0{,}2$

18

Begründe folgende Aussagen.
a) $P(X = k) = P(X \leq k) - P(X \leq k - 1)$
b) Für die Wahrscheinlichkeit $P(X \geq k)$, d. h. dass die Anzahl der Treffer mindestens gleich k ist, gilt $P(X \geq k) = 1 - P(X < k)$.
c) Für die Wahrscheinlichkeit $P(a \leq X \leq b)$, d. h. dass die Anzahl der Treffer mindestens gleich a und höchstens gleich b ist, gilt $P(a \leq X \leq b) = P(X \leq b) - P(X < a)$.

19

Ein Multiple-Choice-Test besteht aus 20 Fragen mit je 3 vorgegebenen Antworten. Es ist jeweils nur genau eine Antwort richtig.
Ein Testkandidat kreuzt rein zufällig jeweils eine Antwort an, weil er keine Ahnung hat, welches die jeweils richtige Antwort ist.
Wie groß ist die Wahrscheinlichkeit, dass er folgendes Ergebnis erzielt hat?
a) alle 20 Fragen richtig beantwortet
b) genau die Hälfte der Fragen richtig beantwortet
c) weniger als ein Viertel der Fragen richtig beantwortet
d) mindestens die Hälfte der Fragen richtig beantwortet
e) mehr als 75% der Fragen richtig beantwortet

20

Bei einem Multiple-Choice-Test mit 100 Fragen gibt es jeweils 3 Antworten zur Auswahl, wobei nur jeweils eine Antwort richtig ist. Ein Testkandidat soll keine einzige richtige Antwort erreicht haben.
Was meinst du dazu?

BEISPIEL
Erfahrungsgemäß wird die Übertragung von Funksignalen in 25% aller Fälle durch äußere Einflüsse gestört. Wenn dadurch insgesamt 30% oder mehr der Signale der Nachricht gestört sind, kann die Nachricht nicht mehr verstanden werden.
Wie groß ist die Wahrscheinlichkeit, dass die Nachricht nicht verstanden wird, wenn 100 Signale zu ihr gehören?

gegeben: $p = 0{,}25$ (Störung eines einzelnen Signals)
$n = 100$ (Anzahl der gesendeten Signale)

gesucht: $P(X \geq 30)$ (Nachricht wird nicht verstanden, wenn mindestens 30% der 100 Signale gestört sind.)

Lösung: $P(X \geq 30) = 1 - P(X < 30)$
$= 1 - P(X \leq 29)$
$= 1 - 0{,}8505 = 0{,}1495$

Mit einer Wahrscheinlichkeit von 15% kann eine Nachricht aus 100 Signalen nicht verstanden werden, wenn jedes Signal mit einer Wahrscheinlichkeit von 25% gestört wird.

Binomialverteilung

21

Peter und Sabine schießen mit Pfeil und Bogen auf eine Zielscheibe; jeder schießt 20-mal. Gewonnen hat natürlich der, der am häufigsten ins Schwarze trifft. Sabine trifft erfahrungsgemäß in 6 von 10 Fällen ins Schwarze. Wie groß ist ihre Chance zu gewinnen, wenn Peter 16-mal ins Schwarze getroffen hat?

22

Wie groß ist die Wahrscheinlichkeit, dass unter 50 Neugeborenen 30 Jungen sind, wenn die Wahrscheinlichkeiten für eine Jungengeburt und eine Mädchengeburt als gleich angenommen werden?

23^L

Nur etwa 95% aller Fluggäste, die sich einen Platz für einen Flug reservieren lassen, fliegen dann auch tatsächlich.
Fluggesellschaften praktizieren deshalb manchmal eine Überbuchung bei ihren Flügen, d.h. sie verkaufen mehr Flugtickets, als Plätze vorhanden sind.
a) Mit welcher Wahrscheinlichkeit bekommen alle Passagiere einen Platz, wenn bei einem Flugzeug mit 46 Plätzen 50 Tickets verkauft wurden?
b) Im Langstreckenlinienverkehr kann eine Boeing B747 etwa 360 Passagiere befördern. Erstelle eine Grafik, aus der ersichtlich ist, wie sich mit der Zahl der überbuchten Plätze die Wahrscheinlichkeit dafür verändert, dass alle Passagiere einen Sitzplatz erhalten.

24

Bei einer Geschwindigkeitskontrolle in einem verkehrsberuhigten Innenstadtbereich wird von 50 vorbeifahrenden Autos die Geschwindigkeit gemessen. Erfahrungsgemäß halten sich nur etwa 60% aller Autofahrer in diesem Bereich an die vorgeschriebene Höchstgeschwindigkeit.
Wie groß ist die Wahrscheinlichkeit, dass von den kontrollierten Fahrern der angegebene Anteil zu schnell gefahren ist?
a) höchstens die Hälfte   b) weniger als 20%   c) gar keiner

25

Nach gründlichem Mischen werden aus einem Skatspiel 10 Karten an einen Spieler ausgegeben.
a) Begründe, dass sich die Ausgabe jeder Karte als zufälliges Ziehen der Karte aus dem Skatblatt interpretieren lässt.
b) Als Treffer gelte das Ereignis „Herzkarte". Warum handelt es sich beim Austeilen der 10 Karten nicht um eine Bernoulli-Kette?
c) Wie sieht ein passender Urnenversuch aus, mit dem das Austeilen der Karten simuliert werden könnte?
d) Wie groß ist die Wahrscheinlichkeit dafür, dass der Spieler bei den ersten 4 Karten nur Herzkarten bekommt?
e) Wie groß ist die Wahrscheinlichkeit dafür, dass der Spieler insgesamt genau 4 Herzkarten bekommt?
f) Findest du eine Formel, mit der die Wahrscheinlichkeit für eine bestimmte Anzahl von Herzkarten unter den 10 Spielkarten berechnet werden kann?

NACHGEDACHT

Warum handelt es sich bei der Ziehung von Lottozahlen nicht um eine Bernoulli-Kette? Wie müsste die Ziehung durchgeführt werden, wenn es sich um eine Bernoulli-Kette handeln sollte? Warum wäre solch ein Vorgehen aber nicht sinnvoll?

BEISPIEL

Welche Länge muss eine Folge von Zufallsziffern haben, damit mit einer Wahrscheinlichkeit von wenigstens 90% die Ziffer „8" mindestens einmal vorkommt?

gegeben:
– Trefferwahrscheinlichkeit p für das Finden einer Ziffer „8" beträgt 0,1 (eine von 10 möglichen Ziffern)
– X sei die Anzahl der Achten in der Zufallsziffernfolge der Länge n, dann gilt: $P(X \geq 1) \geq 0,9$

gesucht:
Länge n der Zufallsziffernfolge

Lösung:
$P(X \geq 1) \geq 0,9$
$1 - P(X = 0) \geq 0,9$ | da $P(X \geq 1) = 1 - P(X = 0)$ (Gegenereignis)
$1 - \binom{n}{0} \cdot p^0 \cdot (1-p)^n \geq 0,9$ | da $P(X = 0) = \binom{n}{0} \cdot p^0 \cdot (1-p)^n$
$1 - (1-p)^n \geq 0,9$ | vereinfacht
$1 - 0,9^n \geq 0,9$ | da $p = 0,1$ (laut Voraussetzung)
$0,9^n \leq 0,1$
$\lg(0,9^n) \leq \lg 0,1$
$n \cdot \lg 0,9 \leq \lg 0,1$
$n \geq 21,8$

Antwort:
Besteht eine Zufallsziffernfolge aus mehr als 21 Ziffern, so tritt die Ziffer „8" mit einer Wahrscheinlichkeit von mindestens 90% wenigstens einmal auf.

BEACHTE

Allgemein kann man zum nebenstehenden Beispiel festhalten:
Soll die Wahrscheinlichkeit für mindestens einen Treffer größer oder gleich a ($0 < a < 1$) sein, so gilt für die Länge n der Bernoulli-Kette:
$n \geq \dfrac{\lg(1-a)}{\lg(1-p)}$.

26

a) Wie oft muss man mindestens würfeln, damit mit einer Wahrscheinlichkeit von mindestens 80% wenigstens eine „6" gewürfelt wurde.
Erkläre das Ergebnis.

b) Betrachten wir noch einmal Aufgabe 1, Seite 143. Wie viele Autofahrer muss die Polizei mindestens kontrollieren, um mit 50%iger Sicherheit mindestens 3 „Sünder" herauszufischen?

AUFGABEN ZUR WIEDERHOLUNG

1. Stelle die Funktion f jeweils grafisch dar.
   a) $f(x) = 2,2x - 1,8$ b) $f(x) = -5x + 7,5$
   c) $f(x) = -80x - 140$ d) $f(x) = 100x + 250$
   e) $f(x) = |x| - 3,5$ f) $f(x) = -\dfrac{1}{5}x$

2. a) Zeichne durch je zwei der Punkte $A(7|2)$; $B(3|6)$; $C(-6|0)$; $D(-2|-1)$ eine Gerade.
   Lies jeweils den Anstieg m und den Schnittpunkt $(0|n)$ mit der y-Achse aus der Zeichnung ab und gib eine Gleichung der entsprechenden linearen Funktion an.
   b) Berechne für jede Gerade m und n.
   c) Vergleiche abgelesene und berechnete Werte.

3. Kann eine direkte oder indirekte (umgekehrte bzw. Anti-)Proportionalität vorliegen? Begründe.

   a)
x	0,4	4,1	9,3	7,8
$f(x)$	13,00	1,27	0,56	0,67

   b)
x	0,5	1,2	5,9	12,4
$f(x)$	1,90	4,56	22,42	47,12

4. Übertrage die Wertetabelle ins Heft und ergänze sie so, dass direkte (bzw. indirekte) Proportionalität entsteht.

x	5	10	20	25	30	35	40	60	100
y					72				

Erwartungswert und Gestalt der Binomialverteilung

1

a) Wie oft würdest du eine 6 erwarten, wenn du 6-mal (bzw. 12-mal) würfelst?
b) Welche Anzahl für „Zahl" würdest du beim 500-maligen Werfen einer Laplace-Münze erwarten?
c) Wie viele Mädchen erwartet man in einer Familie mit 6 Kindern?

> Der **Erwartungswert $E(X)$ einer Zufallsgröße X** gibt den Durchschnittswert der beobachteten Ergebnisse an.

Der Erwartungswert beschreibt die Lage der Wahrscheinlichkeitsverteilung einer Zufallsgröße. Er ist ein mittlerer Wert und man könnte sich vorstellen, dass die x-Achse im Gleichgewicht ist, wenn man auf ihr die Verteilung balanciert mit einem Finger unter dem Erwartungswert.

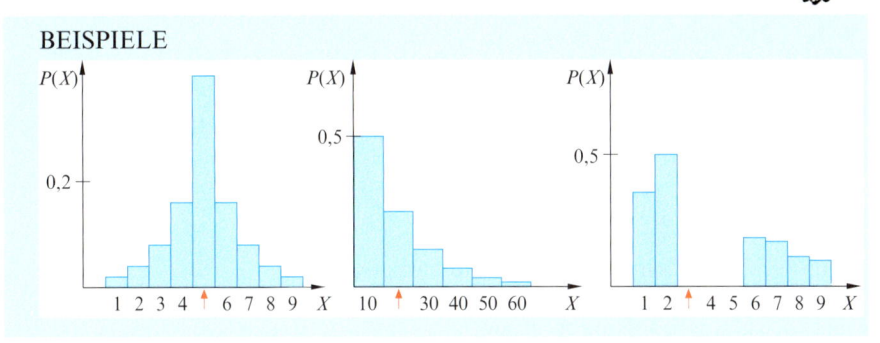

BEISPIELE

2

Wo vermutest du bei den gegebenen Wahrscheinlichkeitsverteilungen jeweils den Erwartungswert?

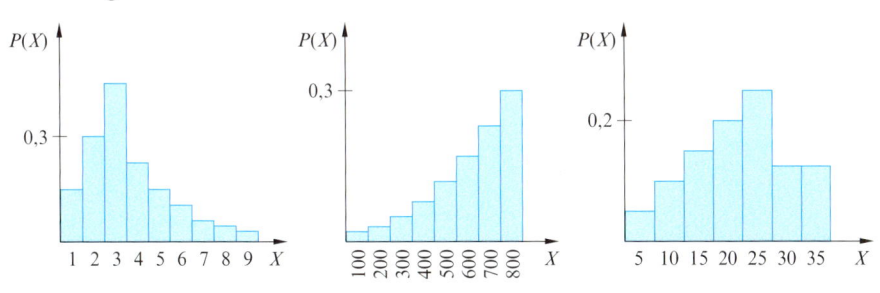

3

Zeichne zu jedem der gegebenen Erwartungswerte drei verschiedene Wahrscheinlichkeitsverteilungen, zu denen dieser Erwartungswert gehören könnte.
a) $E(X) = 3$
b) $E(X) = 0$
c) $E(X) = 200$

4

Zeichne jeweils die Wahrscheinlichkeitsverteilung für den gegebenen Zufallsversuch und lies den Erwartungswert ab.
a) 6-maliges Werfen einer Laplace-Münze – Anzahl der „Wappen"
b) 10-maliges Werfen eines Würfels – Anzahl der „Einsen"
c) Anzahl der Jungen in einer Familie mit 6 Kindern

5

Begründe, dass beim n-maligen Würfeln als Anzahl der Einsen $n \cdot \frac{1}{6}$ erwartet wird.

> Bei einem n-stufigen Bernoulli-Versuch mit einer Trefferwahrscheinlichkeit p erwartet man $n \cdot p$ Treffer.
> Man spricht vom **Erwartungswert μ** des Bernoulliversuches.
> Es gilt also: $\mu = n \cdot p$.

BEISPIEL
Ist die Wahrscheinlichkeit beim Münzwurf für Treffer (etwa „Wappen") gleich $\frac{1}{2}$, so erwartet man bei 130 Würfen ca. 65-mal Wappen.

6

Welche durchschnittliche Anzahl von Treffern ist zu erwarten?
a) Eine Laplace-Münze wird 220-mal geworfen. (Treffer: „Wappen")
b) Ein Laplace-Würfel wird 150-mal geworfen. (Treffer: „Primzahl")
c) Ein gezinkter Würfel ($P(„6") = 0{,}25$) wird 120-mal geworfen. (Treffer: „nicht 6")
d) Ein in drei gleich große Sektoren (rot, gelb, grün) geteiltes Glücksrad wird 60-mal gedreht. (Treffer: „rot")

7

Die folgenden Bilder zeigen die Binomialverteilungen der Anzahl der Erfolge für verschiedene Bernoulli-Versuche.
a) Beschreibe die Verteilungen und erläutere Gemeinsamkeiten und Unterschiede.
b) Wie verändert sich die Gestalt der Verteilung mit wachsender Trefferwahrscheinlichkeit bei gleich bleibender Länge der Bernoulli-Kette?

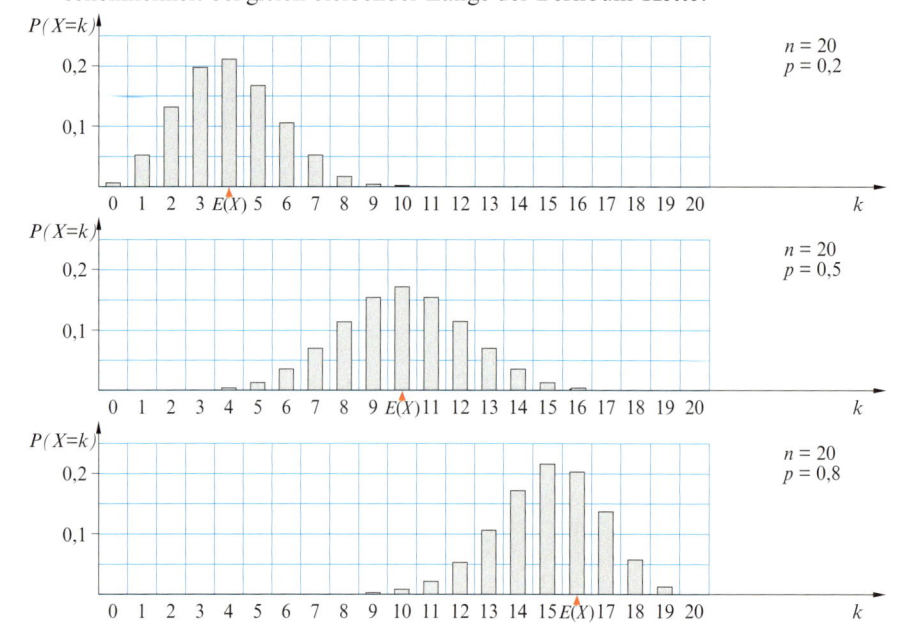

Erwartungswert und Gestalt der Binomialverteilung

8

a) Begründe: Je länger eine Bernoulli-Kette ist, desto kleiner ist die Wahrscheinlichkeit für das Eintreten des Erwartungswertes.
b) Wie verändert sich die Gestalt der Binomialverteilung, wenn die Trefferwahrscheinlichkeit gleich bleibt und die Länge der Bernoulli-Kette zunimmt?

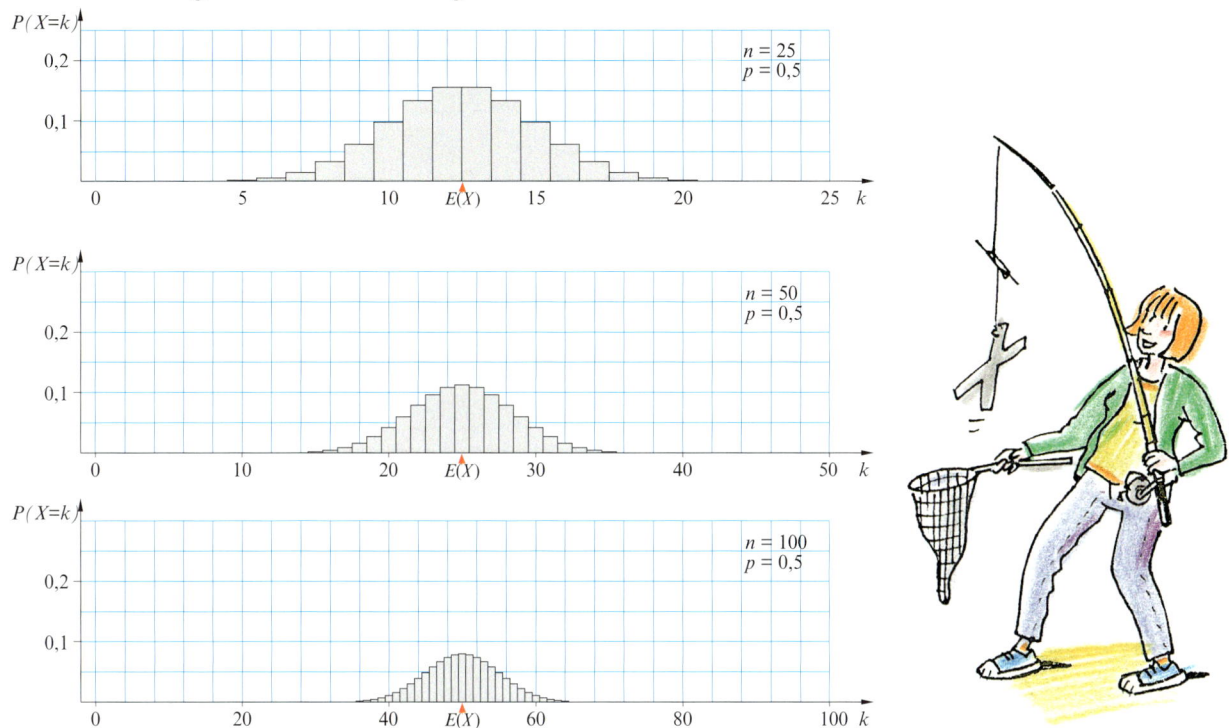

AUFGABEN ZUR WIEDERHOLUNG

1. Gegeben sind Grund- und Aufriss eines Prismas.
   a) Zeichne ein Schrägbild des Körpers.
      Entnimm die Maße der Zeichnung.
   b) Berechne Volumen und Oberflächeninhalt des Prismas.
   c) Zeichne für 3 weitere Prismen mit gleichem Grundriss einen zugehörigen Aufriss und ein Schrägbild.

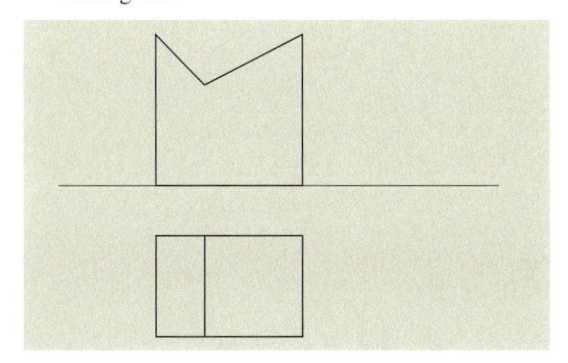

2. Ergänze den Aufriss von vier beieinander stehenden Körpern durch einen Grundriss.
   Gib Volumen und Oberflächeninhalt der von dir gewählten Körper an.
   Entnimm die Maße der Zeichnung. (Maßstab 1:10)

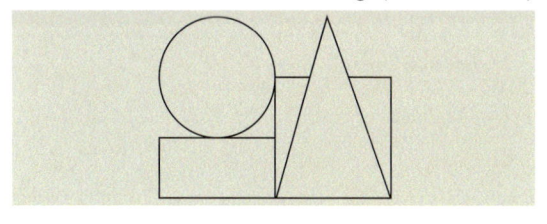

3. Eine Hohlkugel aus Stahl (Dichte $\varrho = 7{,}8$ g/cm^3) hat einen äußeren Durchmesser von 36,0 cm und eine Wandstärke von 4 mm.
   a) Könntest du diese Kugel anheben?
   b) Schwimmt die Kugel im Wasser?
   c) Falls die Kugel schwimmt, wie weit taucht sie ins Wasser ein?

Tabellenkalkulation

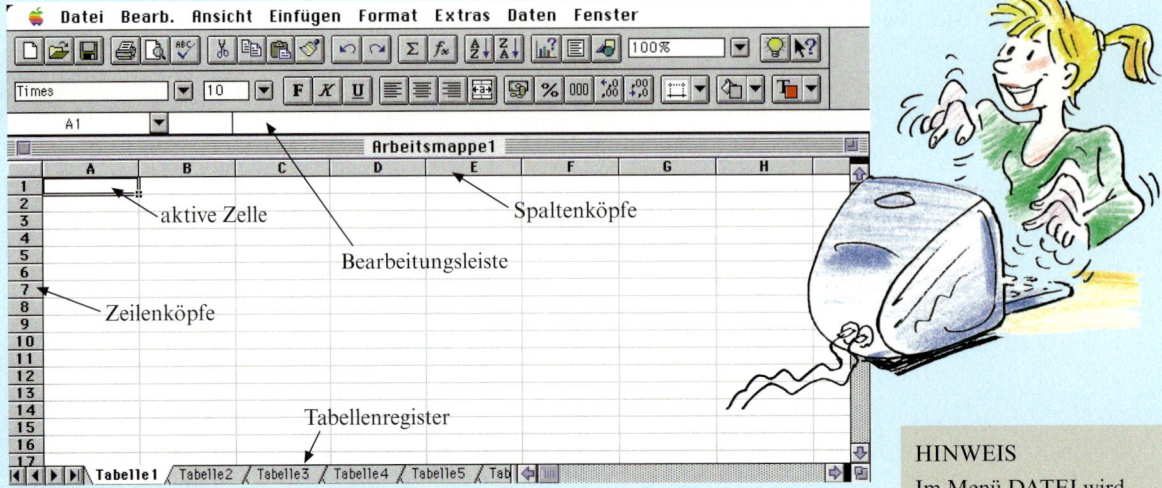

Das Arbeitsfeld eines Tabellenkalkulationsprogramms besteht im Wesentlichen aus einem Tabellenblatt, das in einzelne Zellen eingeteilt ist.

Die Zellen sind alle eindeutig gekennzeichnet durch ihre Spaltenposition und ihre Zeilenposition: Die Spalten sind fortlaufend mit den Buchstaben des Alphabets bezeichnet und die Zeilen werden mit natürlichen Zahlen durchnummeriert.

Die Zelle, die gerade bearbeitet wird (aktive Zelle), ist durch einen Rahmen hervorgehoben. Eingaben und Änderungen ihres Inhalts werden über die Bearbeitungsleiste vorgenommen.

Beim Starten eines Tabellenkalkulationsprogramms wird eine Arbeitsmappe mit mehreren Tabellenblättern angelegt. Zwischen den einzelnen Tabellenblättern kann mithilfe des Tabellenregisters gewechselt werden.

HINWEIS
Im Menü DATEI wird unter ÖFFNEN eine schon bestehende Arbeitsmappe geladen, unter NEU wird eine neue Arbeitsmappe angelegt. Unter SPEICHERN bzw. SPEICHERN UNTER wird die im Moment benutzte Arbeitsmappe gespeichert.

1

Betrachten wir noch einmal die Tabelle zur Altersstruktur der Internet-Surfer im Jahr 2000:

Alter	Anteil in der Welt	Anteil in der BRD
bis 19 Jahre	13,4 %	7,5 %
20–29 Jahre	30,9 %	35,8 %
30–39 Jahre	21,9 %	31,0 %
40–49 Jahre	19,2 %	15,5 %
ab 50 Jahre	14,6 %	10,7 %

NACHGEDACHT
Texte in Zellen erscheinen linksbündig, eingegebene Zahlen rechtsbündig. Warum ist wohl diese Formatierung als Standard so vorgegeben?

a) Welche Abweichungen bei der Altersstruktur der Internet-Surfer in der BRD fallen dir auf im Vergleich zur gesamten Welt?
b) Wie viele Personen (in Mio.) gehören den einzelnen Gruppen an, wenn es im Jahr 2000 in der ganzen Welt ca. 157 Mio. Internet-Surfer gab und in der BRD rund 18 Mio. Personen das Internet nutzten?
c) Stelle die in der Tabelle genannten Anteile grafisch dar.

Tabellenkalkulation 159

2

Wenn du keine Idee hast, wie man mithilfe eines Tabellenkalkulationsprogrammes die Aufgaben 1 b) und c) lösen kann, so vollziehe jeden der im Folgenden angegebenen Arbeitsschritte gewissenhaft nach.

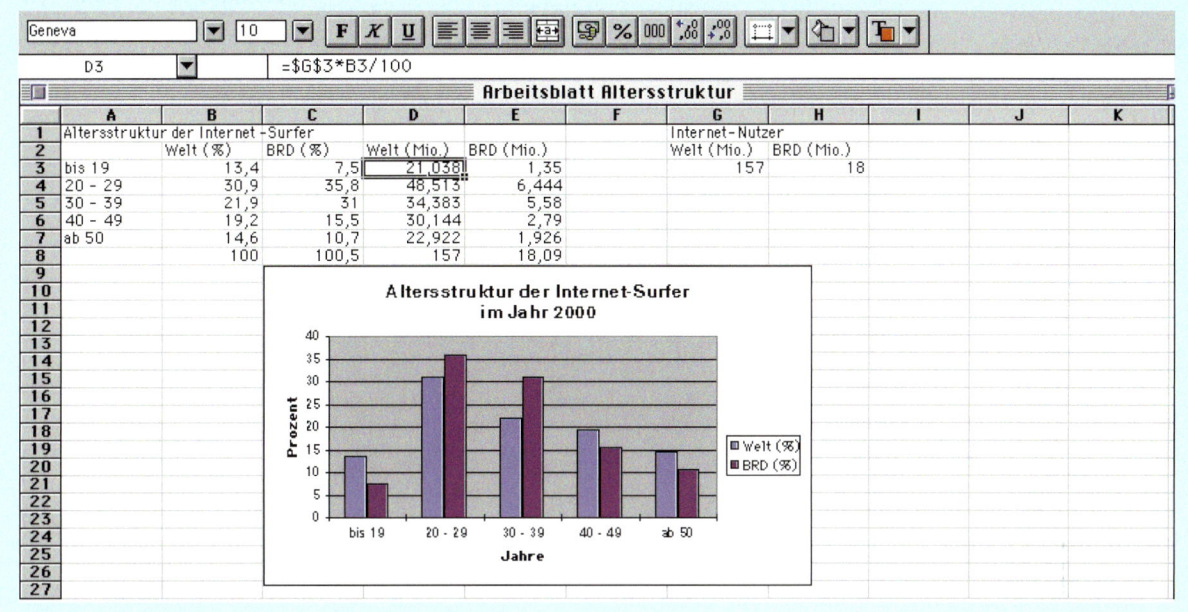

	A	B	C	D	E	F	G	H
1	Altersstruktur der Internet-Surfer						Internet-Nutzer	
2		Welt (%)	BRD (%)	Welt (Mio.)	BRD (Mio.)		Welt (Mio.)	BRD (Mio.)
3	bis 19	13,4	7,5	21,038	1,35		157	18
4	20 – 29	30,9	35,8	48,513	6,444			
5	30 – 39	21,9	31	34,383	5,58			
6	40 – 49	19,2	15,5	30,144	2,79			
7	ab 50	14,6	10,7	22,922	1,926			
8		100	100,5	157	18,09			

Zelle D3: =G3*B3/100

Diagramm: Altersstruktur der Internet-Surfer im Jahr 2000 (Balkendiagramm mit Welt (%) und BRD (%) für Altersgruppen bis 19, 20–29, 30–39, 40–49, ab 50)

a) *Erstelle die Tabelle auf dem Arbeitsblatt:*
 Gib die Tabellenüberschrift in Zelle A1 ein (vgl. die Abbildung).
 Erstelle die Datenreihen in den Zellen B3 bis B7 und C3 bis C7 mit den entsprechenden Überschriften in den Zellen B2 und C2.
 In die Zellen A3 bis A7 kommen die Angaben für die einzelnen Altersgruppen. Der Zellenkomplex A2 bis A7, B2 bis B7 und C2 bis C7 bildet die Datenbasis sowohl für weitere Berechnungen als auch für die Erstellung eines Diagramms.

b) *Berechne die Prozentsummen:*
 Kontrolliere die Richtigkeit der Prozentangaben, indem du die Summen der Werte berechnen lässt; markiere dazu die Zellen der Datenreihe B3 bis B7 und zusätzlich die Zelle B8 und klicke dann auf das Summensymbol in der Symbolleiste: In der Zelle B8 wird die Summe der Werte in den Zellen B3 bis B7 eingetragen. Wird die Zelle B8 zur aktiven Zelle gemacht, so erscheint in der Bearbeitungsleiste nicht der Summenwert (hier: 100), sondern die Berechnungsformel: = Summe(B3:B7). Statt des Mausklicks auf das Summensymbol in der Symbolleiste hätte hier die Formel auch direkt eingetragen werden können. Entsprechend soll die Richtigkeit der Prozentangaben in der zweiten Datenreihe kontrolliert werden.

c) *Berechne die Personenanzahlen:*
 Um die absoluten Zahlen für die verschiedenen Altersgruppen zu ermitteln, kann man in die Zellen D3 bis D7 bzw. E3 bis E7 jeweils eine Berechnungsformel eintragen. Die Berechnungsformel für den Wert in der Zelle D3 ist aus der Abbildung zu entnehmen: = G3*B3/100 (vgl. dazu Randspalte).
 In die weiteren Zellen D4 bis D7 müssen die entsprechenden Formeln nicht extra eingegeben werden; das Programm erledigt dies durch die Funktion BEARBEITEN – AUSFÜLLEN – UNTEN, nachdem die Zellen D3 bis D7 markiert worden sind. Genauso ist für die zweite Datenreihe zu verfahren.
 Kontrolliere die absoluten Zahlenwerte, indem du die Summen der Werte in den beiden neuen Datenreihen bildest.

INFORMATION

Ein **absoluter Bezug** zwischen Zellen bedeutet, dass sich die entsprechenden Berechnungen immer auf die gleiche Zelle beziehen, wie z. B. bei der Dehnung eines Gummibandes, das in einer Zelle fest verankert ist.
In unserem Beispiel beziehen sich die Berechnungen in Spalte D immer auf den Wert in Feld G3. Dieser absolute Bezug wird durch die Schreibweise G3 ausgedrückt.
Ein **relativer Bezug** zwischen Zellen bedeutet, dass sich mit dem Wechsel der Berechnungszelle auch die Bezugszelle ändert, wie z. B. bei der Verschiebung eines festen Stabes.

Zahlenreihen am Computer

1

a) Trage in die Zellen A1 und A2 die Anfangszahlen der Folge der natürlichen Zahlen ein. Markiere dann die beiden Zellen (vgl. die Abbildung in der Randspalte). Durch Ziehen des kleinen schwarzen Quadrats unten rechts kann jetzt die Folge der natürlichen Zahlen beliebig weit erzeugt werden.
b) Erzeuge die gleiche Folge durch Eintragen einer Formel in A2 und anschließender Verwendung des Befehls BEARBEITEN – AUSFÜLLEN – UNTEN.
c) Trage in B1 und B2 die Zahlen 2 und 4 ein und verfahre dann wie in a).
Trage in C1 und C2 die Zahlen 5 und 8 ein und verfahre dann wie in a).
Was beobachtest du? Erkläre.

2

a) Trage in zwei untereinander liegende Zellen des Arbeitsblattes die Werte 18 und 14 ein. Verfahre zur Erzeugung einer Zahlenreihe dann wie in Aufgabe 1 a). Charakterisiere die entstandene Zahlenreihe.
b) Erzeuge die Folge der ungeraden natürlichen Zahlen.
c) Bilde die Summen der ersten zwei, der ersten drei, der ersten vier, usw. ungeraden natürlichen Zahlen. Was fällt dir auf?
d) Erzeuge die Zahlenreihe der Zweierpotenzen.
e) Erzeuge die Zahlenreihe der Quadratzahlen.

WUSSTEST DU SCHON?
Zahlenfolgen, bei denen die Differenz aufeinander folgender Zahlen jeweils denselben Wert besitzt, heißen **arithmetische Folgen**.

3

a) Erzeuge in der ersten Spalte des Arbeitsblattes die Zahlenreihe der Dreierpotenzen, indem du in A2 eine entsprechende Formel eingibst.
b) Kopiere den Inhalt von A2 in D2. Erzeuge in der Spalte D eine Zahlenreihe durch BEARBEITEN – AUSFÜLLEN – UNTEN. Vergleiche und erkläre die Einträge in den Zellen A3 und D3, A4 und D4 usw.
c) Setze vor die Symbole „A" und „1" in der Formel in Zelle A2 jeweils ein Dollarzeichen. Kopiere jetzt den Inhalt von A2 in F2. Erzeuge in der Spalte F eine Zahlenreihe durch BEARBEITEN – AUSFÜLLEN – UNTEN. Vergleiche die Einträge in den Zellen A3 und F3, A4 und F4, usw. und erkläre.

HINWEIS
Das Kopieren von Zellen(paketen) kann per Maus erfolgen:
– Bereich markieren
– Strg-Taste gedrückt halten
– linke Maus-Taste gedrückt halten und damit ziehen

4

a) Trage in E1 den Monatsnamen „Januar" ein. Markiere die Zelle und ziehe mit der Maus an dem kleinen Quadrat unten rechts. Was beobachtest du?
b) Verfahre genauso wie in a) mit den Einträgen „Jan", „Montag", „Mo", „1. Quartal", „1. Quartal 1998". Ziehe mit der Maus sowohl in waagerechter als auch in senkrechter Richtung.
c) Erstelle einen Kalender nach folgendem Muster: In der Kopfzeile stehen die Monatsnamen, unter den Monatsnamen die Wochentagsbezeichnungen mit dem jeweils zugehörigen Datum. *Hinweis:* Zur Gestaltung des Kalenders können durch EINFÜGEN – GRAFIK – CLIPART ... auch Clip-Arts integriert werden (vgl. die Abbildung).

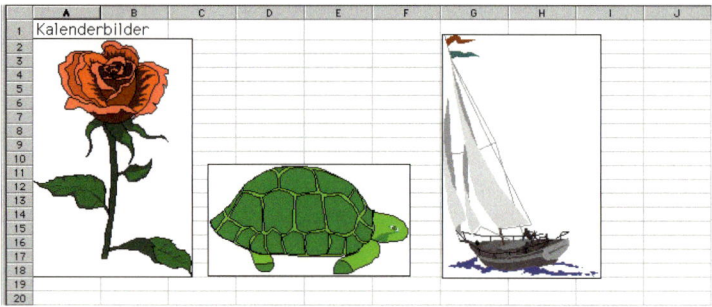

Zahlenreihen am Computer

Tabellarische Darstellungen haben den Nachteil, dass sie keinen schnellen Überblick gestatten. Wesentlich übersichtlicher sind grafische Darstellungen.

5

Erstelle ein Säulendiagramm zur Veranschaulichung der Ergebnisse aus Aufgabe 2, Seite 159. Markiere dazu die zugrunde liegende Datenbasis, das ist hier der Zellbereich A2 bis C7. Durch Mausklick auf das Diagrammsymbol in der Symbolleiste bzw. durch den Befehl EINFÜGEN – DIAGRAMM wird der Diagrammassistent aufgerufen. Mit dessen Hilfe kann das Diagramm leicht erstellt werden.

6

Veränderungen im Datensatz von Aufgabe 2, Seite 159:
a) Ist das Zahlenformat in den Datenreihen der Spalten D3 bis D7 und E3 bis E7 sinnvoll? Wähle ein anderes Zahlenformat mit dem Befehl FORMAT – ZELLEN – ZAHLEN – ZAHL.
b) Korrigiere den Fehler bei den Prozentwerten in der zweiten Datenreihe, indem du eine geeignete Änderung bei den Werten vornimmst. Ist jetzt auch eine Korrektur des Diagramms erforderlich?

7

a) Erstelle für die Datenreihen „Altersstruktur der Internet-Surfer (vgl. Aufgabe 1 auf Seite 158) jeweils eine Grafik nach dem Muster der Abbildung unten links.
b) Warum ist es sinnvoll, zwei getrennte Kreisdiagramm-Darstellungen für die Datenreihen zu erzeugen?
c) In der BRD sind 17,2 % der Internetsurfer weiblich, weltweit dagegen 38,7 %. Erstelle mithilfe dieser Angaben Diagramme zum „Geschlecht der Internet-Surfer".

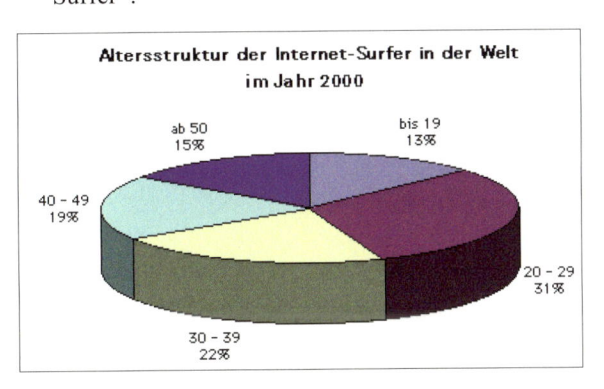

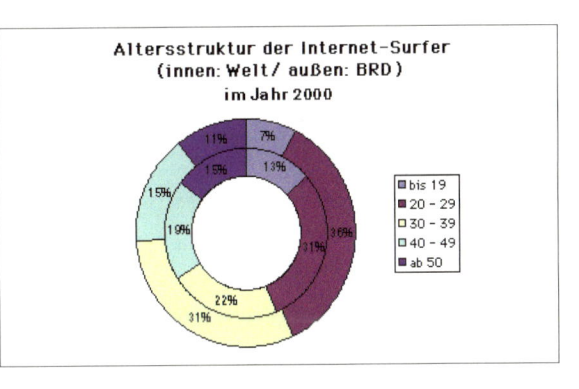

8

a) Erstelle nach dem Muster der Abbildung oben rechts ein Ringdiagramm zur Altersstruktur der Internet-Surfer.
b) Erstelle ein Ringdiagramm zum „Geschlecht der Internet-Surfer".

9

Die nebenstehende Tabelle zeigt die Verteilung der Internet-Surfer über die ganze Welt im Jahr 2000. Berechne die prozentuale Verteilung der Internet-Surfer auf die einzelnen geografischen Bereiche und stelle die Verteilung grafisch dar.

Region	Anzahl der Internetsurfer
Nordamerika	87,0 Mio.
Südamerika	4,5 Mio.
Europa	32,4 Mio.
Russland	0,8 Mio.
Afrika	0,9 Mio.
Ostasien	25,6 Mio.
Australien	5,8 Mio.

10

Ein Marktforschungsinstitut möchte Daten über die Nutzung von Online-Angeboten erheben. Die Befragung der 2 500 Personen einer Stichprobe hat ergeben:

Nutzungsart	Anzahl der Personen
E-Mails versenden	1 398
Support- und Firmen-Sites	845
aktuelle Wirtschaftsinformationen	840
Shareware, Software laden	770
Fahrplan- oder Flugplanauskunft	750
Homebanking	692
mit anderen chatten, Newsgroups	670
Veranstaltungskalender	590
Reisebuchungen	585
Nachrichten aus der Politik	550
lokale, regionale Nachrichten	525
online spielen	438
Jobsuche, Kleinanzeigen	432
Boulevard, Unterhaltungsangebote	432
Online-Shopping	432
Erotikangebote	195

a) Wie viel Prozent der befragten Personen gehören jeweils einer der genannten Gruppen an?
b) Warum ergibt die Summe der Prozentwerte nicht 100%?
c) Erstelle ein Säulendiagramm zu der genannten Datenbasis.

> Um Verhältnisse (Größenvergleiche) zwischen verschiedenen Werten darzustellen, sind *Säulen- oder Balkendiagramme* am besten geeignet.
> Anteile an einer Gesamtheit lassen sich hingegen besser mit *Kreisdiagrammen* verdeutlichen.
> *Ringdiagramme* gestatten eine Gegenüberstellung von mehreren Kreisdiagrammen.
> *Liniendiagramme* verdeutlichen besonders gut zeitliche Veränderungen verschiedener Werte.

> BEACHTE
> Ein Diagramm sollte gut zur Problemstellung passen. Daher muss der Diagrammtyp geschickt ausgewählt werden.

11

a) Mithilfe der Funktion *Zufallszahl( )* können Zufallszahlen zwischen 0 und 1 erzeugt werden. Erstelle eine Tabelle mit Zufallszahlen. Bilde für die Spalten der Tabelle jeweils den Mittelwert. Beobachte das Verhalten der Mittelwerte bei wachsender Spaltenlänge der Zufallszahlen. Erkläre das Ergebnis.
b) Begründe, dass mithilfe der Tabellenkalkulation ein Spielwürfel simuliert werden kann (vgl. die Abbildung). Wie müssen die Zelleneinträge dazu gewertet werden?
c) Um zu vermeiden, dass Werte größer als 6 auftreten, soll die Funktion *Min(zahl1,zahl2)* verwendet werden (Wie?). Handelt es sich um die Simulation eines LAPLACE-Würfels?

Zahlenreihen am Computer

12

Bildet insgesamt 10 Gruppen, in denen jeweils 20-mal gewürfelt wird. Notiert die Ergebnisse in einer Tabelle; jede Gruppe liefert eine Zeile der Tabelle.

a) Ermittle die Anzahl der Zweien für jede Zeile und für die gesamte Tabelle. Was fällt auf?
Begründe, dass dieser Versuch eine Bernoulli-Kette darstellt.

b) Die nebenstehende Abbildung zeigt einen Ausschnitt eines Excel-Tabellenblattes. Mit der Funktion *Zufallszahl ( )*6* sind insgesamt acht Listen mit Zufallszahlen zwischen 1 und 6 erzeugt worden. Die Trefferanzahlen für die Ziffer 2 sind in der Spalte V unter der Überschrift H(2) angegeben. Welcher Zusammenhang besteht zu a)?

c) Erzeuge selbst mithilfe eines Tabellenkalkulationsprogrammes weitere Listen mit Würfelzahlen und werte sie wie in den Aufgaben a) und b) aus.

d) Wähle andere Ereignisse als Treffer (z. B. „gerade Zahl" oder „kleiner als 3") und simuliere wie oben das Würfeln mit einem Tabellenkalkulationsprogramm.

B4: =AUFRUNDEN(ZUFALLSZAHL()*6;0)

Zufallszahlen

	A	B	C	D	E	F	G	H	I	J	K	L	M	N	O	P	Q	R	S	T	U	V H(2)
4	Nr. 1	6	3	4	4	5	4	1	2	4	5	4	4	2	6	5	5	2	2	1	4	
5	Nr. 2	4	3	4	4	2	5	2	2	4	6	6	3	3	3	2	6	6	1	1	5	
6	Nr. 3	6	4	6	6	3	5	4	6	5	2	4	2	1	2	3	6	4	3	2	2	5
7	Nr. 4	2	4	6	6	3	2	5	6	3	4	1	4	2	4	5	4	1	4	5	3	
8	Nr. 5	5	2	2	1	6	1	2	6	2	5	1	5	2	6	1	1	4	3	4	4	5
9	Nr. 6	3	1	2	1	6	4	2	3	6	6	2	5	6	1	5	2	5	2	3	3	5
10	Nr. 7	5	5	1	2	5	3	3	6	4	4	3	5	2	2	6	2	4	3	6	4	4
11	Nr. 8	4	3	1	2	5	3	3	5	1	2	4	6	3	6	4	3	1	6	2	5	3

13

Statt mit einer Tabellenkalkulation wie in Aufgabe 12 kann auch mit einer Zufallsifferntabelle experimentiert werden.
Erzeuge mit einem GTR (vgl. Randspalte) eine Liste mit Zufallsziffern.
Zur Simulation des Würfelns ist nun jede Zeile der Zufallsziffernliste auf die Anzahl der Treffer für die verabredete Trefferzahl (z. B. „6") hin zu untersuchen. Die Ziffern 7, 8, 9, 0 werden dabei übergangen.

```
PROGRAM:ZLIST
: Prompt R,K
: {0}→L1
: 20→dim(L1)
: For (I,1,20)
: randInt(1,6)→L1(I)
: End
: Disp L1
```

14

AF4: =ZÄHLENWENN(B4:AE4;5)

Zufallszahlen

	A	B	C	D	E	F	G	H	I	J	K	L	M	N	O	P	Q	R	S	T	U	V	W	X	Y	Z	AA	AB	AC	AD	AE	AF H(5)
4	Liste 1	3	5	5	1	5	3	5	4	3	2	5	4	2	1	2	6	5	5	3	3	2	2	1	4	3	5	5	1	1	3	9
5	Liste 2	2	6	5	2	3	6	1	4	6	5	5	3	1	2	2	6	4	1	1	6	2	6	5	6	2	3	5				5
6	Liste 3	2	4	5	1	1	5	2	3	5	1	3	1	3	2	1	1	3	3	4	3	6	1	5	2	1	2	5	6	1		5
7	Liste 4	1	1	4	5	2	4	1	5	2	4	5	2	2	4	6	3	3	3	5	1	2	3	1	6	3	3	4				5
8	Liste 5	6	6	5	2	4	3	2	4	2	4	2	4	3	6	5	5	4	1	5	2	6	3	1	6	3	4	1	4	3	1	4
9	Liste 6	1	4	1	3	1	1	2	1	2	4	5	3	6	2	2	3	3	6	3	6	5	6	3	1	6	5	4	1	5		5
10	Liste 7	2	2	5	3	4	5	4	1	5	2	2	6	2	5	5	6	5	1	2	1	5	4	1	3	1	5	2	4	5		8
11	Liste 8	6	5	6	2	3	1	5	6	6	3	5	2	2	4	6	2	3	3	6	3	3	1	3	1	6	6	4	1	6		3

Die obige Abbildung zeigt einen Ausschnitt eines Excel-Tabellenblattes. Diesmal sind 8 Versuche eines 30fachen Würfelwurfes mithilfe von Zufallszahlen simuliert worden.
Die Abbildung zeigt in Spalte AF die Anzahlen der Treffer (Trefferzahl ist die Zahl 5) in den Listen 1 bis 8, berechnet mit der Excel-Funktion *Zählenwenn* (vgl. Abb.).

a) Welche Trefferanzahlen kommen besonders häufig vor? Suche nach einer Begründung.

b) Weshalb kommen z. B. die Trefferanzahlen ≤ 2 (bzw. ≥ 10) nicht vor?

c) Erstelle selbst weitere Diagramme mit einer Tabellenkalkulation. Vergleiche die Ergebnisse mit den bisherigen.

Die Grundaufgabe der beurteilenden Statistik

1

Sascha und Verena werfen jeden Mittag eine Münze, um zu entscheiden, wer Küchendienst hat. Sascha hat es schon 5-mal hintereinander getroffen und jetzt zeigt die Münze schon wieder „Wappen", das Zeichen dafür, dass er „dran ist". Er meint, dass die Münze gezinkt ist. Um das zu testen, führen sie 10 Versuchsserien durch, deren Ergebnisse in den Listen L1 bis L10 unten notiert sind.
In der letzten Spalte der abgebildeten Tabelle stehen die Häufigkeiten für „Wappen".

L1	W	K	K	W	W	K	W	W	W	W	K	W	K	W	W	W	K	W	K	13
L2	K	K	K	K	W	W	K	K	K	W	K	K	K	K	K	W	W	K		5
L3	K	W	W	W	K	K	W	W	W	K	W	W	K	W	W	W	W	K		9
L4	W	W	W	K	W	W	K	W	W	W	W	W	K	K	W	W	W	K		12
L5	K	W	W	K	K	W	W	K	W	W	K	K	K	W	K	K	K	K	W	9
L6	W	W	W	W	K	W	K	W	K	K	K	K	W	W	W	W	W	K	K	9
L7	K	K	W	K	W	W	K	K	K	W	K	K	K	W	W	K	K	K	W	8
L8	K	W	W	W	W	K	W	K	K	K	W	W	K	K	K	K	K	K	W	9
L9	K	W	K	W	K	W	W	K	K	W	W	K	K	K	K	K	K	K		7
L10	K	W	W	K	W	W	K	W	W	W	K	W	K	K	W	W	K	K	W	11

a) Belegen die Angaben der Tabelle, dass die Münze gezinkt ist?
b) Berechne auch die relative Häufigkeit für die 200 Münzwürfe insgesamt.
c) Zum Vergleich soll überprüft werden, wie sich eine „normale" Münze verhält. Erstelle eine eigene Tabelle wie die angeführte. Geht dabei innerhalb der Klasse arbeitsteilig vor oder nutzt ein Tabellenkalkulationsprogramm.
Vergleiche mit den Ergebnissen von a) und b).
d) Die folgende Abbildung zeigt eine Tabelle für 20 Serien à 100 Würfen, die mit einem Tabellenkalkulationsprogramm simuliert wurden. Interpretiere die Ergebnisse und äußere dich insbesondere zu der rot hervorgehobenen Teilserie.

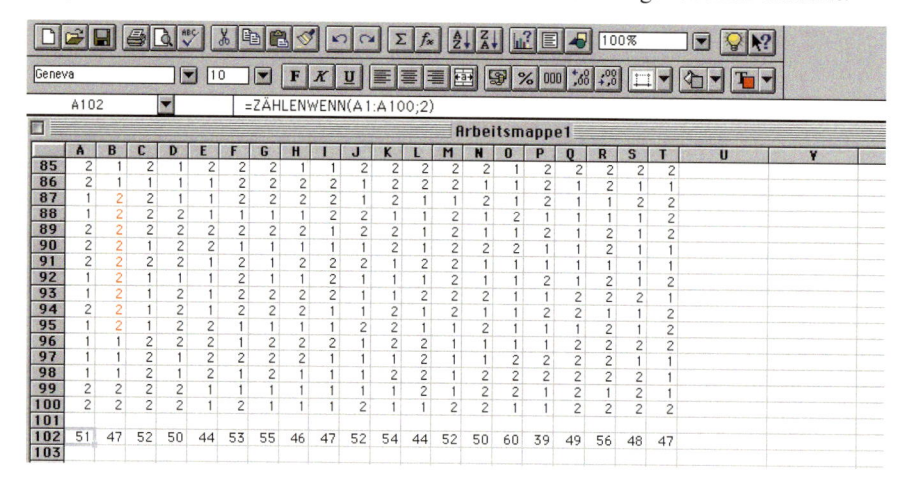

HINWEIS
In den Zellen der Datenbank A1 bis T100 steht die Funktion *Aufrunden (Zufallszahl( )*2; 0)*

NACHGEDACHT
Wie aussagefähig sind die Versuchsserien bezüglich des Problems von Sascha?

Die Grundaufgabe der beurteilenden Statistik

> Die Menge aller Objekte, von denen ein bestimmtes Merkmal interessiert, bildet die **Grundgesamtheit**.
>
> Wenn das Merkmal in einer Teilmenge der Grundgesamtheit untersucht wird oder ein Vorgang zur Beobachtung des Merkmals mehrmals wiederholt wird, spricht man von einer **Stichprobe**.
>
> Die Anzahl der Elemente der Stichprobe bzw. die Anzahl der Wiederholungen des Versuches heißt **Stichprobenumfang**.

2

a) Begründe: Sascha und Verena in Aufgabe 1 haben 10 Stichproben vom Umfang 20 genommen.
b) Beschreibe für das in Aufgabe 1, Seite 164 beschriebene Beispiel Grundgesamtheit, Stichprobe, Stichprobenumfang.
c) Erfinde ein eigenes Beispiel, an dem du die Begriffe „Grundgesamtheit", „Stichprobe" und „Stichprobenumfang" beschreibst.

3

a) Begründe: Die Häufigkeitsverteilung eines Merkmals in einer Stichprobe soll Auskunft geben über die Häufigkeitsverteilung dieses Merkmals in der Grundgesamtheit.
Wähle auch ein geeignetes Beispiel zur Veranschaulichung der Aussage.
b) Begründe: Stichproben müssen einen genügend großen Umfang haben, um wirklich aussagekräftig zu sein.

> Eine Stichprobe soll **repräsentativ** sein, d.h. sie soll die Verhältnisse in der Grundgesamtheit gut widerspiegeln.

4

Die *ABC*-Partei will ihre Wahlchancen ermitteln und lässt deshalb eine Erhebung durchführen. Das beauftragte Meinungsforschungsinstitut muss die Stichprobe zusammenstellen. Beurteile die folgenden Verfahren:

a) Es wird eine Großstadt per Los bestimmt und 1000 Einwohner werden aus dem entsprechenden Telefonbuch ausgewählt, deren Nachnamen mit L, M, N oder P beginnen.
b) Aus einer Telefonliste von ganz Deutschland werden alle Einwohner, die Meier, Maier, Meyer, Müller oder Schulze heißen, herausgesucht und aus diesem Personenkreis werden durch Zufallswahl 1000 Personen gezogen.
c) Aus der Liste aller Ortschaften Deutschlands werden 100 Orte durch Zufallswahl ermittelt und aus den einzelnen Orten werden jeweils 10 Personen durch Zufallswahl gezogen.

HINWEIS

Es ist in der Praxis sehr schwierig, repräsentative Stichproben in der Bevölkerung zu erheben, da die Zufälligkeit hinsichtlich aller relevanten Merkmale garantiert sein muss. Die Güte einer Erhebung durch eine Stichprobe hängt daher von der Kompetenz des Meinungsforschungsinstituts ab, das diese Erhebung durchführt.

5

a) Welche der folgenden Kriterien müssen bei der Bildung einer repräsentativen Stichprobe aus der Bevölkerung des Bundeslandes Sachsen für eine Wahlprognose beachtet werden?
Geschlecht, Haarfarbe, Monatseinkommen, Lebensalter, Beschäftigungsart (Selbstständiger, Arbeiter, Angestellter, Beamter), Körpergewicht, Bildung (z. B. Hauptschulabschluss, Fachhochschulreife, Abitur, Akademiker), Freizeitaktivitäten
b) Welche Kriterien hältst du sonst noch für wichtig?

6

Bei der Wahlumfrage (1000 Personen wurden befragt) erhielt die *ABC*-Partei 52% der Stimmen. Reicht dieses Ergebnis aus, um mit Sicherheit einen Wahlsieg mit der absoluten Mehrheit voraussagen zu können?

Wie in Aufgabe 6 wird sehr häufig die Frage aufgeworfen: „*Wie sicher sind Prognosen aufgrund von Stichprobenergebnissen?*".

> **Die Grundaufgabe der beurteilenden Statistik** besteht darin, aus den Ergebnissen einer Stichprobe begründete Schlüsse über die Verhältnisse in der Grundgesamtheit zu ziehen.

Um eine Antwort auf diese Frage geben zu können, untersuchen wir die Zufallsschwankungen um den Erwartungswert.

7

Der Erwartungswert beim n-maligen Münzwurf ist gleich $n \cdot p$ (vgl. Seite 156), d. h. also bei Verwendung einer Laplace-Münze beträgt der Erwartungswert $n \cdot \frac{1}{2}$.

Bei einem 25fachen Münzwurf erwartet man also 12- bis 13-mal das „Wappen".
a) Bildet Gruppen und führt den 25fachen Münzwurf jeweils 10-mal durch. Fertigt eine Strichliste für „Anzahl Wappen" an.
b) Stellt das Gesamtergebnis aller Gruppen in einem Histogramm dar und vergleicht es mit dem Erwartungswert.

8

Die folgende Tabelle gibt das Ergebnis von 200 Durchführungen des 25fachen Münzwurfs an. Stelle es in einem Histogramm grafisch dar und werte es aus.

Anzahl Wappen	6	7	8	9	10	11	12	13	14	15	16	17	18	19
Häufigkeit	3	2	8	9	31	24	29	35	22	18	8	6	3	2

HINWEIS
Der 25fache Münzwurf kann auch mit einem Tabellenkalkulations- oder einem anderen Computer- bzw. GTR-Programm simuliert werden.

Die Grundaufgabe der beurteilenden Statistik

9

Histogramm zur Verteilung der Anzahl von „Wappen" beim 25fachen Münzwurf (200 Durchführungen)

Histogramm zur Verteilung der Anzahl „Wappen" beim 25fachen Münzwurf (10 000 Durchführungen)

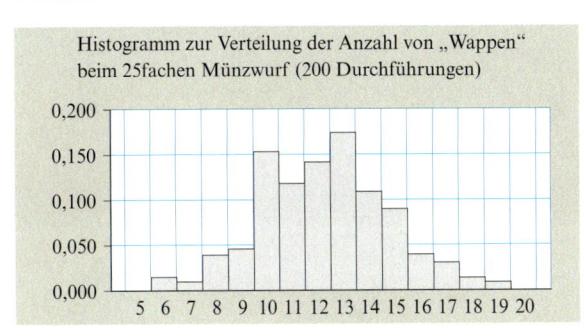

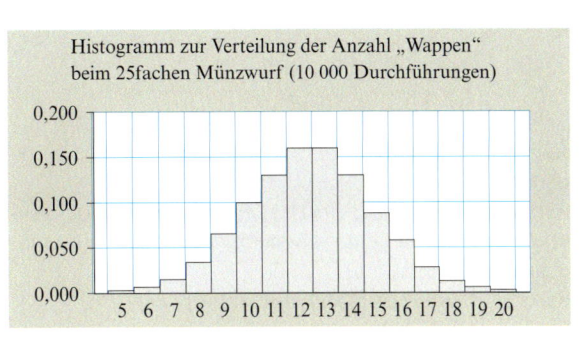

Ein Versuch besteht im 25fachen Münzwurf und der Bestimmung der Häufigkeit des Auftretens von „Wappen". Dieser Versuch wurde einmal 200-mal und einmal 10 000-mal durchgeführt.
Die beiden obigen Histogramme zeigen die entsprechenden Ergebnisse.
a) Beschreibe die beiden Diagramme und erläutere die Unterschiede.
b) Vergleiche dein in Aufgabe 7 erstelltes Histogramm mit den hier abgebildeten.
c) Warum sind Histogramme dieser Art meistens nicht identisch, selbst wenn die Anzahl der Versuche (25facher Münzwurf) übereinstimmt?

10

Betrachte nochmals die Tabelle in Aufgabe 8.
a) Bei wie vielen Versuchen trat die zu erwartende Anzahl von Wappen (12 bzw. 13) tatsächlich auf? Berechne den Prozentsatz.
b) Berechne den Prozentsatz für die Wappenanzahlen 10 bis 15.
c) Berechne den Prozentsatz für die Wappenanzahlen 8 bis 17.
d) Berechne den Prozentsatz für die Wappenanzahlen 6 bis 19.

11

a) Untersuche verschiedene Münzen auf ihre Laplace-Eigenschaft anhand von selbst genommenen Stichproben.
b) Stelle die Häufigkeitsverteilungen auch in Histogrammen dar.
c) Berechne die Prozentsätze der Verteilungen entsprechend Aufgabe 10.

AUFGABEN ZUR WIEDERHOLUNG

1. Löse die folgenden Ungleichungen in der Menge $\mathbb{N}$ der natürlichen Zahlen und in der Menge $\mathbb{Q}_+$ der gebrochenen Zahlen.
   a) $8(x+2) < 56$
   b) $8(x+0,5) < 8$
   c) $8(x+2) > 0,8$
   d) $\frac{1}{2}x < -\frac{5}{3}$
   e) $\frac{1}{5} : x < 0$
   f) $\frac{2}{7} : (-2) > x$

2. Löse die folgenden Ungleichungen für $x \in \mathbb{Q}$ mithilfe einer Zeichnung.
   a) $|x| < 4,5$
   b) $|x| > 3,8$
   c) $|2x - 4| > -3$
   d) $|3x| < 9,6$
   e) $\left|x + \frac{4}{5}\right| > 0$
   f) $\left|x - \frac{4}{5}\right| < 0$

3. Ermittle die Lösungsmengen folgender Ungleichungen.
   a) $3,5x - 10 > 2x + 6,5$
   b) $8,3z + 11,6 > 11,6 - 5,7z$
   c) $-\frac{1}{12}y - \frac{5}{8} < \frac{1}{4} + \frac{11}{24}y$
   d) $-0,49s + 13,20 > 0,64s - 8,27$

4. Bei einem Radrennen hat der Spitzenreiter 9,5 km vor dem Ziel einen Vorsprung von 1,2 km vor den Verfolgern. Er fährt mit einer Durchschnittsgeschwindigkeit von 38,0 km/h. Wie schnell müssen die Verfolger mindestens fahren, wenn sie ihn vor dem Ziel einholen wollen?

Statistische Erhebungen

1

Es soll das mögliche Wahlverhalten der Bevölkerung eines Bundeslandes bei der Bundestagswahl untersucht werden.
Arbeitet zu zweit und überlegt euch, wie ihr dabei vorgehen würdet, um eine möglichst aussagekräftige Datenmenge zu erhalten.
Beschreibt und begründet eure Vorgehensweise.

2

In eurem Wohngebiet soll die Berufsstruktur untersucht werden, gefragt ist also, wie häufig welche Berufsgruppen auftreten.
Plane eine entsprechende Datenerhebung. Beachte insbesondere die Auswahl der Stichprobe.

> Eine **statistische Erhebung** ist eine Datensammlung bzgl. einer festgelegten Fragestellung.
> Die Erhebung der Daten geschieht z. B. durch die Befragung ausgewählter Personen eines bestimmten Personenkreises.

3

Die Gemeindevertretung überlegt, ob ein neues Schwimmbad gebaut werden soll.
a) Welche Personengruppe ist zu befragen?
b) Welche Fragen sollte ein Fragebogen enthalten, der ausgewählten Personen der zu befragenden Gruppe vorgelegt werden soll?

4

a) Entwirf einen Fragebogen mit folgenden Themen.
　1) Augenfarbe　　　　　　2) Geschwisteranzahl
　3) Geschlecht　　　　　　4) Größe
　5) Mathematiknote　　　　6) Geburtstagswunsch
　7) letztes Urlaubsziel　　　8) Rechtshändigkeit
　9) Benotung des Schulleiters　10) Alptraum
b) Vergleiche die Möglichkeiten zur Beantwortung der Fragen.
　Welche zwei Themen haben jeweils gleichstrukturierte Ergebnismengen?

> Bei der Konstruktion eines Fragebogens können verschiedene Typen von Fragen verwendet werden.
>
> Man kann folgendermaßen unterscheiden:
> – *Fragen mit Einfachauswahl,*
> – *Fragen mit Mehrfachauswahl,*
> – *Skalenfragen,*
> – *Maßzahlfragen,*
> – *Fragen mit freier Antwort.*

WUSSTEST DU SCHON?

Bei der Erhebung von Daten ist immer das **Datenschutzgesetz** zu beachten.
Es beschreibt z. B.
- das Recht eines Betroffenen auf Benachrichtigung über die Datenspeicherung,
- das Recht auf Zustimmung zur Speicherung, Veränderung und Übermittlung,
- das Recht auf Auskunft über die zu seiner Person gespeicherten Daten,
- ein Recht auf Sperrung seiner Daten unter bestimmten Voraussetzungen,
- ein Recht auf Löschung seiner Daten unter bestimmten Voraussetzungen.

Statistische Erhebungen

5
a) Welcher Fragetyp wird bei einem Multiple-Choice-Test verwandt?
b) Bei einem Sportfest wird für jeden eine Teilnehmer-Karte erstellt.
   Mit welchen Fragetypen werden die Personaldaten erfragt?
c) Mit folgender Frage wird nach dem Ergebnis der letzten Arbeit gefragt. Zu welchem Typ gehört sie?
   Welche Note hast du in der letzten Mathearbeit bekommen? (Bitte Zutreffendes ankreuzen)
   1   2   3   4   5   6
d) Zu welchem Fragetyp gehören die Fragen nach dem Lebensalter und nach der Körpergröße?

6
Die Frage nach der Dauer des täglichen Fernsehkonsums kann dem Typ der Maßzahlfrage zugeordnet werden. Ist es auch möglich, sie dem Typ der Frage mit Mehrfachauswahl zuzuordnen?

7
Stelle dir vor, in Deutschland wäre man schon in der 10. Klasse wahlberechtigt.
a) Führt eine Befragung über das Wahlverhalten innerhalb eurer Klasse durch. Beschreibe Planung und Durchführung dieser Erhebung.
b) Werte die Ergebnisse der Befragung grafisch aus.
c) Vergleicht mit dem Wahlergebnis der letzten Landtagswahl, indem ihr die zugehörigen Diagramme einander gegenüberstellt.
d) Warum ist die untersuchte Stichprobe nicht repräsentativ für die Gesamtbevölkerung?

WUSSTEST DU SCHON?

Unter der so genannten „**Sonntagsfrage**" versteht man die Frage:
Welche Partei würden Sie wählen, wenn der nächste Sonntag Wahlsonntag wäre?

8
Verkehrszählung: Ermittelt das Verkehrsaufkommen vor eurer Schule zu verschiedenen Zeiten.
a) Erstellt ein Diagramm, das die Verteilung nach Fahrzeugart wiedergibt.
b) Erstellt Diagramme für jedes Verkehrsmittel, die die zeitliche Verteilung des Verkehrsaufkommens wiedergeben.
c) Stellt den Diagrammen aus a) und b) diejenigen gegenüber, die für eine andere Straße erstellt worden sind.
d) Welche Schlussfolgerungen lassen sich ziehen? Welche Folgerungen sollte man eher vermeiden?

9
a) Erstellt durch die Befragung der Schüler eurer Schule eine Liste mit Verbesserungswünschen zum Schulgelände.
b) Erstellt daraus eine Prioritätenliste, indem ihr eine Befragung dazu durchführt, welches die drei wichtigsten Punkte der Liste für jeden Befragten sind.
c) Stellt eure Ergebnisse in einem Diagramm dar.

NACHGEDACHT

In welcher Form sollte man die Umfrageergebnisse dem Schulausschuss eurer Stadt bzw. Gemeinde präsentieren, um das am meisten Gewünschte zu realisieren?

Stochastik

Nach einer Erhebung von Daten muss die Auswertung erfolgen.
Dazu werden die Einzeldaten der Meinungsumfrage zunächst in einer Tabelle übersichtlich zusammengestellt und dann in einer Diagrammdarstellung veranschaulicht.
Fragen mit freier Antwortmöglichkeit müssen evtl. erst in Klassen eingeteilt werden, um eine Diagrammdarstellung für sie zu ermöglichen.

HINWEIS
Besonders geeignet zur Auswertung von Datenmengen sind Tabellenkalkulationsprogramme (vgl. Seite 158–163).

10

a) Führt innerhalb eurer Klasse eine Erhebung durch zu den folgenden 2 Fragestellungen und zählt die Antworten aus. Erfasst die Ergebnisse in einer Tabelle.
   Frage 1: Wie alt bist du?
   Frage 2: Wie viele Stunden hast du gestern am Computer gesessen, 0 bis 1 Std., 1 bis 2 Std., 2 bis 3 Std. oder mehr als 3 Std.?
b) Stellt die erhobenen Daten grafisch dar.
c) Führt die gleiche Befragung in den Parallelklassen und evtl. auch in anderen Klassenstufen durch. Präsentiert eine vergleichende Übersicht der Schulöffentlichkeit z. B. anlässlich eines Schulfestes.

11

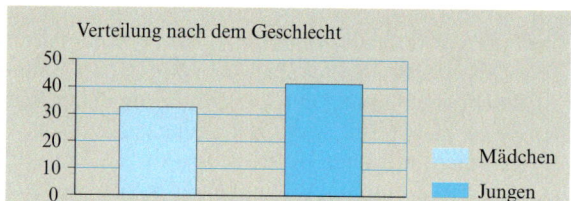

Beurteile die beiden Diagramme hinsichtlich ihrer Eignung zur Darstellung der Ergebnisse auf Frage 1 bzw. Frage 2 aus Aufgabe 10.
Wie beurteilst du die Eignung eines Liniendiagramms für die Darstellung dieser Ergebnisse?

12

Bringt in Erfahrung, wie die Schuhgrößen bei euch in der Klasse verteilt sind.
Stellt die Schuhgrößen-Verteilung eurer Klasse der entsprechenden Verteilung einer anderen Klasse der gleichen Stufe (einer anderen Klassenstufe) gegenüber.
Wie kann man diesen Vergleich gut veranschaulichen?

13

Äußere dich dazu, ob der benutzte Diagrammtyp den dargestellten Sachverhalt gut verdeutlicht. Erstelle gegebenenfalls einen Gegenvorschlag.

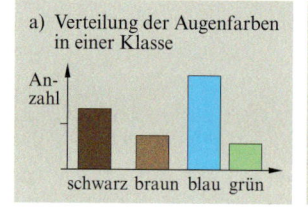

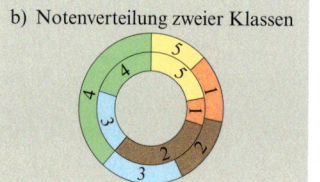

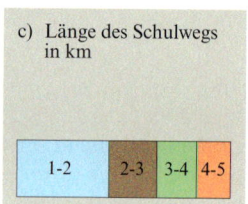

BEACHTE
Nicht jeder Diagrammtyp ist gleich gut geeignet, um ein Ergebnis besonders plastisch zu präsentieren.

Statistische Erhebungen

Projektvorschlag: Flimmerkisten
Zur Erfassung der Fernsehgewohnheiten soll eine Erhebung durchgeführt werden.
Mithilfe des folgenden Fragebogens soll die Erhebung durchgeführt, ausgewertet
und der Schule bzw. der Gemeinde präsentiert werden.

Fernsehen und Freizeit

Liebe Schülerinnen und Schüler!
Wir möchten gern wissen, welche Bedeutung das Fernsehen für euch hat.
Die Befragungsergebnisse sollen der Gemeinde eine Grundlage zur Gestaltung eines
Freizeitangebotes liefern. Wir bitten euch deshalb, die Fragen ernsthaft zu beantworten.

Frage 1 (Bitte ankreuzen.)
Geschlecht: ❏ m   ❏ w

Frage 2
Wie alt bist du?   ___ Jahre

Frage 3
Wie viele Stunden siehst du täglich fern?   ca. ___ Stunden

Frage 4 (Es können mehrere Antworten angekreuzt werden.)
Welche Fernsehsendungen interessieren dich besonders?
❏ Spielfilme/Serien
❏ Musiksendungen/Shows
❏ Sportsendungen
❏ Politische Sendungen/Nachrichten
❏ Jugendsendungen
❏ Natursendungen
❏ andere

Frage 5 (Bitte ankreuzen.)
Warum schaltest du gewöhnlich den Fernseher ein?
❏ weil du dich langweilst
❏ weil dich bestimmte Sendungen interessieren
❏ damit du mitreden kannst

Frage 6 (Bitte nur eine Antwort ankreuzen.)
Mit wem verbringst du hauptsächlich deine Zeit vor dem Fernseher?
❏ allein   ❏ mit der Familie   ❏ mit Freund(inn)en

Frage 7 (Bitte ankreuzen.)
Sprichst du mit deinen Eltern oder mit Freunden über das Gesehene?
❏ nein   ❏ mit den Eltern   ❏ mit Freund(inn)en

Frage 8 (Es können mehrere Antworten angekreuzt werden.)
Was unternimmst du mit Freunden?
❏ Sport
❏ Disco/Tanzen/Kneipe
❏ Kino
❏ Klönen/Party/Musik
❏ Malen/Musizieren/Basteln/Experimentieren
❏ Programmieren
❏ Spielen
❏ Sonstiges

Projektvorschlag: Geschmackstest

1) Kauft verschiedene Sorten Orangensaft ein und führt einen geschmacklichen Qualitätstest durch. Wertet den Qualitätstest durch Diagrammdarstellungen aus.
   Hinweis: Stellt für jeden Schüler und jede Schülerin in eurer Klasse fünf Probierbecher mit je einer Sorte Orangensaft bereit. Auf einem Fragebogen soll er bzw. sie nach dem „Verkosten" seine bzw. ihre Noten (1–5) verteilen.
   Lasst für die Tester statt einer ausschließlichen Notenvergabe in Ziffernform auch freie Antworten zu: z. B. „frischer Geschmack", „kräftiger Orangengeschmack", „fade", „muffig", „herb", „sehr süß", usw. Klassifiziert die Antworten und wertet sie in Diagrammdarstellungen aus.
   Erstellt eine übersichtliche Präsentation.

   Schüler beim Testen von Orangensaft

2) Führt einen zu Aufgabe 1 entsprechenden Test mit verschiedenen Sorten Vollmilch- oder Zartbitter-Schokolade durch.
   Führt den „Schokoladengeschmackstest" in der Jahrgangsstufe 5 und der Jahrgangsstufe 12 durch unter der Fragestellung: *„Ändert sich der Schokoladengeschmack mit zunehmendem Lebensalter z. B. von „süß" nach „herb"?*
   Beachtet, dass dazu jedem Tester verschiedene Schokoladensorten (nicht nur verschiedene Schokoladenmarken) angeboten werden müssen.
   Erstellt eine zugehörige Präsentation. Veröffentlicht das Ergebnis des „Schokoladengeschmackstests" und der Präsentation in der Schülerzeitung und schreibt dazu einen ergänzenden Artikel.

AUFGABEN ZUR WIEDERHOLUNG

1. Aus einem Gefäß, in dem sich 4 rote und 6 blaue Kugeln befinden, werden nacheinander zwei Kugeln heraus genommen (ohne Zurücklegen).
   a) Gib eine Ergebnismenge für diesen Vorgang an.
   b) Zeichne ein Baumdiagramm und trage die Wahrscheinlichkeiten entlang der Pfade ein.
   c) Ordne jedem Ergebnis seine Wahrscheinlichkeit zu.
   d) Mit welcher Wahrscheinlichkeit wird genau eine blaue Kugel gezogen?
   e) Mit welcher Wahrscheinlichkeit wird mindestens eine blaue Kugel gezogen?

2. Aus dem Gefäß von Aufgabe 1 werden nacheinander 5 Kugeln mit bzw. ohne Zurücklegen gezogen.
   Vergleiche die Wahrscheinlichkeitsverteilungen für die Anzahl der gezogenen roten Kugeln.

3. a) Wie groß ist die Wahrscheinlichkeit, dass zwei (drei) beliebig ausgewählte Personen im selben Monat Geburtstag haben?
   b) Wie groß ist die Wahrscheinlichkeit, dass jeder der 24 Schüler einer Klasse in einer anderen Woche Geburtstag hat?
   c) Teilt man die 12 Monate eines Jahres in jeweils drei Dekaden, so erhält man 36 Dekaden.
   Wie groß ist die Wahrscheinlichkeit, zwei von den 24 Schülern einer Klasse zu finden, die in derselben Dekade Geburtstag haben?

4. Stelle dir vor, du hast 4 Briefe geschrieben und willst sie in Umschläge stecken. Dabei wirst du abgelenkt, so dass die Briefe zufällig in die Umschläge geraten.
   Wie groß ist die Wahrscheinlichkeit, dass kein Brief in den richtigen Umschlag gesteckt wird?

Wertetafeln zur Binomialverteilung

Wahrscheinlichkeiten zur Anzahl der Erfolge in einer Bernoulli-Kette $P(X = k) = \binom{n}{k} \cdot p^k \cdot (1-p)^{n-k}$

n	k	p	0,02	0,03	0,04	0,05	0,10	1/6	0,20	0,30	1/3	0,40	0,50	k	n
4	0		0,9224	8853	8493	8145	6561	4823	4096	2401	1975	1296	0625	4	
	1		0753	1095	1416	1715	2916	3858	4096	4116	3951	3456	2500	3	
	2		0023	0051	0088	0135	0486	1157	1536	2646	2963	3456	3750	2	4
	3			0001	0002	0005	0036	0154	0256	0756	0988	1536	2500	1	
	4						0001	0008	0016	0081	0123	0256	0625	0	
5	0		0,9039	8587	8154	7738	5905	4019	3277	1681	1317	0778	0313	5	
	1		0922	1328	1699	2036	3281	4019	4096	3602	3292	2592	1563	4	
	2		0038	0082	0142	0214	0729	1608	2048	3087	3292	3456	3125	3	5
	3		0001	0003	0006	0011	0081	0322	0512	1323	1646	2304	3125	2	
	4						0005	0032	0064	0284	0412	0768	1563	1	
	5							0001	0003	0024	0041	0102	0313	0	
6	0		0,8858	8330	7828	7351	5314	3349	2621	1176	0878	0467	0156	6	
	1		1085	1546	1957	2321	3543	4019	3932	3025	2634	1866	0938	5	
	2		0055	0120	0204	0305	0984	2009	2458	3241	3292	3110	2344	4	
	3		0002	0005	0011	0021	0146	0536	0819	1852	2195	2765	3125	3	6
	4					0001	0012	0080	0154	0595	0823	1382	2344	2	
	5						0001	0006	0015	0102	0165	0369	0938	1	
	6								0001	0007	0014	0041	0156	0	
7	0		0,8681	8080	7514	6983	4783	2791	2097	0824	0585	0280	0078	7	
	1		1240	1749	2192	2573	3720	3907	3670	2471	2048	1306	0547	6	
	2		0076	0162	0274	0406	1240	2344	2753	3177	3073	2613	1641	5	
	3		0003	0008	0019	0036	0230	0781	1147	2269	2561	2903	2734	4	7
	4				0001	0002	0026	0156	0287	0972	1280	1935	2734	3	
	5						0002	0019	0043	0250	0384	0774	1641	2	
	6							0001	0004	0036	0064	0172	0547	1	
	7									0002	0005	0016	0078	0	
8	0		0,8508	7837	7214	6634	4305	2326	1678	0576	0390	0168	0039	8	
	1		1389	1939	2405	2793	3826	3721	3355	1977	1561	0896	0313	7	
	2		0099	0210	0351	0515	1488	2605	2936	2965	2731	2090	1094	6	
	3		0004	0013	0029	0054	0331	1042	1468	2541	2731	2787	2188	5	
	4			0001	0002	0004	0046	0260	0459	1361	1707	2322	2734	4	8
	5						0004	0042	0092	0467	0683	1239	2188	3	
	6							0004	0011	0100	0171	0413	1094	2	
	7								0001	0012	0024	0079	0313	1	
	8									0001	0002	0007	0039	0	
9	0		0,8337	7602	6925	6302	3874	1938	1342	0404	0260	0101	0020	9	
	1		1531	2116	2597	2985	3874	3489	3020	1556	1171	0605	0176	8	
	2		0125	0262	0433	0629	1722	2791	3020	2668	2341	1612	0703	7	
	3		0006	0019	0042	0077	0446	1302	1762	2668	2731	2508	1641	6	
	4			0001	0003	0006	0074	0391	0661	1715	2048	2508	2461	5	9
	5						0008	0078	0165	0735	1024	1672	2461	4	
	6						0001	0010	0028	0210	0341	0743	1641	3	
	7							0001	0003	0039	0073	0212	0703	2	
	8									0004	0009	0035	0176	1	
	9										0001	0003	0020	0	
10	0		0,8171	7374	6648	5987	3487	1615	1074	0282	0173	0060	0010	10	
	1		1667	2281	2770	3151	3874	3230	2684	1211	0867	0403	0098	9	
	2		0153	0317	0519	0746	1937	2907	3020	2335	1951	1209	0439	8	
	3		0008	0026	0058	0105	0574	1550	2013	2668	2601	2150	1172	7	
	4			0001	0004	0010	0112	0543	0881	2001	2276	2508	2051	6	
10	5					0001	0015	0130	0264	1029	1366	2007	2461	5	10
	6						0001	0022	0055	0368	0569	1115	2051	4	
	7							0002	0008	0090	0163	0425	1172	3	
	8		Alle fehlenden Zahlen					0001	0014	0030	0106	0439	2	
	9		betragen rund 0,0000.						0001	0003	0016	0098	1	
	10										0001	0010	0	
n	k	p	0,98	0,97	0,96	0,95	0,90	5/6	0,80	0,70	2/3	0,60	0,50	k	n

Binomialverteilung für höchstens k Erfolge in einer Bernoulli-Kette

$$P(X \leq k) = \binom{n}{0} \cdot p^0 \cdot (1-p)^n + \binom{n}{1} \cdot p^1 \cdot (1-p)^{n-1} + \ldots + \binom{n}{k} \cdot p^k \cdot (1-p)^{n-k}$$

n	k	p	0,02	0,03	0,04	0,05	0,10	1/6	0,20	0,30	1/3	0,40	0,50	k	n
4	0		0,9224	8853	8493	8145	6561	4823	4096	2401	1975	1296	0625	3	
	1		9977	9948	9909	9860	9477	8681	8192	6517	5926	4762	3125	2	
	2			9999	9999	9998	9963	9838	9728	9163	8889	8208	6875	1	4
	3						9999	9992	9984	9919	9877	9744	9375	0	
5	0		0,9039	8587	8154	7738	5905	4019	3277	1681	1317	0778	0313	4	
	1		9962	9915	9852	9774	9185	8038	7373	5282	4609	3370	1875	3	
	2		9999	9997	9994	9988	9914	9645	9421	8369	7901	6826	5000	2	5
	3						9995	9967	9933	9692	9547	9130	8125	1	
	4							9999	9997	9976	9959	9898	9688	0	
6	0		0,8858	8330	7828	7351	5314	3349	2621	1176	0878	0467	0156	5	
	1		9943	9875	9784	9672	8857	7368	6554	4202	3512	2333	1094	4	
	2		9998	9995	9988	9978	9842	9377	9011	7443	6804	5443	3438	3	6
	3					9999	9987	9913	9830	9295	8999	8208	6563	2	
	4						9999	9993	9984	9891	9822	9590	8906	1	
	5							9999	9993	9986	9959	9844	0		
7	0		0,8681	8080	7514	6983	4783	2791	2097	0824	0585	0280	0078	6	
	1		9921	9829	9706	9556	8503	6698	5767	3294	2634	1586	0625	5	
	2		9997	9991	9980	9962	9743	9042	8520	6471	5706	4199	2266	4	
	3				9999	9998	9973	9824	9667	8740	8267	7102	5000	3	7
	4						9998	9980	9953	9712	9547	9037	7734	2	
	5							9999	9996	9962	9931	9812	9375	1	
	6									9998	9995	9984	9922	0	
8	0		0,8508	7837	7214	6634	4305	2326	1678	0576	0390	0168	0039	7	
	1		9897	9777	9619	9428	8131	6047	5033	2553	1951	1064	0352	6	
	2		9996	9987	9969	9942	9619	8652	7969	5518	4682	3154	1445	5	
	3			9999	9998	9996	9950	9693	9437	8059	7414	5941	3633	4	8
	4						9996	9954	9896	9420	9121	8263	6367	3	
	5							9996	9988	9887	9803	9502	8555	2	
	6								9999	9987	9974	9915	9648	1	
	7									9999	9998	9993	9961	0	
9	0		0,8337	7602	6925	6302	3874	1938	1342	0404	0260	0101	0020	8	
	1		9869	9718	9522	9288	7748	5427	4362	1960	1431	0705	0195	7	
	2		9994	9980	9955	9916	9470	8217	7382	4628	3772	2318	0898	6	
	3			9999	9997	9994	9917	9520	9144	7297	6503	4826	2539	5	
	4						9991	9911	9804	9012	8552	7334	5000	4	9
	5						9999	9989	9969	9747	9576	9006	7461	3	
	6							9999	9997	9957	9917	9750	9102	2	
	7									9996	9990	9962	9805	1	
	8										9999	9997	9980	0	
10	0		0,8171	7374	6648	5987	3487	1615	1074	0282	0173	0060	0010	9	
	1		9838	9655	9418	9139	7361	4845	3758	1493	1040	0464	0107	8	
	2		9991	9972	9938	9885	9298	7752	6778	3828	2991	1673	0547	7	
	3			9999	9996	9990	9872	9303	8791	6496	5593	3823	1719	6	
	4					9999	9984	9845	9672	8497	7869	6331	3770	5	10
	5						9999	9976	9936	9527	9234	8338	6230	4	
	6		Alle fehlenden Zahlen				9997	9991	9894	9803	9452	8281	3		
	7		betragen rund 1,0000.					9999	9984	9966	9877	9453	2		
	8								9999	9996	9983	9893	1		
	9										9999	9990	0		
n	k	p	0,98	0,97	0,96	0,95	0,90	5/6	0,80	0,70	2/3	0,60	0,50	k	n

ACHTUNG:
Bei Trefferwahrscheinlichkeiten über 0,5 (braune Tabellenköpfe)
findet man in der Tabelle die Differenz zu 1.

BEISPIEL: $n = 10$, $k = 7$, $p = 0,9$; Ablesewert: 0,9298; also: $P(X \leq 7) = 1 - 0,9298 = 0,1702$

Wertetafeln zur Binomialverteilung

Wahrscheinlichkeiten für höchstens k Erfolge in einer Bernoulli-Kette

$$P(X \leq k) = \binom{n}{0} \cdot p^0 \cdot (1-p)^n + \binom{n}{1} \cdot p^1 \cdot (1-p)^{n-1} + \ldots + \binom{n}{k} \cdot p^k \cdot (1-p)^{n-k}$$

n	k	p	0,02	0,03	0,04	0,05	0,10	1/6	0,20	0,25	0,30	1\3	0,40	0,50	k	n
20	0		0,6676	5438	4420	3585	1216	0261	0115	0032	0008	0003	0000	0000	19	20
	1		9401	8802	8103	7358	3917	1304	0692	0243	0076	0033	0005	0000	18	
	2		9929	9790	9561	9245	6769	3287	2061	0913	0355	0176	0036	0002	17	
	3		9994	9973	9926	9841	8670	5665	4114	2252	1071	0604	0160	0013	16	
	4			9997	9990	9974	9568	7687	6296	4148	2375	1515	0510	0059	15	
	5				9999	9997	9887	8982	8042	6172	4164	2972	1256	0207	14	
	6						9976	9629	9133	7858	6080	4793	2500	0577	13	
	7						9996	9887	9679	8982	7723	6615	4159	1316	12	
	8						9999	9972	9900	9591	8867	8095	5956	2517	11	
	9							9994	9974	9861	9520	9081	7553	4119	10	
	10							9999	9994	9961	9829	9624	8725	5881	9	
	11								9999	9991	9949	9870	9435	7483	8	
	12									9998	9987	9963	9790	8684	7	
	13										9997	9991	9935	9423	6	
	14											9998	9984	9793	5	
	15												9997	9941	4	
	16													9987	3	
	17													9998	2	
	18														1	
	19														0	
50	0		0,3642	2181	1299	0769	0052	0001	0000	0000	0000	0000	0000	0000	49	50
	1		7358	5553	4005	2794	0338	0012	0002	0000	0000	0000	0000	0000	48	
	2		9216	8108	6767	5405	1117	0066	0013	0001	0000	0000	0000	0000	47	
	3		9822	9372	8609	7604	2503	0238	0057	0005	0000	0000	0000	0000	46	
	4		9968	9832	9510	8964	4312	0643	0185	0021	0002	0000	0000	0000	45	
	5		9995	9963	9856	9622	6161	1388	0480	0070	0007	0001	0000	0000	44	
	6		9999	9993	9964	9882	7702	2506	1034	0194	0025	0005	0000	0000	43	
	7			9999	9992	9968	8779	3911	1904	0453	0073	0017	0001	0000	42	
	8				9999	9992	9421	5421	3073	0916	0183	0050	0002	0000	41	
	9					9998	9755	6830	4437	1637	0402	0127	0008	0000	40	
	10						9906	7986	5836	2622	0789	0284	0022	0000	39	
	11						9968	8827	7107	3816	1390	0570	0057	0000	38	
	12						9990	9373	8139	5110	2229	1035	0133	0002	37	
	13						9997	9693	8894	6370	3279	1715	0280	0005	36	
	14						9999	9862	9393	7481	4468	2612	0540	0013	35	
	15							9943	9692	8369	5692	3690	0955	0033	34	
	16							9978	9856	9017	6839	4868	1561	0077	33	
	17							9922	9937	9449	7822	6046	2369	0164	32	
	18							9997	9975	9713	8594	7126	3356	0325	31	
	19							9999	9991	9861	9152	8036	4465	0595	30	
	20								9997	9937	9522	8741	5610	1013	29	
	21								9999	9974	9749	9244	6701	1611	28	
	22									9990	9877	9576	7660	2399	27	
	23									9996	9944	9778	8438	3359	26	
	24									9999	9976	9892	9022	4439	25	
	25										9991	9951	9427	5561	24	
	26										9997	9979	9686	6641	23	
	27										9999	9992	9840	7601	22	
	28											9997	9924	8389	21	
	29											9999	9966	8987	20	
	30												9986	9405	19	
	31												9995	9675	18	
	32												9998	9836	17	
	33												9999	9923	16	
	34													9967	15	
	35													9987	14	
	36													9995	13	
	37		Alle fehlenden Zahlen											9998	12	
	38		betragen rund 1,0000.											0999	11	
	39														10	
	40														9	
n	k	p	0,98	0,97	0,96	0,95	0,90	5/6	0,80	0,75	0,70	2/3	0,60	0,50	k	n

Wahrscheinlichkeiten für höchstens k Erfolge in einer Bernoulli-Kette

$$P(X \leq k) = \binom{n}{0} \cdot p^0 \cdot (1-p)^n + \binom{n}{1} \cdot p^1 \cdot (1-p)^{n-1} + \ldots + \binom{n}{k} \cdot p^k \cdot (1-p)^{n-k}$$

n	k	p	0,02	0,03	0,04	0,05	0,10	1/6	0,20	0,25	0,30	1\3	0,40	0,50	k	n
	0		0,1326	0476	0169	0059	0000	0000	0000	0000	0000	0000	0000	0000	99	
	1		4033	1946	0872	0371	0003	0000	0000	0000	0000	0000	0000	0000	98	
	2		6767	4198	2321	1183	0019	0000	0000	0000	0000	0000	0000	0000	97	
	3		8590	6472	4295	2578	0078	0000	0000	0000	0000	0000	0000	0000	96	
	4		9492	8179	6289	4360	0237	0001	0000	0000	0000	0000	0000	0000	95	
	5		9845	9192	7884	6160	0576	0004	0000	0000	0000	0000	0000	0000	94	
	6		9959	9688	8939	7660	1172	0013	0001	0000	0000	0000	0000	0000	93	
	7		9991	9894	9525	8720	2061	0038	0003	0000	0000	0000	0000	0000	92	
	8		9998	9968	9810	9369	3209	0095	0009	0000	0000	0000	0000	0000	91	
	9			9991	9932	9718	4513	0213	0023	0000	0000	0000	0000	0000	90	
	10			9998	9978	9885	5832	0427	0057	0001	0000	0000	0000	0000	89	
	11				9993	9957	7030	0777	0126	0004	0000	0000	0000	0000	88	
	12				9998	9985	8018	1297	0253	0010	0000	0000	0000	0000	87	
	13					9995	8761	2000	0469	0025	0001	0000	0000	0000	86	
	14					9999	9274	2874	0804	0054	0002	0000	0000	0000	85	
	15						9601	3877	1285	0111	0004	0000	0000	0000	84	
	16						9794	4942	1923	0211	0010	0001	0000	0000	83	
	17						9900	5994	2712	0376	0022	0002	0000	0000	82	
	18						9954	6965	3621	0630	0045	0005	0000	0000	81	
	19						9980	7803	4602	0995	0089	0011	0000	0000	80	
	20						9992	8481	5595	1488	0165	0024	0000	0000	79	
	21						9997	8998	6540	2114	0288	0048	0000	0000	78	
	22						9999	9370	7389	2864	0479	0091	0001	0000	77	
	23							9621	8109	3711	0755	0164	0003	0000	76	
	24							9783	8686	4617	1136	0281	0006	0000	75	
	25							9881	9125	5535	1631	0458	0012	0000	74	
	26							9938	9442	6417	2244	0715	0024	0000	73	
	27							9969	9658	7224	2964	1066	0046	0000	72	
	28							9985	9800	7925	3768	1524	0084	0000	71	
	29							9993	9888	8505	4623	2093	0148	0000	70	
100	30							9997	9939	8962	5491	2766	0248	0000	69	100
	31							9999	9969	9307	6331	3525	0398	0001	68	
	32								9985	9554	7107	4344	0615	0002	67	
	33								9993	9724	7793	5188	0913	0004	66	
	34								9997	9836	8371	6019	1303	0009	65	
	35								9999	9906	8839	6803	1795	0018	64	
	36									9948	9201	7511	2386	0033	63	
	37									9973	9470	8123	3068	0060	62	
	38									9986	9660	8630	3822	0105	61	
	39									9993	9790	9034	4621	0176	60	
	40									9997	9875	9341	5433	0284	59	
	41									9999	9928	9566	6225	0443	58	
	42										9960	9724	6967	0666	57	
	43										9979	9831	7635	0967	56	
	44										9989	9900	8211	1356	55	
	45										9995	9943	8689	1841	54	
	46										9997	9969	9070	2421	53	
	47										9999	9983	9362	3087	52	
	48											9991	9577	3822	51	
	49											9996	9729	4602	50	
	50											9998	9832	5398	49	
	51											9999	9900	6178	48	
	52												9942	6914	47	
	53												9968	7579	46	
	54												9983	8159	45	
	55												9991	8644	44	
	56												9996	9033	43	
	57												9998	9334	42	
	58												9999	9557	41	
	59													9716	40	
	60													9824	39	
	61													9895	38	
	62		Alle fehlenden Zahlen											9940	37	
	63		betragen rund 1,0000.											9967	36	
	64													9982	35	
n	k	p	0,98	0,97	0,96	0,95	0,90	5/6	0,80	0,75	0,70	2/3	0,60	0,50	k	n

ZUSAMMENFASSUNG

Ergebnisse und Ereignisse

In der **Ergebnismenge** Ω werden alle möglichen Ergebnisse eines Zufallsexperiments zusammengefasst. Zu **Ereignissen** werden Ergebnisse mit bestimmten Eigenschaften zusammengefasst. Ereignisse werden durch Teilmengen der Ergebnismenge dargestellt.

Ω heißt **sicheres Ereignis**, die leere Menge $\emptyset$ heißt **unmögliches Ereignis**.

Ereignisse kann man verknüpfen:
Ereignis „*A* **oder** *B*": $A \cup B$ Ereignis „*A* **und** *B*": $A \cap B$
Ereignis „**nicht** *A*" (**Gegenereignis**): $\overline{A}$

Für das „Rechnen" mit diesen Ereignissen gelten die **de Morgan'schen Regeln**:
$\overline{A \cup B} = \overline{A} \cap \overline{B}$ und $\overline{A \cap B} = \overline{A} \cup \overline{B}$

Zwei Ereignisse heißen **unvereinbar**, wenn sie nicht gleichzeitig eintreten können, d. h. wenn $A \cap B = \emptyset$ gilt.

Eigenschaften der Wahrscheinlichkeit

1. $P(\Omega) = 1$
2. $P(\emptyset) = 0$
3. Für jedes Ereignis $A \subset \Omega$ gilt: $0 \leq P(A) \leq 1$
4. $P(\overline{A}) = 1 - P(A)$
5. Ist $A = \{a_1, a_2, \ldots, a_m\}$, so gilt $P(\{a_1, a_2, \ldots, a_m\}) = P(a_1) + P(a_2) + \ldots + P(a_m)$
6. Für beliebige Ereignisse $A \subset \Omega$, $B \subset \Omega$ gilt: $P(A \cup B) = P(A) + P(B) - P(A \cap B)$

Bedingte Wahrscheinlichkeit und Unabhängigkeit

Sei B ein Ereignis mit $P(B) > 0$. Dann heißt der Quotient
$$P(A|B) = \frac{P(A \cap B)}{P(B)}$$
die **bedingte Wahrscheinlichkeit von *A* unter der Bedingung *B***.

Durch Umstellung ergibt sich daraus die **Allgemeine Multiplikationsformel**: $P(A \cap B) = P(A|B) \cdot P(B)$

Formel für die totale Wahrscheinlichkeit:
Ist $\Omega = B_1 \cup B_2$ eine Zerlegung von Ω in zwei unvereinbare Ereignisse (also $B_1 \cap B_2 = \emptyset$) und $A \subset \Omega$ ein beliebiges Ereignis, so gilt:
$P(A) = P(A \cap B_1) + P(A \cap B_2) = P(A|B_1) \cdot P(B_1) + P(A|B_2) \cdot P(B_2)$
Allgemeiner: Ist $\Omega = B_1 \cup B_2 \cup \ldots \cup B_n$ eine Zerlegung von Ω in paarweise unvereinbare Ereignisse (d. h. $B_i \cap B_j = \emptyset$ für $i \neq j$), so gilt:
$P(A) = P(A|B_1) \cdot P(B_1) + P(A|B_2) \cdot P(B_2) + \ldots + P(A|B_n) \cdot P(B_n)$

Kombiniert man die Definitionsgleichung der bedingten Wahrscheinlichkeit mit der Formel für die totale Wahrscheinlichkeit, so ergibt sich die **Bayes'sche Formel**:
Ist $\Omega = B_1 \cup B_2 \cup \ldots \cup B_n$ eine Zerlegung von Ω in paarweise unvereinbare Ereignisse und $A \subset \Omega$ irgendein Ereignis mit $P(A) > 0$, so gilt:
$$P(B_k|A) = \frac{P(A|B_k) \cdot P(B_k)}{P(A|B_1) \cdot P(B_1) + P(A|B_2) \cdot P(B_2) + \ldots + P(A|B_n) \cdot P(B_n)}$$

Zwei Ereignisse A und B heißen **unabhängig** genau dann, wenn für ihre Wahrscheinlichkeiten die Produktformel $P(A \cap B) = P(A) \cdot P(B)$ gilt.
Für *n* **unabhängige Ereignisse** $A_1, A_2, \ldots, A_n$ gilt $P(A_1 \cap A_2 \cap \ldots \cap A_n) = P(A_1) \cdot P(A_2) \cdot \ldots \cdot P(A_n)$.

Bernoulli-Versuch / Bernoulli-Kette

Ein Zufallsversuch mit nur zwei interessierenden Ergebnissen (*Treffer* und *Niete* bzw. *Erfolg* und *Misserfolg*) heißt **Bernoulli-Versuch**.
Beispiele für Bernoulli-Versuche:
Elfmeterschuss: Tor – kein Tor; Münzwurf: Wappen – Zahl; Geburt eines Kindes: Mädchen – Junge

Wird ein Bernoulli-Versuch n-mal durchgeführt und ändert sich die Trefferwahrscheinlichkeit dabei nicht, so spricht man von einem **n-stufigen Bernoulli-Versuch** bzw. von einer **Bernoulli-Kette der Länge n**.
Beispiele für Bernoulli-Ketten:
120 Passanten befragen, ob sie Vegetarier sind; 24 Schüler auf Linkshändigkeit testen

Binomialverteilung

Die Wahrscheinlichkeitsverteilung, die zu einer Bernoulli-Kette gehört, heißt **Binomialverteilung**. Sie ist abhängig von der Trefferwahrscheinlichkeit p und der Anzahl n der Versuche.

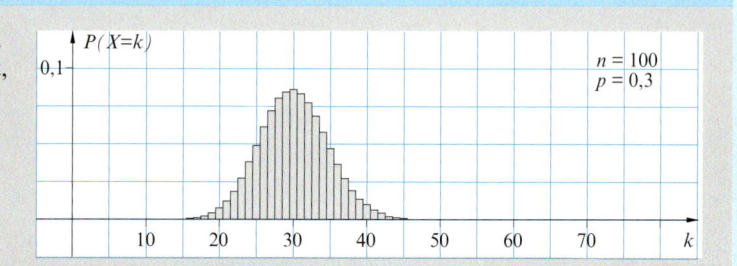

X sei die „**Anzahl der Treffer**" bei einer Bernoulli-Kette der Länge n.
Die Trefferwahrscheinlichkeit sei p. Dann gilt:

Wahrscheinlichkeit für das Auftreten von genau k „Treffern": $P(X = k) = \binom{n}{k} \cdot p^k \cdot (1-p)^{n-k}$

Wahrscheinlichkeit für das Auftreten von höchstens k „Treffern":
$$P(X \leq k) = \binom{n}{0} \cdot p^0 \cdot (1-p)^n + \binom{n}{1} \cdot p^1 \cdot (1-p)^{n-1} + \ldots + \binom{n}{k} \cdot p^k \cdot (1-p)^{n-k}$$

Wahrscheinlichkeit für das Auftreten von mindestens k „Treffern": $P(X \geq k) = 1 - P(X < k) = 1 - P(X \leq k-1)$

Der **Erwartungswert** μ einer binomialverteilten Zufallsgröße X beträgt: $\mu = n \cdot p$, das bedeutet, für einen n-stufigen Bernoulli-Versuch mit einer Trefferwahrscheinlichkeit p erwartet man $n \cdot p$ Treffer.
Beispiel für den Erwartungswert einer binomialverteilten Zufallsgröße:
Würfelt man 60-mal, so erwartet man, dass etwa $60 \cdot \frac{1}{6}$, also 10 Sechsen unter den Würfelergebnissen sind.

Statistische Erhebungen

Die **Grundaufgabe der beurteilenden Statistik** besteht darin, aus den Ergebnissen einer Stichprobe begründete Schlüsse über die Verhältnisse in der Grundgesamtheit zu ziehen.
Zur **Vorbereitung** der statistischen Erhebung muss neben der klaren Fragestellung auch festgelegt werden, wie man eine repräsentative Stichprobe erreichen will, die die Verhältnisse in der Grundgesamtheit gut widerspiegelt.
Nach der Erhebung der Daten muss eine **Auswertung** erfolgen. Dazu werden die Einzeldaten der Meinungsumfrage z.B. in einer Tabelle übersichtlich zusammengestellt und dann in einer Diagrammdarstellung veranschaulicht.
Achtung: Aussagen über eine Grundgesamtheit, die auf einer Stichprobe beruhen, sind i. Allg. ungenau. Folgerungen oder Entscheidungen, die auf Stichprobenergebnissen aufbauen, können falsch sein.

Zahlenfolgen

Das Unendliche fasziniert die Menschen seit
alters her. Aber was heißt überhaupt unendlich?
Wird ein Turm, der unendlich viele Stockwerke hat,
notwendig auch unendlich hoch?
Etwa seit der Mitte des 17. Jahrhunderts
entwickelte sich in einem langen,
bis weit ins neunzehnte Jahrhundert reichenden Prozess
eine mathematische Theorie des Unendlichen,
die Antworten auf solche Fragen ermöglicht.
Ein zentraler Begriff dieser Theorie
ist der Begriff der unendlichen Zahlenfolge.

Zahlenfolgen und einige ihrer Eigenschaften

Das Bearbeiten vieler praktischer Probleme erfordert das Lösen von Gleichungen. Nur in Ausnahmefällen gibt es eine Lösungsformel, wie wir sie z. B. für quadratische Gleichungen kennen gelernt haben. In vielen Fällen ist es üblich, Näherungsverfahren zu verwenden.

1

Zu lösen sei die Gleichung $x - \frac{x^5}{6} - \frac{3}{4} = 0$ für $x > 0$. Die vorgegebene Gleichung ist äquivalent zu $x = \frac{x^5}{6} + \frac{3}{4}$. Dies besagt, dass wir uns einer Lösung nähern, wenn der Wert von $\frac{x^5}{6} + \frac{3}{4}$ sich immer weniger von x unterscheidet. Schon früher, im Zusammenhang mit goniometrischen Gleichungen (S. 83) haben wir gesehen, dass Gleichungen der Form $x = f(x)$ oft durch ein Iterationsverfahren gelöst werden können. In unserem Falle besagt das: Bei günstiger Wahl eines Startwertes x_1 liefert der Wert des Terms $\frac{x^5}{6} + \frac{3}{4}$ an der Stelle x_1 einen weiteren, besseren Wert für die Lösung.

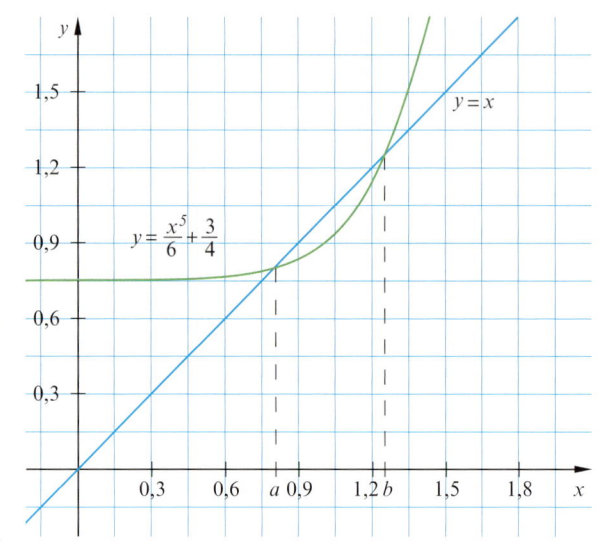

a) Mit dem Startwert $x_1 = 0{,}7$ erhält man den neuen Wert $x_2 = \frac{x_1^5}{6} + \frac{3}{4} = 0{,}778011667$. Setze die Berechnung weiterer Werte mithilfe der Vorschrift $x_{n+1} = \frac{x_n^5}{6} + \frac{3}{4}$ für $n = 2; 3; \ldots; 10$ fort.

b) Berechne für den Startwert $x_1 = 1{,}25$ die Werte x_2 bis x_8.

c) Charakterisiere das unterschiedliche Verhalten der in a) und b) erhaltenen Folgen von reellen Zahlen bei wachsendem n.

d) Deute die prinzipielle Vorgehensweise an einer grafischen Darstellung.

2

Nachfolgend sind die Anfangsstücke einiger Zahlenfolgen gegeben. Setze jede Folge um 4 Glieder fort. Erläutere jeweils, wie du dabei vorgegangen bist.

a) $-10; -4; 2; 8; \ldots$
b) $-1; \frac{1}{2}; -\frac{1}{3}; \frac{1}{4}; \ldots$
c) $3; 7; 13; 21; \ldots$
d) $1; \sqrt{3}; 3; 3\sqrt{3}; 9; \ldots$
e) $2; -4; 2; -4; \ldots$
f) $0{,}2; 0{,}4; 0{,}8; 1{,}6; \ldots$
g) $\frac{1}{3}; \frac{1}{9}; \frac{1}{27}; \frac{1}{81}; \ldots$
h) $0{,}9; 1{,}1; 0{,}99; 1{,}01; \ldots$
i) $3; 33; 333; 3333; \ldots$

NACHGEDACHT

Wie könnte die Zahlenfolge 18; 20; 22; 23; 24; 27; … sinnvoll fortgesetzt werden?

3

In den vorangegangenen Aufgaben wurden Zahlen in einer bestimmten Reihenfolge aufgeschrieben. Begründe, dass man eine Zahlenfolge als Funktion mit den natürlichen Zahlen 1; 2; 3; … als Definitionsbereich auffassen kann. Gib die entsprechende Funktion für einige der Folgen aus Aufgabe 2 in Form einer Wertetabelle oder in der Pfeilschreibweise $(1 \to ?; 2 \to ?$, etc.) an.

Zahlenfolgen und einige ihrer Eigenschaften

Funktionen mit einer Menge natürlicher Zahlen als Definitionsbereich und einer Menge reeller Zahlen als Wertebereich heißen **Zahlenfolgen**.
Die Funktionswerte heißen **Glieder der Zahlenfolge**.

Um Zahlenfolgen als besondere Funktionen hervorzuheben, wählt man häufig folgende **Bezeichnungen:**

$k; m; n$ für das Argument,
$a_1; a_2; a_3; \ldots$ für das erste, zweite, dritte, ... Folgenglied,
$a_k; b_n$ für das zu k bzw. n gehörige Folgenglied (Funktionswert),
$(a_k); (b_n);$
$(a_1; a_2; a_3; \ldots)$ für die gesamte Folge.

HINWEIS
Wenn keine gesonderte Festlegung erfolgt, verwenden wir im Weiteren stets die Menge aller natürlichen Zahlen mit Ausnahme der 0 (Bezeichnung $\mathbb{N}^+$) als Definitionsbereich.

Da wir Zahlenfolgen als spezielle Funktionen definiert haben, ist es sinnvoll, Darstellungsarten und wichtige Eigenschaften von Funktionen zu übertragen oder zu spezialisieren.

BEISPIEL
Wir betrachten die Funktion f mit $f(x) = 0{,}5\,x - 2$ mit dem speziellen Definitionsbereich $\mathbb{N}^+$. Dann ergibt sich mit den genannten Bezeichnungen zum Beispiel:

$f(1) = a_1 = 0{,}5 \cdot 1 - 2 = -1{,}5$ ist das 1. Glied der Folge,
$f(2) = a_2 = 0{,}5 \cdot 2 - 2 = -1$ ist das 2. Glied der Folge,
...
$f(6) = a_6 = 0{,}5 \cdot 6 - 2 = 1$ ist das 6. Glied der Folge,
...
$f(n) = a_n = 0{,}5\,n - 2$ ist das n-te Glied der Folge.

Als Wertetabelle für die ersten 8 Folgenglieder erhält man:

n	1	2	3	4	5	6	7	8
a_n	$-1{,}5$	-1	$-0{,}5$	0	0,5	1	1,5	2

MERKE
Eine Gleichung der Form $a_n = 0{,}5\,n - 2$ nennt man eine **explizite Zuordnungsvorschrift**. Sie ist eine Funktionsgleichung, durch die jedes Folgenglied der Zahlenfolge explizit in Abhängigkeit vom zugehörigen Argument n gegeben ist und also unmittelbar durch das Einsetzen der natürlichen Zahl n berechnet werden kann.

INFORMATION
„explizit" stammt aus dem Lateinischen und bedeutet „entfaltet", „entwickelt". Der Gegensatz heißt „implizit".

4
Stelle das Anfangsstück der Zahlenfolge aus dem Beispiel als Graph einer Funktion dar. Beachte dabei den speziellen Definitionsbereich $\mathbb{N}^+$.
Wie unterscheidet sich dieser Funktionsgraph von demjenigen der Funktion g mit $g(x) = 0{,}5\,x - 2$ und $\mathbb{R}$ als Definitionsbereich?

5
Bei einer anderen Darstellungsart für Zahlenfolgen werden die Funktionswerte wie in der Abbildung auf einer Zahlengeraden gekennzeichnet. Stelle die Folge aus dem Beispiel so dar.
In welchen Fällen erscheint dir welche Darstellungsform besonders geeignet, das Verhalten der Folge mit wachsendem n zu beschreiben?

6ᴸ

Betrachtet werden die Folgen $(a_n) = (2n-4)$; $(b_n) = \left(\dfrac{n}{2}\right)$; $(c_n) = \left(\dfrac{2n-3}{n}\right)$ und $(d_n) = (4n - n^2)$.

a) Gib jeweils das 1., 2., 3., 4. und 5. sowie das 100. Folgenglied an.
b) Gib jeweils das $(k+1)$-te und das $(m-2)$-te Folgenglied an.
c) Sind die Zahlen 12; 0; 0,5 oder -3 Glieder dieser Zahlenfolgen? Wenn ja, zu welchem n gehören sie jeweils?
d) Stelle die Folgen für $1 \leq n \leq 5$ grafisch im Koordinatensystem und auf dem Zahlenstrahl dar.

7

Gegeben sind Anfangsstücke von Zahlenfolgen.

a) $a_1 = -17$; $a_2 = -25$; $a_3 = -33$; ... b) $a_1 = 3$; $a_2 = 5$; $a_3 = 8$; $a_4 = 12$; ...
c) $a_1 = 2$; $a_2 = 1$; $a_3 = \dfrac{1}{2}$; $a_4 = \dfrac{1}{4}$; ... d) $a_1 = 1$; $a_2 = -0,1$; $a_3 = 0,01$; $a_4 = -0,001$; ...

Setze jede der Folgen um 3 Glieder fort.
Gib verbal an, wie du von einem Folgenglied zum nächsten gelangst.
Stelle jeweils das Folgenglied a_{n+1} in Abhängigkeit vom Folgenglied a_n dar.

> **AUFGABE**
> $a_{k+1} = \dfrac{2(k+1)^2}{k}$
> $a_k = ?$
> $a_{k-1} = \dfrac{2(k-1)^2}{k-2}$

8

Gegeben sei die Zahlenfolge $(a_n) = (2,5n - 4)$.
a) Nenne die Folgenglieder a_1 bis a_6.
b) Untersuche, welcher der nachfolgend genannten Zusammenhänge für die Folge (a_n) zutrifft: $a_{n+1} = a_n - 2,5$ oder $a_{n+1} = a_n + 2,5$ oder $a_{n+1} = -2,5 a_n$.
c) Nennen drei weitere Zahlenfolgen, für die der in b) gefundene Zusammenhang ebenfalls Gültigkeit besitzt.

> **BEISPIEL**
> Für jedes Glied der Zahlenfolge $(a_n) = (6n - 16) = (-10; -4; 2; 8; ...)$ gilt der Zusammenhang $a_{n+1} = a_n + 6$. Es existiert also eine Vorschrift dafür, wie ein Folgenglied aus dem vorhergehenden entsteht. Aber die Gleichung $a_{n+1} = a_n + 6$ genügt noch nicht zur eindeutigen Festlegung der genannten Zahlenfolge, denn sie gilt z.B. auch für die Glieder der Folge (3; 9; 15; 21; ...). Zur Unterscheidung benutzt man das jeweilige Anfangsglied a_1. Die Folge (a_n) mit der expliziten Zuordnungsvorschrift $a_n = 6n - 16$ kann demnach auch eindeutig charakterisiert werden durch die Angaben $a_1 = -10$ und $a_{n+1} = a_n + 6$. Da bei dieser Vorgehensweise jedes Glied der Zahlenfolge aus vorangegangenen Folgengliedern gewonnen wird, spricht man von einer **rekursiven Zuordnungsvorschrift**.

rekursiv (von lat. *recurrere*) = „zurücklaufend"

9

a) Berechne jeweils a_1 bis a_5.
   (1) $a_1 = 3$; $a_{n+1} = a_n + n$ (2) $a_1 = 4$; $a_{n+1} = 2a_n - 3$
   (3) $a_1 = -1$; $a_2 = -2$; $a_{n+2} = a_n \cdot a_{n+1}$
b) Gib eine rekursive Zuordnungsvorschrift für $(a_n) = (1; 2; 4; 8; 16; ...)$ an.

10

Begründe, dass sich die Möglichkeit zur Darstellung einer Zahlenfolge durch eine rekursive Vorschrift aus dem speziellen Definitionsbereich von Zahlenfolgen ergibt.

Zahlenfolgen und einige ihrer Eigenschaften

11

a) Vergleiche die Vorgehensweisen zur Berechnung von a_{100} mittels der expliziten Zuordnungsvorschrift $(a_n) = (6n - 16)$ und unter Verwendung der rekursiven Zuordnungsvorschrift $a_1 = -10$ und $a_{n+1} = a_n + 6$.
b) Verallgemeinere die Erkenntnis aus a) und kennzeichne, wie ein bestimmtes Folgenglied mittels einer expliziten bzw. einer rekursiven Zuordnungsvorschrift berechnet werden kann.

AUFGABE
Auch die folgenden Vorschriften geben an, wie eine Folge durch Rekursion gewonnen werden kann.
Berechne jeweils die nächsten 10 Folgenglieder und beschreibe wie du dabei vorgegangen bist.
$a_1 = 1; a_2 = 2;$
$a_{n+2} = a_n + a_{n+1}$
$b_1 = 2; b_2 = 3; b_{n+2} = b_n \cdot 2$

12

Ergänze die jeweils fehlenden Angaben.

Folge	Explizite Zuordnungsvorschrift	Rekursive Zuordnungsvorschrift
gerade natürliche Zahlen ohne 0: (2; 4; 6; 8;...)		
		$a_1 = 1; a_{n+1} = a_n + 2n + 1$
Potenzen von 2	$a_n = 2^n$	
	$a_n = 10^n$	
		$a_1 = 1; a_{n+1} = 0{,}1 \cdot a_n$
	$a_n = (-1)^{n+1}$	

Als eine wichtige Eigenschaft von Funktionen haben wir die Monotonie kennen gelernt. Dieser Begriff lässt sich auf Zahlenfolgen übertragen.

13

a) Formuliere selbstständig eine genaue Definition des Monotoniebegriffs für Funktionen.
(*Hinweis:* Eine Funktion f heißt genau dann (streng) monoton ...)
b) Nenne Zahlenfolgen, die deiner Meinung nach monoton wachsend bzw. fallend sind.
c) Welche der Folgen aus Aufgabe 12 sind deiner Meinung nach monoton wachsend bzw. monoton fallend?

DEFINITION
(a_n) sei eine Zahlenfolge.
(a_n) heißt **monoton wachsend** genau dann, wenn für jedes n gilt $a_n \leq a_{n+1}$.
(a_n) heißt **monoton fallend** genau dann, wenn für jedes n gilt $a_n \geq a_{n+1}$.

AUFGABE
Begründe anhand der Folge (a_n) mit
$a_n = 0{,}25 \cdot (2n + 1 - (-1)^n)$,
dass es günstig ist, das Gleichheitszeichen in der Definition zuzulassen.

14

Wann spricht man von einer streng monoton wachsenden (streng monoton fallenden) Zahlenfolge? Schreibe eine genaue Definition für diese Begriffe auf und gib Beispiele für streng monotone Zahlenfolgen an.
Gib auch eigene Beispiele an für Folgen, die monoton, aber nicht streng monoton sind.

15

Entscheide, ob konstante Zahlenfolgen monoton wachsend, monoton fallend, streng monoton wachsend oder streng monoton fallend sind. (Eine Definition des Begriffs „konstante Zahlenfolge" findest du in der Randspalte.)

16

a) Gib für die Folge (a_n) mit $a_n = n^2 - 20n$ die Folgenglieder a_1 bis a_5 an und stelle eine Vermutung über die Monotonie auf.
b) Berechne nun a_6 bis a_{20} und überprüfe deine Vermutung.

> **INFORMATION**
> Eine Zahlenfolge kann auch dadurch gebildet werden, dass man jeder Zahl des Definitionsbereiches stets die gleiche reelle Zahl zuordnet.
> (3; 3; 3; …) oder
> (π; π; π; …) sind Beispiele für solche Folgen. Diese Zahlenfolgen, deren Wertebereich jeweils aus genau einem Element besteht, heißen **konstante Zahlenfolgen.**

> Zum **Nachweis der Monotonie** einer Zahlenfolge genügt es nicht, einzelne Glieder oder nur einen Ausschnitt, etwa ein Anfangsstück, der Folge zu betrachten. Es sind allgemeine Untersuchungen erforderlich.
> Durch äquivalente Umformung der Ungleichungen aus der Monotoniedefinition lassen sich Kriterien gewinnen, welche die Entscheidung, ob und in welcher Weise eine Zahlenfolge monoton ist, erleichtern.

	(a_n) ist monoton wachsend	(a_n) ist monoton fallend
1. Möglichkeit	$a_n \leq a_{n+1} \Leftrightarrow a_{n+1} - a_n \geq 0$	$a_n \geq a_{n+1} \Leftrightarrow a_{n+1} - a_n \leq 0$
2. Möglichkeit (falls alle $a_n > 0$)	$a_n \leq a_{n+1} \Leftrightarrow \frac{a_{n+1}}{a_n} \geq 1$	$a_n \geq a_{n+1} \Leftrightarrow \frac{a_{n+1}}{a_n} \leq 1$

17L

Wende die 1. Möglichkeit auf die Folge $(a_n) = (-3n - 2)$ an.

> **BEISPIEL**
> Die Folge $(a_n) = \left(\frac{n}{n+1}\right) = \left(\frac{1}{2}; \frac{2}{3}; \frac{3}{4}; \frac{4}{5}; \frac{5}{6}; \ldots\right)$ wird auf Monotonie untersucht.
> Da alle Folgenglieder positiv sind, lässt sich neben der 1. auch die 2. Möglichkeit anwenden.
> **1. Möglichkeit:** Für jedes n gilt:
> $$a_{n+1} - a_n = \frac{n+1}{n+2} - \frac{n}{n+1} = \frac{(n+1)(n+1) - n(n+2)}{(n+2)(n+1)} = \frac{1}{(n+2)(n+1)}$$
> Da der Nenner wegen $n > 0$ stets positiv ist, ist auch der Quotient stets größer als 0. Also ist die Folge streng monoton wachsend.
>
> **2. Möglichkeit:** Für jedes n gilt: $\dfrac{a_{n+1}}{a_n} = \dfrac{\frac{n+1}{n+2}}{\frac{n}{n+1}} = \dfrac{(n+1)(n+1)}{n(n+2)} = \dfrac{n^2 + 2n + 1}{n^2 + 2n}$
>
> Da sowohl Zähler als auch Nenner wegen $n > 0$ positiv sind, und der Zähler stets größer ist als der Nenner, ist der gesamte Quotient stets größer als 1. Demnach lässt sich auch hieraus folgern, dass die Folge streng monoton wachsend ist.

> **AUFGABE**
> Folgen wie
> $(a_n) = (-1)^n \cdot n^2$ oder
> $(b_n) = (-1)^n \cdot \frac{1}{n}$
> heißen **alternierende Folgen.**
> Zeichne die Graphen der beiden Folgen. Was kannst du über ihr Monotonieverhalten aussagen?

18

Untersuche auf Monotonie.
a) $(a_n) = (-5n - 7)$
b) $(a_n) = \left(\dfrac{n}{10}\right)$
c) $(a_n) = \left(\dfrac{n+2}{n}\right)$

Zahlenfolgen und einige ihrer Eigenschaften

19

Es sei $(a_n) = (n^2 - 8n) = (-7; -12; -15; -16; \ldots)$.
a) Berechne $a_{n+1} - a_n$ und gib an, für welche n die Differenz positiv und für welche n sie negativ ist.
b) Triff eine Aussage über die Monotonie der Folge – gegebenenfalls auf bestimmten Teilbereichen.

20

Gegeben sei die Zahlenfolge (a_n) mit $a_n = n^3$. Gib die Folgenglieder an, die größer sind als   **a)** 100   **b)** 1000   **c)** 10 000   **d)** 1 000 000.

21

Begründe, dass für alle Glieder der Zahlenfolgen
$(a_n) = \left(\dfrac{n+1}{n}\right)$ und $(b_n) = \left(\dfrac{n}{n+1}\right)$ gilt: $0 \leq a_n \leq 2$ bzw. $0 \leq b_n \leq 2$.

> **DEFINITION**
> (a_n) sei eine Zahlenfolge mit dem Definitionsbereich D.
> S_o und S_u seien reelle Zahlen.
> S_o heißt **obere Schranke** von (a_n) genau dann, wenn für alle $n \in D$ gilt: $a_n \leq S_o$.
> S_u heißt **untere Schranke** von (a_n) genau dann, wenn für alle $n \in D$ gilt: $a_n \geq S_u$.

> **DEFINITION**
> Existiert eine obere Schranke von (a_n), so heißt (a_n) **nach oben beschränkt**.
> Existiert eine unter Schranke von (a_n), so heißt (a_n) **nach unten beschränkt**.
> (a_n) heißt **beschränkt** genau dann, wenn (a_n) nach oben *und* nach unten beschränkt ist.

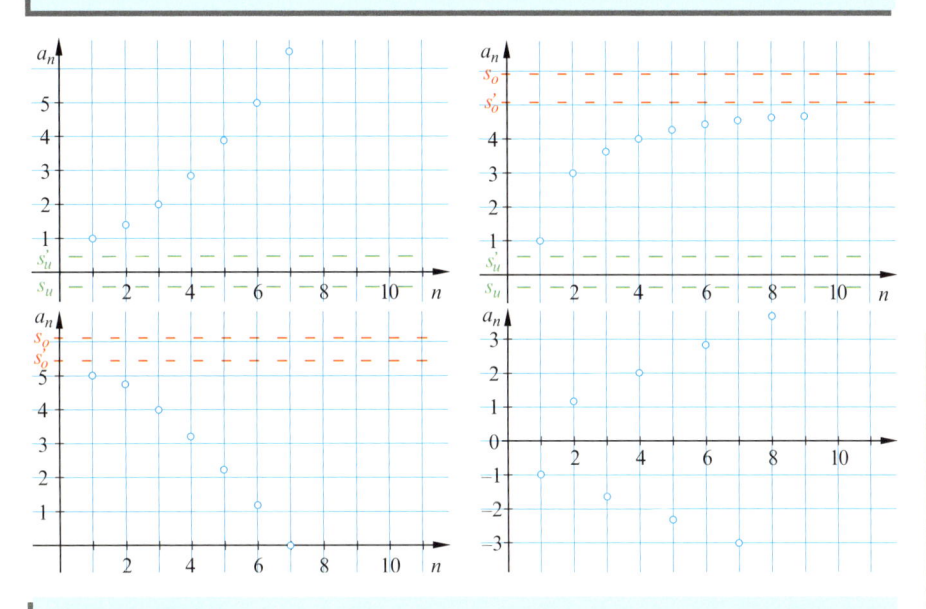

NACHGEDACHT

Ist jede monotone Folge beschränkt?

Ist jede beschränkte Folge monoton?

Ist jede monoton wachsende Folge nach unten beschränkt?

Gibt es eine monoton wachsende Folge, die nach oben beschränkt ist?

22

Gib Beispiele für beschränkte und für unbeschränkte Zahlenfolgen an.

23

Stelle die Glieder a_1 bis a_6 der Zahlenfolgen aus Aufgabe 18 jeweils im Koordinatensystem dar. Kennzeichne gegebenenfalls obere und untere Schranken.

24

a) Weise nach, dass $(a_n) = \left(\dfrac{1}{\sqrt{n}} + 1\right)$ eine beschränkte Zahlenfolge ist.

b) Begründe für die Folge (a_n) mit $a_n = \dfrac{n^2}{4} - 1$:

(a_n) ist nach unten, aber nicht nach oben beschränkt.

AUFGABE
Welche der sechs Folgen aus Aufgabe 25 ist hier grafisch dargestellt?

25

Untersuche, ob die Zahlenfolgen obere bzw. untere Schranken besitzen.

a) $(a_n) = \dfrac{n-1}{n}$
b) $(a_n) = \dfrac{n^2+1}{n^2}$
c) $(a_n) = (-1)^n \dfrac{1}{10^n}$

d) $(a_n) = 1 - n^2$
e) $(a_n) = (25 - 0{,}1(n-1))$
f) $(a_n) = n^2 - 4n + 4$

26

a) Gib eine obere und eine untere Schranke der Zahlenfolge $(a_n) = \dfrac{2n+1}{n}$ an.

b) Veranschauliche die ersten 10 Folgenglieder sowie eine obere und eine untere Schranke in einem Koordinatensystem und als Punkte auf der Zahlengeraden.

27

In Tests wird häufig gefordert, ein Anfangsstück einer Zahlenfolge fortzusetzen. Gib an, wie du vorgehen würdest und begründe deine Entscheidung.

a) 5; 6; 8; 9; 11; 12; …
b) 4; 2; 5; 3; 6; 4; 7; …
c) 3; 5; 10; 12; 24; 26; 52; …
d) 14; 11; 33; 30; 10; 7; 21; …
e) 9; 7; 14; 11; 33; 29; 116; …
f) 3; 5; 5; 7; 14; 16; 48; 50; 200; …

28ᴸ

Berechne a_1 bis a_5 und triff eine Aussage zu Monotonie und Beschränktheit.

a) $a_n = \dfrac{n}{3} - 2$
b) $a_n = \sin\left(\dfrac{\pi}{2}n\right)$
c) $a_n = 1 + (-1)^n$

29

Gegeben ist jeweils das Anfangsstück einer Zahlenfolge. Gib dazu passend eine explizite oder eine rekursive Zuordnungsvorschrift an – möglichst beides. Nenne jeweils die drei folgenden Glieder, die der genannten Vorschrift entsprechen.

a) $-9; -19; -29; …$
b) $-1; 3; -5; 7; …$
c) $1; 16; 81; 625; …$

d) $\dfrac{1}{2}; \dfrac{4}{3}; \dfrac{9}{4}; 5; …$
e) $32; -16; 8; -4; …$
f) $1; 2, 6, 24; 120; …$

30

Gegeben sind jeweils einige Glieder einer Folge (a_n). Gib jeweils eine mögliche Zuordnungsvorschrift an und ermittle anschließend die Glieder a_1 bis a_8.

a) $a_1 = -17; a_2 = -23; a_3 = -29$
b) $a_5 = 5; a_6 = 2{,}5; a_7 = 1{,}25$

c) $a_3 = 4; a_4 = 3{,}5; a_8 = 1{,}5$
d) $a_3 = -\dfrac{6}{27}; a_6 = \dfrac{12}{729}; a_7 = -\dfrac{14}{2187}$

Zahlenfolgen und einige ihrer Eigenschaften

31
Berechne a_1 bis a_5 und ermittle eine explizite Zuordnungsvorschrift.
a) $a_1 = 2;\ a_{n+1} = a_n + 0{,}3$
b) $a_1 = -1;\ a_{n+1} = a_n - 5$
c) $a_1 = 5;\ a_{n+1} = -2a_n$
d) $a_1 = 2;\ a_{n+1} = (a_n)^2$

32
Gib die ersten 6 Folgenglieder an und zeichne den Graphen im Koordinatensystem.
a) $a_n = 2 + (-1)^{n-1}\left(\dfrac{1}{n}\right)$
b) $a_1 = 1;\ a_{n+1} = 2a_n - 5$

Leonardo von Pisa

33
Bei dem so genannten **Kaninchenproblem** handelt es sich um eine Fragestellung, die auf Leonardo von Pisa, genannt Fibonacci, zurückgeht, und zwar:
Wie entwickelt sich die Anzahl von Kaninchenpaaren in einem Gehege unter folgenden Voraussetzungen:
– Zu Beginn wird ein neugeborenes Kaninchenpaar in das Gehege gesperrt.
– Kaninchen gebären ab dem zweiten Monat nach ihrer Geburt.
– Pro Monat hat jedes fruchtbare Paar ein neues Paar als Nachkommen.
Die Anzahl der Kaninchenpaare nach dem n-ten Monat ist das Folgenglied a_n der **Fibonacci-Folge**.
a) Stelle die ersten 8 Glieder der Fibonacci-Folge im Koordinatensystem grafisch dar.
b) Gib eine Rekursionsvorschrift für die Fibonacci-Folge an.
c) Wie viele Kaninchen sind am Ende eines Jahres geboren?

34
Untersuche die Folge (a_n) auf Monotonie. Wenn möglich gib eine obere und eine untere Schranke an.
a) $a_n = n^2 + 1$
b) $a_n = -n^3$
c) $a_n = \dfrac{n+5}{n-3}$

35
Prüfe, ob die Folge (a_n) obere oder untere Schranken hat. Gib gegebenenfalls je drei davon an und ermittle auch die kleinste obere und die größte untere Schranke.
a) $a_n = \dfrac{n^2 + 2}{2n^2}$
b) $a_n = n^2 - n$
c) $a_n = -3 \cdot 0{,}5^n$
d) $a_n = 7 - 0{,}01\,n$
e) $a_n = 1 - 2^{-n}$
f) $a_n = \cos\left(n \cdot \dfrac{\pi}{2}\right)$

36
Gib jeweils eine Folge (a_n) an, die den folgenden Bedingungen genügt.
a) (a_n) ist monoton wachsend und 0 ist eine obere Schranke.
b) (a_n) ist monoton fallend und 3 ist eine untere Schranke
c) -4 ist untere Schranke und 4 ist obere Schranke.
d) -4 ist untere Schranke und 4 ist kleinste obere Schranke.
e) 5 ist untere Schranke und (a_n) ist streng monoton wachsend.
f) 5 ist untere Schranke und (a_n) ist streng monoton fallend.

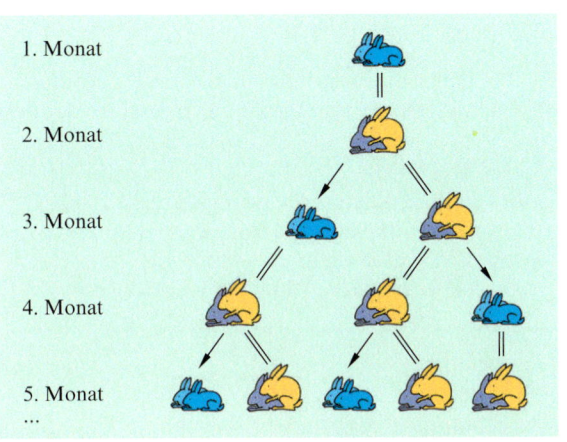

INFORMATION
Der Italiener **Leonardo von Pisa** (ca. 1180 bis ca. 1250), genannt **Fibonacci**, war einer der ersten „professionellen" Mathematiker des europäischen Mittelalters. In seinem 1202 erschienenen Buch „Liber abaci" („Buch des Abakus") stellte er die Frage aus unserer Aufgabe 33, die heute allgemein als Kaninchenproblem bekannt ist. Die Beantwortung dieser Frage führt auf eine Zahlenfolge, die Fibonacci-Folge, welche auch in anderen Situationen, insbesondere bei verschiedenen Naturphänomenen, eine Rolle spielt.

Arithmetische und geometrische Zahlenfolgen

1

In Vorbereitung auf eine gemeinsame Fahrt erhält eine Klasse folgendes Angebot:
Preis für die Hin- und Rückfahrt (je Schüler): 95 €.
Preis für Unterkunft und Verpflegung pro Tag (je Schüler): 25 €.
a) Gib die Kosten je Schüler bei einer Dauer der Fahrt von 1 bis 14 Tagen an.
b) Beschreibe die Folge durch eine rekursive Zuordnungsvorschrift.

2

Gegeben seien die Folgen $(a_n) = (3; 7; 11; 15; …)$, $(b_n) = (5; -1; -7; -13,…)$, $(c_n) = (0,25; 0,75; 1,25; 1,75; …)$ und $(d_n) = \left(\frac{1}{2}; \frac{3}{8}; \frac{1}{4}; \frac{1}{8}; …\right)$.

a) Beschreibe die Folgen durch rekursive Zuordnungsvorschriften.
b) Charakterisiere, was den Bildungsgesetzen der Folgen gemeinsam ist.

> **DEFINITION**
> (a_n) sei ein Zahlenfolge und d eine reelle Zahl.
> (a_n) heißt **arithmetische Folge** genau dann, wenn es eine reelle Zahl d gibt, sodass für jedes n gilt: $a_{n+1} = a_n + d$.
> Die Zahl d heißt die **Differenz der arithmetischen Folge**.

3

Nenne praktische Sachverhalte, die durch arithmetische Folgen beschrieben werden können. Begründe. (Die Randspalte gibt ein paar Anregungen.)

4

Untersuche, ob Anfangsstücke arithmetischer Folgen vorliegen.
a) $(2; 5; 9; 14; …)$
b) $(-4,2; -6,0; -7,8; -9,6; …)$
c) $(\sqrt{2}; 2\sqrt{2}; 3\sqrt{2}; 4\sqrt{2}; …)$
d) $(\sqrt{2}; 2; 2\sqrt{2}; 4; 4\sqrt{2}; …)$

5L

Setze die Folgen um vier Glieder fort, sodass arithmetische Folgen entstehen.
a) $2; 3,8; …$
b) $15; 7,5; …$
c) $-2; -5; …$
d) $0,4; 0,7; …$

6

Gib für die Folgen aus Aufgabe 2 jeweils eine explizite Zuordnungsvorschrift an.

7

Begründe die Formel $a_n = a_1 + (n-1) \cdot d$ für eine arithmetische Folge (a_n) mit der Differenz d. Vervollständige dazu die folgende Überlegung:
$a_2 = a_1 + d$
$a_3 = a_2 + d = a_1 + … + d = a_1 + … d$
$a_4 = a_3 + d = a_1 + … + d = a_1 + … d$
⋮
$a_n = …. \quad = a_1 + … + d = a_1 + … d$

Elektrozähler

Wasseruhr

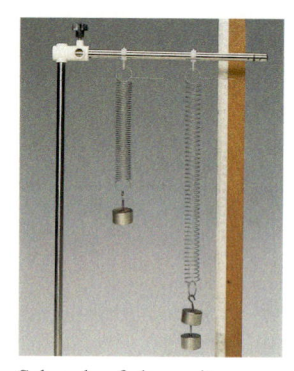

Schraubenfedern mit Massestücken

Arithmetische und geometrische Zahlenfolgen

> **SATZ 1**
> Wenn (a_n) eine arithmetische Folge ist, so gilt für alle $n \in \mathbb{N}$; $n \geq 1$:
> $a_n = a_1 + (n-1) \cdot d$

8

Gib die expliziten Zuordnungsvorschriften für die Folgen aus Aufgabe 2 in der in Satz 1 dargestellten Form an.
Vergleiche mit deinen Ergebnissen aus Aufgabe 6. Stelle gegebenenfalls Übereinstimmung her.

9

Begründe:
Eine arithmetische Folge ist eindeutig bestimmt durch die Angabe
- von a_1 und d Beispiel: $a_1 = -7$ und $d = -11$
- eines beliebigen Folgengliedes a_k und d Beispiel: $a_5 = 27$ und $d = 3$
- zweier beliebiger Folgenglieder a_k und a_m Beispiel: $a_3 = 14$ und $a_9 = 23$.

Ermittle für die genannten Beispiele jeweils die explizite Zuordnungsvorschrift nach Satz 1.

HINWEIS (zu Aufgabe 9)

$a_3 = 14$ ⎫ $+d$
a_4 ⎫ $+d$
a_5 ⎫ $+d$
a_6 ⎫ $+d$ $+6d$
a_7 ⎫ $+d$
a_8 ⎫ $+d$
$a_9 = 23$

10^L

Berechne die ersten sechs Glieder der arithmetischen Folge (a_n), von der die folgenden Werte bekannt sind.
Gib eine explizite Zuordnungsvorschrift an und ermittle a_{16} und a_{35}.

a) $a_1 = 7$; $d = -3{,}5$ b) $a_7 = 0$; $d = 12$ c) $a_3 = 11$; $a_8 = 31$
d) $a_6 = 19$; $a_9 = 14{,}5$ e) $a_{13} = -6$, $a_{22} = -9$ f) $a_5 = 25$; $d = -0{,}01$
g) $a_4 = 13$; $a_7 = 0{,}104$ h) $a_2 = -0{,}25$; $a_4 = -4$ i) $a_6 = 729$; $d = 3$

11

Triff Aussagen über die Monotonie arithmetischer Zahlenfolgen.

12

Erläutere den Zusammenhang zwischen arithmetischen Folgen und linearen Funktionen und deren Graphen, und zwar
a) unter Verwendung des Beispiels in der Abbildung,
b) für den allgemeinen Fall einer arithmetischen Folge (a_n) mit der Differenz d.

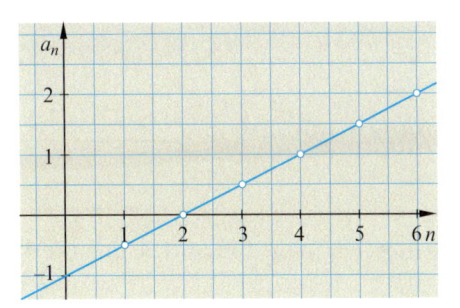

13

Stelle jeweils das Anfangsstück der arithmetischen Folge in einem Koordinatensystem dar und gib die Gleichung derjenigen Geraden an, auf der alle Punkte des Graphen liegen.

a) $a_n = -1{,}5 + (n-1) \cdot 0{,}5$ b) $a_n = -5 + (n-1) \cdot 2$ c) $a_n = 5 + (n-1) \cdot (-3)$
d) $a_n = -5 + (n-1) \cdot 2$ e) $a_n = 5 + (n-1) \cdot (-3)$ f) $a_n = -0{,}5 + (n-1) \cdot (-2)$

14

Die Formate der DIN A-Reihe genügen den folgenden Bedingungen:
– Das Format DIN A0 ist ein Rechteck von 1 m² Flächeninhalt, dessen Seitenlängen a_0 und b_0 sich wie $1:\sqrt{2}$ verhalten.
– Die weiteren Formate DIN An ergeben sich aus DIN A$(n-1)$ durch das Halbieren der längeren Rechteckseite b_{n-1}.

a) Berechne die Länge der Seiten a_0 und b_0.
b) Gib an, wie die Seitenlängen a_n aus a_{n-1} bzw. b_n aus b_{n-1} folgen.

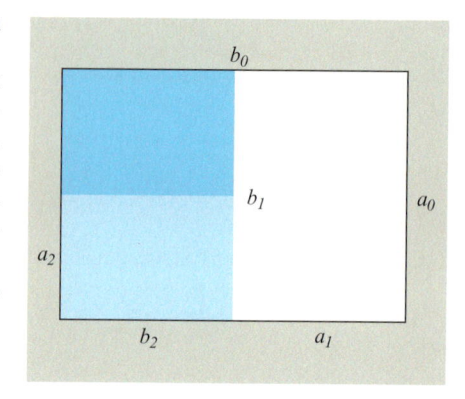

15

Es sind die Anfangsstücke von vier Folgen gegeben:
$(a_n) = (3; 6; 12; 24; \ldots)$, $(b_n) = (4; -2; 1; -0{,}5; \ldots)$, $(c_n) = (\sqrt{2}; 2; 2\sqrt{2}; 4; 4\sqrt{2}; \ldots)$
und $(d_n) = \left(\dfrac{1}{4}; \dfrac{1}{8}; \dfrac{1}{16}; \dfrac{1}{32}\right)$.

Gib für jede Folge an, wie aus einem beliebigen Folgenglied das nächste folgt und formuliere eine rekursive Zuordnungsvorschrift.

BEISPIEL

Ein großes Blatt Papier habe die Dicke $a_1 = 0{,}1$ mm. Faltet man dieses Blatt mehrmals zusammen und bezeichnet die Dicke vor dem n-ten Falten mit (a_n), so erhält man:

vor dem 2. Falten: $\quad a_2 = 0{,}2$ mm $= 0{,}1 \cdot 2$ mm,
vor dem 3. Falten: $\quad a_3 = 0{,}4$ mm $= 0{,}1 \cdot 2^2$ mm,
vor dem 4. Falten: $\quad a_4 = 0{,}8$ mm $= 0{,}1 \cdot 2^3$ mm,
vor dem 5. Falten: $\quad a_5 = 1{,}6$ mm $= 0{,}1 \cdot 2^4$ mm,
vor dem 6. Falten: $\quad a_6 = 3{,}2$ mm $= 0{,}1 \cdot 2^5$ mm,
vor dem 7. Falten: $\quad a_7 = 6{,}4$ mm $= 0{,}1 \cdot 2^6$ mm.

Verallgemeinert man diese Überlegung, dann ergibt sich für jedes $n \in \mathbb{N}$; $n \geq 1$:
vor dem n-ten Falten $\quad a_n = 0{,}1 \cdot 2^{n-1}$ (Angabe in mm)

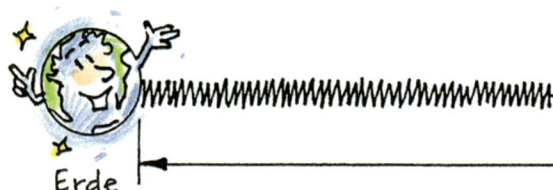

16

a) Gib eine rekursive Zuordnungsvorschrift für die Folge (a_n) aus dem Beispiel an. Vergleiche mit den Folgen aus Aufgabe 15.
b) Wie oft müsste man das Papier falten, damit es den „Zwischenraum" zwischen Sonne und Erde vollständig ausfüllt? Schätze, bevor du rechnest.

Arithmetische und geometrische Zahlenfolgen

DEFINITION
(a_n) sei eine Zahlenfolge und q eine reelle Zahl mit $q \neq 0$.
(a_n) heißt **geometrische Folge** genau dann, wenn es eine Zahl q ($q \neq 0$) gibt, so dass für jedes n gilt: $a_{n+1} = a_n \cdot q$.
q heißt der **Quotient der geometrischen Folge**.

17

Entscheide, ob Anfangsstücke geometrischer Folgen vorliegen.

a) $(8; 4; 2; 1; 0,5; \ldots)$ b) $\left(\frac{1}{8}; \frac{1}{7}; \frac{1}{6}; \frac{1}{5}; \ldots\right)$ c) $(\sqrt{3}; 2\sqrt{3}; 4\sqrt{3}; 8\sqrt{3}; \ldots)$

NACHGEDACHT
Wo treten in Alltag, Wissenschaft und Technik Sachverhalte auf, die durch geometrische Folgen beschrieben werden können?
Nenne solche Sachverhalte.

18

Leite durch Verallgemeinerung des Beispiels von Seite 190 Satz 2 her.

SATZ 2
Wenn (a_n) eine geometrische Folge ist, so gilt für alle $n \in \mathbb{N}$; $n \geq 1$: $a_n = a_1 \cdot q^{n-1}$.

19L

Gib die expliziten Bildungsvorschriften für die geometrischen Folgen aus Aufgabe 15 an.

20

Ermittle explizite Zuordnungsvorschriften für geometrische Folgen mit

a) $a_1 = -2$ und $q = 1,5$ b) $a_5 = 27$ und $q = -\frac{1}{3}$ c) $a_3 = 2$ und $a_7 = 18$.

AUFGABE
Welche Größen bestimmen eine geometrische Folge eindeutig?

21

Berechne die ersten 5 Glieder der geometrischen Folge (a_n), von der die folgenden Werte gegeben sind. Charakterisiere das Monotonieverhalten der Folgen.

a) $a_1 = 0,4$; $q = 3$ b) $a_1 = 5$; $q = 0,4$ c) $a_1 = -4$; $q = -2$
d) $a_1 = -2$; $q = 5$ e) $a_1 = -8$; $q = 0,5$ f) $a_1 = -1$; $q = 1$

22

Triff Aussagen über die Beschränktheit und Monotonie geometrischer Folgen. Beachte dabei, dass für a_1 und q Fallunterscheidungen erforderlich sind. Gib für jeden der untersuchten Fälle ein Beispiel an.

HINWEIS
Das **arithmetische Mittel** zweier Zahlen a und b ist $\frac{a+b}{2}$.
Das **geometrische Mittel** zweier Zahlen a und b ist $\sqrt{a \cdot b}$.

23

Beweise die folgenden Aussagen.
a) Jedes Folgenglied a_n ($n > 1$) einer arithmetischen Folge ist das arithmetische Mittel der benachbarten Folgenglieder a_{n-1} und a_{n+1}.
b) Der Betrag jedes Folgengliedes a_n ($n > 1$) einer geometrischen Folge ist gleich dem geometrischen Mittel der benachbarten Folgenglieder a_{n-1} und a_{n+1}.
c) Sind (a_n) und (b_n) geometrische Folgen, so ist auch $(a_n \cdot b_n)$ eine geometrische Folge.

Partialsummen und Anwendungen von Folgen

1

Ein Quadrat wird schrittweise eingefärbt. In jedem Schritt wird die Hälfte der noch nicht eingefärbten Quadratfläche gefärbt.
a) Setze den Einfärbeprozess (siehe Bild) in einer Skizze fort.
b) Wie viel Prozent der Quadratfläche sind nach drei Schritten, nach fünf, nach acht Schritten eingefärbt?

Den in Aufgabe 1 beschriebenen Prozess kann man sich beliebig fortgesetzt denken. Der im n-ten Schritt eingefärbte Anteil des Quadrats ist $\frac{1}{2^n}$. Die zu den Schritten gehörenden eingefärbten Anteile bilden eine Folge (a_i) mit $a_i = \frac{1}{2^i}$. Von Interesse ist hier die Summe der ersten n Glieder dieser Folge, nämlich welcher Anteil der Quadratfläche nach n Schritten insgesamt eingefärbt ist.

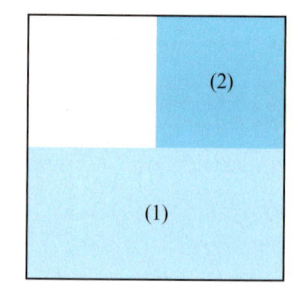

DEFINITION
Es sei (a_i) eine Folge. Weiter sei $s_1 = a_1$, $s_2 = a_1 + a_2$, ..., $s_n = a_1 + a_2 + ... + a_n$.
s_n heißt die **n-te Partialsumme der Folge** (a_i).

INFORMATION
„Partialsumme" ist von dem lateinischen Wort „pars" abgeleitet, das soviel wie „Teil" bedeutet. Eine Partialsumme ist also eine Teilsumme.

BEISPIEL
Es sei $a_i = \frac{1}{i(i+1)}$. Dann ist die dritte Partialsumme dieser Folge
$s_3 = a_1 + a_2 + a_3 = \frac{1}{1 \cdot 2} + \frac{1}{2 \cdot 3} + \frac{1}{3 \cdot 4} = \frac{1}{2} + \frac{1}{6} + \frac{1}{12} = \frac{3}{4}$

2

Ermittle die 2., 4. und 6. Patialsumme der Folge (a_i) mit $a_i = \frac{1}{i(i+1)}$.

Für das Arbeiten mit Summen, die aus vielen Summanden bestehen, hat sich die Schreibweise mit dem **Summenzeichen Σ** als zweckmäßig erwiesen.
Für die Summe $a_1 + a_2 + ... + a_n$ schreibt man kurz $\sum_{i=1}^{n} a_i$.
(lies: Summe über i von 1 bis n.)

INFORMATION
Σ – griechischer Großbuchstabe „sigma", entspricht dem S in der lateinischen Schrift.

BEISPIEL
Die fünfte Partialsumme der Folge (a_i) mit $a_i = i^2$ ist
$s_5 = \sum_{i=1}^{5} i^2 = 1^2 + 2^2 + 3^2 + 4^2 + 5^2 = 55$.

3

Berechne die Summen.

a) $\sum_{i=1}^{5} i$ b) $\sum_{i=1}^{7} 2i$ c) $\sum_{i=1}^{2} \frac{1}{i^2}$ d) $\sum_{i=1}^{4} \frac{1}{2i}$

e) $\sum_{i=1}^{10} (-1)^i$ f) $\sum_{i=1}^{10} i^2$ g) $\sum_{i=1}^{3} (1+i)$ h) $\sum_{i=1}^{4} (i^2 - 4)$

Partialsummen und Anwendungen von Folgen

4ᴸ

Ermittle jeweils n.

a) $\sum_{i=1}^{n} i = 6$ b) $\sum_{i=1}^{n} \frac{1}{i} = \frac{137}{60}$ c) $\sum_{i=1}^{n} (i+3) = 30$

5

Berechne jeweils die n-te Partialsumme der Folge (a_i).

a) $a_i = \frac{1}{i^2}$, $n = 3$ b) $a_i = i(i+1)$, $n = 10$ c) $a_i = 2^i$, $n = 6$

6

Gegeben sind jeweils die ersten Partialsummen $s_1, s_2, s_3, \ldots s_6$ einer Folge (a_i). Ermittle die ersten sechs Glieder der Folge (a_i).

a) 1; 5; 14; 30; 55; 91   b) -1; 0; -1; 0; -1; 0   c) 1; -1; 2; -2; 3; -3

> Die zu einer Folge (a_i) gehörenden Partialsummen s_n bilden ebenfalls eine Folge (s_n), die **Folge der Partialsummen**.

INFORMATION
Man nennt eine Folge von Partialsummen auch eine (unendliche) **Reihe**.

7

a) Prüfe, ob die Partialsummenfolge der Folge $\left(\frac{1}{2^i}\right)$ beschränkt ist.

b) Prüfe, ob die Partialsummenfolge der Folge $\left(\frac{1}{i(i+1)}\right)$ beschränkt ist.

8

Antonia und Bertram unterhalten sich darüber, ob Partialsummenfolgen stets monoton wachsende Folgen sind. Bertram: „Jede Partialsummenfolge muss eine monoton wachsende Folge sein, da ja immer etwas hinzuaddiert wird." Antonia: „Nein, es gibt Partialsummenfolgen, die sind weder monoton wachsend noch monoton fallend." Was meinst du zu den Argumenten?

Partialsummen arithmetischer und geometrischer Folgen

9

2, 5, 8, 11, 14, ... ist eine arithmetische Folge mit $a_1 = 2$ und $d = 3$.
Die 8. Partialsumme dieser Folge ist
$s_8 = 2 + 5 + 8 + 11 + 14 + 17 + 20 + 23$.
Berechne s_8, in dem du die Gleichung ins Heft übernimmst und darunter noch einmal dieselbe Gleichung schreibst, jetzt jedoch die Summanden auf der rechten Seite in umgekehrter Reihenfolge (siehe Tipp). Addiere dann die linken Seiten und die rechten Seiten beider Gleichungen für sich und ermittle auf diese Weise s_8.

TIPP
Die Summe s der natürlichen Zahlen von 1 bis 100 lässt sich mit einem Trick leicht ermitteln: Es ist
$s = 1 + 2 + 3 + \ldots +$
$\quad + 98 + 99 + 100$,
aber auch
$s = 100 + 99 + 98 + \ldots +$
$\quad + 3 + 2 + 1$.
Addiert man die linken Seiten und die rechten Seiten beider Gleichungen, erhält man
$2s = 100 \cdot 101$, also
$s = \frac{100 \cdot 101}{2}$.

10

Es sei $a_1, a_2, \ldots$ eine arithmetische Folge mit der Differenz d.
a) Begründe, dass für die n-te Partialsumme gilt
$s_n = a_1 + a_1 + d + a_1 + 2d + a_1 + 3d + \ldots + a_1 + (n-1)d$.
b) Ermittle s_n nach der Idee von Aufgabe 9.

SATZ 1
(a_n) sei eine arithmetische Folge mit der Differenz d.
Dann gilt für die n-te Partialsumme s_n der Folge: $s_n = n\,a_1 + \dfrac{n(n-1)d}{2}$.

11 L

Berechne jeweils die angegebene Partialsumme der Folge (a_n).

a) $a_n = 7 + 2(n-1)$, $s_{10} = ?$
b) $a_n = 3 + \dfrac{1}{2}(n-1)$, $s_8 = ?$
c) $a_n = -2 - 5(n-1)$, $s_{12} = ?$
d) $a_n = 5(n-1)$, $s_6 = ?$
e) $a_n = 1 - 0{,}1(n-1)$, $s_{20} = ?$
f) $a_n = 8 + 0{,}01(n-1)$, $s_{100} = ?$

BEISPIEL
Zum Drucken von Zeitungen wird Papier von der Rolle verwendet. Das Zeitungspapier habe eine Stärke von 0,1 mm, die Papierrolle einen Durchmesser von 1250 mm, die Hülse, auf die das Papier schon in der Fabrik gewickelt wird, einen Durchmesser von 100 mm.
a) Wie lang ist die Papierbahn auf der Rolle?
b) Wie viele Zeitungen können von der Rolle gedruckt werden, wenn pro Umdrehung der Druckwalze, die einen Durchmesser von 325 mm hat, zwei Exemplare entstehen?

Lösung:
Wie ermitteln zunächst die Anzahl der Papierschichten, die sich auf der Rolle befinden. Die gesamte Dicke beträgt 575 mm. Da jede einzelne Schicht 0,1 mm dick ist, erhalten wir 5750 Schichten. Die Länge der unmittelbar auf der Hülse liegenden Schicht entspricht dem Umfang der Hülse: $l_1 = 100 \cdot \pi$. (Diese und die folgenden Längenangaben erfolgen in mm.)
Die nachfolgende Schicht ist etwas länger, da der Radius um 0,1, also der Durchmesser um 0,2 zugenommen hat: $l_2 = (100 + 1 \cdot 0{,}2) \cdot \pi$.
Für die Länge der dritten Schicht gilt $l_3 = (100 + 2 \cdot 0{,}2) \cdot \pi$ usw.
Für die äußerste Schicht erhalten wir dann $l_{5750} = (100 + 5749 \cdot 0{,}2) \cdot \pi$.
Die Längen l_n der Papierschichten bilden eine arithmetische Folge.
Es ist $l_n = (100 + [n-1] \cdot 0{,}2) \cdot \pi$.
Die Differenz d ist $0{,}2 \cdot \pi$. Die Gesamtlänge l der Papierbahn auf der Rolle ist die Summe der Längen der einzelnen Schichten: $l = l_1 + l_2 + l_3 + \ldots + l_{5750}$.
Einsetzen der obigen Ergebnisse für l_n ergibt somit:
$l = 100 \cdot \pi + (100 \cdot \pi + 1 \cdot 0{,}2 \cdot \pi) + (100 \cdot \pi + 2 \cdot 0{,}2 \cdot \pi) + \ldots$
$+ (100 \cdot \pi + 5749 \cdot 0{,}2 \cdot \pi)$.
$l = 575\,000 \cdot \pi + (1 + 2 + 3 + 4 + \ldots + 5749) \cdot 0{,}2 \cdot \pi$
$l = 575\,000 \cdot \pi + \dfrac{5749 \cdot 5750}{2} \cdot 0{,}2 \cdot \pi$
$l \approx 12\,191\,500$.

Bei der Genauigkeit der gegebenen Daten ist es sinnvoll, das Ergebnis auf 12 000 m zu runden.
Daraus lassen sich etwa 23 500 Zeitungsexemplare drucken.

Papierfabrik

12

a) Es sei (a_n) eine arithmetische Folge, $a_1 = 4$, $s_{10} = 130$. Gib ersten 10 Glieder der Folge an.
b) Von einer arithmetischen Folge (a_n) sind bekannt $a_1 = 5$ und $s_{20} = 119$. Gib die Partialsumme s_{10} an.
c) Es sie (a_n) eine arithmetische Folge mit $a_7 = 3{,}4$ und $d = 0{,}3$. Berechne die Partialsumme s_{12}.
d) Es sei (a_n) eine arithmetische Folge mit $s_6 = -5{,}4$ und $d = -0{,}2$. Berechne a_{12}.

13

Ermittle die ersten 8 Partialsummen der geometrischen Folge (a_n) mit $a_1 = 2$ und $q = \frac{1}{2}$. Welches Ergebnis vermutest du für die 10. Partialsumme?

> **SATZ 2**
> (a_n) sei eine geometrische Folge mit dem Quotienten q, wobei $q \neq 0$ und $q \neq 1$.
> Dann gilt für die n-te Partialsumme s_n der Folge: $s_n = a_1 \dfrac{q^n - 1}{q - 1}$

14

Begründe, weshalb im Satz oben $q \neq 1$ gefordert wird.
Gib eine Formel für s_n für den Fall einer geometrischen Folge mit $q = 1$ an.

15^L

Berechne jeweils die angegebene Partialsumme der Folge (a_n).

a) $a_n = 2^{n-1}$, $s_{10} = ?$ **b)** $a_n = 3\left(\dfrac{1}{2}\right)^{n-1}$, $s_8 = ?$ **c)** $a_n = -2\left(\dfrac{1}{3}\right)^{n-1}$, $s_{12} = ?$

d) $a_n = 0{,}7 \cdot 0{,}3^{n-1}$, $s_6 = ?$ **e)** $a_n = \dfrac{2}{9}\left(\dfrac{5}{9}\right)^{n-1}$, $s_{20} = ?$

16

Der graue Kasten enthält einen (lückenhaften) Beweis zu Satz 2. Übertrage den Beweistext ins Heft und ergänze die fehlenden Stellen.
Voraussetzung: (a_n) sei eine geometrische Folge mit dem Quotienten q ($q \neq 0$ und $q \neq 1$).
Behauptung: $s_n = a_1 \dfrac{q^n - 1}{q - 1}$

> **Beweis von Satz 2:**
> Es ist $s_n = a_1 + a_2 + a_3 + \ldots + a_{n-1} + a_n$.
> Da (a_n) eine geometrische Folge mit dem Quotienten q ist, gilt $a_n = $ _____.
> Damit ist dann
> $s_n = a_1 + a_1 q + $ _____.
> Wir multiplizieren beide Seiten der Gleichung mit q und erhalten
> $q s_n = a_1 q + a_1 q^2 + $ _____.
> Nun bilden wir die Differenz $q s_n - s_n$. Wir erhalten
> $q s_n - s_n = a_1 q^n - $ _____.
> Wir klammern auf der linken Seite s_n aus:
> _____ = _____.
> Dividieren wir nun beide Seiten der Gleichung durch $(q - 1)$, ergibt sich _____, was zu beweisen war.

17

a) Es sei (a_n) eine geometrische Folge mit $a_1 = 4$ und $s_8 = 4{,}9999872$. Ermittle q.
b) Von einer geometrischen Folge sind bekannt $a_1 = 5$ und $a_5 = 1215$. Gib q und s_5 an.
c) Es sie (a_n) eine geometrische Folge mit $a_5 = 0{,}00972$ und $q = 0{,}3$. Berechne a_1 und s_5.
d) Es sei (a_n) eine geometrische Folge mit $s_3 = 8{,}4$ und $q = -0{,}2$. Berechne a_{12}.

Anwendungen aus dem Bereich der Zinsrechnung

18

Frau A und Herr B unterhalten sich über Sparformen.
Herr B: „Ich habe 5000 € auf 7 Jahre zu einem festen Jahreszins von 7 % angelegt. So habe ich nach 7 Jahren zuzüglich zu den 5000 € noch 7-mal 350 € Zinsen."
Frau A: „Mir hat der Bankangestellte für ebenfalls 5000 € Spareinlage bei jährlich 7 % Zinsen aber einen Gesamtbetrag von 8028,91 € nach 7 Jahren ausgerechnet."
Erkläre die unterschiedlichen Ergebnisse.

BEISPIEL
Ein Guthaben von 4000 € wird mit 5 % jährlich verzinst. Auf welchen Betrag steigt das Guthaben nach 3 Jahren, wenn die jährlich anfallenden Zinsen dem Guthaben zugeschrieben werden?

Lösung: Wir verfolgen die Entwicklung des Guthabens in einer Tabelle:

Jahr	Guthaben zu Beginn des Jahres in €	Zinsen in €	Guthaben am Jahresende in € (mit zugeschlagenen Zinsen)
1	4000	4000 · 0,05	4000 · (1 + 0,05)
2	4000 · (1 + 0,05)	4000 · (1 + 0,05) · 0,05	4000 · (1 + 0,05)²
3	4000 · (1 + 0,05)²	4000 · (1 + 0,05)² · 0,05	4000 · (1 + 0,05)³

Antwort: Das Guthaben steigt auf 4000 · (1 + 0,05)³ €, das sind 4630,50 €.

HINWEIS
Lässt man sich bei einem Guthaben die jährlich anfallenden Zinsen nicht auszahlen, so wächst das Guthaben um die Zinsen an. Im Folgejahr werden auch die bereits gutgeschriebenen Zinsen verzinst. Man spricht von *Zinseszins*.
Im Kapitel „Exponential- und Logarithmusfunktion" findest du im Abschnitt Anwendungen weitere Informationen zum Thema Kapital und Zinsen.

19

Ein Kapital wird 8 Jahre mit jährlich 7,5 % verzinst. Auf welchen Betrag steigt das Kapital in dieser Zeit?

Wird ein Kapital K jährlich mit p % verzinst und werden die Zinsen dem Kapital zugeschlagen, so wächst das Kapital im ersten Jahr auf
$K_1 = K \cdot \left(1 + \frac{p}{100}\right)$, im zweiten Jahr auf $K_2 = K \cdot \left(1 + \frac{p}{100}\right)^2$, usw.
$K, K_1, K_2, \ldots$ ist eine geometrische Folge mit dem Quotienten $q = 1 + \frac{p}{100}$.

20

Eine Bank zahlt für 8 Jahre einen Festzins von 6,75 % auf ein Einlagekapital von 25 000 €. Welchen Betrag haben die Kunden nach 8 Jahren zu erwarten?

21

a) Ein Bankkunde hat ein Guthaben von 5800 € vor einigen Jahren zu einem festen Zinssatz von 5,5 % angelegt. Vor wie vielen Jahren wurde das Guthaben angelegt, wenn das Guthaben inzwischen 9390,75 € beträgt?
b) Ein Kunde deponiert 8000 € zu einem festen Zinssatz für 5 Jahre. Sein Guthaben beträgt nach 5 Jahren 10 960,69 €. Ermittle den jährlichen Zinssatz.
c) Ein Bankkunde legt ein Guthaben für 6 Jahre zu jährlich 6 % Zinsen an. Nach 6 Jahren erhält er 10 638,89 €. Welchen Betrag hat er vor 6 Jahren angelegt?

Partialsummen und Anwendungen von Folgen

BEISPIEL
Ein Bankkunde hat auf seinem Sparkonto, das mit jährlich 4,25 % verzinst wird, zu Anfang des Jahres ein Guthaben von 2000 €. Am Ende eines jeden Jahres zahlt er 1500 € ein. Wie groß ist sein Sparguthaben nach 15 Jahren?

Lösung:
$K_0 = 2000$ €
$K_1 = [K_0(1 + 0{,}0425) + 1500]$ €
$K_2 = [K_1(1 + 0{,}0425) + 1500]$ €
...
$K_{15} = [K_{14}(1 + 0{,}0425) + 1500]$ €
Durch schrittweises Ausrechnen erhalten wir $K_{15} = 34\,333{,}46$ €.

22

a) Ein Ratensparer vermehrt sein anfängliches Guthaben von 5000 € am Ende jeden Jahres um 2000 €. Wie groß ist das Guthaben nach 10 Jahren bei 5,25 % Zinseszins pro Jahr?
b) Ein Ratensparer zahlt 10 Jahre lang zu Jahresbeginn 3500 € auf ein Sparkonto. Welches Guthaben hat er am Ende des zehnten Jahres bei 5,5 % Zinseszins pro Jahr?

23

Eine explizite Formel für die im Beispiel durch eine rekursive Vorschrift gegebene Folge ist $K_n = q^n \cdot K_0 + R \cdot \frac{q^n - 1}{q - 1}$. Dabei ist K_0 das Anfangsguthaben, K_n das Guthaben nach n Jahren, R die jährliche Sparrate, $q = 1 + \frac{p}{100}$ und p der jährliche Zinssatz ($p > 0$). Begründe die explizite Vorschrift.

Sachaufgaben und Probleme aus verschiedenen Bereichen

24

Man stelle sich einen Turm vor, der aus unendlich vielen übereinander stehenden Würfeln aufgebaut ist. Der unterste Würfel W_1 habe die Kantenlänge 1, der unmittelbar darauf stehende Würfel W_2 die Kantenlänge $\frac{1}{3}$, der auf diesem stehende Würfel W_3 die Kantenlänge $\frac{1}{9}$ usw. Die Kantenlänge jedes Würfels mit Ausnahme des untersten betrage $\frac{1}{3}$ der Kantenlänge des unmittelbar unter ihm befindlichen Würfels (siehe Bild).
a) Ermittle das Volumen und den Oberflächeninhalt von W_n.
b) Wie hoch ist der Turm bis zum n-ten Würfel einschließlich?
c) Kann man die Höhe des aus den unendlich vielen Würfeln bestehenden Turmes durch eine Zahl angeben? Argumentiere zu deiner Vermutung.

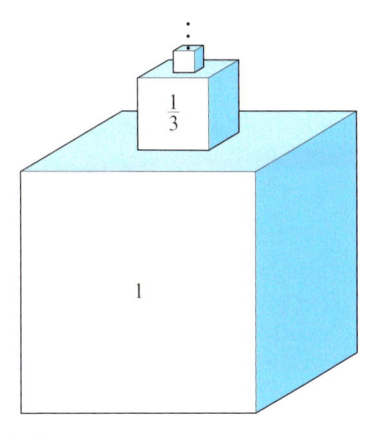

Der Turmbau zu Babel, Titelkupfer von Gerard de Lairesse (1641–1711) zu dem Buch „Turris Babel" des deutschen Theologen und Universalgelehrten Athanasius Kircher (1601–1680)

25

Einem Quadrat mit der Seitenlänge a_1 sei ein zweites einbeschrieben, dessen Eckpunkte auf den Mitten der Seiten des ersten Quadrats liegen. In der gleichen Weise sei dem zweiten Quadrat ein drittes, dem dritten ein viertes usf. einbeschrieben.
a) Die Umfänge dieser Quadrate bilden eine Folge (u_i), die Flächeninhalte dieser Quadrate eine Folge (A_i). Gib diese Folgen explizit an.
b) Berechne die 10te Partialsumme der Folge (u_i).
c) Berechne die 10te Partialsumme der Folge (A_i).

26

Nebenstehendes Bild zeigt Halbkreise. Der erste Halbkreis hat den Radius r_1. Der Radius jedes weiteren Halbkreises ist halb so groß wie der Radius seines unmittelbaren Vorgängers.
a) Die Längen b_1, b_2, ... der Halbkreisbögen bilden eine Folge (b_i). Gib die Glieder dieser Folge in Abhängigkeit von r_1 an.
b) Berechne die Gesamtlänge der ersten 6 Halbkreisbögen.
c) Berechne die Gesamtlänge der ersten n Halbkreisbögen.

27

1994 war der Presse folgende Meldung zu entnehmen: Eine Killeralge gefährdet das Mittelmeer. Sie vermehrt sich exponentiell. Der grüne Teppich versechsfachte seit 1984 jährlich seine Fläche. 1994 waren 400 Hektar befallen.
a) Berechne die befallene Fläche im Jahr 2000 und im Jahr 2010.
b) Vergleiche die ermittelten Werte mit der Gesamtfläche des Mittelmeeres ($2{,}6 \cdot 10^8$ ha). Argumentiere zu der Aussage, dass das Wachstum exponentiell verläuft.

28

Eine Stahlkugel fällt aus einer Höhe von 1 m auf eine Stahlplatte. Danach erreicht sie nur noch eine Höhe von 93 cm. In gleicher Weise verringert sich die von ihr erreichte Höhe bei jedem weiteren Aufprall um 7 % der zuvor erreichten Höhe.
a) Berechne die Höhe nach dem 2., 3. und 4. Aufprall.
b) Nach dem wievielten Aufprall wird zum ersten Mal die Höhe von 8 cm nicht mehr erreicht?

29

Als **Paradoxon des Zeno** (griech. Philosoph) ist der folgende Trugschluss bekannt: Achill und eine Schildkröte laufen um die Wette, wobei Achill mit der zehnfachen Geschwindigkeit der Schildkröte läuft. Deshalb erhält die Schildkröte einen Vorsprung von 10 m. Hat nun Achill die 10 Meter zurückgelegt, dann hat die Schildkröte immer noch einen Vorsprung, diesmal 1 m. Hat Achill die Strecke von 1 Meter zurückgelegt, dann hat die Schildkröte einen neuen Vorsprung von 0,1 m. Setzt man diesen Gedankengang fort, kommt man zu dem Schluss, dass Achill die Schildkröte nie überholt.
a) Begründe, dass ein Trugschluss vorliegt.
b) Nach wie vielen Metern überholt Achill die Schildkröte?

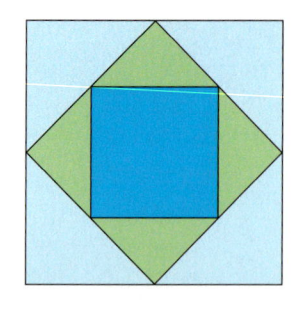

Von der Killeralge überwucherter Meeresgrund

INFORMATION

Die Killeralge *Caulerpa taxifolia* stammt ursprünglich aus der Karibik. Indem sie die Seegraswiesen überwuchert, zerstört sie das Unterwasserbiotop des Mittelmeeres. Fische verlassen diese für sie lebensfeindliche Umgebung. Die inzwischen unglaubliche Ausdehnung der Alge lässt kaum Hoffnungen zur Rettung der bereits infizierten Gebiete aufkommen.

Grenzwerte von Folgen

1

Wenn am Ende eines Kaffeekränzchens das letzte Stück Kuchen zu verteilen ist, passiert manchmal dies: Der Gierigste schneidet sich aus Bescheidenheit die Hälfte von dem Stück ab, dann nimmt sich ein anderer die Hälfte vom Rest, und so geht es dann weiter.
Wie viele Teilungen sind (theoretisch!) mindestens nötig, bis nur noch 1 % (0,1 %; 0,01 %; 0,001 %) von dem Kuchenstück übrig ist. Wie viele Teilungen müssen dann jeweils noch ausgeführt werden, bis das Stück aufgegessen ist?

2

a) Ermittle für die Folgen

(a_n) mit $a_n = \frac{n+1}{n}$ $(n > 0)$ und (b_n) mit $b_n = (-1)^n \frac{n+1}{n}$ $(n > 0)$

die Abstände $|a_{10} - 1|$, $|a_{100} - 1|$, $|a_{1000} - 1|$ und $|b_{10} - 0|$, $|b_{100} - 0|$, $|b_{101} - 0|$.

b) Kommentiere deine Beobachtungen.

HINWEIS
Für die Folge (a_n) mit $a_n = \frac{n+1}{n}$ $(n > 0)$ ist
$|a_{50} - 1| = \left|\frac{50+1}{50} - 1\right|$
$= \left|\frac{50}{50} + \frac{1}{50} - 1\right| = \frac{1}{50}$

3

Gib eine Zahl n_0 an, sodass der Abstand aller Folgenglieder a_n mit $n \geq n_0$ von 0 kleiner als 0,01 ist.

a) $a_n = \frac{1}{n}$ $(n > 0)$ b) $a_n = \frac{1}{n^2}$ $(n > 0)$ c) $a_n = \frac{3}{(n+1)^2}$ d) $a_n = \frac{n}{n+100}$

4

Für welche der Folgen (a_n) vermutest du, dass es eine Zahl g gibt, in deren Nähe unendlich viele Folgenglieder liegen?
Gib gegebenenfalls eine solche Zahl g an und versuche auch, deine Antwort zu begründen.

a) $a_n = \frac{1}{n+5}$ b) $a_n = \frac{n+2}{n+3}$ c) $a_n = \frac{n^2}{n+3}$ d) $a_n = (-1)^n \frac{n-1}{n+1}$

5

Gegeben sind die drei Folgen

(a_n) mit $a_n = \frac{n+1}{n}$, (b_n) mit $b_n = (-1)^n \frac{n+1}{n}$ und (c_n) mit $c_n = \frac{n^2+1}{n}$.

a) Vergleiche den Verlauf der Folgen.
b) Gib zu jeder der drei Folgen eine weitere Folge an, die ein ähnliches Verhalten aufweist.

6

Gib zu der Folge (a_n) mit $a_n = \frac{n+1}{n}$ eine Zahl n_0 an, so dass der Abstand aller Folgenglieder a_n mit $n \geq n_0$ von 1 kleiner als die angegebene Zahl ist.

a) 0,1   b) 0,05   c) 0,001   d) 0,0001

BEISPIEL

Die Folgen (a_n), (b_n) und (c_n) mit $a_n = \dfrac{n+1}{n}$ $(n > 0)$, $b_n = (-1)^n \dfrac{n+1}{n}$ $(n > 0)$, $c_n = \dfrac{n^2+1}{n}$ $(n > 0)$ werden darauf untersucht, wie sich die Folgenglieder bei wachsender Nummer n verhalten. Das folgende Bild veranschaulicht jeweils die ersten 11 Glieder der Folge im Koordinatensystem.

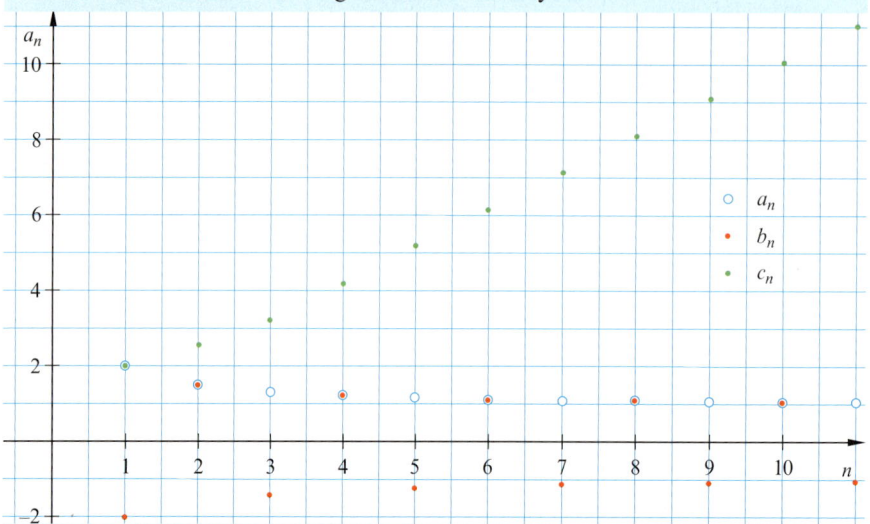

NACHGEDACHT

Das Verhalten jeder der drei Folgen (a_n), (b_n) und (c_n) kann in gewissem Sinne auf das Verhalten der Folge (d_n) mit $d_n = \dfrac{1}{n}$ zurückgeführt werden, indem die Terme für a_n, b_n und c_n wie folgt geschrieben werden:

$a_n = 1 + \dfrac{1}{n}$

$b_n = (-1)^n \left(1 + \dfrac{1}{n}\right)$

$c_n = n + \dfrac{1}{n}$

Erläutere die entsprechende Argumentation. Beschreibe auch das Verhalten der Folge (d_n) mithilfe von Streifen.

Die Glieder der Folge (a_n) kommen mit wachsender Nummer n der Zahl 1 immer näher. Wenn man nur n genügend groß wählt, unterscheidet sich a_n beliebig wenig von 1. Man sagt: **(a_n) strebt gegen 1.**

Man kann das Verhalten der Folge auch so beschreiben: Man denke sich einen Streifen parallel zur Abszissenachse gelegt wie im folgenden Bild. Wie schmal auch dieser Streifen gewählt wird, es liegen stets nur endlich viele Folgenglieder außerhalb des Streifens.

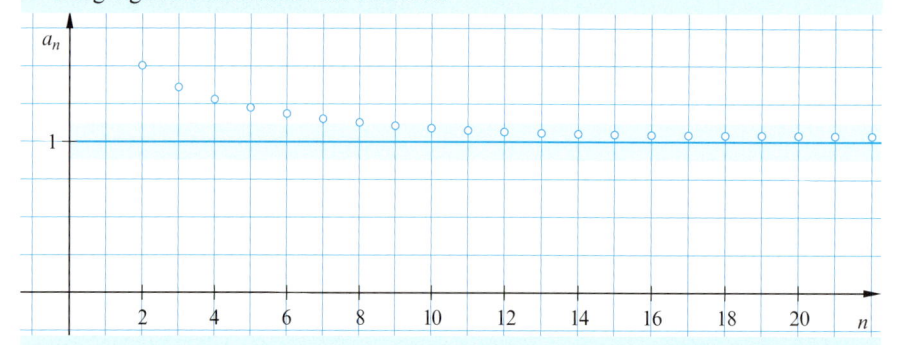

Die positiven Glieder der Folge (b_n) nähern sich mit wachsendem n der Zahl 1, die negativen Glieder der Folge nähern sich mit wachsendem n der Zahl -1. Wenn man um irgendeine Zahl einen hinreichend schmalen Streifen legt, befinden sich unendlich viele Glieder der Folge außerhalb des Streifens.
Bei der Folge (c_n) kann man gar keine Zahl nennen, der sich die Folgenglieder mit wachsendem n nähern.

7

Beschreibe das Verhalten der Folge $\left(\dfrac{2n+2}{n}\right)$ mithilfe von Streifen.

Grevyzebra

Grenzwerte von Folgen

Ziel dieses Abschnittes ist es, zu präzisieren, was man unter der Aussage „**Die Folge (a_n) strebt gegen eine Zahl g**" verstehen soll. Zu diesem Zweck führen wir die abkürzende Redeweise „ε-Umgebung einer Zahl" ein.

DEFINITION
ε sei eine positive reelle Zahl, a eine beliebige reelle Zahl.
Das Intervall, das aus allen reellen Zahlen x mit $a - \varepsilon < x < a + \varepsilon$ besteht, heißt **ε-Umgebung von a** (siehe Bild rechts).

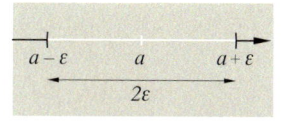

BEISPIELE
a) Ist a die Zahl 3 und ε die positive Zahl 0,1, so ist das offene Intervall (2,9; 3,1), das aus allen Zahlen x mit $2,9 < x < 3,1$ besteht, die 0,1-Umgebung von 3.
Die Zahl 2,97 gehört wegen $2,9 < 2,97 < 3,1$ zur 0,1-Umgebung von 3.
Die Zahl 3,12 gehört wegen $3,1 < 3,12$ nicht zur 0,1-Umgebung von 3 (siehe Bild rechts).

b) Es sei $a_n = \dfrac{n+1}{n}$ und $\varepsilon = 0,3$. Für welche n ist $|a_n - 1| < \varepsilon$?

Lösung:
Es ist $|a_1 - 1| = |2 - 1| = 1 > 0,3$,

$|a_2 - 1| = \left|\dfrac{3}{2} - 1\right| = 0,5 > 0,3$

$|a_3 - 1| = \left|\dfrac{4}{3} - 1\right| = \dfrac{1}{3} > 0,3$

$|a_4 - 1| = \left|\dfrac{5}{4} - 1\right| = \dfrac{1}{4} < 0,3$

Ist $n > 4$, so gilt

$|a_n - 1| = \left|\dfrac{n+1}{n} - 1\right| = \dfrac{1}{n} < \dfrac{1}{4} < 0,3$.

Für $n = 1,2$ und 3 ist $|a_n - 1| > 0,3$. Ist dagegen $n > 3$, so gilt $|a_n - 1| < 0,3$.
Man sagt auch: **Für fast alle n** ist $|a_n - 1| < 0,3$.

BEACHTE
Die Sprechweise „für fast alle" bedeutet in der Mathematik „für **alle** bis auf endlich viele".

8
Skizziere jeweils auf einer Zahlengeraden ε-Umgebungen von g für folgende Werte von g und ε.
a) $g = 2$; $\varepsilon = 0,5$
b) $g = 0$; $\varepsilon = 1,1$
c) $g = -1$; $\varepsilon = 0,8$
d) $g = 1$; $\varepsilon = 2$
e) $g = -5$; $\varepsilon = 0,1$
f) $g = 0$; $\varepsilon = \dfrac{1}{100}$

9
Entscheide, ob die Zahl x zur 0,1-Umgebung von 1 gehört.
a) $x = 1,6$
b) $x = 1,05$
c) $x = 0,99$
d) $x = -0,99$
e) $x = 1,001$

10 L
Entscheide, ob die Zahl x zur ε-Umgebung von g gehört.
a) $x = 5,7$; $\varepsilon = 0,5$; $g = 6$
b) $x = 0,02$; $\varepsilon = 0,05$; $g = 0$
c) $x = 1,98$; $\varepsilon = 0,01$; $g = 2$
d) $x = -0,04$; $\varepsilon = \dfrac{1}{100}$; $g = 0$
e) $x = 0,992$; $\varepsilon = \dfrac{1}{100}$; $g = 1$
f) $x = -1,01$; $\varepsilon = 0,02$; $g = -1$

AUFGABE
Entscheide, ob folgende Aussagen wahr sind. Begründe deine Antwort.

(1) Für fast alle n gilt $n > 105$.
(2) Für fast alle n gilt $n < n^2$.
(3) Für fast alle n gilt $1 + \dfrac{1}{n} > 1,1$.
(4) Für fast alle n gilt $\dfrac{1}{n} < \dfrac{1}{20}$.
(5) Für fast alle n gilt $\dfrac{1}{n+1} < 0$.

11

Beschreibe die im Bild markierten Intervalle als ε-Umgebungen einer Zahl.

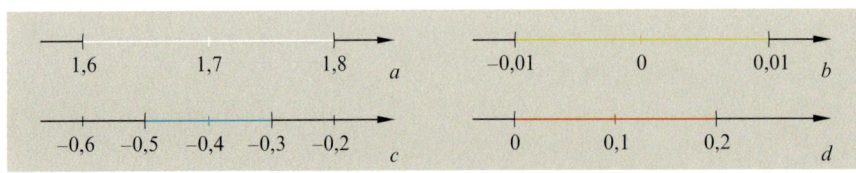

Intervalle auf Zahlenstrahlen:
- a: 1,6 — 1,7 — 1,8
- b: −0,01 — 0 — 0,01
- c: −0,6 −0,5 −0,4 −0,3 −0,2
- d: 0 — 0,1 — 0,2

12

Was stimmt hier nicht? „0,1 liegt in der 0,01-Umgebung von 0,001."

13

Es sei $a_n = \frac{n+1}{n}$. Entscheide, ob a_n in der 0,01-Umgebung von 1 liegt.

a) $n = 20$ b) $n = 100$ c) $n = 200$ d) $n = 1000$

Nunmehr können wir das Verhalten der Folge (a_n) mit $a_n = \frac{n+1}{n}$ präzise beschreiben: Wie wir auch eine positive Zahl ε wählen, stets gibt es eine Zahl n_0 derart, dass für alle Zahlen n mit $n > n_0$ die Folgenglieder a_n in der ε-Umgebung von 1 liegen.

> **DEFINITION**
> (a_n) sei eine Zahlenfolge, g eine reelle Zahl.
> Die Zahl **g heißt Grenzwert der Folge (a_n)** genau dann, wenn es bei *jeder* Wahl einer positiven Zahl ε eine natürliche Zahl n_0 gibt, sodass für alle n mit $n > n_0$ gilt: a_n liegt in der ε-Umgebung von g.
>
> Ist g Grenzwert der Folge (a_n), so sagt man auch: (a_n) *strebt gegen g* oder (a_n) *konvergiert gegen g*.
>
> Jede Folge, die eine Zahl g als Grenzwert hat, heißt **konvergent**.
> Jede Folge, die keinen Grenzwert hat, heißt **divergent**.

14

Formuliere die Definition unter Verwendung der Redeweise „für fast alle n".

> **BEISPIEL**
> Es wird mit Bezug auf die obige Definition begründet, dass die Folge (a_n) mit $a_n = \frac{n+1}{n}$ ($n > 0$) gegen 1 konvergiert.
> Zu zeigen ist: Zu jedem positiven ε gibt es eine natürliche Zahl n_0, sodass für alle n mit $n > n_0$ gilt $\left|\frac{n}{n+1} - 1\right| < \varepsilon$. \hfill (1)
>
> (a) Zunächst vereinfachen wir durch äquivalentes Umformen die linke Seite der Ungleichung (1). Es ist $\left|\frac{n}{n+1} - 1\right| = \left|1 + \frac{1}{n} - 1\right| = \left|\frac{1}{n}\right| = \frac{1}{n}$.
> Damit geht die Ungleichung (1) über in $\frac{1}{n} < \varepsilon$. \hfill (2)

NACHGEDACHT

Unter einer *Bannmeile* versteht man in der Politik eine gesetzlich garantierte Schutzzone um bestimmte Gebäude öffentlicher Bedeutung wie zum Beispiel den Bundestag. In diesem Bereich sind Demonstrationen nicht gestattet. Unter welchen Voraussetzungen und inwiefern könnte man eine Bannmeile als ε-Umgebung auffassen?

HINWEIS

Die folgenden Formulierungen besagen alle dasselbe:
- (a_n) konvergiert gegen g.
- (a_n) strebt gegen g.
- g ist Grenzwert von (a_n).

AUFGABE

Begründe: Die Zahl 10 ist nicht Grenzwert der Folge (a_n) mit $a_n = \frac{10}{n}$.

Grenzwerte von Folgen

BEISPIEL (Fortsetzung)
(b) Wir prüfen, für welche Zahlen n die Ungleichung (2) bei gegebenem ε gilt.

ε	1	$\frac{1}{10}$	$\frac{1}{20}$	$\frac{1}{50}$	$\frac{1}{100}$
Ungleichung (2) gilt für folgende Zahlen n	$n > 1$	$n > 10$	$n > 20$	$n > 50$	$n > 100$

Ist ε eine beliebige positive Zahl, so kann man stets eine natürliche Zahl n_0 finden, sodass $\frac{1}{n_0} < \varepsilon$ ist. Für alle n mit $n_0 > n$ gilt dann erst recht $\frac{1}{n} < \varepsilon$.
Ergebnis: Die Folge (a_n) mit $a_n = \frac{n+1}{n}$ ($n > 0$) konvergiert gegen 1.

INFORMATION
Die Aussage, dass man zu beliebigem $\varepsilon > 0$ stets eine natürliche Zahl n mit $\frac{1}{n} < \varepsilon$ findet, ist eine Umformulierung des **Archimedischen Axioms**: „Zu beliebigen positiven reellen Zahlen a und b gibt es stets eine natürliche Zahl n mit $n \cdot a > b$."
Diese Eigenschaft ist ein Charakteristikum der auf der Menge der reellen Zahlen gegebenen Ordnungsrelation („größer – kleiner") und von großer Bedeutung in der Mathematik.

15

Begründe, dass die Folge (a_n) den Grenzwert g hat.

a) $a_n = \frac{n-1}{n}$; $g = 1$

b) $a_n = \frac{n-1}{n+1}$; $g = 1$

c) $a_n = \frac{n-1}{2n}$; $g = \frac{1}{2}$

d) $a_n = \frac{4n+1}{3n}$; $g = \frac{3}{4}$

BEISPIEL
Wir untersuchen, ob (a_n) mit $a_n = \frac{4n+1}{8n}$ den Grenzwert 1 hat.

Lösung:
(a) Wir vereinfachen die linke Seite der Ungleichung $|a_n - 1| < \varepsilon$. Es ist
$|a_n - 1| = \left|\frac{4n+1}{8n} - 1\right| = \left|\frac{4n+1}{8n} - \frac{8n}{8n}\right| = \left|\frac{-4n+1}{8n}\right| = \left|-\frac{1}{2} + \frac{1}{8n}\right| = -\left(-\frac{1}{2} + \frac{1}{8n}\right)$,
da $-\frac{1}{2} + \frac{1}{8n}$ negativ ist. Damit erhalten wir $|a_n - 1| = \frac{1}{2} - \frac{1}{8n}$.
(b) Nun prüfen wir, ob es bei beliebiger Wahl von ε ($\varepsilon > 0$) eine Zahl n_0 gibt, sodass für alle n mit $n > n_0$ die Ungleichung $\frac{1}{2} - \frac{1}{8n} < \varepsilon$ erfüllt ist.
$\frac{1}{2} - \frac{1}{8n}$ ist für $n > 0$ nicht kleiner als $\frac{1}{2} - \frac{1}{8}$, also als $\frac{3}{8}$. Sobald also ε kleiner als $\frac{3}{8}$ gewählt wird, ist die Ungleichung $\frac{1}{2} - \frac{1}{8n} < \varepsilon$ für gar kein n erfüllt.
Folglich ist 1 nicht Grenzwert der Folge (a_n) (siehe Hinweis).

HINWEIS
Das Ergebnis bedeutet **nicht**, dass die Folge (a_n) mit $a_n = \frac{4n+1}{8n}$ keinen Grenzwert hat, also divergent ist. Wir haben ja nur nachgewiesen, dass die Zahl 1 nicht als Grenzwert der Folge (a_n) infrage kommt. Es könnte ja eine andere Zahl durchaus Grenzwert der Folge sein. Tatsächlich hat diese Folge den Grenzwert $\frac{1}{2}$.

16

Begründe, dass die Zahl g nicht Grenzwert der Folge (a_n) ist.

a) $a_n = \frac{6n+1}{n}$; $g = 2$

b) $a_n = \frac{4n+1}{8}$; $g = 16$

17

Begründe anhand des Bildes, dass eine Folge höchstens einen Grenzwert haben kann. (*Hinweis*: Nimm an, eine Folge hätte zwei Grenzwerte g_1 und g_2. Führe die Annahme zum Widerspruch.)

Eine Folge kann höchstens einen Grenzwert haben.
Ist eine Folge (a_n) konvergent, so hat sie genau einen Grenzwert g.
Man schreibt dafür auch kurz: $\lim\limits_{n\to\infty} a_n = g$ (lies: limes a_n für n gegen Unendlich ist gleich g).

lat. *limes* = Grenze

18ᴸ

Untersuche, ob folgende Aussagen wahr sind. Begründe deine Antworten.

a) $\lim\limits_{n\to\infty} \dfrac{n+3}{n} = 1$
b) $\lim\limits_{n\to\infty} \dfrac{n+3}{n} = 3$
c) $\lim\limits_{n\to\infty} \dfrac{n-1}{2n} = 4$
d) $\lim\limits_{n\to\infty} \dfrac{n-1}{2n} = \dfrac{1}{2}$
e) $\lim\limits_{n\to\infty} \dfrac{8}{n} = 8$
f) $\lim\limits_{n\to\infty} \dfrac{8}{n} = 0$

DEFINITION
Eine Folge, die die Zahl Null als Grenzwert hat, heißt **Nullfolge**.

19

Untersuche, ob (a_n) eine Nullfolge ist.

a) $a_n = \dfrac{1}{n^2}$
b) $a_n = \dfrac{7n-1}{n}$
c) $a_n = \dfrac{1}{2}n$
d) $a_n = \dfrac{1}{2n}$

20

Gib jeweils eine Folge (a_n) an, die die folgenden Bedingungen erfüllt.

a) $\lim\limits_{n\to\infty} a_n = 2$
b) $\lim\limits_{n\to\infty} a_n = 0$
c) $\lim\limits_{n\to\infty} a_n = -1$
d) 0 ist nicht Grenzwert von (a_n)
e) (a_n) ist divergent.
f) (a_n) ist Nullfolge.

21

Argumentiere zu folgenden Fragen.
a) Hat eine Folge, die gegen 1 konvergiert, notwendig nur positive Zahlen als Folgenglieder?
b) Kann eine Folge, bei der jedes Folgenglied positiv ist, eine negative Zahl als Grenzwert haben?
c) Muss der Grenzwert einer konvergenten Folge, die nur positive Glieder hat, auch eine positive Zahl sein?
d) Kann eine Folge mit unendlich vielen negativen Folgengliedern eine positive Zahl als Grenzwert haben?
e) Muss eine Folge (a_n), für die $a_n < 2$ für alle n gilt, einen Grenzwert haben?
f) Kann eine Folge (a_n), für die $a_n > n$ für jedes n gilt, einen Grenzwert haben?

22

Begründe oder widerlege folgende Aussagen:
a) Eine Folge, die gegen 1 konvergiert, hat nur endlich viele negative Folgenglieder.
b) Eine Folge, in der die Zahl 100 als Folgenglied vorkommt, kann keine Nullfolge sein.
c) Eine Folge, in der die Zahl 100 unendlich oft als Folgenglied vorkommt, kann keine Nullfolge sein.
d) Eine Folge, in der die Zahl 100 unendlich oft als Folgenglied vorkommt, kann nicht konvergent sein.

WUSSTEST DU SCHON?

Das Wort *Limes*, ursprünglich die römische Bezeichnung für einen Weg, der ein Gebiet von einem anderen trennt, wurde später ein Synonym für die Grenze des Römischen Reiches. Der Limes ist heute ein bedeutendes archäologisches Flächendenkmal mit einer Länge von 568 Kilometern zwischen Koblenz am Rhein und Eining an der Donau. Von den ehemals über 900 Wachtürmen des Limes sind einige als Rekonstruktionen noch heute zu besichtigen.

Grenzwerte von Folgen

23

Begründe folgende Aussagen.
a) (a_n) mit $a_n = 3$ für alle n konvergiert gegen 3.
b) Ist $a_n = -2$ für alle n, so gilt $\lim\limits_{n \to \infty} a_n = -2$.

> Jede konstante Folge (a_n) mit $a_n = c$ für alle n konvergiert gegen c.

Folgen sind unter anderem bei der näherungsweisen Berechnung von bestimmten Zahlen von Bedeutung. Will man z. B. $\sqrt{7}$ mit hoher Genauigkeit ermitteln, so kann man das *Heronverfahren* anwenden. Mit ihm kann man eine Folge von Näherungswerten berechnen, von der man weiß, dass die Folgenglieder mit wachsender Nummer n dem genauen Wert immer besser entsprechen. Man wählt irgendeinen Startwert a_0, zum Beispiel $a_0 = 3$.
a_1 findet man als arithmetisches Mittel von a_0 und $\frac{7}{a_0}$, a_2 als arithmetisches Mittel von a_1 und $\frac{7}{a_1}$ usw. Es ist a_n das arithmetische Mittel von a_{n-1} und $\frac{7}{a_{n-1}}$, also
$a_n = \frac{1}{2}\left(a_{n-1} + \frac{7}{a_{n-1}}\right)$ $(n > 0)$.

24

a) Interpretiere das Heron-Verfahren geometrisch, indem du ein Quadrat mit dem Flächeninhalt von 7 Flächeneinheiten durch ein Rechteck mit den Seitenlängen a_{n-1} und $\frac{7}{a_{n-1}}$ anzunähern versuchst (siehe Bild).
b) Berechne $a_1, a_2, \ldots, a_5$ der obigen Folge zu $\sqrt{7}$. Was stellst du fest?
c) Berechne $a_1, a_2, \ldots, a_5$ der obigen Folge für den Fall, dass $a_0 = 2$ ist.

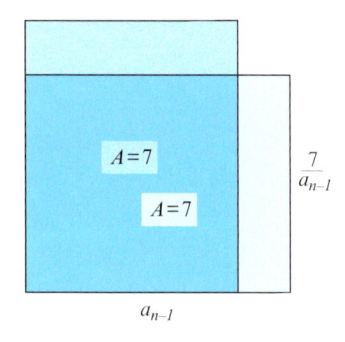

25

Es gilt sogar, dass die mit dem Heron-Verfahren errechnete Folge unabhängig vom gewählten Startwert a_0 ($a_0 > 0$) gegen $\sqrt{7}$ strebt.
Allgemein gilt: Ist a irgendeine positive Zahl, so strebt die mit dem positiven Startwert a_0 und der Formel $a_n = \frac{1}{2}\left(a_{n-1} + \frac{a}{a_{n-1}}\right)$ errechnete Folge in jedem Falle gegen die Zahl $\sqrt{a}$.
Auf den Nachweis der Konvergenz wollen wir hier verzichten.
Zeige aber, dass der Grenzwert der Folge unter der Voraussetzung, dass er existiert, gleich $\sqrt{a}$ sein muss.
(*Hinweis*: Stelle zu diesem Zweck eine Gleichung auf, die der Grenzwert g sicher erfüllen muss.)

26

Berechne mithilfe des Heron-Verfahrens Näherungswerte für folgende Quadratwurzeln.
Führe mindestens fünf Iterationsschritte aus.
a) $\sqrt{20}$ b) $\sqrt{2}$ c) $\sqrt{11}$ d) $\sqrt{5}$

INFORMATION

Heron von Alexandria (um 60 v. Chr.) war Mathematiker, Techniker und Erfinder. Seine Schriften sind eine Sammlung von Formeln und Sätzen der Geometrie und Mechanik für die Praxis.
Eine Erfindung Herons, die bis heute (etwa bei Parfümflaschen) Verwendung findet, ist der *Heronsball*. Die Zeichnung verdeutlicht das einfache Prinzip: Wird durch die Röhre 1 Luft in den fest verschlossenen Behälter geblasen, so bewirkt der dadurch entstehende Druck, dass durch die Röhre 3 Parfüm verstäubt wird.

27

Wir machen ein Gedankenexperiment: Wir nehmen an, eine Bank zahlt 100 % Jahreszinsen auf unsere Einlage von 1 €. Unser Guthaben verdoppelt sich dann nach einem Jahr durch die gutgeschriebenen Zinsen.

Es könnte aber sein, dass die Bank die Zinsen halbjährlich dem Guthaben hinzufügt. Zwar fallen für das halbe Jahr nur die halben Zinsen an, doch im zweiten Halbjahr ist dann ein höheres Guthaben (Ausgangsguthaben, vermehrt um die Zinsen für das erste Halbjahr) zu verzinsen.

a) Wie hoch wird das Guthaben nach einem Jahr bei halbjährlicher Zinsgutschrift?
b) Wie hoch wird das Guthaben nach einem Jahr, wenn die Zinsen nach jeweils vier Monaten gutgeschrieben werden?
c) Wie hoch wird das Guthaben nach einem Jahr, wenn die Zinsen monatlich gutgeschrieben werden?

28

a) Würde man bei dem in Aufgabe 27 genannten Problem die Zinsen dem Guthaben täglich hinzufügen, erhielte man nach einem Jahr ein Guthaben von $\left(1 + \frac{1}{365}\right)^{365}$ €.
Rechne aus, wie viel Euro das sind.
b) Ermittle den Betrag, der sich nach einem Jahr ergeben würde, wenn die Zinsen stündlich gutgeschrieben würden.

29

Zerlegt man das Jahr in n gleich große Teilstücke und schreibt nach jedem Teilstück die angefallenen Zinsen gut, so erhält man nach einem Jahr ein Guthaben von $\left(1 + \frac{1}{n}\right)^n$ €. Rechne für $n = 500, 1000, 10\,000$ das Guthaben aus.

Leonhard Euler
(1707 bis 1783)

Ohne Beweis halten wir das folgende wichtige Resultat fest:

> Die Folge (a_n) mit $a_n = \left(1 + \frac{1}{n}\right)^n$ wächst monoton, sie ist jedoch nach oben beschränkt.
> Die Folge ist konvergent. Ihr Grenzwert ist die so genannte **Eulersche Zahl e**.
> Die Eulersche Zahl ist eine irrationale Zahl. Auf zwölf Stellen nach dem Komma genau ist
>
> **e = 2,718 218 828 459 …**
>
> Die Zahl e ist die Basis der Exponentialfunktion $f(x) = e^x$.

PROJEKTIDEE

Der Schweizer Leonhard Euler war einer der produktivsten und vielseitigsten Mathematiker. Er wurde in Basel geboren, lebte und arbeitete seit 1727 aber in Sankt Petersburg und von 1741 bis 1766 in Berlin.
Auf Euler geht auch die Verwendung des Buchstabens e für die später nach ihm benannte Zahl zurück.
Es könnte ein spannendes Projekt sein, ein oder zwei Poster zu erarbeiten, auf denen die wichtigsten Lebensstationen Eulers und seine wissenschaftlichen Arbeiten dargestellt sind.

30

Die Folge (b_n) mit $b_n = \left(1 + \frac{1}{n}\right)^{n+1}$ ist monoton fallend und hat auch den Grenzwert e.
Verwende ein Tabellenkalkulationsprogramm, um mithilfe der Folgen (a_n) und (b_n) die Zahl e einzuschachteln (siehe Tabelle).

n	$(1 + 1/n)^n$	$(1 + 1/n)^{(n+1)}$
10	2,59374246	2,853116706
20	2,653297705	2,78596259
30	2,674318776	2,763462735

Grenzwertsätze für Zahlenfolgen

1

Überprüfe, ob die Folge (a_n) einen Grenzwert hat.

a) $a_n = 1 + \dfrac{n+1}{n^3}$
b) $a_n = \dfrac{3n+1}{2n^2}$

Das Lösen der Aufgabe 1 macht deutlich, dass es recht aufwendig sein kann, die Konvergenz einer Folge (a_n) gegen eine Zahl g nachzuweisen. Außerdem muss ja eine Zahl g bekannt sein, um diesen Nachweis führen zu können. Es bleibt offen, wie man diese Zahl – falls es eine gibt – finden kann.
Man kann den Grenzwert einer konvergenten Folge unter gewissen Voraussetzungen mithilfe bereits bekannter Grenzwerte anderer Folgen berechnen. Dazu muss man die gegebene Zahlenfolge zunächst in Folgen mit bekannten Grenzwerten zerlegen. Aus den bekannten Grenzwerten kann man dann den Grenzwert der ursprünglich gegebenen Folge ermitteln.

2

Aus den Folgen (a_n) mit $a_n = \dfrac{1}{n}$ und (b_n) mit $b_n = 3$ kann man weitere Folgen zusammenbauen, z. B. $c_n = b_n \cdot a_n + a_n \cdot a_n$.

a) Gib das Folgenglied c_{10} an.
b) Baue weitere drei Folgen aus den oben genannten Folgen zusammen.
c) Kann man die Folge (d_n) mit $d_n = \dfrac{3}{n} + \dfrac{9}{n^2}$ aus den oben genannten Folgen zusammenbauen?

> **BEISPIEL**
> Die Folge (a_n) mit $a_n = \dfrac{n+3}{n}$ wird in Folgen mit bekannten Grenzwerten zerlegt:
> Es ist
> $$a_n = \frac{n+3}{n} = \frac{n}{n} + \frac{3}{n} = 1 + 3 \cdot \frac{1}{n}$$
> Setzen wir $b_n = 1$, $c_n = 3$ und $d_n = \dfrac{1}{n}$, so sind (b_n), (c_n) und (d_n) konvergente Folgen mit bekannten Grenzwerten.
> Es ist $\lim\limits_{n\to\infty} b_n = 1$, $\lim\limits_{n\to\infty} c_n = 3$ und $\lim\limits_{n\to\infty} d_n = 0$.
> Die Folge (a_n) kann durch die Zerlegung $a_n = b_n + c_n \cdot d_n$ für alle $n > 0$ auf die drei Folgen (b_n), (c_n) und (d_n) zurückgeführt werden.

3

Argumentiere zu der Aussage, dass die Folge (a_n) aus dem Beispiel konvergiert. Wie könnte man deiner Meinung nach aus den Grenzwerten von (b_n), (c_n) und (d_n) aus dem Beispiel auf den Grenzwert von (a_n) schließen?

4

Zerlege die Folge (a_n) in konvergente Folgen, deren Grenzwerte dir bekannt sind.

a) $a_n = \dfrac{4n+1}{n}$
b) $a_n = \dfrac{6n-3}{n}$
c) $a_n = \dfrac{1}{n^2}$
d) $a_n = \dfrac{n^2+1}{n^2}$

BEISPIEL
Es soll untersucht werden, ob die Folge (a_n) mit $a_n = \frac{4n+1}{n}$ konvergiert.

Dazu kann man versuchen, nach folgendem Muster Indizien für Konvergenz oder Divergenz der Folge zu finden und gegebenenfalls einen Grenzwert zu „erraten":

Die Folge (a_n) kann in konvergente Folgen zerlegt werden, deren Grenzwerte uns bekannt sind:

Es ist $a_n = \frac{4n+1}{n} = \frac{4n}{n} + \frac{1}{n} = 4 + \frac{1}{n}$.

Setzen wir $b_n = 4$ und $c_n = \frac{1}{n}$, so ist $a_n = b_n + c_n$. Die Folgen (b_n) und (c_n) sind konvergent, und es ist $\lim_{n \to \infty} b_n = 4$ und $\lim_{n \to \infty} c_n = 0$.

Die Folge (a_n) konvergiert also *vermutlich* gegen $4 + 0$, also gegen 4.
Diese Vermutung bedarf aber noch einer Begründung.

5
Begründe mit Bezug auf die Definition auf Seite 202, dass die Zahl 4 der Grenzwert der Folge (a_n) mit $a_n = \frac{4n+1}{n}$ ist.

Der folgende Satz bestätigt, dass die Vorgehensweise im Beispiel zu richtigen Aussagen über den Grenzwert einer Folge führt. Die Teilaussagen des Satzes werden auch als **Grenzwertsätze für Folgen** bezeichnet. Auf einen Beweis der Aussagen wird hier verzichtet.

SATZ (Grenzwertsätze)
(a_n) und (b_n) seien Zahlenfolgen, die gegen a bzw. b konvergieren.
Dann konvergieren auch die Folgen

$(a_n + b_n)$, $(a_n - b_n)$, $(a_n \cdot b_n)$, und es gilt

$\lim_{n \to \infty} (a_n + b_n) = a + b$, $\lim_{n \to \infty} (a_n - b_n) = a - b$ und $\lim_{n \to \infty} (a_n \cdot b_n) = a \cdot b$.

Gilt zusätzlich $b_n \neq 0$ für alle n und ist (b_n) keine Nullfolge, so konvergiert auch die Folge $\left(\frac{a_n}{b_n}\right)$, und es gilt $= \lim_{n \to \infty} \frac{a_n}{b_n} = \frac{a}{b}$.

AUFGABE
Wenn (a_n) und (b_n) konvergente Folgen sind, kann man einfacher schreiben:
$\lim_{n \to \infty} (a_n + b_n) =$
$= \lim_{n \to \infty} a_n + \lim_{n \to \infty} b_n$
Schreibe die anderen Grenzwertsätze ebenfalls in dieser kurzen Form auf.

6
a) Erläutere den Satz am Beispiel der Folgen (a_n) und (b_n) mit $a_n = 5$ und $b_n = \frac{1}{n}$.
b) Erläutere den Satz am Beispiel der Folgen (a_n) und (b_n) mit $a_n = \frac{1}{n}$ und $b_n = 3$.

7
Begründe mithilfe der Grenzwertsätze, dass die Folge (a_n) eine Nullfolge ist.

a) $a_n = \frac{1}{n^2}$
b) $a_n = \frac{1}{4n}$
c) $a_n = \frac{5}{7n}$
d) $a_n = \frac{n+1}{n^2}$

BEACHTE
Hat man die Grenzwertsätze erst einmal zur Verfügung, so ergeben sich daraus leicht die Konvergenz und auch der Grenzwert der Folge aus dem obigen Beispiel:

Mit $a_n = 4 + \frac{1}{n}$, $\lim_{n \to \infty} 4 = 4$ und $\lim_{n \to \infty} \frac{1}{n} = 0$ ist
$\lim_{n \to \infty} a_n = 4 + 0 = 4$.

8
Begründe, dass für beliebiges $a \in \mathbb{R}$ und $a_n = \frac{a}{n^2}$ ($n > 0$) gilt: $\lim_{n \to \infty} a_n = 0$.

Grenzwertsätze für Zahlenfolgen

BEISPIEL
Es soll untersucht werden, ob die Folge (a_n) mit $a_n = \frac{5n-1}{3n+2}$ einen Grenzwert hat. Gegebenenfalls ist dieser Grenzwert zu ermitteln.
Eine naheliegende Zerlegung der Folge (a_n) ist $a_n = \frac{b_n}{c_n}$ mit $b_n = 5n - 1$ und $c_n = 3n + 2$. Jedoch ist weder die Folge (b_n) noch die Folge (c_n) konvergent. Mit dieser Zerlegung ist eine Anwendung der Grenzwertsätze nicht möglich. Das bedeutet aber nicht, dass die gegebene Folge (a_n) keinen Grenzwert hat. Fest steht lediglich, dass wir auf dem eingeschlagenen Weg zu keiner Lösung gelangen.
Die folgende Umformung des Terms $\frac{5n-1}{3n+2}$ bringt uns weiter:

Für alle $n > 0$ gilt $\frac{5n-1}{3n+2} = \frac{n\left(5 - \frac{1}{n}\right)}{n\left(3 + \frac{2}{n}\right)} = \frac{5 - \frac{1}{n}}{3 + \frac{2}{n}}$.

Nun zerlegen wir die Folge (a_n) mittels $a_n = \frac{b_n - c_n}{d_n + e_n}$ in die konvergenten Folgen (b_n), (c_n), (d_n) und (e_n), von denen uns die Grenzwerte bekannt sind. Wegen $\lim_{n\to\infty} 5 = 5$, $\lim_{n\to\infty} \frac{1}{n} = 0$, $\lim_{n\to\infty} 3 = 3$ und $\lim_{n\to\infty} \frac{2}{n} = 0$ gilt nach den Grenzwertsätzen
$\lim_{n\to\infty} a_n = \frac{5-0}{3+0} = \frac{5}{3}$.
Die gegebene Folge konvergiert gegen die Zahl $\frac{5}{3}$.

INFORMATION
Dem mathematischen Begriff der Konvergenz eignete lange Zeit etwas Unpräzises und Intuitives. Erst Augustin Louis Cauchy (1789–1857) formulierte in seinem Buch „Cours d'analyse" (1821) eine exakte, heute noch übliche Definition. Cauchy gab zugleich auch allgemeingültige Kriterien für die Konvergenz von Folgen an.

Augustin Louis Cauchy

9
Ermittle jeweils den Grenzwert der Folge (a_n) mithilfe der Grenzwertsätze.
a) $a_n = \frac{n+1}{n}$ b) $a_n = \frac{n}{n+1}$ c) $a_n = \frac{n-1}{n+1}$ d) $a_n = \frac{2n+1}{3n-1}$
e) $a_n = \frac{7n+2}{10n-2}$ f) $a_n = \frac{n-5}{3n+4}$ g) $a_n = \frac{15n+3}{14n+3}$ h) $a_n = \frac{14n+3}{15n+3}$

10
Ermittle den Grenzwert der Folge (a_n) mit $a_n = \frac{n^2+1}{n^2-1}$. (Beachte den Tipp.)

TIPP
Klammere die höchste vorkommende Potenz von n aus, kürze dann. Anschließend zerlege in Folgen, deren Grenzwerte dir bekannt sind.

11 L
Ermittle jeweils den Grenzwert der Folge (a_n) mithilfe der Grenzwertsätze.
a) $a_n = \frac{2n^2+1}{n^2-n+6}$ b) $a_n = \frac{n^2+3n-7}{n^2+4n-8}$ c) $a_n = \frac{8n^2-7}{9n^2-n+5}$
d) $a_n = \frac{5n^3-7n^2+2}{n^3+n+16}$ e) $a_n = \frac{5n^2-n-12}{12n^3+5n-6}$ f) $a_n = \frac{6n^3-2n-61}{18n^3-2n-61}$

12
Untersuche die Folge (a_n) auf Konvergenz.
a) $a_n = \frac{3n^2-1}{3n-2}$ b) $a_n = \frac{3n-1}{3n^2-2}$ c) $a_n = \frac{3n^2-1}{3n^2-2}$
d) $a_n = \frac{3n^2-1}{3n-2} - \frac{3n^2-2}{3n-4}$ e) $a_n = \frac{3n+(-1)^n}{(-1)^n(3n^2-2)}$ f) $a_n = \frac{3n+(-1)^n}{(-1)^n(3n-2)}$

ZUSAMMENFASSUNG

Begriffe	Beispiele
Funktionen mit einer Menge natürlicher Zahlen als Definitionsbereich und einer Menge reeller Zahlen als Wertebereich heißen **Zahlenfolgen**.	$f(n) = \frac{1}{n+1}, n \in \mathbb{N}, (a_n) = \left(\frac{1}{n+1}\right), n \in \mathbb{N}$ $1; \frac{1}{2}; \frac{1}{3}; \frac{1}{4}; \frac{1}{5}; \frac{1}{6}; \ldots$
(a_n) ist **monoton fallend (wachsend)** genau dann, wenn für jedes n gilt: $a_{n+1} \leq a_n$ ($a_{n+1} \geq a_n$).	(a_n) mit $a_n = \frac{1}{n+1}$ ist monoton fallend.
S_o (S_u) ist **obere (untere) Schranke** von (a_n) genau dann, wenn für alle $n \in \mathbb{N}$ gilt: $a_n \leq S_o$ ($a_n \geq S_u$).	0 ist untere Schranke von (a_n) mit $a_n = \frac{1}{n+1}$.
Arithmetische Folge: (a_n) mit $a_n = a_1 + (n-1)d$ für $n > 1$.	$a_1 = 1, a_n = 1 + (n-1) \cdot 2$ $1; 3; 5; 7; 9; 11; \ldots$
Geometrische Folge: (a_n) mit $a_n = a_1 \cdot q^{n-1}$ für $n > 1$.	$a_1 = 6, a_n = 6 \cdot \left(\frac{1}{2}\right)^{n-1}$ $6; 3; 1{,}5; 0{,}75; 0{,}375; \ldots$
(a_n) sei eine Zahlenfolge, g eine reelle Zahl. Man sagt: g ist **Grenzwert** der Folge (a_n) genau dann, wenn es bei **jeder** Wahl einer positiven Zahl ε eine Zahl n_0 gibt, so dass für alle n mit $n > n_0$ gilt, dass a_n in der ε-Umgebung von g liegt. Ist g Grenzwert der Folge (a_n), so sagt man auch: **(a_n) strebt gegen g** oder **(a_n) konvergiert gegen g**. Jede Folge, die eine Zahl g als Grenzwert hat, heißt konvergent. Jede Folge, die keinen Grenzwert hat, heißt **divergent**.	$a_1 = 6, a_n = 6 \cdot \left(\frac{1}{2}\right)^{n-1}$ Diese Folge strebt gegen 0, d. h. 0 ist Grenzwert der Folge (a_n) Die Folge (b_n) mit $b_n = (-1)^n \frac{n}{n+1}$ ist divergent.

Grenzwertsätze:

(a_n) und (b_n) seien Zahlenfolgen, die gegen a bzw. b konvergieren.
Dann konvergieren auch die Folgen $(a_n + b_n)$, $(a_n - b_n)$, $(a_n \cdot b_n)$ und es gilt

$\lim\limits_{n \to \infty} (a_n + b_n) = a + b,$

$\lim\limits_{n \to \infty} (a_n - b_n) = a - b$ und

$\lim\limits_{n \to \infty} (a_n \cdot b_n) = a \cdot b.$

Gilt zusätzlich $b_n \neq 0$ für alle n und ist (b_n) keine Nullfolge, so konvergiert auch die Folge $\left(\frac{a_n}{b_n}\right)$ und es gilt

$\lim\limits_{n \to \infty} \frac{a_n}{b_n} = \frac{a}{b}.$

Geometrische Konstruktionen und Beweise

Will man ein Bauwerk errichten, so sind dafür umfangreiche geometrische Konstruktionen und genaue Berechnungen nötig. Die erforderlichen Verfahren und Gesetzmäßigkeiten müssen exakt bewiesen und überprüft werden.

Geometrische Konstruktionen

1

Bei einer Sonnenfinsternis fällt der Schatten des Mondes auf die Erde.

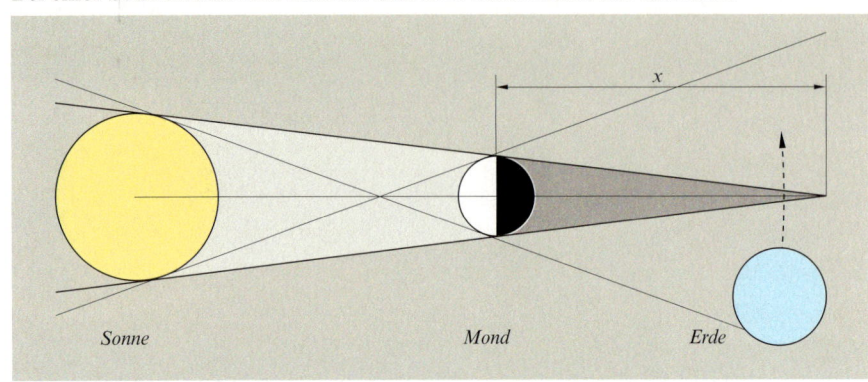

a) Berechne, wie weit der Kernschatten des Mondes reicht. Begründe, dass man dazu mit den Durchmessern an Stelle der Berührungssehnen rechnen darf. Nutze die in der Randspalte angegebenen Näherungswerte.
b) Die Entfernung Erde–Mond schwankt zwischen 356 000 km und 407 000 km. Vergleiche diese Werte mit der unter a) berechneten Reichweite des Kernschattens des Mondes. Was ergibt sich daraus für die Sichtbarkeit einer totalen Sonnenfinsternis, insbesondere für die Bereiche auf der Erde, von denen aus sie beobachtet werden kann?
c) In obigem Bild sind aus verständlichen Gründen die Größenverhältnisse und Entfernungen zwischen den Himmelskörpern nicht maßstäblich richtig dargestellt. Berechne ein Modell im Maßstab 1 : 1 000 000 000.
Welche Durchmesser haben die drei Himmelskörper in diesem Modell?
In welcher Entfernung voneinander müsste man sie aufstellen?
d) Bei einer Mondfinsternis wird der Mond ganz oder teilweise vom Schatten der Erde verdeckt. Berechne näherungsweise, wie weit der Kernschatten der Erde reicht. Ziehe aus diesem Ergebnis Folgerungen für die Beobachtungsmöglichkeiten totaler Mondfinsternisse.

AUFTRAG
Suche im Internet Informationen über Sonnen- und Mondfinsternisse.

Unter welchen Voraussetzungen entsteht eine ringförmige Sonnenfinsternis?

Durchmesser
der Sonne: ≈ 1,4 Mill. km;
des Mondes: ≈ 3500 km;
der Erde: ≈ 12 740 km;

Die **mittlere Entfernung Sonne–Mond** beträgt ebenso wie die **mittlere Entfernung Sonne–Erde** rund 150 Millionen Kilometer.

2

Zwei kreisförmige Antriebsräder sind durch einen Keilriemen oder eine Kette miteinander verbunden.
a) Gegeben sind $r_1 = 120$ mm, $r_2 = 40$ mm und $\overline{M_1 M_2} = a = 150$ mm.
Berechne die Länge l des Keilriemens.
b) Eine Näherungsformel für die Länge des Keilriemens lautet $l = 2a + \pi(r_1 + r_2)$. Begründe diese Formel.
Berechne den Fehler, der für Aufgabe a) bei Verwendung der Näherungsformel entsteht.

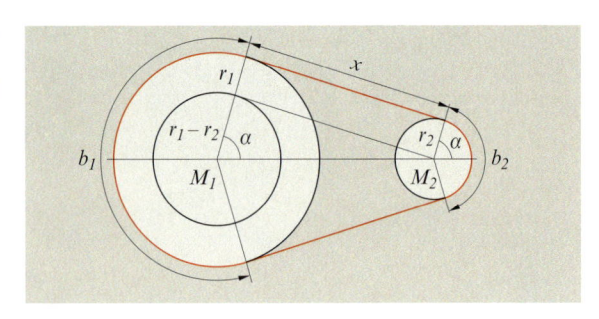

In den obigen Bildern wurden gemeinsame Tangenten an zwei Kreise gezeichnet. Wie konstruiert man die Tangenten? Geht das, indem man einfach ein Lineal so lange verschiebt, bis es beide Kreise berührt? Ist das eine mathematisch exakte Konstruktion? Welche Hilfsmittel darf man beim Konstruieren verwenden?

Geometrische Konstruktionen

3

In DynaGeo, einem dynamischen Geometriesystem, enthält die Konstruktionsleiste unter anderem die hier abgebildeten Symbole.
Welche Konstruktionen können auf dem Bildschirm nach dem Betätigen dieser Schalter erzeugt werden?
a)   b)   c)   d)   e)   f)

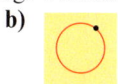

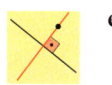

Das Programm findet man im Internet unter http://www.dynageo.de/.
Konstruiere mit dem Programm DynaGeo ein gleichseitiges Dreieck, ein Quadrat und ein regelmäßiges Sechseck.

AUFTRAG

Mit dem Programm DynaGeo kann man bestimmte Standardkonstruktionen als **Makro** speichern. Erstelle ein Makro für die Konstruktion eines Quadrates und eines gleichseitigen Dreiecks.

4

Gegeben sind eine Gerade g und ein Punkt P. Konstruiere die Lotgerade zu g durch P und die Parallele zu g durch P. Führe die Konstruktionen
a) mit Zirkel und Lineal,   b) mit dem Geodreieck aus.

5

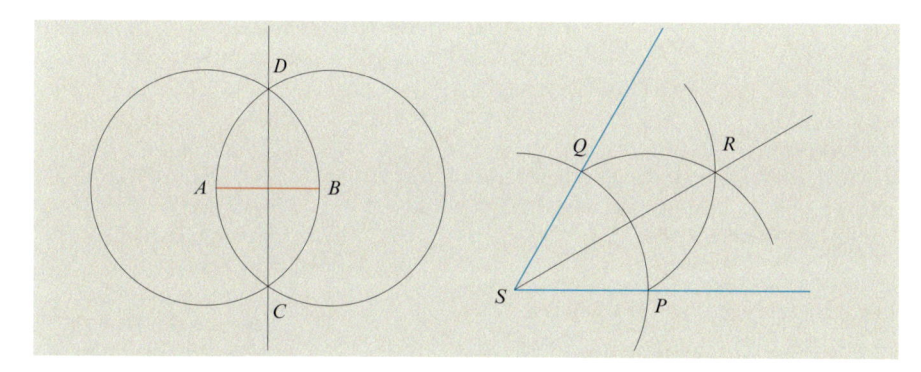

In obigen Bildern wurden mit Zirkel und Lineal die Mittelsenkrechte der Strecke $\overline{AB}$ und die Winkelhalbierende des Winkels $\sphericalangle PSQ$ konstruiert.
Beschreibe die beiden Konstruktionen.

6

Nina behauptet, sie könne einen Winkel mithilfe eines Lineals mit parallelen Kanten halbieren. Probiere es aus.
Begründe Ninas Verfahren.

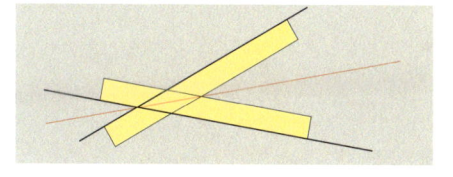

Bevor wir im Folgenden einige typische, allgemeine Lösungsverfahren für geometrische Konstruktionsaufgaben genauer untersuchen, wollen wir präzisieren, was wir hier im Allgemeinen unter einer Konstruktionsaufgabe verstehen:

> Ziel einer Konstruktionsaufgabe ist es, ein aus endlich vielen Schritten bestehendes Verfahren zu finden, welches zu einem vorgegebenen Datensatz oder zu einer vorgegebenen Ausgangsfigur eine gesuchte Zielfigur liefert. Jeder einzelne Konstruktionsschritt muss dabei eine mit Zirkel, Lineal und Geodreieck ausführbare Grundkonstruktion sein.

ELEMENTARKONSTRUKTIONEN

mit Zirkel und Lineal sind z. B.:
– Das Zeichnen einer Geraden g durch zwei Punkte A und B,
– das Zeichnen eines Kreises um den Mittelpunkt M mit dem Radius $\overline{MP}$.

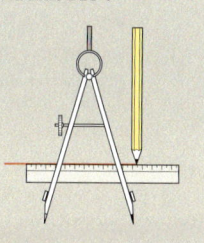

Elementarkonstruktionen mit dem Geodreieck sind auch:
– Das Zeichnen von Parallelen zu einer Geraden,
– das Zeichnen von Senkrechten zu einer Geraden.
Diese lassen sich jedoch auf Konstruktionen mit Zirkel und Lineal zurückführen.

BEISPIEL
Methode der Bestimmungslinien am Beispiel einer Dreieckskonstruktion:
Es ist ein Dreieck aus c, a und h_c zu konstruieren.

1. Schritt: *Erfassen der Aufgabenstellung*
Zeichne eine Planfigur, kennzeichne die gegebenen Stücke farbig.

2. Schritt: *Problempräzisierung*
Versuche, die Aufgabe auf das Konstruieren von Punkten zu reduzieren.
Gegeben: A, B mit $\overline{AB} = c$ Gesucht: C

3. Schritt: *Problemanalyse, Lösungsfindung*
Suche für den Punkt C Bestimmungslinien.
C liegt erstens auf einer Parallelen zu $\overline{AB}$ im Abstand h_c, zweitens auf einem
Kreis um B mit dem Radius a.
C ergibt sich als Schnittpunkt dieser beiden **Bestimmungslinien**.

4. Schritt: *Determination*
Prüfe, für welche Ausgangswerte von c, a und h_c die Konstruktion ausführbar ist.
Für $a > h_c$ gibt es zwei Lösungen, für $a = h_c$ genau eine Lösung und für $a > h_c$ keine Lösung.

5. Schritt: *Konstruktionsplan*
Beschreibe die Konstruktion:
- Zeichne eine Strecke $\overline{AB}$ der Länge c und eine Parallele zu $\overline{AB}$ im Abstand h_c.
- Zeichne einen Kreis um B mit dem Radius a.
- Bezeichne die Schnittpunkte des Kreises und der Parallelen mit C_1 und C_2
- Zeichne die Strecken $\overline{C_1A}$ und $\overline{C_1B}$ (1. Lösung: Dreieck ABC_1) und die Strecken $\overline{C_2A}$ und $\overline{C_2B}$ (2. Lösung: Dreieck ABC_2).

6. Schritt: *Konstruktion*
Führe die Konstruktion an Hand des Konstruktionsplanes aus.

7. Schritt: *Auswertung der Lösung und des Lösungsweges*
Kontrolliere die Richtigkeit, Ausführbarkeit und Eindeutigkeit der Konstruktion, betrachte mögliche Sonderfälle, überlege: Auf welche ähnlichen Fälle kann die Konstruktion eventuell übertragen werden?

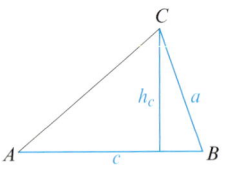

1. Schritt: Planfigur

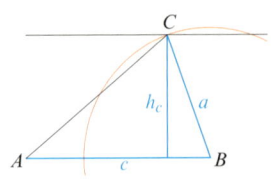

3. Schritt: Lösungsfindung

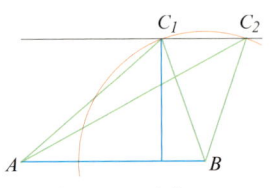

6. Schritt: Konstruktion

BEACHTE
Der gesuchte Punkt C im Beispiel wurde als Schnittpunkt zweier Bestimmungslinien konstruiert. Man spricht daher von der **Methode der Bestimmungslinien.** Zu den Bestimmungslinien sagt man auch **Ortslinien.**

7
Konstruiere Dreiecke aus den gegebenen Stücken.
a) $a = 6{,}2$ cm, $h_a = 4{,}1$ cm, $b = 5{,}2$ cm   b) $b = 8{,}2$ cm, $h_b = 5{,}4$ cm, $a = 5{,}4$ cm
c) $c = 7{,}6$ cm, $h_c = 4{,}8$ cm, $b = 3{,}9$ cm   d) $c = 6{,}8$ cm, $\alpha = 54°$, $a = 5{,}8$ cm
e) $c = 7{,}2$ cm, $\beta = 38°$, $b = 4{,}4$ cm

8
Es ist ein Kreis zu konstruieren, der durch einen gegebenen Punkt P geht und zwei parallele Geraden berührt, die den Abstand a voneinander haben.
a) Wie viele Lösungen hat die Konstruktionsaufgabe in Abhängigkeit von der Lage des Punktes P?
b) Wo liegen die Mittelpunkte aller Kreise, die die parallelen Geraden berühren?
c) Welche dieser Kreise gehen durch den Punkt P?
d) Wie lassen sich die gesuchten Kreise konstruieren? Beschreibe einen Lösungsweg.

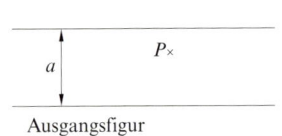

Ausgangsfigur

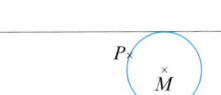

Zielfigur

Geometrische Konstruktionen

Wichtige Bestimmungslinien
(1) Die Menge aller Punkte, die von einem gegebenen Punkt M einen festen Abstand r haben, ist der **Kreis** mit dem Mittelpunkt M und dem Radius r.
(2) Die Menge aller Punkte, die von einer Geraden einen gegebenen Abstand haben, wird durch die beiden **Parallelen** zu der gegebenen Geraden festgelegt.
(3) Die Menge aller Punkte, die von zwei gegebenen Punkten A und B gleichen Abstand haben, ist die **Mittelsenkrechte** der Strecke $\overline{AB}$.
(4) Die Menge aller Punkte, die von zwei Parallelen gleichen Abstand haben, ist die **Mittelparallele** dieser beiden Parallelen.
(5) Die Menge aller Punkte, die von beiden Schenkeln eines Winkels jeweils gleichen Abstand haben, ist die **Winkelhalbierende**.
(6) Die Menge aller Punkte P, für die der Winkel $\sphericalangle APB$ zu zwei festen Punkten A und B einen rechten Winkel bildet, ist der Kreis, der die Strecke zum Durchmesser hat (**Thaleskreis**).
(7) Die Menge aller Punkte P, für die der Winkel $\sphericalangle APB$ zu zwei festen Punkten A und B einen konstanten Winkel α bildet, ist der **Kreisbogen über der Sehne** $\overline{AB}$ mit dem Zentriwinkel 2α.

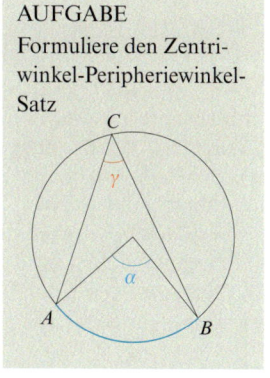

AUFGABE
Formuliere den Zentriwinkel-Peripheriewinkel-Satz

9

Konstruiere Dreiecke aus den gegebenen Stücken.
a) $c = 7{,}8$ cm, $\gamma = 90°$, $h_c = 3{,}2$ cm
b) $a = 6{,}2$ cm, $\alpha = 90°$, $h_a = 3{,}1$ cm
c) $c = 6{,}4$ cm, $\gamma = 48°$, $h_c = 4{,}4$ cm
d) $b = 5{,}6$ cm, $\beta = 64°$, $h_b = 5$ cm

10

Einem rechtwinkligen Dreieck ABC mit dem rechten Winkel bei C ist ein Quadrat so einzubeschreiben, dass der rechte Winkel des Dreiecks ABC zu einem der Winkel des Quadrates wird und der gegenüberliegende Eckpunkt des Quadrates auf der Seite $\overline{AB}$ liegt.

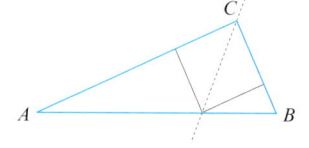

Lösungsansatz: Konstruktion einer Teilfigur
Konstruiere zunächst eine **Teilfigur** der Lösungsfigur, die anschließend zur Lösungsfigur ergänzt werden kann.
Suche in der Planfigur eine geeignete Teilfigur, gegebenenfalls durch Einzeichnen von Hilfslinien. Überlege jeweils: Kann man die Teilfigur aus den gegebenen Stücken konstruieren? Kann man die gesuchte Figur aus der Teilfigur und den gegebenen Stücken konstruieren?

Diese heuristische Regel führt häufig bei Dreiecks- und Viereckskonstruktionen zum Ziel.

BEISPIEL
Gegeben sind die Seite c und die Höhen h_a und h_b eines Dreiecks. Konstruiere das Dreieck.

Lösung: Die Höhenfußpunkte D und E liegen auf dem Thaleskreis über der Seite c. So lassen sich die beiden Teildreiecke ABE und ABD konstruieren. Punkt C ergibt sich als Schnittpunkt der beiden Geraden AE und BD.

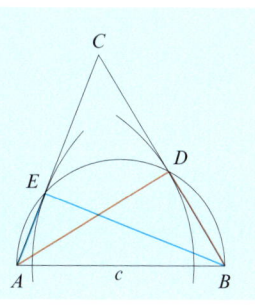

AUFGABE
Konstruiere ein Dreieck aus den Seiten c und a sowie der Seitenhalbierenden s_a.

11

Konstruiere Dreiecke aus den gegebenen Stücken.
a) $c = 7{,}4$ cm, $\alpha = 48°$, $w_\alpha = 6{,}6$ cm (w_α sei die Winkelhalbierende von α)
b) $c = 6{,}6$ cm, $r_i = 4{,}1$ cm, $b = 5{,}5$ cm (r_i sei der Radius des Inkreises)
c) $a = 5{,}6$ cm, $c = 7{,}7$ cm, $s_a = 4{,}9$ cm (s_a sei die Seitenhalbierende von a)
d) $c = 8{,}4$ cm, $\alpha = 54°$, $s_b = 7{,}2$ cm (s_b sei die Seitenhalbierende von b)

12

Konstruiere ein Trapez mit $a \| c$ aus a, b, c, d.
(Beachte zu dieser Aufgabe die Abbildungen in der Randspalte.)
a) Beurteile folgenden Konstruktionsversuch: Man könnte etwa die Strecke $\overline{AB}$, danach um A einen Kreis mit Radius d und um B einen Kreis mit Radius b zeichnen. Zwischen den beiden Kreisbögen müsste dann die Strecke c parallel zu a eingeschoben werden.
b) Notiere einen Konstruktionsplan.
c) Führe die Konstruktion aus für $a = 5{,}2$ cm, $b = 3{,}2$ cm, $c = 2{,}5$ cm, $d = 3{,}4$ cm.

> Wenn bei Dreieckskonstruktionen Seitenhalbierende gegeben sind, ist es oft zweckmäßig, durch Verlängern der Seitenhalbierenden das Dreieck zu einem Parallelogramm zu ergänzen.

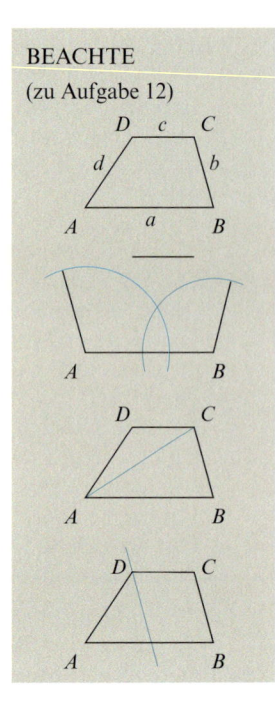

BEACHTE
(zu Aufgabe 12)

13

Konstruiere ein Dreieck aus $a = 6{,}4$ cm, $b = 3{,}6$ cm und der Seitenhalbierenden $s_c = 4{,}4$ cm. Beachte die nebenstehende Planfigur.

14

Formuliere drei verschiedene Konstruktionsaufgaben für Dreiecke, bei denen eine Seitenhalbierende und zwei weitere Stücke gegeben sind und die erst durch Ergänzung zu einem Parallelogramm konstruierbar werden.

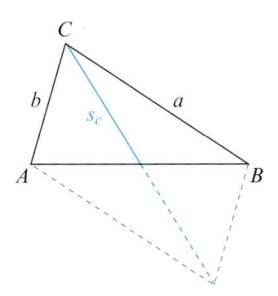

> **BEISPIEL**
> Einem beliebigen Dreieck ist ein Quadrat so einzubeschreiben, dass zwei Eckpunkte des Quadrates auf je einer Dreiecksseite und die anderen beiden Eckpunkte des Quadrates auf der dritten Dreiecksseite liegen.
>
> *Lösung:* Man lässt zunächst eine Bedingung fort und konstruiert ausgehend von H ein Quadrat $EFGH$, sodass H auf $\overline{AC}$ und $\overline{EF}$ auf $\overline{AB}$ liegt. Dann wird eine zentrische Streckung ausgeführt, welche G auf $\overline{BC}$ abbildet.

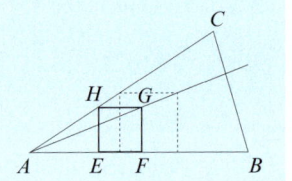

NACHGEDACHT
Wie viele Stücke müssen mindestens gegeben sein, damit ein Quadrat (ein Rechteck, ein Rhombus, ein Trapez, ein Parallelogramm) eindeutig konstruierbar ist?

15

Einem Halbkreis soll ein Quadrat einbeschrieben werden, sodass eine Seite auf dem Durchmesser liegt und die beiden anderen Eckpunkte auf dem Kreisbogen liegen. Übertrage das im Beispiel dargestellte Verfahren auf diese Aufgabe.

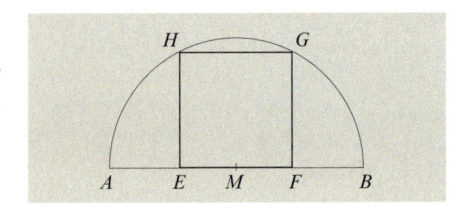

Geometrische Konstruktionen

Das Lösungsverfahren aus Aufgabe 15 und dem vorangegangenen Beispiel kann ebenfalls als allgemeines heuristisches Prinzip formuliert werden:

> **Lösungsfindung durch Weglassen einer Bedingung**
> Lasse zunächst eine der Bedingungen weg und konstruiere Lösungen der so veränderten Aufgabe. Suche dann unter den erhaltenen Lösungen diejenigen, die auch die weggelassene Bedingung erfüllen.

16

Konstruiere die untere der beiden abgebildeten Figuren, die häufig in gotischen Kirchenfenstern zu finden ist.
a) Führe den ersten Teil der Konstruktion aus (obere Figur) und überlege, wie man den einbeschriebenen Kreis konstruieren kann.
b) Analysiere die untere Figur. Zeige, dass $R = \frac{6}{5}r$ ist. Betrachte die Dreiecke ABE und BDE und berechne den Radius R des einbeschriebenen Kreises aus dem Radius r der beiden Halbkreise.
c) Konstruiere eine Strecke der Länge $R = \frac{6}{5}r$, wenn eine Strecke der Länge r gegeben ist. (*Hinweis*: Strahlensatz.)
d) Führe eine vollständige Konstruktion der Figur aus.

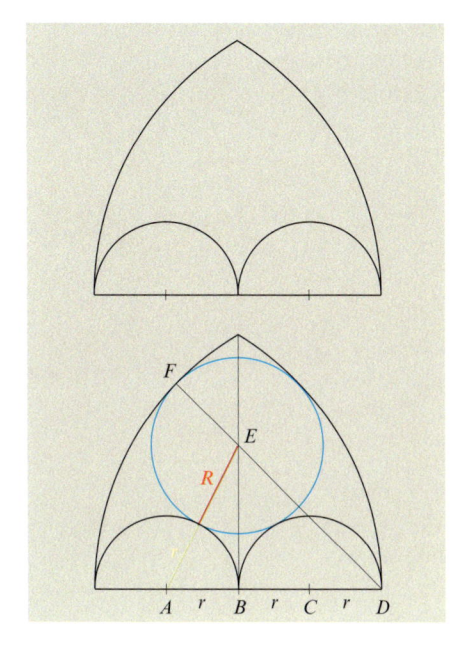

ANREGUNG

für ein Projekt:
Welche Gestaltungselemente der Gotik befinden sich am Magdeburger Dom und an anderen Kirchen in Sachsen-Anhalt, besonders natürlich an Kirchen in der Umgebung eures Wohnortes?
Stellt eine Liste zusammen und versucht gegebenenfalls eine mathematische Beschreibung der Fensterformen, Bögen, Ornamente etc.

> Bei einigen Konstruktionsaufgaben ist es günstig, zunächst die zu konstruierenden Stücke zu berechnen und danach einen Konstruktionsplan aufzustellen.

17

Weitere Grundformen für gotisches Maßwerk heißen Pass bzw. Fischblase. Konstruiere diese Figuren. Analysiere den Zusammenhang zwischen dem Radius des äußeren Kreises und den Radien der inneren Kreisbögen.

Dreipass   Vierpass   dreischweifige Fischblase   vierschweifige Fischblase

18

Gegeben sind a) ein Rechteck und b) ein gleichseitiges Dreieck.
Konstruiere zu diesen beiden Figuren jeweils ein flächengleiches Quadrat.
Hinweis: Notiere die Formeln für die Berechnung des Flächeninhalts dieser Figuren. Versuche den Katheten- oder den Höhensatz für die Konstruktionen zu nutzen.

WUSSTEST DU SCHON?

Ein berühmtes Konstruktionsproblem ist die **Quadratur des Kreises**. Darunter versteht man die Aufgabe, einen Kreis mit Zirkel und Lineal in ein flächengleiches Quadrat zu verwandeln.
Seit dem Altertum haben Mathematiker vergeblich nach einer Lösung für dieses Problem gesucht. Im Jahre 1882 hat Ferdinand Lindemann dieser Suche ein Ende gesetzt. Er hat bewiesen, dass die Quadratur des Kreises mit Zirkel und Lineal unmöglich ist.

Wir untersuchen das in den Eingangsbeispielen aufgeworfene Problem der Konstruktion von gemeinsamen Tangenten an zwei Kreise.

19

a) Betrachte verschiedene Lagen zweier Kreise mit den Radien r_1 und r_2 und dem Mittelpunktsabstand a. Welche Relationen müssen zwischen a, r_1 und r_2 bestehen, damit es 1, 2, 3 bzw. 4 gemeinsame Tangenten an die beiden Kreise gibt?

b) Führe das Problem der Konstruktion einer gemeinsamen Tangente an zwei Kreise auf eine einfachere Aufgabe zurück: Beschreibe und begründe die Konstruktion einer Tangente an einen Kreis k in einem Kreispunkt P und die Konstruktion der Tangenten an einen Kreis von einem Punkt Q außerhalb von k.

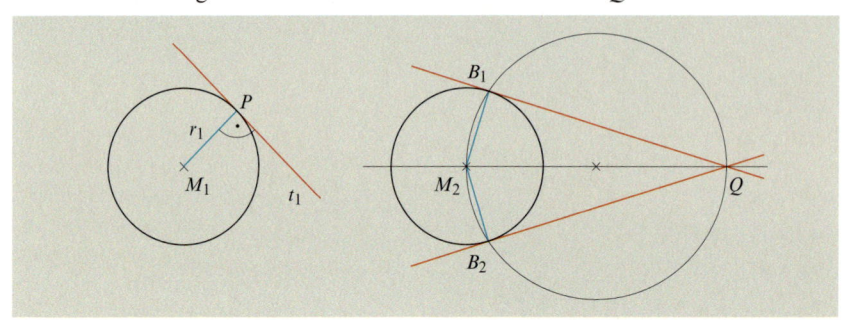

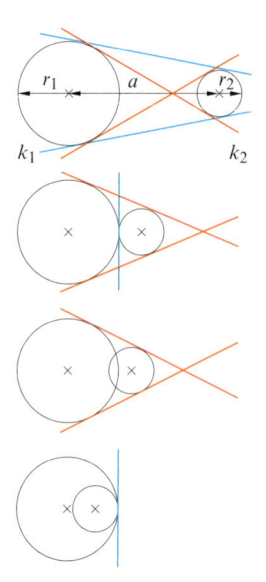

Gemeinsame Tangenten an zwei Kreise

c) Gehe von nebenstehender Planfigur aus: t ist eine äußere Tangente an die beiden Kreise um M_1 und M_2. Verschiebe t parallel durch M_2.
Wie groß ist der Radius des Kreises um M_1 für den die verschobene Gerade t' eine Tangente ist?
Beschreibe ausgehend von diesem Hilfskreis k_1' die Konstruktion einer Tangente an die beiden Kreise.

d) Konstruiere alle gemeinsamen Tangenten der Kreise mit den Radien $r_1 = 3{,}5$ cm bzw. $r_2 = 1{,}2$ cm und dem Mittelpunktsabstand $a = 6$ cm.

20^L

a) Zeichne in einem Koordinatensystem (Einheit: 1 cm) einen Kreis um den Punkt $M(4|4)$ mit dem Radius $r = 3$ cm. Konstruiere von $P(12|6)$ die Tangenten an den Kreis. Gib näherungsweise die Koordinaten der Berührungspunkte und die Gleichungen der beiden Tangenten an.

b) Zeichne in einem Koordinatensystem (Einheit: 1 cm) einen Kreis k_1 um den Punkt $M_1(3|3{,}5)$ mit dem Radius $r_1 = 2{,}5$ cm und einen Kreis k_2 um den Punkt $M_2(8|2)$ mit dem Radius $r_2 = 1$ cm. Konstruiere die gemeinsamen Tangenten an beide Kreise. Gib näherungsweise die Koordinaten der Berührungspunkte und die Gleichungen der vier Tangenten an.

21

In einem Quadrat $ABCD$ habe die Diagonale eine Länge von 10 cm.
a) Konstruiere ein solches Quadrat. Beschreibe und begründe deine Konstruktion.
b) Beschreibe dem Quadrat ein Rechteck $EFGH$ so ein, dass E auf AB, F auf BC, G auf CD, H auf DA liegt und dass $EF \parallel AC$ gilt.
c) Beweise, dass alle solchen Rechtecke $EFGH$ einen Umfang von 20 cm haben.

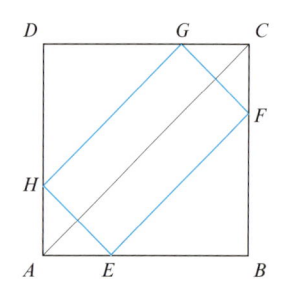

Aussagen, Sätze und Beweise

1

Die Figuren scheinen zu zeigen, dass 64 = 65 = 63 ist. Wo steckt der Fehler? Diskutiere allgemein die Frage, ob die „Anschauung" überhaupt je geeignet sein kann, einen mathematischen Sachverhalt zu beweisen. Begründe deine Ansicht.

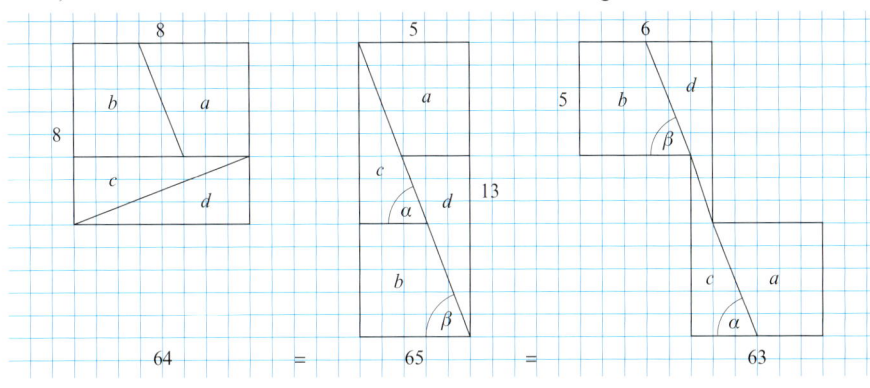

AUFGEPASST

Welcher der beiden Männer ist größer als der andere?

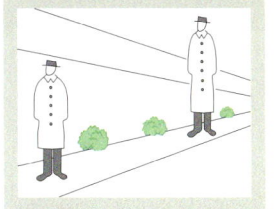

2

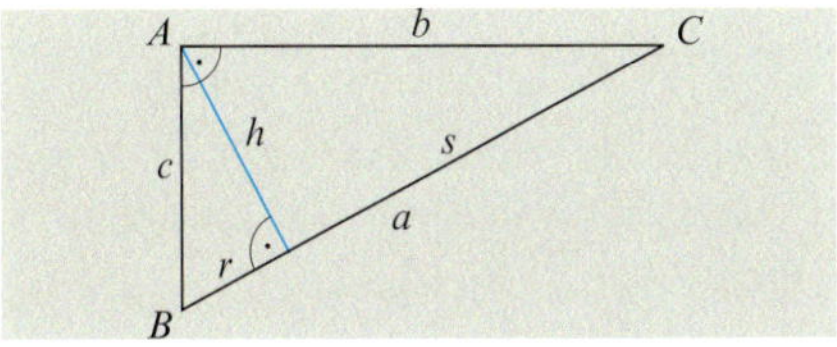

Gegeben ist ein rechtwinkliges Dreieck ABC mit $\alpha = 90°$.
Welche der folgenden Gleichungen sind wahre, welche sind falsche Aussagen? Begründe.

a) $h^2 = r^2 + s^2$
b) $r^2 + h^2 = c^2$
c) $h^2 = r \cdot s$
d) $a^2 + b^2 = c^2$
e) $c^2 = a \cdot r$
f) $h + s > b$
g) $c^2 + b^2 = r^2 + s^2$
h) $c^2 + b^2 = (r + s)^2$
i) $r \cdot b = h \cdot c$

AUFTRAG

Suche nach Bildern des niederländischen Künstlers M. C. Escher, auf denen Dinge dargestellt sind, die auf den ersten Blick völlig real erscheinen, aber dennoch ganz unmöglich sind. (Eines findest du auf Seite 211.) Erläutere deinen Mitschülern in einem kurzen Referat die optischen Täuschungen in diesen Bildern.

3

Sind die folgenden Aussagen wahr oder falsch? Begründe.
a) Wenn ein Dreieck gleichschenklig ist, so ist es spitzwinklig.
b) Wenn ein Dreieck rechtwinklig ist, so hat es zwei spitze Winkel.
c) Ein Dreieck hat mindestens zwei stumpfe Außenwinkel.
d) Ein Dreieck hat höchstens zwei stumpfe Außenwinkel.
e) Es gibt Vierecke mit zwei stumpfen Innenwinkeln.
f) Es gibt Vierecke mit vier spitzen Innenwinkeln.
g) Jedes Viereck hat mindestens einen stumpfen Innenwinkel.

Schon seit der Entstehung der Mathematik in Griechenland (etwa seit den Zeiten Euklids, um 300 v. Chr.) hat sich an einem wichtigen Grundprinzip in der Mathematik nichts geändert:

Damit eine Aussage als wahr gelten kann, muss man sie beweisen.
Dazu ist sie auf bereits als wahr anerkannte Aussagen zurückzuführen.

Verfolgt man den Wahrheitsgehalt einer Aussage immer weiter zurück, so wird man zu einer oder mehreren als wahr anerkannten Aussagen kommen, die man nicht auf andere Aussagen zurückführen kann. Solche Grundannahmen, die man unbewiesen als wahr akzeptiert, nennt man **Axiome**.

ZUR ERINNERUNG

Unter einer **Aussage** versteht man in der Mathematik einen Ausdruck (in Zeichen oder Worten), der innerhalb eines gegebenen Systems wahr oder falsch ist. Bei einer **Aussageform** entsteht im Gegensatz dazu erst nach dem Einsetzen von Elementen aus einer Grundmenge für die auftretenden Variablen eine wahre oder eine falsche Aussage.

4

Entscheide, ob folgende Aussagen wahr oder falsch sind. Begründe deine Antwort.
a) Zwei Geraden sind entweder parallel zueinander oder schneiden einander.
b) Zwei zueinander kongruente Dreiecke sind einander ähnlich.
c) Die Summe der Innenwinkel eines Fünfecks beträgt 480°.
d) Die Diagonalen eines Parallelogramms halbieren einander.
e) Die Summe der Außenwinkel eines Dreiecks beträgt 360°.

> Eine im Rahmen einer mathematischen Theorie formulierte Aussage, deren Wahrheit man sicher nachgewiesen hat, bezeichnet man als **mathematischen Satz**.
>
> Jeder mathematische Satz lässt sich in die folgende Form bringen:
>
> Wenn A, dann B bzw. in Kurzschreibweise: $A \Rightarrow B$
>
> Dabei steht A für die Voraussetzungen, B für die Behauptung.
>
> Es ist oft zweckmäßig, bei der Formulierung mathematischer Sätze Voraussetzungen und Behauptung formal und voneinander getrennt anzugeben:
> Satz (evtl. Name des Satzes)
> Voraussetzung: A
> Behauptung: B

BEISPIEL
für ein Axiom als Ausgangspunkt einer mathematischen Theorie:
„Zu einem Punkt P außerhalb einer Geraden g gibt es genau eine Gerade h, die parallel zu g ist und durch P verläuft."
Dieses so genannte Parallelenaxiom ist einer der Ausgangspunkte für die Euklidische Geometrie, die im Schulunterricht behandelt wird.

> **BEISPIEL**
> Der im Rahmen der Euklidischen Geometrie gültige Innenwinkelsatz für Dreiecke wäre in der beschriebenen Form etwa so aufzuschreiben:
>
> Satz (Innenwinkelsatz): In jedem Dreieck beträgt die Summe der Innenwinkel 180°.
> Voraussetzung: α, β, γ seien die Innenwinkel eines Dreiecks.
> Behauptung: $\alpha + \beta + \gamma = 180°$

5L

Bringe folgende Sätze wie im Beispiel in die Form Satz – Voraussetzung – Behauptung:
a) Höhensatz   b) Wechselwinkelsatz   c) Kathetensatz
d) Satz des Thales   e) Umkehrung vom Satz des Pythagoras
f) Umkehrung des 1. Strahlensatzes

> Das Zurückführen einer Aussage auf bereits als wahr akzeptierte Aussagen nennt man **beweisen**.
> Bei einem **direkten Beweis** geht man von den Voraussetzungen aus und folgert aus diesen durch logische Schlüsse die Behauptung.

ZUR ERINNERUNG
Die Umkehrung eines Satzes entsteht durch Vertauschung von Voraussetzung und Behauptung.
Satz: $A \Rightarrow B$
Umkehrung: $B \Rightarrow A$

6

Beweise: Wenn in einem Trapez ABCD der Schenkel $\overline{AD}$ gleich der kleineren Grundseite $\overline{CD}$ ist, dann halbiert die Diagonale den Winkel $\sphericalangle BAD = \alpha$.
Hinweis: Notiere Voraussetzung und Behauptung. Begründe, dass die mit gleicher Farbe gekennzeichneten Winkel gleich groß sind.

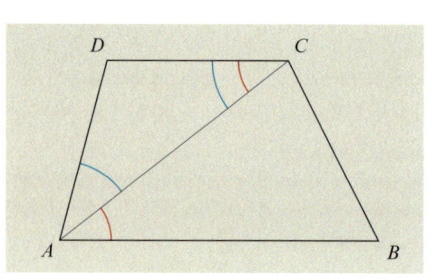

BEACHTE
Beim Führen eines Beweises kann man zusätzlich zu den Voraussetzungen auch alle schon bewiesenen Sätze benutzen.

7

Aussagen, Sätze und Beweise

Zum Beweisen benötigt man eine **Wissensbasis**. Die folgenden Piktogramme symbolisieren **Sätze über Winkel**. Erläutere diese Sätze. Formuliere sie in der „Wenn – dann-Form". Nutze sie bei den nachfolgenden Beweisaufgaben.

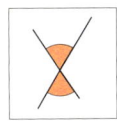

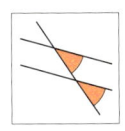

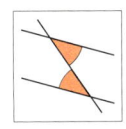

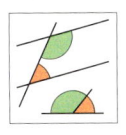

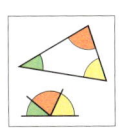

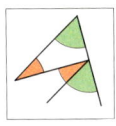

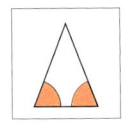

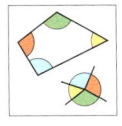

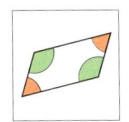

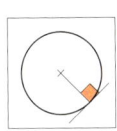

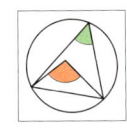

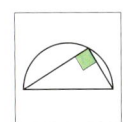

AUFGABE
Entwickle in ähnlicher Form einen Wissensspeicher über die Kongruenz- und Ähnlichkeitssätze.

BEISPIEL
Satz: Die Halbierenden benachbarter Innenwinkel eines Parallelogramms schneiden einander unter einem rechten Winkel.

Voraussetzungen:
$ABCD$ ist ein Parallelogramm; w_α, w_β, w_γ, w_δ sind Halbierende der Innenwinkel;
E ist der Schnittpunkt von w_γ und w_δ;
F ist der Schnittpunkt von w_β und w_γ;
G ist der Schnittpunkt von w_α und w_β;
H ist der Schnittpunkt von w_α und w_δ.

Beweisfigur:

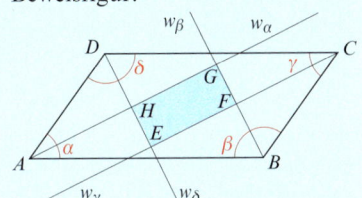

Behauptung:
$\sphericalangle DHA = \sphericalangle CED = \sphericalangle BFC = \sphericalangle AGB = 90°$

Beweis:
(1) $\sphericalangle HAD = \frac{\alpha}{2}$,   da w_α Halbierende von α ist
(2) $\sphericalangle ADH = \frac{\delta}{2}$,   da w_δ Halbierende von δ ist
(3) $\alpha + \delta = 180°$,   da $ABCD$ Parallelogramm ist
(4) $\frac{\alpha}{2} + \frac{\delta}{2} = 90°$,   folgt aus (3)
(5) $\sphericalangle DHA = 180° - \left(\frac{\alpha}{2} + \frac{\delta}{2}\right)$,   Winkelsumme im Dreieck AHD
(6) $\sphericalangle DHA = 180° - 90° = 90°$,   folgt aus (5) und (4)

Durch analoge Schlussketten lässt sich zeigen, dass auch $\sphericalangle CED = \sphericalangle BFC = \sphericalangle AGB = 90°$ ist. Also:

(7) Je zwei zu benachbarten Innenwinkeln gehörende Winkelhalbierende eines Parallelogramms schneiden einander unter einem rechten Winkel

q.e.d.

AUFGABE
Beachte, dass im nebenstehenden Beispiel weder behauptet noch vorausgesetzt wird, dass die Punkte E, F, G und H ein Rechteck bilden, was – wie die Beweisfigur zeigt – tatsächlich der Fall sein kann. Unter der *zusätzlichen Annahme*, dass die Punkte E, F, G und H Eckpunkte eines Vierecks sind, ist mit der Argumentation aus dem Beispiel der Beweis erbracht, dass dieses Viereck ein Rechteck sein muss.
Bei welcher Form des Parallelogramms erhält man kein Rechteck? Was kann man dann über die vier Punkte E, F, G und H aussagen?
Formuliere und beweise einen Satz über die Lage der Schnittpunkte der Winkelhalbierenden eines beliebigen Parallelogramms.

q. e. d. = *quod erat demonstrandum* (lat.): was zu beweisen war

8

Beweise: Die Halbierenden der Innenwinkel eines Rechtecks haben einen einzigen oder vier Schnittpunkte, welche ein Quadrat bilden.

9

Gegeben ist ein Trapez $ABCD$ mit $AB \parallel CD$ und innerhalb des Trapezes ein Kreis, der alle vier Seiten berührt. Sein Mittelpunkt sei M.
Beweise, dass der Winkel $\sphericalangle DMA$ und der Winkel $\sphericalangle BMC$ rechte Winkel sind.

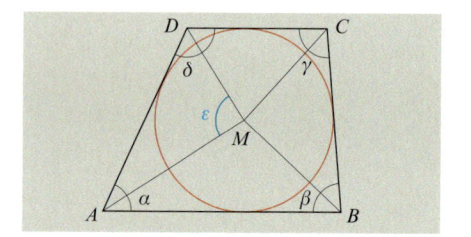

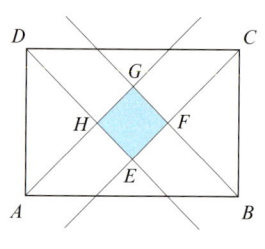

10

Satz: Wenn ein Dreieck gleichschenklig ist, so sind zwei seiner Höhen gleich lang.
Voraussetzung: Dreieck ABC ist gleichschenklig, $a = b$.
Behauptung: Zwei Höhen im Dreieck ABC sind gleich lang, $h_a = h_b$.
a) Begründe, dass die Dreiecke ADC und EBC kongruent zueinander sind.
b) Beweise, dass auch die Umkehrung dieses Satzes gilt: Wenn in einem Dreieck zwei Höhen gleich lang sind, so ist das Dreieck gleichschenklig.

> Zwei Aussagen A und B sind **äquivalent** ($A \Leftrightarrow B$), wenn aus der Aussage A die Aussage B gefolgert werden kann und aus der Aussage B auch die Aussage A folgt, d. h. $A \Leftrightarrow B$ bedeutet $A \Rightarrow B$ und $B \Rightarrow A$.

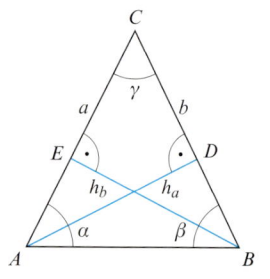

11

In einem beliebigen Dreieck stehen die Dreieckshöhen im umgekehrten Verhältnis zueinander wie die zugehörigen Seiten, es gilt also $h_a : h_b = b : a$.
a) Beweise diese Aussage (1) mithilfe der Formel für den Flächeninhalt von Dreiecken, (2) mithilfe von ähnlichen Dreiecken in nebenstehender Figur.
b) Begründe: Der Satz aus Aufgabe 10 ergibt sich als Sonderfall aus $h_a : h_b = b : a$.

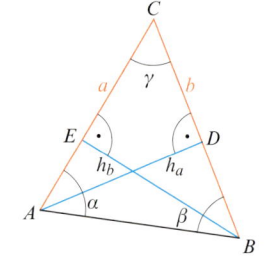

12

Beweise: In jedem Trapez sind die Dreiecke flächengleich, die aus den Diagonalenabschnitten und den Schenkeln des Trapezes gebildet werden.

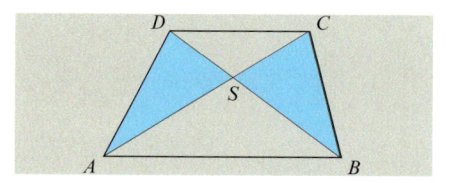

13

Zeichnet man über den Seiten a, b und c eines beliebigen Dreiecks Quadrate, dann sind die in der nebenstehenden Figur farbig gezeichneten Dreiecke flächengleich.
Beweise diese Aussage. (*Hinweis:* Nutze $A = \frac{1}{2} a b \sin \gamma$ und $\sin \gamma = \sin(180° - \gamma)$.)

14

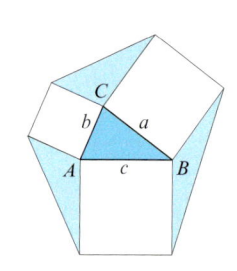

Zeichne ein Parallelogramm $ABCD$. Konstruiere einen Punkt P, sodass die Strecken $\overline{PA}$, $\overline{PB}$, $\overline{PC}$, $\overline{PD}$ das Parallelogramm in vier flächengleiche Teile zerlegen. Begründe die Konstruktion.

Aussagen, Sätze und Beweise

15

Auf dem Tisch stehen eine Tasse Kaffee und eine Tasse Milch, beide sind gleich voll. Jemand nimmt nun einen Teelöffel voll Milch aus der einen Tasse und gießt ihn in die Tasse Kaffee. Er rührt sorgfältig um und nimmt dann einen Teelöffel voll von diesem Kaffee-Milch-Gemisch und füllt ihn in die Milch-Tasse.
Ist jetzt in der Kaffee-Tasse mehr Milch als Kaffee in der Milch-Tasse?
Stelle eine Vermutung auf und versuche sie zu beweisen.

Wie findet man einen Beweis? Im Verlaufe dieses Kapitels wirst du gemerkt haben, dass es zweierlei Dinge sind, einen aufgeschriebenen Beweis nachzuvollziehen und einen Beweis selbständig zu finden und zu formulieren. Um einen mathematischen Beweis formulieren zu können, muss man erst einmal eine Beweisidee haben. Die zu finden ist meist schwieriger als das Rechnen nach einem bestimmten Verfahren. Aber auch für das Finden von Beweisideen bzw. für das Lösen von Problemen gibt es Regeln, so genannte *heuristische Regeln*. Wenn man solche Regeln kennt und befolgt, kann man oft dem Ziel ein ganzes Stück näher kommen.

Heuristische Regeln
(1) *Analysiere das Problem genau!*
Worum geht es? Was ist unbekannt? Was ist gegeben? Welche Beziehungen bestehen zwischen den unbekannten Größen und den gegebenen?
(2) *Versuche, das Problem zu veranschaulichen!*
Gibt es eine grafische oder eine bildliche Darstellung für das Problem? Kannst du Beispiele bilden?
(3) *Suche nach Analogien zu anderen Problemen!*
Ist dir ein ähnliches Problem bekannt? Kann man dessen Lösung auf das neue Problem übertragen?
(4) *Suche nach Teillösungen!*
Kannst du das Problem schrittweise verfeinern?
(5) *Begründe jeden deiner Schlüsse genau!*
(6) *Gib nicht gleich auf; versuche eventuell einen ganz anderen Ansatz!*
Gibt es noch nicht berücksichtigte Aspekte oder andere „Blickwinkel"?

INFORMATION
Heuristik (griech.) ist die Lehre von den „Problemlöseverfahren".
„*Heureka!*" (griech. „Ich habe es gefunden!") soll Archimedes ausgerufen haben, als er das physikalische Grundgesetz vom Auftrieb gefunden hatte (vielleicht in der Badewanne?)

16

Beweise: In einem Dreieck teilt jede innere Winkelhalbierende die Gegenseite im Verhältnis der anliegenden Seiten. In nebenstehender Figur gilt also $a:b = c_1:c_2$.
a) Nenne Sätze aus der Geometrie, in denen Proportionen (besonders Längenverhältnisse) eine Rolle spielen.
b) Warum wurde in der Figur durch B eine Parallele zu w_γ gezeichnet?
c) Zeige, dass $a' = a$ ist.
d) Aus welchem Satz folgt die Behauptung $a:b = c_1:c_2$?

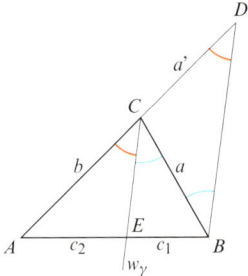

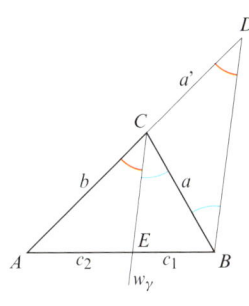

17L

Beweise: Die Winkelhalbierende eines Außenwinkels eines Dreiecks steht senkrecht auf den Winkelhalbierenden des zugehörigen Innenwinkels.

18

Die Winkelhalbierende eines Außenwinkels teilt die Gegenseite außen in demselben Verhältnis, in dem die Winkelhalbierende des Innenwinkels sie innen teilt.
Beweise diese Aussage, beachte die Ergebnisse von Aufgabe 16.

19

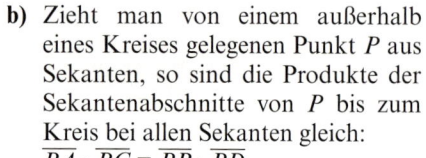

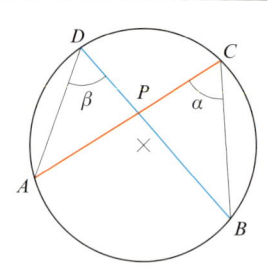

Beweise die folgenden Sätze, die aus Ähnlichkeitsbeziehungen am Kreis folgen:
a) Zieht man durch einen Punkt P im Innern eines Kreises Sehnen, so sind die Produkte beider Sehnenabschnitte bei allen Sehnen gleich:
$\overline{PA} \cdot \overline{PC} = \overline{PB} \cdot \overline{PD}$
b) Zieht man von einem außerhalb eines Kreises gelegenen Punkt P aus Sekanten, so sind die Produkte der Sekantenabschnitte von P bis zum Kreis bei allen Sekanten gleich:
$\overline{PA} \cdot \overline{PC} = \overline{PB} \cdot \overline{PD}$
Außerdem gilt: Das Produkt der Sekantenabschnitte von P bis zum Kreis ist gleich dem Quadrat des Tangentenabschnittes von P bis zum Berührungspunkt:
$\overline{PA} \cdot \overline{PC} = \overline{PT}^2$

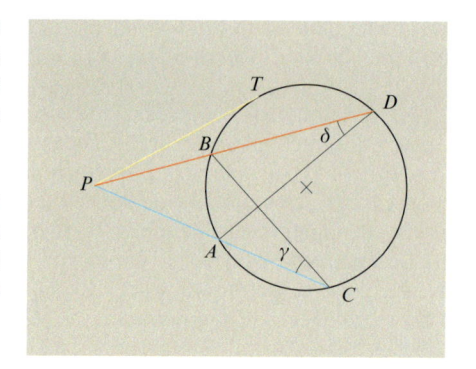

20

Zeichne mit einem dynamischen Geometriesystem ein beliebiges gleichseitiges Dreieck und einen Punkt innerhalb dieses Dreiecks. Miss die Abstände dieses Punktes von den drei Dreiecksseiten und bilde die Summe dieser Abstände. Was stellst du fest, wenn die Lage des Punktes innerhalb des Dreiecks verändert wird?
Beweise deine Vermutung.

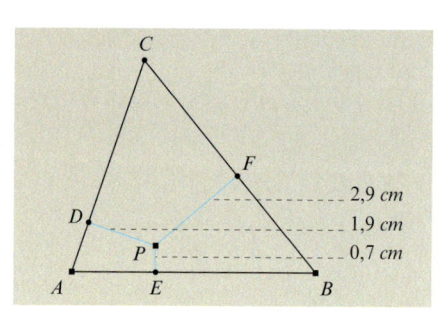

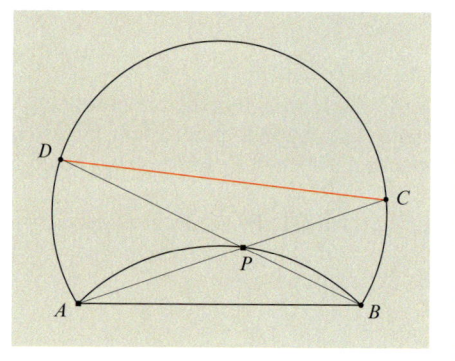

BEACHTE

Prinzipiell kann es nicht als Beweis gelten, wenn man eine Behauptung an speziellen Fällen überprüft, und seien dies auch sehr viele. Aus diesem Grund (und aus dem Grund, dass Rundungsfehler nicht ausgeschlossen werden können) haben Beobachtungen, die mit einer Geometriesoftware gewonnen werden, keine Beweiskraft. Entsprechendes gilt für alle anderen Computerprogramme.
Trotzdem können Computer außerordentlich hilfreich sein, wenn es darum geht, Vermutungen aufzustellen oder Beweisideen zu finden.

21

Zeichne mit einem dynamischen Geometriesystem über der Strecke $\overline{AB}$ als Sehne zwei Kreisbögen mit verschiedenen Radien. Wähle auf dem kleineren Kreisbogen einen Punkt P und bezeichne die Schnittpunkte von AP und BP mit dem größeren Kreisbogen mit C und D. Untersuche, wie sich die Länge der Strecke $\overline{CD}$ in Abhängigkeit von der Wahl des Punktes P verändert. Stelle eine Vermutung auf und versuche sie zu beweisen.

Eine weitere Methode der Beweisführung ist der *indirekte Beweis*.

22

Unter allen lebenden Menschen gibt es einen, der mindestens so groß ist wie jeder beliebige andere Mensch.
Beweise diese Behauptung. Nimm dazu an, dass es keinen größten Menschen gibt. Welche Schlussfolgerungen kannst du daraus ziehen?

23

Beweise: Die Quadratwurzel aus der Zahl 2 ist nicht rational.
Nimm dazu an, dass die Wurzel aus 2 doch eine rationale Zahl ist, und leite daraus einen Widerspruch her.

> **Indirekt beweisen** heißt, von der Negation der Behauptung auszugehen und unter Verwendung der Voraussetzungen einen logischen Widerspruch herzuleiten.
>
> Der **Grundgedanke des indirekten Beweises** ist also folgender:
> Wenn aus der Voraussetzung und der Negation der Behauptung etwas unbedingt Falsches (ein Widerspruch) gefolgert werden kann, dann muss das, wovon man ausgegangen ist, falsch sein. Da aber die Voraussetzungen als wahr anzusehen sind, muss die Negation der Behauptung falsch sein. Also muss die Behauptung selbst wahr sein.

BEACHTE

Es gibt wahre Aussagen, die sich nicht direkt oder nur sehr schwer direkt beweisen lassen. Das gilt insbesondere für Aussagen, in denen eine Negation enthalten ist, wie zum Beispiel in der Behauptung aus Aufgabe 23. Bei einem indirekten Beweis geht man von einer zusätzlichen Voraussetzung aus, nämlich von der Negation der Behauptung. In Fällen, in denen die Behauptung bereits eine Negation enthält, wird diese Schwierigkeit also durch die indirekte Beweismethode sozusagen umgangen.

> BEISPIEL
>
> *Satz*: Es sei k ein Kreis um M mit dem Radius r und P ein Punkt auf k. Dann gilt: Eine Gerade g durch den Punkt P ist **genau dann** eine Tangente des Kreises, wenn g auf dem Radius $\overline{MP}$ senkrecht steht.
>
> *Beweis*: Durch die Formulierung „genau dann" beinhaltet der Satz zwei Behauptungen, die getrennt voneinander bewiesen werden müssen. Diese Behauptungen lauten:
> (1) Wenn g senkrecht auf $\overline{MP}$ steht, dann ist g eine Tangente des Kreises.
> (2) Wenn g eine Tangente des Kreises ist, dann steht g senkrecht auf $\overline{MP}$.
>
> Direkter Beweis von (1): Ist Q ein von P verschiedener Punkt auf g, so bilden die Punkte P, Q und M ein rechtwinkliges Dreieck mit der Hypotenuse $\overline{MQ}$. Da die Länge der Hypotenuse stets größer als die Länge r der Kathete ist, liegt der Punkt Q außerhalb des Kreises. Daraus folgt die Behauptung.
> Indirekter Beweis von (2):
> Annahme: $\overline{MP}$ ist nicht senkrecht zu g.
> Dann kann man in P eine Senkrechte auf $\overline{MP}$ errichten. Da diese nach der schon bewiesenen Aussage (1) ebenso wie die von ihr verschiedene Gerade g eine Tangente des Kreises ist, so gibt es in ein und demselben Punkt zwei Tangenten an k.
> Das ist ein Widerspruch. Folglich ist die Annahme falsch.

HINWEIS

Im nebenstehenden Beispiel wurden benutzt:
(1) Definition: Eine Tangente eines Kreises ist eine Gerade, die mit dem Kreis genau einen Punkt gemeinsam hat.
(2) Satz: Ein Kreis besitzt in einem beliebigen seiner Punkte genau eine Tangente.

24

Für alle positiven reellen Zahlen a, b gilt: $\frac{a+b}{2} \geq \sqrt{a \cdot b}$, das heißt das arithmetische Mittel zweier positiver Zahlen ist stets entweder größer als ihr geometrisches Mittel oder es ist diesem gleich.
Beweise diese Aussage auf zwei verschiedene Arten indirekt:
a) durch eine Rechnung,
b) durch einen geometrischen Beweis.
Orientiere dich bei b) an nebenstehender Zeichnung.

25

Wie lautet die Umkehrung des Satzes von Pythagoras.
Beweise diese Umkehrung indirekt.

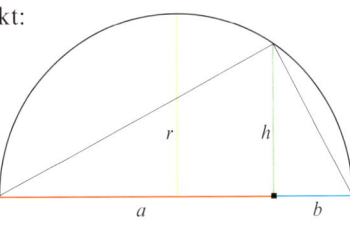

Verschiebungen, Pfeile und Vektoren

1

Kräfte sind gerichtete physikalische Größen. Sie werden als Vektoren bezeichnet und nach der Parallelogrammregel zusammengesetzt. In der in der Abbildung dargestellten Versuchsanordnung sei $F_1 = 300$ N und $F_2 = 200$ N. Berechne F, wenn die Teilkräfte F_1 und F_2 einen Winkel von 90° (75°; 110°) einschließen.

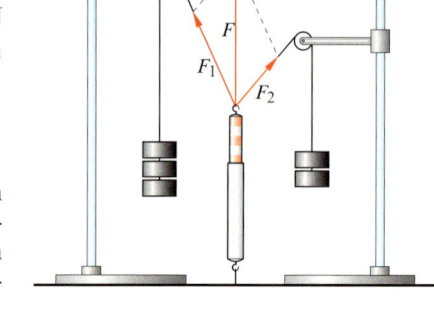

2

Ein Sportflugzeug fliegt mit einer dem Betrage nach konstanten Geschwindigkeit Kurs Süden. Nach Aufkommen einer starken Luftströmung aus Südosten ändert es seinen Kurs nicht. In welcher Richtung bewegt es sich dann?
Zeichne für die sich überlagernden Geschwindigkeiten Vektoren.
Erläutere den Bewegungsvorgang.

Ähnlich wie gerichtete physikalische Größen (z. B. Kräfte und Geschwindigkeiten) kann man auch Verschiebungen mithilfe von Pfeilen beschreiben.

BEISPIEL
Das Dreieck ABC wird bei der Verschiebung $\overrightarrow{PP'}$ auf das Dreieck $A'B'C'$ abgebildet.
Jeder Punkt der Ebene wird dabei in derselben Richtung und um denselben Betrag – beide festgelegt durch den Pfeil $\overrightarrow{PP'}$ – verschoben.

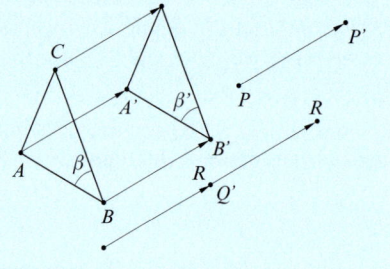

Punkte	P	A	B	C	Q		R
Bildpunkte	P'	A'	B'	C'	Q' = R		R'

Eigenschaften einer (Parallel-)Verschiebung

(1) Eine Verschiebung ist eine Abbildung der Ebene auf sich.
Jedem Punkt P der Ebene wird genau ein Bildpunkt P' der gleichen Ebene zugeordnet.
(2) Umgekehrt entspricht jedem Punkt P' genau ein Originalpunkt.
Die Verschiebung ist eine eineindeutige Abbildung.
(3) Zeichnet man Pfeile, die die Punkte mit den zugehörigen Bildpunkten verbinden und deren Pfeilspitzen auf die Bildpunkte zeigen, so gilt:
Alle Pfeile der Verschiebung haben gleiche Länge, gleiche Richtung und gleichen Richtungssinn.
Zu jedem Punkt Q lässt sich der Bildpunkt Q' durch Antragen des Pfeiles $\overrightarrow{PP'}$ konstruieren.

AUFGABE
Untersuche die hier dargestellten Bandornamente.

Welche Bewegungen bilden das Ornament jeweils auf sich ab?
Betrachte außer Verschiebungen auch Spiegelungen und Drehungen.

Verschiebungen, Pfeile und Vektoren

3

a) Beschreibe anhand der Bildfolge in der Randspalte die Konstruktion des Bildpunktes Q' zu einem Punkt Q bei der Verschiebung $\overrightarrow{PP'}$.
Begründe, dass das Viereck $PQQ'P'$ eine Parallelogramm ist.
Wie erfolgt die Konstruktion, wenn Q auf der Geraden $\overrightarrow{PP'}$ liegt?
b) Wie kann man die Konstruktion nur mit Lineal und Geodreieck ausführen?
c) Führe die Konstruktion nur unter Verwendung des Zirkels aus.

Gegeben:

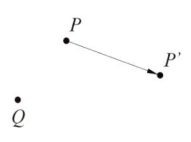

1. Konstruktionsschritt

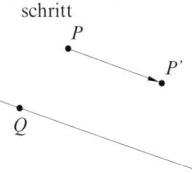

2. Konstruktionsschritt

4

Ein Dreieck ABC wird bei der Verschiebung $\overrightarrow{PP'}$ auf das Dreieck $A'B'C'$ abgebildet. Formuliere wahre Aussagen über die Länge von Original- und Bildstrecken, die Größe von Original- und Bildwinkeln und über die gegenseitige Lage von Original- und Bildgeraden.

5

Zeichne in einem Koordinatensystem die Strecke $\overline{AB}$ und zwei Verschiebungspfeile und $\overrightarrow{CD}$ und $\overrightarrow{EF}$ mit $A(3|2)$, $B(1|5)$, $C(2|8)$, $D(5|10)$, $E(6|8)$, $F(10|6)$.

a) Konstruiere die Bildstrecke von $\overline{AB}$ die der Verschiebung $\overrightarrow{CD}$.
Gib die Koordinaten der Endpunkte der Bildstrecke $\overline{A'B'}$ an.
b) Konstruiere die Bildstrecke von $\overline{A'B'}$ bei der Verschiebung $\overrightarrow{EF}$.
Gib die Koordinaten der Endpunkte der Bildstrecke $\overline{A''B''}$ an.

6

Gegeben sind ein Dreieck ABC und die Pfeile $\overrightarrow{DE}$ und $\overrightarrow{FG}$ durch folgende Punkte im Koordinatensystem: $A(1|6)$, $B(5|7)$, $C(2|9)$, $D(1|10)$, $E(7|10)$, $F(12|9)$, $G(13|4)$.

a) Konstruiere das Bilddreieck $A'B'C'$ des Dreiecks ABC bei der Verschiebung $\overrightarrow{DE}$. Gib die Koordinaten der Eckpunkte des Dreiecks $A'B'C'$ an.
b) Konstruiere das Bilddreieck $A''B''C''$ des Dreiecks $A'B'C'$ bei der Verschiebung $\overrightarrow{FG}$. Gib die Koordinaten der Eckpunkte des Dreiecks $A''B''C''$ an.
c) Ändere die Reihenfolge der Verschiebungen: Führe erst die Verschiebung $\overrightarrow{FG}$ und dann die Verschiebung $\overrightarrow{DE}$ aus. Was stellst du fest?
d) Konstruiere einen Verschiebungspfeil, der das Nacheinanderausführen der beiden Verschiebungen $\overrightarrow{DE}$ und $\overrightarrow{FG}$ durch eine Verschiebung ersetzt.

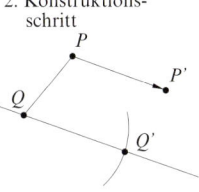

TIPP

Das ideale Werkzeug für Aufgabe 7 b) und c) ist ein dynamisches Geometriesystem, z. B. DynaGeo. DynaGeo enthält in der „Abbilden-Leiste" u. a. die unten abgebildeten Schalter.

> Die Nacheinanderausführung zweier Verschiebungen ergibt wieder eine Verschiebung.

- Eine Spiegelachse festlegen
- Ein Objekt an einer Achse spiegeln
- Ein Symmetriezentrum festlegen
- Ein Objekt an einem Punkt spiegeln
- Einen Verschiebungsfaktor festlegen
- Ein Objekt verschieben
- Einen Drehwinkel festlegen
- Ein Objekt drehen

7

a) Spiegele ein Dreieck ABC zuerst an einer Geraden g, danach das Bilddreieck $A'B'C'$ an einer zu g parallelen Geraden h. Das zugehörige Bilddreieck sei $A''B''C''$. Begründe, dass es keine Spiegelung gibt, die ABC auf $A''B''C''$ abbildet.
b) Untersuche anhand von weiteren Beispielen die Nacheinanderausführung zweier Spiegelungen an parallelen Geraden. Formuliere eine Vermutung und versuche, sie zu beweisen (siehe Tipp).
c) „Überprüfe" anhand von Beispielen, dass die Nacheinanderausführung zweier Spiegelungen an Geraden, die sich unter einem Winkel $\alpha < 90°$ schneiden, eine Drehung um den Schnittpunkt dieser Geraden um 2α ergibt (siehe Tipp).

Geometrische Konstruktionen und Beweise

Wir wollen nun eine für unsere geometrischen Zwecke passende Definition des Begriffs „Vektor" formulieren. Diese Definition ist auf den ersten Blick vielleicht etwas irritierend; sie wird aber sicher verständlich durch die folgende vergleichende Gegenüberstellung des Vektorbegriffs und des Begriffs der gebrochenen Zahl.

> **DEFINITION**
> Ein **Pfeil** (in der Ebene) ist eine Strecke mit einer bestimmten Länge, einer bestimmten Richtung und einem ausgezeichneten Richtungssinn.
> Die Klasse aller Pfeile der Ebene, die in diesen drei Daten übereinstimmen, nennen wir einen **Vektor** (in der Ebene).

vehere (lat.): fahren.

Vergleichende Gegenüberstellung

gebrochene Zahl
Die Menge aller Brüche einer gebrochenen Zahl:

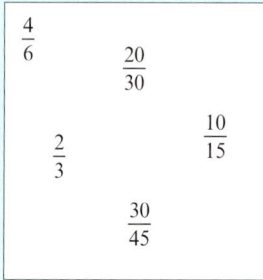

$$\frac{4}{6} \quad \frac{20}{30} \quad \frac{2}{3} \quad \frac{10}{15} \quad \frac{30}{45}$$

Vektor
Die Menge aller Pfeile einer Verschiebung:

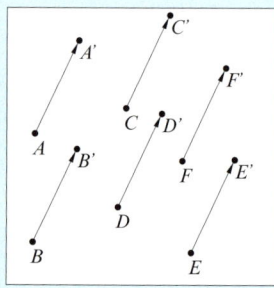

Alle Brüche gehen durch Kürzen oder Erweitern auseinander hervor.

Alle Pfeile haben gleiche Länge, gleiche Richtung und gleichen Richtungssinn.

Die ganze Klasse dieser Brüche heißt **gebrochene Zahl**.

Die ganze Klasse dieser Pfeile heißt **Vektor**. Symbol: $\vec{a}$.

Wir schreiben

$$\frac{4}{6} = \frac{20}{30} = \frac{2}{3} = \frac{30}{45} = \frac{10}{15} = \ldots$$

Wir schreiben

$$\overrightarrow{AA'} = \overrightarrow{BB'} = \overrightarrow{CC'} = \overrightarrow{DD'} = \ldots$$

und bringen hiermit zum Ausdruck, dass alle diese Brüche zur gleichen gebrochenen Zahl gehören.

und bringen hiermit zum Ausdruck, dass alle angegebenen Pfeile zum gleichen Vektor $\vec{a}$ gehören.

Durch einen Bruch, z. B. $\frac{10}{15}$, ist die ganze Klasse, also die gebrochene Zahl, eindeutig festgelegt. Spricht man kurz von der „gebrochenen Zahl $\frac{10}{15}$", so meint man eigentlich die Gesamtheit der oben dargestellten Brüche.

Durch einen Pfeil, z. B. $\overrightarrow{CC'}$, wird die ganze Klasse dieser Pfeile, also der Vektor eindeutig festgelegt.
Man sagt kurz „Vektor $\overrightarrow{CC'}$" und meint eigentlich die durch den Pfeil $\overrightarrow{CC'}$ eindeutig festgelegte Pfeilklasse, also die Gesamtheit der oben dargestellten Pfeile.

> **BEACHTE**
> Als Vertreter eines Vektors $\vec{a}$ kann ein beliebiger Pfeil $\overrightarrow{PP'}$ der Pfeilklasse gewählt werden.
> Wir unterscheiden künftig nicht zwischen der gesamten Pfeilklasse $\vec{a}$ und dem Vertreter $\overrightarrow{PP'}$ dieser Klasse.

8 L

Das nebenstehende Viereck $ACEG$ ist ein Rechteck. Die Punkte B, D, F und H sind die Mittelpunkte der Seiten. Durch Festlegung eines Richtungssinns wird jede der eingezeichneten Verbindungsstrecken zwischen zweien dieser Punkte zu einem Pfeil. Fasse jeweils diejenigen Pfeile zusammen, die zum gleichen Vektor gehören.

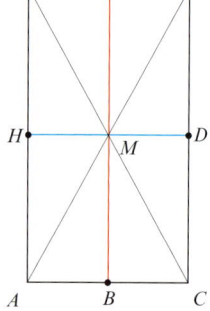

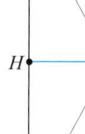

Verschiebungen, Pfeile und Vektoren

Für Vektoren können Rechenoperationen erklärt werden. Dem Nacheinanderausführen von Verschiebungen entspricht die Addition von Vektoren.

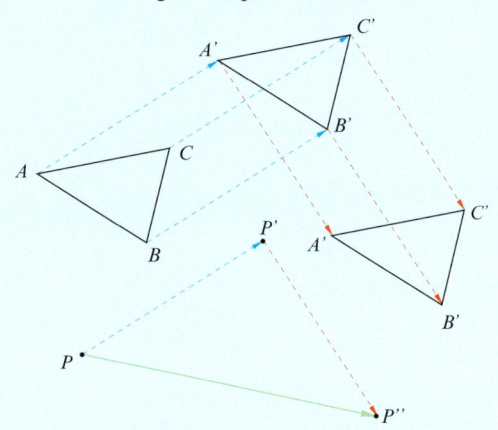

Der durch die Vektoren $\vec{a} = \overrightarrow{PP'}$ und $\vec{b} = \overrightarrow{P'P''}$ eindeutig bestimmte Vektor $\vec{c} = \overrightarrow{PP''}$ heißt **Summe der Vektoren** $\vec{a}$ und $\vec{b}$. Man schreibt: $\vec{a} + \vec{b} = \vec{c}$

9

Begründe, dass die Addition von Vektoren kommutativ und assoziativ ist. Veranschauliche deine Argumentation an geeigneten Zeichnungen.

ERINNERE DICH

Für alle reellen Zahlen a, b und c gilt:

$a + b = b + a$
(Kommutativgesetz)

$(a + b) + c = a + (b + c)$
(Assoziativgesetz)

10

Gegeben sind in einem Koordinatensystem die Punkte $P(0|0)$, $Q(4|1)$, $R(2|3)$. Konstruiere die folgenden Vektoren.
a) $\overrightarrow{PQ} + \overrightarrow{PR}$ b) $\overrightarrow{RP} + \overrightarrow{RQ}$ c) $\overrightarrow{QP} + \overrightarrow{QR}$ d) $\overrightarrow{PQ} + \overrightarrow{QR}$ e) $\overrightarrow{QP} + \overrightarrow{RQ}$

11 L

Fasse zusammen.
a) $\overrightarrow{AB} + \overrightarrow{BD}$ b) $\overrightarrow{DA} + \overrightarrow{BD}$ c) $\overrightarrow{AC} + \overrightarrow{CB} + \overrightarrow{BD}$ d) $\overrightarrow{CD} + \overrightarrow{BC} + \overrightarrow{AB}$

12

Gegeben ist ein Fünfeck $ABCDE$. Gib die Vektoren $\overrightarrow{AC}$, $\overrightarrow{AE}$, $\overrightarrow{BD}$ und $\overrightarrow{BE}$ mithilfe der Vektoren $\overrightarrow{AB}$, $\overrightarrow{BC}$, $\overrightarrow{CD}$ und $\overrightarrow{DE}$ als Summe an.

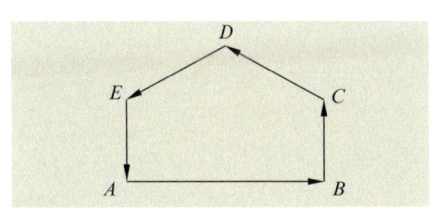

13

Gegeben sind die Punkte $A(1|4)$, $B(3|1)$, $C(6|1)$, $D(9|2)$, $E(5|7)$, $F(2|6)$.
a) Konstruiere das Bild der Strecke $\overline{AB}$ bei der Verschiebung $\overrightarrow{CD}$. Bezeichne die Bildstrecke mit $\overline{A'B'}$.
b) Konstruiere das Bild der Strecke $\overline{A'B'}$ bei der Verschiebung $\overrightarrow{EF}$. Bezeichne die Bildstrecke mit $\overline{A''B''}$. Welche besondere Lage hat $\overline{A''B''}$?

14

Zeichne in einem rechtwinkligen Koordinatensystem den Kreis um $M(4|4)$ mit dem Radius $r = 2$.
Bilde den Kreis nacheinander mit den Verschiebungen $\overrightarrow{AB}$ mit $A(4|1)$, $B(10|2)$, $\overrightarrow{CD}$ mit $C(12|7)$, $D(8|11)$ und $\overrightarrow{EF}$ mit $E(3|9)$, $F(1|4)$ ab.
Vergleiche die Lage des Kreises und des Bildkreises nach der Ausführung aller drei Verschiebungen.
Was stellst du fest?

> Die Verschiebung, bei der jeder Punkt sich selbst als Bildpunkt hat, nennen wir Nullverschiebung. Der zugehörige Vektor heißt **Nullvektor** $\vec{0}$.
>
> Bei der Addition zweier Vektoren $\vec{a}$ und $\vec{b}$ erhalten wir den Nullvektor $\vec{a} + \vec{b} = \vec{0}$, wenn $\vec{a}$ und $\vec{b}$ zueinander parallel, gleich lang und entgegengesetzt gerichtet sind.
> In diesem Fall heißt $\vec{b}$ der **entgegengesetzter Vektor** zu $\vec{a}$.
> Man schreibt dann: $\vec{b} = -\vec{a}$.
>
> Gilt für Vektoren $\vec{a}_1, \vec{a}_2, \vec{a}_3, \ldots, \vec{a}_n$ die Beziehung $\vec{a}_1 + \vec{a}_2 + \vec{a}_3 + \ldots + \vec{a}_n = \vec{0}$, so spricht man auch von einem **geschlossenen Vektorzug**.

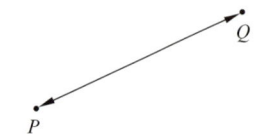

$\overrightarrow{PQ} + \overrightarrow{QP} = \overrightarrow{PP} = \vec{0}$

15

Gegeben sind das nebenstehende Dreieck ABC und ein Punkt D im Innern des Dreiecks.
Fasse zusammen.

a) $\overrightarrow{AC} + \overrightarrow{CA}$
b) $\overrightarrow{AB} + \overrightarrow{DA} + \overrightarrow{BD}$
c) $\overrightarrow{DC} + \overrightarrow{CB} + \overrightarrow{CD}$
d) $\overrightarrow{DB} + \overrightarrow{CD} + \overrightarrow{DA} + \overrightarrow{BC}$
e) $\overrightarrow{AD} + \overrightarrow{BD} + \overrightarrow{DA}$
f) $\overrightarrow{AB} + \overrightarrow{DB} + \overrightarrow{DC} + \overrightarrow{CA}$

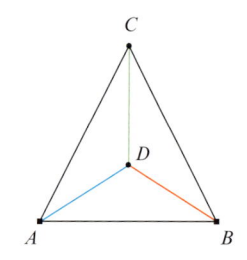

16

Die Figur in der Randspalte ist ein regelmäßiges Sechseck.
Berechne die folgenden Summen von Vektoren und begründe die dabei ausgeführten Schritte.

a) $\overrightarrow{ME} + \overrightarrow{MA} + \overrightarrow{MC}$
b) $\overrightarrow{BC} + \overrightarrow{AF} + \overrightarrow{DF}$
c) $\overrightarrow{BE} + \overrightarrow{FC} + \overrightarrow{EF} + \overrightarrow{CB}$
d) $\overrightarrow{DE} + \overrightarrow{EB} + \overrightarrow{BA}$
e) $\overrightarrow{AD} + \overrightarrow{CF} + \overrightarrow{FA}$
f) $\overrightarrow{BA} + \overrightarrow{FE} + \overrightarrow{DC} + \overrightarrow{BE}$

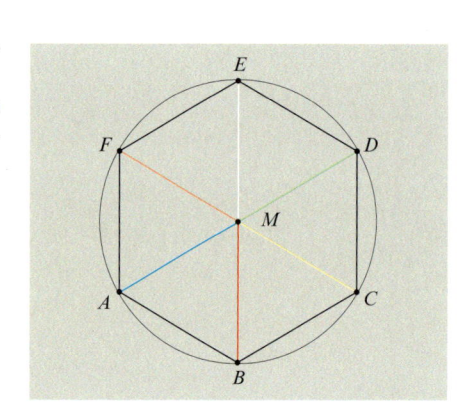

17

Das nebenstehende Viereck $ABCD$ ist ein Parallelogramm.
Beweise, dass bei beliebiger Lage des Punktes P die Gleichung
$\overrightarrow{PA} + \overrightarrow{PC} = \overrightarrow{PB} + \overrightarrow{PD}$ gilt.

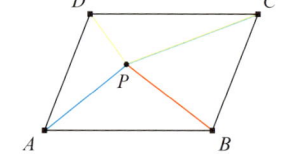

Vektoren im Koordinatensystem

1

Eine Verschiebung in der Ebene bilde den Punkt $P(1|1)$ auf den Punkt $P'(5|3)$ ab.
Konstruiere die Bildpunkte von $A(2|3)$, $B(4|1)$, $C(0|4)$, $D(-2|2)$ und $E(3|-1)$.
Wie kann man die Koordinaten der Bildpunkte berechnen?

> In einem kartesischen Koordinatensystem kann jede Verschiebung $\vec{a}$ in der Ebene als eine Nacheinanderausführung einer Verschiebung in x-Richtung und einer Verschiebung in y-Richtung aufgefasst werden. Ändert sich dabei der x-Wert um a_x und der y-Wert um a_y, so schreibt man $\vec{a} = \begin{pmatrix} a_x \\ a_y \end{pmatrix}$ und nennt a_x und a_y die **Koordinaten des Vektors** $\vec{a}$.

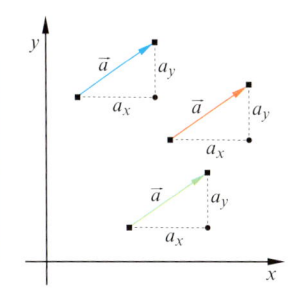

2

Gegeben sind die Punkte $A(1|3)$, $B(6|1)$, $C(9|3)$, $D(4|5)$.
Gib die Koordinaten der Vektoren $\overrightarrow{AB}$, $\overrightarrow{BC}$, $\overrightarrow{DC}$, $\overrightarrow{AD}$, $\overrightarrow{BD}$ und $\overrightarrow{AC}$ an.
Begründe, dass das Viereck $ABCD$ ein Parallelogramm ist.

> Sind $P_1(x_1|y_1)$ und $P_2(x_2|y_2)$ beliebige Punkte der Ebene, so ist
> $\overrightarrow{P_1P_2} = \begin{pmatrix} x_2 - x_1 \\ y_2 - y_1 \end{pmatrix}$. Diesen Vektor nennt man auch den **Verbindungsvektor** der Punkte P_1 und P_2.
> Als **Betrag des Vektors** $\overrightarrow{P_1P_2}$ bezeichnet man die Länge
> $|\overrightarrow{P_1P_2}| = \sqrt{(x_2 - x_1)^2 + (y_2 - y_1)^2}$.

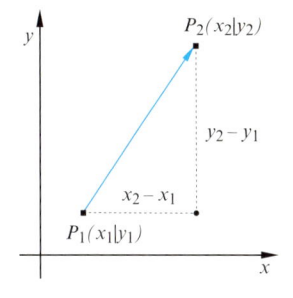

3

Gegeben ist ein Dreieck PQR mit $P(2|4)$, $Q(6|1)$ und $R(9|5)$.
a) Zeichne das Dreieck PQR im Koordinatensystem.
b) Berechne die Koordinaten der Vektoren $\overrightarrow{PQ}$, $\overrightarrow{QR}$, $\overrightarrow{RP}$ und ihre Beträge.
c) Welche besondere Form hat dieses Dreieck? Begründe deine Antwort durch eine Rechnung.

4L

Gegeben sind die Vektoren
$\overrightarrow{AB} = \begin{pmatrix} 3 \\ 1 \end{pmatrix}$, $\overrightarrow{BC} = \begin{pmatrix} -2 \\ 4 \end{pmatrix}$, $\overrightarrow{CD} = \begin{pmatrix} -3 \\ -2 \end{pmatrix}$.

Gib die Vektoren $\overrightarrow{AC}$, $\overrightarrow{CA}$, $\overrightarrow{BD}$, $\overrightarrow{DB}$, $\overrightarrow{AD}$ und $\overrightarrow{DA}$ durch ihre Koordinaten an.
Berechne die Beträge dieser Vektoren.

5

Für die Addition von Vektoren in Koordinatendarstellung in der Ebene gilt
$\begin{pmatrix} a_x \\ a_y \end{pmatrix} + \begin{pmatrix} b_x \\ b_y \end{pmatrix} = \begin{pmatrix} a_x + b_x \\ a_y + b_y \end{pmatrix}$.
Überprüfe und begründe diese Aussage zeichnerisch an einem Beispiel.

> **AUFGABE**
> Beweise für die Addition von Vektoren in Koordinatendarstellung das Kommutativgesetz und das Assoziativgesetz.

6

Gegeben ist ein Viereck $ABCD$ mit $A(1|3)$, $B(7|1)$, $C(8|4)$ und $D(2|6)$.
a) Zeichne das Viereck in einem Koordinatensystem.
b) Zeige, dass und $\overrightarrow{AB} = \overrightarrow{DC}$ und $\overrightarrow{AD} = \overrightarrow{BC}$ ist.
c) Berechne $|\overrightarrow{AC}|$ und $|\overrightarrow{BD}|$. Welche besondere Form hat das Viereck $ABCD$?

> Ist $O(0|0)$ der Ursprung des Koordinatensystems und $P(x_P|y_P)$ ein beliebiger Punkt der Ebene, so heißt $\overrightarrow{OP}$ **Ortsvektor** von P bezüglich O.
> Es ist $\overrightarrow{OP} = \begin{pmatrix} x_P \\ y_P \end{pmatrix}$ und $|\overrightarrow{OP}| = \sqrt{x_P^2 + y_P^2}$.

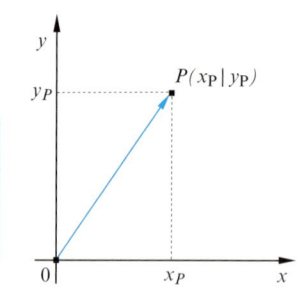

7

Von einem Parallelogramm $ABCD$ sind die Punkte $A(-2|1)$, $B(3|-2)$ und $C(4|2)$ bekannt.
a) Zeichne das Dreieck ABC und konstruiere den Punkt D des Parallelogramms.
b) Berechne die Koordinaten von $\overrightarrow{OD}$ bzw. von D.
   Hinweis: $\overrightarrow{OA} + \overrightarrow{BC} = \overrightarrow{OD}$ oder $\overrightarrow{OC} + \overrightarrow{BA} = \overrightarrow{OD}$

8L

Berechne jeweils den vierten Punkt des Parallelogramms $PQRS$, die Länge der Seiten und die Länge der beiden Diagonalen.
a) $P(-3|-3)$, $Q(4|-2)$, $R(2|2)$
b) $P(2|2)$, $Q(3|0)$, $S(-4|3)$
c) $Q(6|2)$, $R(-1|3)$, $S(-3|0)$
d) $P(0|0)$, $Q(6|2)$, $S(-1|3)$

> Für die Koordinaten von Vektoren in einem räumlichen kartesischen Koordinatensystem gilt analog wie in der Ebene:
> $P(x_P|y_P|z_P)$ $P_1(x_1|y_1|z_1)$, $P_2(x_2|y_2|z_2)$
>
> Ortsvektor: Verbindungsvektor:
>
> $\overrightarrow{OP} = \begin{pmatrix} x_P \\ y_P \\ z_P \end{pmatrix}$ $\overrightarrow{P_1P_2} = \begin{pmatrix} x_2 - x_1 \\ y_2 - y_1 \\ z_2 - z_1 \end{pmatrix}$
>
> Betrag des Ortsvektors: Betrag des Verbindungsvektors
>
> $|\overrightarrow{OP}| = \sqrt{x_P^2 + y_P^2 + z_P^2}$ $|\overrightarrow{P_1P_2}| = \sqrt{(x_2-x_1)^2 + (y_2-y_1)^2 + (z_2-z_1)^2}$

9

In nebenstehendem Bild wurde ein Quader im Koordinatensystem dargestellt.
a) Wie lang sind die Kanten des Quaders?
b) Lies die Koordinaten der Eckpunkte B, D, E, F, G ab.
c) Gib mithilfe der Eckpunkte des Quaders Pfeile an, die zum gleichen Vektor gehören wie $\overrightarrow{AB}$, $\overrightarrow{BF}$ und $\overrightarrow{FG}$.
d) Gib die Koordinaten folgender Vektoren an $\overrightarrow{AE}$, $\overrightarrow{BE}$, $\overrightarrow{HB}$, $\overrightarrow{DF}$, $\overrightarrow{BG}$, $\overrightarrow{CH}$.
e) Berechne die Beträge der Vektoren $\overrightarrow{AH}$, $\overrightarrow{CF}$, $\overrightarrow{HC}$, $\overrightarrow{DF}$ und $\overrightarrow{AG}$.

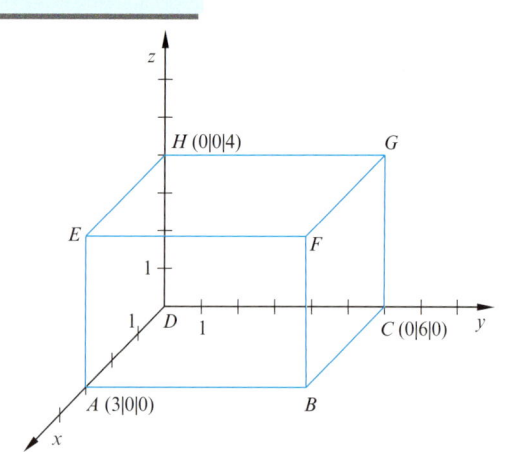

Vektoren im Koordinatensystem

10

Die Eckpunkte eines regelmäßigen Oktaeders liegen auf den Achsen des Koordinatensystems. Es sei $A(0|-4|0)$, $B(4|0|0)$, $C(0|4|0)$ und $E(0|0|-4)$.
a) Gib die Koordinaten von D und F an.
b) Berechne die Koordinaten der Vektoren $\overrightarrow{BD}$, $\overrightarrow{BC}$, $\overrightarrow{BF}$.
c) Gib die Koordinaten der Mittelpunkte aller Kanten des Oktaeders an.
d) Berechne $\overrightarrow{M_{AB}M_{BC}}$. Vergleiche diesen Vektor mit $\overrightarrow{AC}$. Was stellst du fest?
e) Berechne die Kantenlänge des Oktaeders.
f) Berechne das Volumen und den Oberflächeninhalt des Oktaeders.
g) Zeichne ein Körpernetz des Oktaeders. Fertige ein Modell von diesem Körper und den Achsen des Koordinatensystems an.
   Hinweis: Verwende als Koordinatenachsen Trinkröhrchen, die den Körper durchdringen.

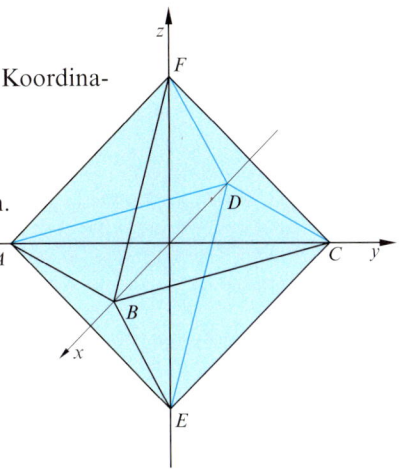

11

Ein Parallelflach oder Spat ist ein von sechs ebenen Seitenflächen begrenzter Körper, bei dem die gegenüberliegenden Seitenflächen jeweils zueinander kongruente Parallelogramme sind.
Für das abgebildete Parallelflach ist $D(0|0|0)$, $A(5|2|0)$, $B(5|8|0)$ und $H(2|3|4)$.
a) Berechne die Koordinaten von C, E, F und G.
b) Berechne die Länge der Diagonalen aller Parallelogramme.
c) Konstruiere ein Körpernetz und fertige ein Modell des Körpers an.
d) Berechne den Oberflächeninhalt des Körpers.

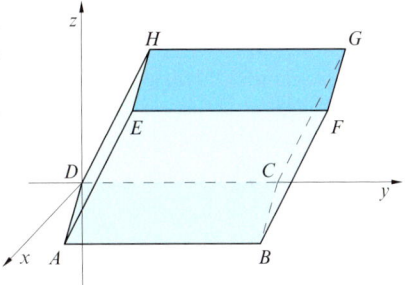

12

Aus einem Würfel wurde ein Teilkörper herausgeschnitten, so wie es die nebenstehende Abbildung zeigt. Toni behauptet, dass durch das Loch in dem Würfel ein etwas größerer Würfel hindurchpasst.
Hat Toni Recht?
Es ist $J(8|2|0)$, $K(2|8|0)$, $L(0|6|8)$ und $M(6|0|8)$.
a) Gib die Koordinaten der Eckpunkte des Würfels an.
b) Berechne die Vektoren $\overrightarrow{ML}$, $\overrightarrow{JK}$, $\overrightarrow{JM}$, $\overrightarrow{KL}$, $\overrightarrow{KM}$, $\overrightarrow{JL}$ und deren Beträge.
c) Begründe, dass das Viereck $JKLM$ ein Quadrat ist.
d) Vergleiche die Seitenlänge des Quadrates $JKLM$ mit der Kantenlänge des Würfels. Beurteile Tonis Behauptung.

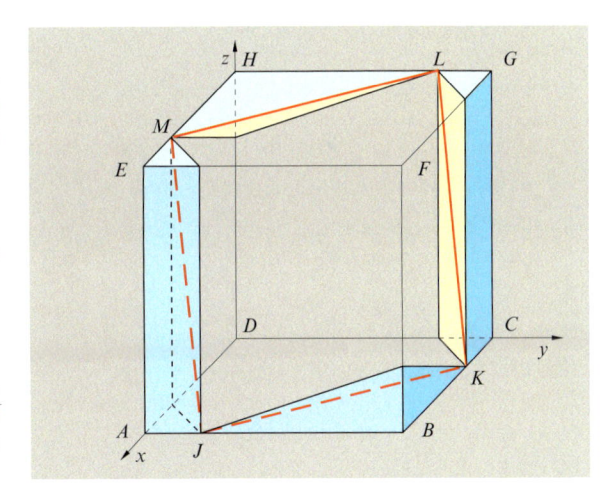

13

Gegeben ist eine Pyramide mit der Grundfläche $ABCD$ und der Spitze S.
Es sei $A(5|1|0)$, $B(8|5|0)$, $C(4|8|0)$, $D(1|4|0)$, $S(4|4|5)$.
a) Zeichne die Pyramide in einem Koordinatensystem.
b) Zeige, dass das Viereck $ABCD$ ein Quadrat ist.
c) Untersuche, ob es sich um eine gerade oder um eine schiefe Pyramide handelt.
d) Berechne das Volumen der Pyramide.

ZUSAMMENFASSUNG

Konstruktionen mit Zirkel, Lineal und Geodreieck

Ziel einer Konstruktionsaufgabe ist es, ein aus endlich vielen Schritten bestehendes Verfahren zu finden, welches zur vorgegebenen Ausgangsfigur eine gesuchte Zielfigur liefert. Jeder Konstruktionsschritt ist eine mit Zirkel, Lineal und Geodreieck ausführbare Grundkonstruktion.

Mathematische Sätze und Beweise

Als **mathematischen Satz** bezeichnet man eine im Rahmen einer mathematischen Theorie formulierte Aussage, die man bewiesen hat, das heißt, deren Wahrheit man sicher nachgewiesen hat.

Jeder mathematische Satz kann in der Form $A \Rightarrow B$ aufgeschrieben werden, wobei A die Voraussetzungen und B die Behauptung des Satzes darstellt.

Ein **Beweis** besteht darin, eine mathematische Behauptung durch logische Schlüsse auf bereits als wahr anerkannte Aussagen zurückzuführen.
Jede Aussage, die kein Axion ist und als wahr anerkannt werden soll, muss bewiesen werden.

Bei einem **direkten Beweis** geht man von den Voraussetzungen aus und folgert daraus durch eine Kette logischer Schlüsse die Behauptung. Die formale Darstellung eines direkten Beweises sieht daher so aus:
$A \Rightarrow H_1 \Rightarrow H_2 \Rightarrow \ldots \Rightarrow H_n \Rightarrow B$
Dabei stellen $H_1, H_2, \ldots H_n$ Aussagen dar, die der Reihe nach aus A gefolgert werden.

Bei einem **indirekten Beweis** geht man von den Voraussetzungen und der Negation der Behauptung aus und leitet daraus einen logischen Widerspruch her.
Die formale Darstellung eines direkten Beweises sieht daher so aus:
$(A$ und nicht $B) \Rightarrow H_1 \Rightarrow H_2 \Rightarrow \ldots \Rightarrow H_n \Rightarrow$ Widerspruch
Dabei stellen $H_1, H_2, \ldots H_n$ Aussagen dar, die der Reihe nach aus $(A$ und nicht $B)$ gefolgert werden.

Verschiebungen und Vektoren

Die Menge der Pfeile einer Verschiebung heißt **Vektor**.
Als Symbole für Vektoren verwendet man oft Kleinbuchstaben mit einem Pfeil oder das Symbol für eine gerichtete Strecke mit Anfangspunkt A und Endpunkt A': Also $\vec{a}$ oder $\overrightarrow{AA'}$.

Dem Nacheinanderausführen von Verschiebungen entspricht die **Addition von Vektoren**:
$\vec{a} + \vec{b} = \vec{c}$

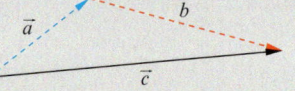

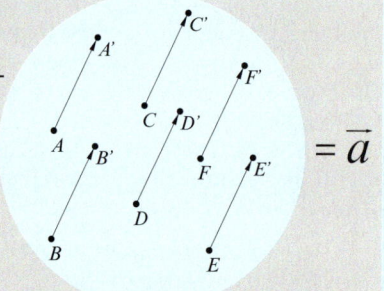

Vektoren im Koordinatensystem:
Sind $P_1(x_1|y_1)$ und $P_2(x_2|y_2)$ beliebige Punkte der Ebene, so ist hat der **Verbindungsvektor** $\overrightarrow{P_1P_2}$ dieser Punkte die **Koordinatendarstellung**
$\overrightarrow{P_1P_2} = \begin{pmatrix} x_2 - x_1 \\ y_2 - y_1 \end{pmatrix}$.

Als **Betrag des Vektors** $\overrightarrow{P_1P_2}$ bezeichnet man die Länge der Strecke $\overline{P_1P_2}$:
$|\overrightarrow{P_1P_2}| = \sqrt{(x_2 - x_1)^2 + (y_2 - y_1)^2}$.

Ist $O(0|0)$ der Ursprung des Koordinatensystems und $P(x_p|y_p)$ ein beliebiger Punkt der Ebene, so heißt $\overrightarrow{OP}$ der **Ortsvektor von P bezüglich O**. Es gilt $\overrightarrow{OP} = \begin{pmatrix} x_p \\ y_p \end{pmatrix}$ und $|\overrightarrow{OP}| = \sqrt{x_p^2 + y_p^2}$.

Übungen und Anwendungen

Um reale Probleme oder komplexe wissenschaftliche Aufgaben mit mathematischen Mitteln zu lösen, braucht man häufig Methoden und Resultate aus verschiedenen Gebieten der Mathematik. Wie die Teile einer Maschine müssen die einzelnen Mathematikbausteine in der richtigen Weise aufeinander abgestimmt sein und ineinander greifen.

Finanzierungen und andere Geldangelegenheiten

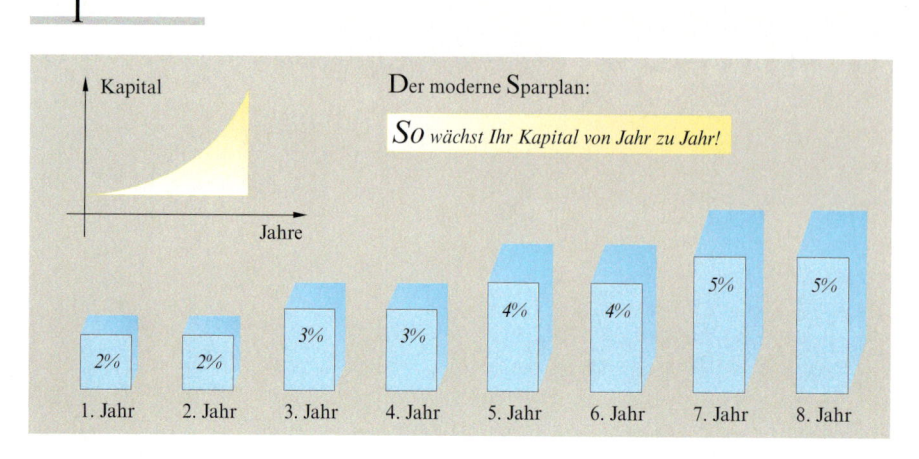

1

Ähnliche Angebote unterbreiten manche Banken ihren Kunden.
Es ist wichtig, derartige Sparpläne mit solchen zu vergleichen, bei denen ein fester Zinssatz über den gesamten Zeitraum bestehen bleibt.
Für die Bearbeitung dieser Aufgabe ist es zweckmäßig, eine Tabelle wie die nebenstehende anzulegen. Es soll ein Anfangskapital von $K_0 = 1\,000\,€$ angenommen werden.

	Anfangs-kapital	\multicolumn{8}{c}{Kapital am Ende des Jahres}
		1	2	3	4	5	6	7	8
a)	1 000 €								
b)	1 000 €								
c)	1 000 €								

a) Berechne die Kapitalentwicklung für den in der Grafik genannten Sparplan.
b) Berechne die Kapitalentwicklung für einen festen Zinssatz von 2 %.
c) Berechne die Kapitalentwicklung für einen festen Zinssatz von 5 %.
d) Als fester Zinssatz soll der durchschnittliche Zinssatz des Sparplanes angenommen werden. Berechne dafür die Kapitalentwicklung.
e) Berechne die Kapitalentwicklung, wenn die Zinssätze des Sparplanes in umgekehrter Reihenfolge gewährt werden.
f) Stelle die Kapitalentwicklungen aus a) bis e) in einem gemeinsamen Diagramm dar.
g) Ist $p\,\%$ der Zinssatz, so wird $q = 1 + \frac{p}{100}$ als Zinsfaktor bezeichnet. Ist der Zinssatz über n Jahre konstant, dann kann die Kapitalentwicklung bei einem Anfangskapital K_0 mithilfe der Formel $K = K_0 \cdot q^n$ beschrieben werden.
Erläutere den beschriebenen Sachverhalt. Erkläre insbesondere die Bedeutung aller in der Formel auftretenden Variablen.
Wovon hängt das Endkapital ab?
h) Berechne für ein Anfangskapital $K_0 = 1\,000$ Euro und einen über die gesamte Laufzeit fest bleibenden Zinssatz $p\,\%$ das Endkapital K nach 8 Jahren. Übertrage und vervollständige dazu die Tabelle.

q	1,005	1,010	1,015	1,020	1,025	1,030	1,035	1,040	1,045	1,050	1,055	1,060
K												

Setze die Tabelle in gleichen Schritten für q fort bis $q = 1,100$.

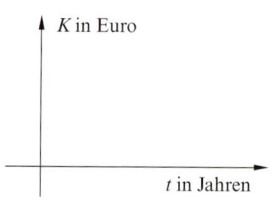

HINWEIS

Alternativ zum Banksparen ist es möglich, sein Kapital in Aktien anzulegen. Hierbei werden zumeist deutlich höhere Zuwächse in Aussicht gestellt.
Informiere dich über Vorteile und Gefahren der Kapitalanlage in Aktien.

Ermittle, welche durchschnittlichen Zinssätze mit Aktien oder Aktienfonds in den letzten Jahren erreicht werden konnten.

Finanzierungen und andere Geldangelegenheiten

2

Die Formel $K = K_0 \cdot q^n$ zeigt, dass das Endkapital von drei Größen abhängt. Um den Zusammenhang zwischen dem Endkapital und den einzelnen Größen zu untersuchen, werden die jeweils anderen Größen konstant gelassen. Beschreibe und diskutiere die drei Fälle.

TIPP
Überlege in allen drei Fällen, zu welcher Klasse die entsprechende Funktion gehört. Denke an die Eigenschaften dieser Funktionenklassen.

3

Grundformel der Rentenrechnung
Eine übliche Methode zur Sicherung der Altersversorgung ist folgendes Geldanlageverfahren: Eingezahlt wird ein Grundkapital K_0. Dieses werde mit einem festen Zinssatz von $p\%$ verzinst. Jeweils am Jahresende werden die Zinsen und ein vereinbarter Ratenbetrag R dem Kapital zugeschlagen. Der neue Betrag wird weiterhin mit $p\%$ verzinst.

a) Zeige, dass dann für das nach n Jahren vorhandene Kapital K_n die folgende Formel gilt:

$K_n = K_0 \cdot q^n + (1 + q + q^2 + q^3 + \ldots + q^{n-2} + q^{n-1}) \cdot R$ mit $q = 1 + \frac{p}{100}$

b) Berechne, welches Kapital sich nach 20 Jahren angehäuft hat bei einem Grundkapital von 10 000 €, einem Zinssatz von 7,5 % und einem jährlichen Ratenbetrag von 1 200 €.

4

Das sollte nicht passieren!
Herrn Ärgerlich wurde auf der Bank das Geld für eine Gutschrift in Münzen ausgezahlt. Nachdem Herr Ärgerlich eine Briefmarke für 5 Cent gekauft hatte merkte er, dass er genau doppelt so viel Geld übrig hatte, wie auf der Gutschrift ausgewiesen war.
Als er der Sache nachging, stellte er fest, dass die Geldstücke verwechselt wurden. Statt der Centstücke erhielt er Eurostücke, statt der Eurostücke hatte er Centstücke erhalten.
Wie hoch war der Betrag der Gutschrift?

TIPP
Wer bei Aufgabe 4 keine Lösung findet, sollte zuerst Aufgabe 1 von Seite 245 bearbeiten.

5

So oder so gespart
Ulrikes Eltern zahlen regelmäßig zu Jahresbeginn 200 Euro auf ein Sparkonto mit einem Jahreszinssatz von 4 % ein.
Auch Sarahs Eltern sparen auf die gleiche Weise zu den gleichen Bedingungen, allerdings haben sie mit der ersten Zahlung gleichzeitig einmalig 1 000 Euro eingezahlt.

a) Welchen Betrag hat jede Familie nach 1 Jahr (nach 2 Jahren bzw. nach 5 Jahren) angespart?
b) Veranschauliche das jeweilige Endkapital in Abhängigkeit von der Zeit in einem rechtwinkligen Koordinatensystem.
c) Nach wie vielen Jahren haben beide Familien mit ihren Sparvarianten jeweils 3 000 Euro gespart?

6

Ein Guthaben von 6 000 Euro wird für 7 Jahre mit einem Zinssatz von 6 % festverzinslich angelegt.
Formuliere auf der Grundlage des beschriebenen Sachverhaltes zwei Aufgaben und löse sie.

7

Fünf Freunde gewinnen 100 000 Euro und überlegen, welche Geldanlage in den nächsten vier Jahren den höchsten Gewinn erzielt.

Idee 1: Sie kaufen ein Haus und vermieten es. Als Miete werden jährlich 7% des Kaufpreises erhoben. Es muss jedoch mit Unkosten am Haus in Höhe von 1,5% pro Jahr gerechnet werden.

Idee 2: Sie kaufen für zwei Drittel des Geldes eine Eigentumswohnung. Der Rest des Geldes wird auf ein Konto eingezahlt und mit 5% verzinst. Die Zinsen werden jährlich abgehoben.
Aus der Vermietung der Eigentumswohnung erhalten die fünf Freunde monatlich 0,22% des Kaufpreises.

Idee 3: Sie eröffnen ein Zuwachssparkonto mit folgender Verzinsung: im 1. Jahr 3%, im 2. Jahr 4%, im 3. Jahr 4,5% und ab dem 4. Jahr 5,5%. Die Zinsen werden jeweils gutgeschrieben und mitverzinst.

Idee 4: Sie legen ein Festgeldkonto mit 5% Verzinsung an. Die Zinsen werden abgehoben.

Welche Anlage bringt die höchste Rendite?
Haben Anlagen mit geringerer Rendite andere Vorteile?

8

Angenommen, bei dem Anlagemodell 3 in Aufgabe 7 würden die Zinsen am Jahresende abgehoben und nicht weiter verzinst. Welche Gewinndifferenz würde sich dann nach den besagten vier Jahren ergeben?

9

a) Erstelle eine Grafik aus der ersichtlich ist, wie sich bei jedem Anlagemodell aus Aufgabe 7 das Geld mit der Zeit „vermehrt".
Beschreibe den jeweiligen Kurvenverlauf und sprich über die Besonderheiten der Geldanlagemodelle, die aus der Grafik sichtbar werden.

b) Trage in einem zweiten Diagramm noch einmal die Kurve zu dem Anlagemodell 3 aus Aufgabe 7 ein und ergänze die veränderte Kurve aus Aufgabe 8 mit einer anderen Farbe.

10

Bestimme mithilfe der Grafik den Zeitpunkt für jedes Modell, bei dem sich das Ausgangsguthaben von 100 000 Euro auf 120 000 Euro „vermehrt" hat.
Bestätige deine Ergebnisse durch eine Rechnung.

11

Familie Goldfink möchte nicht für immer in der kleinen Stadtwohnung bleiben und träumt von einem schönen Häuschen mit Garten auf dem Land. Um solch ein „Anwesen" zu erwerben, sind jedoch mindestens 200 000 Euro notwendig, die die Familie naturgemäß nicht zur Verfügung hat, obgleich sie sich bereits die beachtliche Summe von 25 000 Euro zusammensparen konnte.
Erstelle einen Finanzierungsvorschlag, in dem du davon ausgehst, dass der Familie etwa 1 000 Euro monatlich zur Tilgung des Kredits zur Verfügung stehen.

AUFTRAG

Welche weiteren Geldanlagemodelle sind dir bekannt?
Ziehe Erkundigungen ein über aktuelle Geldanlageangebote bei verschiedenen Banken und Versicherungen.
Vergleiche die einzelnen Angebote, indem du von der fiktiven Anlagesumme 100 000 Euro und einer Geldanlagezeit von 4 Jahren ausgehst.

HINWEIS

Erkundige dich zunächst bei verschiedenen Banken über günstige Kreditangebote.

Umwelt, Transport und Verkehr

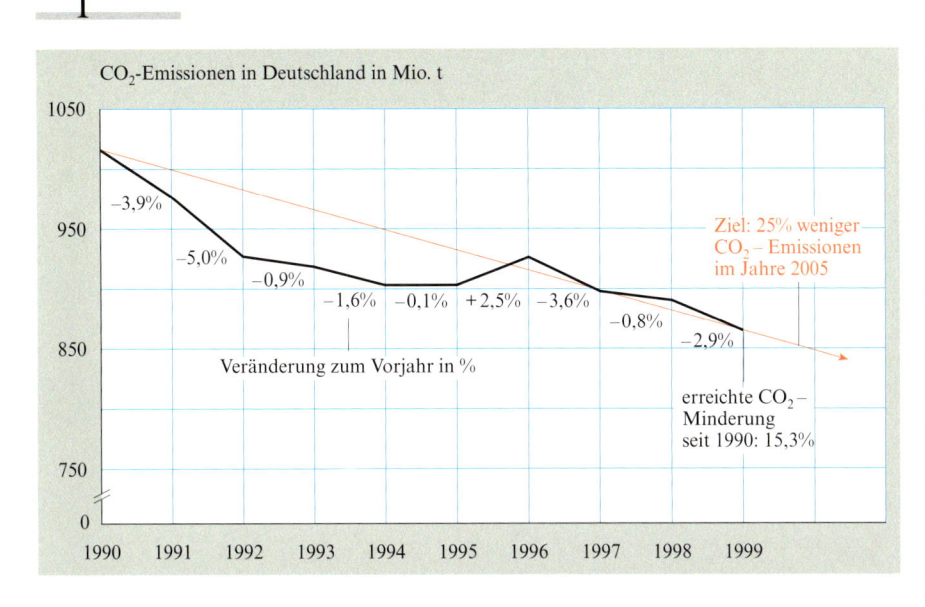

1

CO$_2$-Emissionen in Deutschland in Mio. t

(Diagramm: Werte von 1990 bis 1999 mit Veränderungen zum Vorjahr in %: −3,9%; −5,0%; −0,9%; −1,6%; −0,1%; +2,5%; −3,6%; −0,8%; −2,9%. Ziel: 25% weniger CO$_2$ – Emissionen im Jahre 2005. Erreichte CO$_2$-Minderung seit 1990: 15,3%.)

WUSSTEST DU SCHON?
Ein gravierendes Umweltproblem wird zur Zeit in der Emission so genannter Treibhausgase (vor allem Kohlenstoffdioxid (CO$_2$), aber auch Methan und Fluorchlorkohlenwasserstoffe (FCKW)) gesehen. Diese Gase sind für Lichtwellen und UV-Strahlung durchlässig, absorbieren aber die längerwellige Wärmestrahlung vergleichsweise stark. Eine erhöhte Konzentration von Treibhausgasen in der Atmosphäre lässt daher einen globalen Temperaturanstieg mit möglicherweise verheerenden Folgen für das Klima der Erde befürchten.

Die Grafik zeigt die Entwicklung der CO$_2$-Emission in Deutschland in den Jahren von 1990 bis 1999 und gibt gleichzeitig das Ziel dieser Entwicklung bis zum Jahr 2005 an.

Wir wollen für die folgenden Aufgaben annehmen, dass es möglich sei, die prozentuale Entwicklung (in Bezug auf den Vorjahresstand) über die Jahre von 1990 bis 2005 konstant zu halten. Es sei $p\%$ der über die Jahre 1990 bis 2005 gleich bleibende Prozentsatz der Senkung.

a) Bei welchen der auftretenden Prozentsätze wird das genannte Ziel erreicht?
b) Würde das Ziel erreicht werden, wenn der *durchschnittliche* Prozentsatz über die Jahre erhalten bliebe?
Stelle für $p = -1{,}0$ und $p = -2{,}0$ sowie für den durchschnittlichen Prozentsatz die Entwicklung in einem Diagramm – ähnlich der gegebenen Grafik – dar.
c) Berechne für die angegebenen Werte von p, welcher Anteil des CO$_2$-Ausstoßes im Jahr 2005 noch anfällt.

ANREGUNG
Versucht in Erfahrung zu bringen, welche Ursachen es für die Schwankungen gegeben hat.

p	−0,5	−1,0	−1,5	−2,0	−2,5	−3,0	−3,5	−4,0	−4,5	−5,0
Anteil in %										

Ermittle den für das Erreichen des Zieles mindestens erforderlichen Prozentsatz.
d) Laut Grafik beziehen sich die angeführten Prozentsätze jeweils auf den Vorjahresstand. Es sei nun $p^*\%$ ein Prozentsatz der sich stets auf den Wert des Jahres 1990 bezieht. Trage die zeitliche Entwicklung der CO$_2$-Emission für einen über die Jahre hin konstanten Prozentsatz $p^* = -1{,}7$ in das Diagramm aus b) ein.
Hinweis: Gemeint ist damit, dass die CO$_2$-Emission in jedem Jahr um 1,7% des Wertes von 1990 sinkt.
Welcher Zusammenhang besteht zur vorgegebenen Grafik?
e) Gib nach Möglichkeit Funktionsgleichungen an, deren zugehörige Graphen denen aus den Aufgabenteilen b) und d) entsprechen.

ANREGUNG
Ermittelt, wie die weitere Entwicklung bisher tatsächlich erfolgte.

2

Eine Ursache für viele Verkehrsunfälle ist leichtsinniges Überholen. Dabei wird oft der Überholweg falsch eingeschätzt.
Ein PKW „Golf" mit einer Länge von 4,13 m fährt mit einer Geschwindigkeit von 80 km/h, ein PKW „Opel", der 4 m lang ist, mit einer Geschwindigkeit von 60 km/h. Der Fahrer des Golfs setzt 20 m hinter dem Opel zum Überholen an, ohne seine Geschwindigkeit dabei zu verändern, und ordnet sich nach dem Überholen 30 m vor dem Opel wieder ein.

a) Veranschauliche den Überholvorgang, indem du die Weg-Zeit-Kurven der beiden Autos grafisch darstellst. Beschreibe dein Vorgehen und interpretiere deine Grafik.
b) Wie lang ist der Überholweg?
Wie lange dauert der Überholvorgang?
c) Als der Golf-Fahrer auf der Gegenfahrbahn ist, sieht er in etwa 200 m Entfernung ein entgegenkommendes Fahrzeug. Reicht die Zeit für den Überholvorgang, wenn dieses Fahrzeug wie der Opel etwa 60 km/h fährt?

3

Beim Autofahren in der Nacht muss man besonders aufmerksam sein, denn dabei entstehen häufig zusätzliche Gefahren durch plötzlichen Wildwechsel. Daher sollte nachts nur so schnell gefahren werden, dass das Fahrzeug immer in einem Bereich, der innerhalb der Sichtweite liegt, zum Stehen gebracht werden kann. Am Tage gilt dies ja erst recht.
Auf trockenen Straßen beträgt die Bremsverzögerung erfahrungsgemäß 6,4 m/s^2, eine Bremsreaktion erfolgt erst ca. 1 Sekunde nachdem das Hindernis entdeckt wurde.

a) Stelle eine Formel auf, mit deren Hilfe man den Bremsweg in Abhängigkeit von der Ausgangsgeschwindigkeit berechnen kann.
b) Stelle den Bremsvorgang grafisch dar.
c) Welche Geschwindigkeit sollte nicht überschritten werden, wenn die deutliche Sichtweite 30 m beträgt?

4

In einem hügeligen Gelände soll eine Straße mit einer Steigung von 8 % gebaut werden. Damit soll ein Höhenunterschied von 56,4 m überwunden werden.

a) Wie groß ist der Anstiegswinkel?
Wie lang ist die Straße?
b) Erstelle eine Grafik, aus der die Länge der Straße auf einer Karte in Abhängigkeit vom Kartenmaßstab abzulesen ist. Beschreibe den Kurvenverlauf durch eine Funktion.
c) PKWs, die auf der alten Straße mit einer Geschwindigkeit von ca. 50 km/h fahren durften, können auf der neuen Straße 80 km/h fahren. Beschreibe den Zeitgewinn in Abhängigkeit von der Wegstrecke.

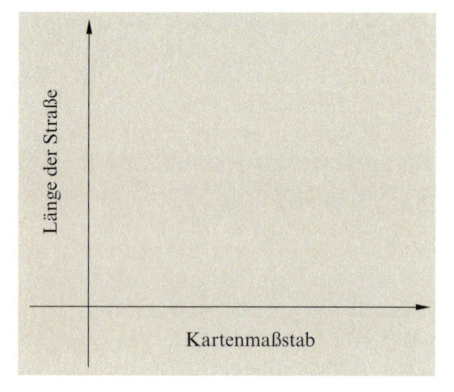

ERINNERE DICH

10 % Steigung bedeutet, dass auf einer horizontalen Strecke von 100 m ein Höhenunterschied von 10 m zu überwinden ist.

Umwelt, Transport und Verkehr

Um den Weg eines Fahrzeugs von einem Abgangsort zu einem Zielort festzulegen und diesen so schnell wie möglich zu erreichen, bedarf es besonderer Maßnahmen und Handlungen, die unter dem Begriff **„Navigation"** zusammengefasst werden. Ein wesentliches Berechnungshilfsmittel sind trigonometrische Beziehungen.

5

Ein Schiff fährt mit einer nahezu konstanten Geschwindigkeit von 18,6 Knoten Kurs rw 105,8°. In Position P peilt das Schiff ein Leuchtfeuer unter einem Winkel von rw 136,4° an. Das Leuchtfeuer wird nach einer Fahrzeit von 45 Minuten von Position P' aus genau im Südwesten angepeilt.
a) Wie groß ist die Entfernung des Schiffes zum Leuchtfeuer von jeder Position aus?
b) In welcher kürzesten Entfernung passiert das Schiff das Leuchtfeuer? Nach welcher Fahrzeit (von P aus gemessen) ist die kürzeste Entfernung zum Leuchtfeuer erreicht?

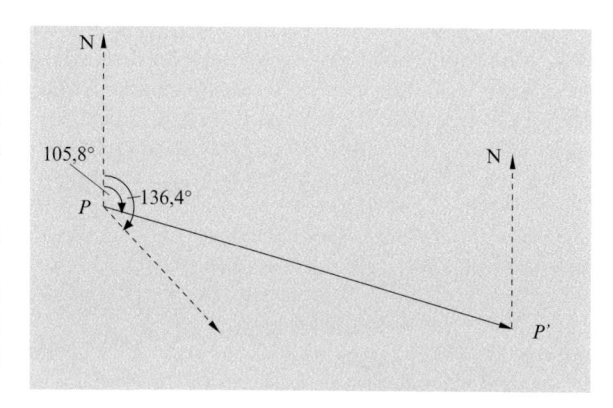

6

Zwei Kutter K_1 und K_2 sind 3,2 km voneinander entfernt.
Von K_1 aus sieht man den zweiten Kutter in Richtung N 82° O.
Kutter K_1 fährt geradlinig in Richtung N 31° O.
Der zweite Kutter fährt geradlinig in Richtung N 37° W.
Nach einer gewissen Zeit treffen sich beide Kutter.
Wie weit ist der Treffpunkt von den augenblicklichen Standorten entfernt?

HINWEISE
zu Aufgabe 5:

1 kn = 1852 m/h

rw bedeutet „rückwärts einnorden", vgl. Bild zur Aufgabe 5.

7

Ein Sanitätshubschrauber braucht vom Krankenhaus bis zum Einsatzort 5 min 5 s, wenn der Wind mit 15 km/h in Flugrichtung weht. Der Rückflug dauert bei gleichen Windverhältnissen (jetzt Gegenwind) 6 min 15 s.
Mit welcher durchschnittlichen Geschwindigkeit fliegt der Hubschrauber?

8

Ein Flugzeug fliegt von Hamburg nach Frankfurt (Main) und kehrt sofort wieder zurück. Die Entfernung für eine Strecke sei a.
Bedingung 1: Hin- und Rückflug erfolgen bei Windstille.
Bedingung 2: Hin- und Rückflug erfolgen bei einem mit konstanter Stärke in der Richtung Hamburg – Frankfurt wehenden Wind.
Unter welcher Bedingung werden der Hin- und Rückflug schneller zurückgelegt?

9

Mit einer Spezialkamera, die ein Satellit mit sich führt, werden in einer Höhe von $h = 60$ km über der Mondoberfläche Aufnahmen von der Mondoberfläche gemacht.
a) Wie groß ist die Sichtweite s in dieser Höhe?
b) Wie groß ist die Teilfläche des Mondes, die aus dieser Höhe überblickt werden kann? Der Monddurchmesser wird mit 3 476 km angegeben.

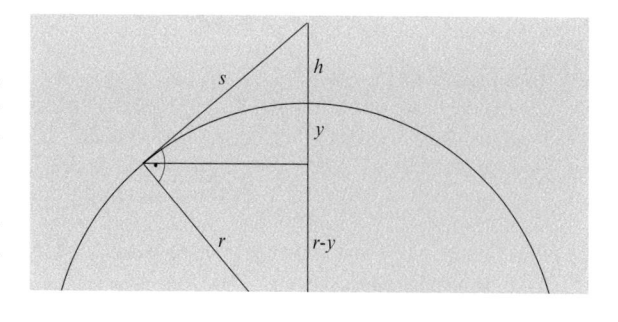

Biologie, Physik, Chemie

1

Die C-14-Methode
Die Gesetzmäßigkeit des radioaktiven Zerfalls erlaubt es, näherungsweise das Alter z. B. von historischen Knochen- und Holzfunden zu ermitteln. Verursacht durch die kosmische Strahlung wird in der Atmosphäre ständig das radioaktive Kohlenstoffisotop C-14 gebildet. Es stellt sich ein gleich bleibendes Verhältnis C-14 : C-12 ein, welches etwa $1 : (1{,}67 \cdot 10^{11})$ beträgt. Die C-14-Isotope gelangen durch Fotosynthese in lebende Pflanzen und in Tiere durch die Aufnahme pflanzlicher Nahrung. Ihre Anzahl steht demzufolge dort im gleichen Verhältnis zu den C-12-Isotopen wie in der Atmosphäre. Stirbt das Lebewesen, wird kein neues C-14 aufgenommen; durch radioaktiven Zerfall sinkt die Anzahl N der C-14-Isotope und damit auch der Anteil gegenüber den C-12-Isotopen. Die Verringerung der Anzahl N erfolgt in Abhängigkeit von der Zeit t **exponentiell**.

a) Bei einem 3 560 Jahre alten Holzfund war der Anteil der C-14-Isotope auf 65 % des anfänglich darin enthaltenen C-14-Anteils N_0 gesunken.
Ermittle anhand dieser Angabe das Zerfallsgesetz von C-14 in Abhängigkeit von der Ausgangskonzentration N_0 und der Zeit t sowie die Halbwertszeit von C-14.
Vergleiche mit einem Tabellenwert.
b) Stelle das Verhältnis C-14 : C-12 grafisch in Abhängigkeit von t dar.
c) In einem Knochenfund beträgt das Verhältnis C-14 : C-12 nur noch $1 : (12 \cdot 10^{11})$. Ermittle näherungsweise das Alter des Knochenfunds.
d) Welches Verhältnis C-14 : C-12 ist in der Mumie Ramses II. (1224 v. Chr.) zu erwarten?

> **INFORMATION**
> Als Isotope bezeichnet man die Sorten von Atomen eines chemischen Elements, die sich hinsichtlich ihrer Neutronenzahl unterscheiden.
>
> Der Kern eines Kohlenstoffatoms hat immer 6 Protonen, aber es gibt Kerne mit 6, mit 7 oder mit 8 Neutronen: Die Kohlenstoffisotope C-12 (ca. 98,9 %), C-13 (ca. 1,1 %) und C-14. Nur etwa jedes billionste Kohlenstoffatom ist ein C-14-Isotop.

2

pH-Werte und pOH-Werte
In wässrigen Lösungen spalten Säuren Wasserstoff-Ionen H^+ ab, die sich an Wassermoleküle (H_2O) anlagern und mit diesen so genannte Hydronium-Ionen H_3O^+ bilden. Der **pH-Wert** einer wässrigen Lösung ist definiert als der negative dekadische Logarithmus lg des Zahlenwertes der Hydronium-Ionenkonzentration $c(H_3O^+)$ in mol/l (siehe Randspalte).
Eine analoge Situation besteht für wässrige Lösungen von Basen. Diese spalten Hydroxid-Ionen OH^- ab. Der **pOH-Wert** einer wässrigen Lösung ist definiert als der negative dekadische Logarithmus des Zahlenwertes der Hydroxid-Ionenkonzentration $c(OH^-)$ in mol/l.
Bei allen Reaktionen in wässrigen Lösungen ist das Produkt aus den Konzentrationen der Hydronium- und der Hydroxid-Ionen bei gleicher Temperatur konstant. Dieser Wert wird mit K_W bezeichnet und heißt **Ionenprodukt des Wassers**.
Bei 22 °C gilt:

$$K_W = c(H_3O^+) \cdot c(OH^-) = 1 \cdot 10^{-14} \frac{\text{mol}^2}{\text{l}^2}.$$

Als **Ionenexponent** pK_W des Wassers bezeichnet man den negativen dekadischen Logarithmus des Zahlenwertes von K_W.
a) Wie groß ist pK_W bei einer Temperatur von 22 °C?
b) Welche Beziehung besteht zwischen den Werten pK_W, pH und pOH?
c) Wässrige Lösungen werden als neutral bezeichnet, wenn ihr pH-Wert 7 ist. Interpretiere diese Definition. Was gilt für den pOH-Wert einer neutralen Lösung? Für welche pH-Werte wird man eine wässrige Lösung als sauer, für welche als basisch bezeichnen?

> **INFORMATION**
> Ein Mol (Einheit: mol) ist die Stoffmenge, die aus ebenso vielen Einzelobjekten (i. Allg. Atomen oder Molekülen) besteht, wie Atome in 12 g des Kohlenstoffisotops C-12 enthalten sind. Diese Anzahl kann experimentell bestimmt werden. Sie entspricht dem Zahlenwert der Avogadro-Konstante $N_A = 6{,}0221367 \cdot 10^{23}\ \text{mol}^{-1}$ (Teilchen pro mol).

Biologie, Physik, Chemie

3

Schwebungen

Die Saiten eines Klaviers werden von mit Filz bespannten Hämmerchen angeschlagen. Zu jedem der höheren Töne gehören dabei zwei oder drei Saiten, die beim Anschlagen des Tones gleichzeitig von demselben Hämmerchen getroffen werden. Sind diese Saiten leicht gegeneinander verstimmt, so kommt es zu einer *Schwebung*: Der Ton klingt unrein und seine Lautstärke bleibt nicht konstant (nimmt nicht gleichmäßig ab), sondern schwankt fortwährend zwischen lauter und leiser.

a) Nehmen wir an, dass eine von zwei Saiten, die den Ton c' mit der Frequenz $f = 264$ Hz erzeugen sollen, nur mit der Frequenz $f^* = 256$ Hz schwingt.
   Ermittle die Gleichung der resultierenden Schwingung der beiden Saiten und entnimm ihr die *Schwebungsfrequenz*.

b) Überprüfe das Ergebnis, indem du mithilfe eines grafikfähigen Taschenrechners oder mithilfe eines Computers die Überlagerung grafisch darstellst.

HINWEIS

Die resultierende Schwingung wird bei einer Schwebung als Sinusschwingung aufgefasst, deren Amplitude sich langsam periodisch ändert. Für diese Änderung ist der Kosinusfaktor der Resultierenden verantwortlich; er bestimmt die Schwebungsfrequenz, das heißt die Periode der Amplitudenänderung.
Beachte zum Thema „Schwebung" auch Aufgabe 13 auf Seite 86. Vergleiche auch die Seiten 78 und 79.

4

Vererbungslehre: Die Mendel'schen Gesetze

Gregor Johann Mendel (1822–1884) führte jahrelange Versuche zur Vererbung von Merkmalsanlagen bei Pflanzen durch, unter anderem zur Samenfarbe von Gartenerbsen.

Das für die Farbe zuständige Gen tritt in zwei Formen, so genannten *Allelen*, auf: eines („A") für die Samenfarbe Gelb und eines („a") für die Samenfarbe grün. In jeder Körperzelle befinden sich immer zwei Kopien eines Gens, die aber aus unterschiedlichen Allelen bestehen können. Pflanzen mit den Genotypen AA und Aa haben gelbe Samen, weil das Gen A dominant (bestimmend) ist. (Die Typen Aa und aA sind nicht unterscheidbar.)

Bei der Fortpflanzung gibt jedes Elternteil unabhängig vom anderen Elternteil mit gleicher Wahrscheinlichkeit ein Gen seines Genpaares an den Nachkommen weiter. Kreuzt man reinerbige Pflanzen vom Genotyp AA mit solchen vom Genotyp aa, so hat der Nachkomme den Genotyp Aa **(1. Mendel'sches Gesetz)**. Kreuzt man dagegen mischerbige Eltern Aa, so ist der Genotyp des Nachkommens zufällig **(2. Mendel'sches Gesetz)**.

Mendel führte unter anderm folgenden Versuch durch: Er sortierte Samen von Gartenerbsen nach ihren Genotypen und zog durch Kreuzung der reinerbigen Typen AA und aa eine Generation von ausschließlich mischerbigen Pflanzen des Genotyps Aa.

a) Welche Farbe hatten die Samen aller Pflanzen dieser ersten Generation? Begründe deine Antwort.

b) In welchem Verhältnis mussten nach Mendels Theorie die drei Genotypen AA, Aa und aa in der zweiten Generation (d.h. unter den Nachkommen des ausschließlich mischerbigen Bestandes) auftreten?
   Wie groß war in dieser zweiten Generation die Wahrscheinlichkeit für die Samenfarbe Gelb?

c) Betrachte die Untersuchung der Samen der Pflanzen aus der zweiten Generation als Bernoulliexperiment mit den möglichen Ausgängen „gelb" und „grün". Mendel untersuchte 8023 Samen von 258 Pflanzen.
   Wie groß ist der Erwartungswert für gelbe Samen, wenn Mendels Theorie richtig ist?

d) Mendel beobachtete tatsächlich 6022 gelbe Samen. Passt dieser Wert zu Mendels Theorie? Wie groß ist die Wahrscheinlichkeit dafür, bei den genannten Versuchsbedingungen unter 8023 Samen genau 6022 gelbe zu finden?
   Schreibe zur Beantwortung der letzten Frage einen Term auf. Warum ist es problematisch, diesen Term auszurechnen?

AUFGABE

Informiert euch, welche Lösungen in der Stochastik für derartige Probleme entwickelt worden sind.

5

Wärmeausdehnung

Die meisten festen Körper dehnen sich bei Erwärmung in alle Richtungen gleichmäßig aus. Deshalb verhalten sich die zu verschiedenen Temperaturen gehörigen Volumina dieser Körper wie die dritten Potenzen der entsprechenden Längen.
Für die Ausdehnung eines festen Körpers vom Volumen V gilt:

$$V_T = V_0 (1 + \alpha \cdot T)^3 = V_0 (1 + 3\alpha \cdot T + 3\alpha^2 \cdot T^2 + \alpha^3 \cdot T^3)$$

Dabei ist V_0 das Volumen bei der Temperatur $0\,°C$ und V_T das Volumen nach einer Erwärmung auf T Grad [grd]. Der Wert α ist eine stoffabhängige Konstante, der *lineare Ausdehnungskoeffizient*.

a) Die Tabelle gibt die linearen Ausdehnungskoeffizienten einiger Stoffe an.

Stoff	Aluminium	Diamant	Eisen	Zink
α [grd^{-1}]	0,000 023	10^{-6}	$1,2 \cdot 10^{-5}$	$3,6 \cdot 10^{-5}$

Stelle mithilfe eines grafikfähigen Taschenrechners den Graphen der Funktion $V = V(T)$ *für Eisen* in einem repräsentativen Bereich dar, das heißt in einem Bereich, wo der Graph den Charakter einer kubischen Parabel deutlich erkennen lässt. Wähle dazu $V_0 = 10\,000$ [mm^3] und einen Temperaturbereich um $-80\,000\,°C$ bei einer Schrittweite von $2\,000\,°C$. Die Schrittweite für das Volumen (auf der y-Achse) betrage 2000 mm^3.

b) Stelle den Graphen von $V = V(T)$ *für Eisen* in einem Temperaturbereich dar, der für die Praxis relevant ist.

c) Begründe anhand des Graphen aus b), dass die Näherung $V_T \approx V_0 (1 + 3\alpha \cdot T)$ gerechtfertigt ist.
Rechtfertige diese Näherung auch in Bezug auf die obige Funktionsgleichung von $V_T = V(T)$ und die Größenordnung von α.

d) Entscheide, ob auch für die anderen in der Tabelle aufgeführten Stoffe die Näherung $V_T \approx V_0 (1 + 3\alpha \cdot T)$ in den relevanten Temperaturbereichen akzeptabel ist, und stelle auch für diese Stoffe die Volumenausdehnung in Abhängigkeit von der Temperatur T dar. Wähle ein geeignetes Ausgangsvolumen V_0 und verwende einen grafikfähigen Taschenrechner.

HINWEIS

In Physikbüchern wird statt T meist ΔT geschrieben, weil es sich ja tatsächlich um eine Temperatur*differenz* handelt. Da wir uns auf eine Ausgangstemperatur von $0\,°C$ beziehen, entspricht eine Erwärmung auf $T\,°C$ jedoch einer Temperaturänderung von $\Delta T = T$ Grad.

BEACHTE

Bei Aufgabe 5 soll mit dem GTR *experimentiert* werden.

Negative Temperaturen in der bei a) genannten Größenordnung sind in der Realität unmöglich.

Wähle bei Teil b) für die Temperatur eine Schrittweite von 200 °C und für das Volumen eine Schrittweite von 100 mm^3. Überlege vorher, welche Bereiche für Volumen und Temperatur relevant sind.

6

Bevölkerungswachstum

Die Weltbevölkerung wurde im Jahre 1992 auf etwa 5,479 Mrd. Menschen geschätzt. Unter der durch Beobachtung und statistische Auswertungen begründeten Annahme einer jährlichen Zuwachsrate von 1,73 % konnte man die Entwicklung der Weltbevölkerung für die nächsten Jahre vorhersagen.

a) Stelle eine Formel auf, nach der die Bevölkerungszahlen der nächsten Jahre unter der genannten Annahme berechnet werden können.
Berechne nach dieser Formel die Weltbevölkerung für die Jahre 1996, 1998, 2000 und für das laufende Kalenderjahr.
Recherchiere die tatsächlichen Daten für diese Jahre. Vergleiche mit den von dir berechneten Werten und erläutere die Abweichungen.

b) Mit der in a) verwendeten Formel kann man – zumindest rein rechnerisch – auch auf die Weltbevölkerung in den Jahren vor 1992 zurückschließen.
Berechne diese Zahlen für einige Jahre und vergleiche mit den tatsächlichen Daten. Kommentiere die Unterschiede auch im Vergleich zu Aufgabenteil a).

Denksport

1

Zur Ermittlung des größten gemeinsamen Teilers ggT(a, b) zweier natürlicher Zahlen a und b kann man den *Euklidischen Algorithmus* verwenden:
Sei $a < b$. Man führt zunächst eine Division mit Rest aus:
$b = n_1 \cdot a + r_1$ mit $n_1 \in \mathbb{N}$ und $r_1 \in \mathbb{N}_0$ und $r_1 < a$.
Als nächstes führt man eine Division mit Rest mit den Zahlen r_1 und a aus:
$a = n_2 \cdot r_1 + r_2$ mit $n_2 \in \mathbb{N}$ und $r_2 \in \mathbb{N}_0$ und $r_2 < r_1$.
Der dritte Schritt ist eine Division mit Rest mit den Zahlen r_2 und r_1:
$r_1 = n_3 \cdot r_2 + r_3$ mit $n_3 \in \mathbb{N}$ und $r_3 \in \mathbb{N}_0$ und $r_3 < r_2$.
Das Verfahren wird so lange fortgesetzt, bis die Division aufgeht; das heißt, die letzten beiden Schritte sehen so aus:
$r_{k-1} = n_{k+1} \cdot r_k + r_{k+1}$ mit $n_{k+1} \in \mathbb{N}$ und $r_{k+1} \in \mathbb{N}_0$ und $r_{k+1} < r_k$
$r_k = n_{k+2} \cdot r_{k+1}$
Dann ist ggT(a, b) = r_{k+1}.
a) Berechne mit dem Euklidischen Algorithmus:
 ggT(84; 147); ggT(663; 255); ggT(89; 144)
b) Begründe den Euklidischen Algorithmus in zwei Schritten:
 (1) Begründe: Der Euklidische Algorithmus bricht stets nach endlich vielen Schritten ab.
 (2) Zeige, dass gilt:
 ggT(a, b) = ggT(a, r_1) = ggT(r_1, r_2) = ... = ggT(r_k, r_{k+1}) = r_{k+1}
c) Mache dir klar, dass der Euklidische Algorithmus durch „schrittweises Rückwärtseinsetzen" einen Beweis der folgenden Aussage liefert:
 Zu zwei beliebigen natürlichen Zahlen a und b existieren stets ganze Zahlen m und n, sodass gilt: ggT(a, b) = $m \cdot a + n \cdot b$.
 Gib für jedes der drei Beispiele aus a) entsprechende ganze Zahlen m und n an.
d) Es ist ggT(5; 7) = 1. Also gibt es ganze Zahlen m und n, für die gilt:
 $1 = 5m + 7n$.
 Gib Zahlen m und n an, welche die Gleichung erfüllen.
 Zeige, dass es unendlich viele Lösungen dieser Gleichung gibt, und gib sie in allgemeiner Form an.

2

Zeige, dass die Differenz der beiden Funktionen
$f(x) = (\sin x)^2$ und $g(x) = \frac{1}{2} \sin\left(2x - \frac{\pi}{2}\right) + \frac{1}{2}$ konstant ist.
Drücke aufgrund dieses Ergebnisses f durch g aus.

3

Nur mit Zirkel und Lineal!
Aus einer Strecke der Länge a soll nur unter Verwendung von Zirkel und Lineal eine Strecke der Länge $a\sqrt{19}$ konstruiert werden.

4

Das Volumen eines Würfels sei so groß wie das Volumen eines 10 cm hohen Kreiszylinders, und der Oberflächeninhalt des Würfels sei so groß wie die Mantelfläche desselben Zylinders.
Berechne Volumen und Oberflächeninhalt des Würfels und des Zylinders.

5

a) Für die vier abgebildeten Körper gelte: Die Volumina des Würfels, des Zylinders und der Pyramide sind gleich und ihrem Zahlenwerte nach genau so groß wie der Oberflächeninhalt der Kugel.
Ist das möglich? Begründe deine Antwort und berechne gegebenenfalls a, h und r.

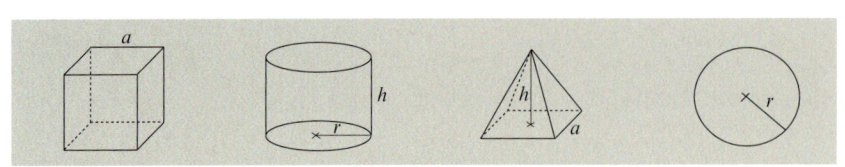

b) Die Volumina aller vier Körper sollen übereinstimmen.
Ist das möglich? Begründe deine Antwort und berechne gegebenenfalls a, h und r.

6

Ludmilla sagt: „Um die Gleichung $e^x = x^2$ zu lösen, kann ich die Graphen von $y = e^x$ und $y = x^2$ zeichnen und die Koordinaten des Schnittpunktes ablesen. Genauso gut kann ich die Gleichung erst umformen zu $x = 2 \ln x$ und den Schnittpunkt der Graphen von $y = x$ und $y = 2 \ln x$ ablesen. Aber diese beiden Graphen haben gar keinen Schnittpunkt! Bestimmt habe ich sie falsch gezeichnet!"

a) Erkläre den scheinbaren Widerspruch.
b) Löse die Gleichung grafisch mithilfe eines grafikfähigen Taschenrechners.

7

Gegeben sei der Kreis k mit dem Mittelpunkt $(0|0)$ und dem Radius $r = 3$ cm.

a) Berechne die Koordinaten der Schnittpunkte des Kreises k mit dem Graphen der Funktion $f(x) = -x^2 + 5{,}25$.

b) Beschreibe das Viereck, dessen Eckpunkte die Schnittpunkte der Parabel f und des Kreises k sind. Berechne seinen Flächeninhalt.

c) Wähle eine beliebige Diagonale in dem Viereck aus. Diese Diagonale zerschneidet den Kreis k in zwei Teile. Berechne den Flächeninhalt jedes dieser beiden Stücke.

d) Gegeben seien die Funktionen f_a mit $f_a(x) = -x^2 + a$ und dem Parameter $a \in \mathbb{R}$.
Zeichne den Graphen der Funktion
$a \to$ Anzahl der Schnittpunkte des Graphen von f_a mit dem Kreis k.
Skizziere jeweils die geometrische Situation (Kreis und Parabel).

8

Geometrische Wahrscheinlichkeiten
Betrachte folgende Ereignisse:
A: Ein zufällig aus dem Intervall $I = [0; 1]$ ausgewählter Punkt liegt in dem Teilintervall $J = \left[\frac{1}{3}; \frac{2}{3}\right] \subset I$.
B: Ein zufällig aus dem Kreis k mit $r = 2$ cm und $M(0|0)$ ausgewählter Punkt liegt innerhalb des Kreises um M mit dem Radius 1 cm.

a) Welche Wahrscheinlichkeiten kann man diesen Ereignissen zuschreiben? Erläutere und begründe deine Berechnungsmethode.

b) Verallgemeinere dein Resultat aus a). (Zum Beispiel: Welche Wahrscheinlichkeit hat das Ereignis, dass ein zufällig ausgewählter Punkt eines Intervalls (einer Kurve, einer Fläche) in einem bestimmten Teil dieses Intervalls (dieser Kurve, dieser Fläche) liegt?)

Denksport

9

a) Zeichne einen (nicht zu kleinen) Kreis mit dem Radius *r* und markiere auf der Kreislinie einen Punkt Z. Wähle nun *zufällig* einen weiteren Punkt Q der Kreislinie aus.
(*Hinweis:* Zeichne mit verbundenen Augen mit einem Bleistift einen Strich auf dem Blatt Papier und wähle einen der Schnittpunkte mit dem Kreis. Falls der Strich den Kreis nicht trifft, probiere einfach noch mal.)
Wiederhole dieses Experiment 30-mal und notiere jedesmal, ob die Sehne $\overline{QZ}$ des Kreises länger ist als die Seite eines dem Kreis einbeschriebenen gleichseitigen Dreiecks.
Welche Wahrscheinlichkeit für dieses Ereignis vermutest du aufgrund deiner Versuchsserie?

b) Berechne die Wahrscheinlichkeit p dafür, dass die Sehne $\overline{QZ}$ des Kreises länger ist als die Seite eines dem Kreis einbeschriebenen gleichseitigen Dreiecks.

c) Wie groß ist der Erwartungswert für die Anzahl der Sehnen, die länger als die Dreiecksseite sind, wenn 30 Sehnen $\overline{QZ}$ zufällig eingezeichnet werden?

d) Berechne die Wahrscheinlichkeit dafür, dass gerade das von dir tatsächlich beobachtete Ergebnis der Versuchsserie eintritt.

> **TIPP**
> Berücksichtige bei Aufgabe 9 b) auch deine Überlegungen aus Aufgabe 8.

10

Hannes möchte mithilfe seiner Eltern und Großeltern ein neues Fahrrad finanzieren. Es kostet 436 Euro.
Hannes hat bereits 64 Euro gespart. Zum Geburtstag erhält er einen Gutschein, mit dem zwei Drittel des Preises bezahlt werden. Den Rest will er von seinem Taschengeld sparen, er legt jede Woche 4 Euro zurück.
In 3 Monaten (13 Wochen) wird der Preis des Fahrrades um 25% ermäßigt, so lange will er warten.

a) Wann kann sich Hannes frühestens das Fahrrad kaufen?
Hat er nach dem Kauf noch Geld übrig?

b) Der Reifendurchmesser wird bei Fahrrädern in Zoll angegeben.
Wie viele Umdrehungen macht ein 28-Zoll-Reifen auf einer Strecke von 2 km? Vergleiche die Anzahl der Umdrehungen auf gleicher Strecke mit einem 26-Zoll-Reifen.

c) Hannes hat sich vorgenommen, mit dem neuen Rad gleich eine Tour zu seinen Großeltern zu unternehmen, die 30 km entfernt wohnen. Er geht davon aus, dass er in einer Stunde 20 km zurücklegt.
Wann wird er wieder zu Hause sein, wenn er 3 Stunden bei seinen Großeltern bleibt?

d) Hannes will gemeinsam mit seinem Freund Felix fahren. Leider verfehlen sich beide. Hannes fährt um 15.00 Uhr los und erreicht eine Durchschnittsgeschwindigkeit von 16 km/h. Felix startet um 15.30 Uhr mit einer Durchschnittsgeschwindigkeit von 24 km/h.
Wann hat Felix Hannes eingeholt?

11

Ein Kreis k mit dem Mittelpunkt M habe einen Durchmesser von 2 cm.
Die Punkte A, B, C, D, E und F teilen den Kreisumfang in sechs gleiche Kreisbögen.
Berechne den Flächeninhalt des markierten Kreises.

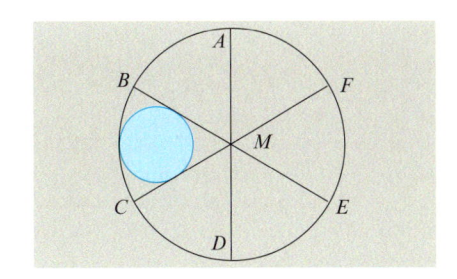

Die Türme von Hanoi

Gegen Ende des 19. Jahrhunderts wurde in der Zeitschrift *La Nature* von dem französischen Mathematiker De Parville eine Legende überliefert:

Im großen Tempel von Benares unter der Kuppel, die das Zentrum der Welt markierte, liegt eine Messingplatte, in die drei Diamantnadeln eingelassen sind, jede eine Elle hoch und so dick wie der Körper einer Biene.

Bei der Schöpfung legte der Gott Brahma auf eine dieser Nadeln 64 Scheiben aus purem Gold, wobei die größte Scheibe auf der Messingplatte lag und die anderen kleiner und kleiner wurden bis zur obersten.

Diese Scheiben sollten nun ununterbrochen nach festen Regeln so bewegt werden, dass irgendwann alle 64 Scheiben in der gleichen Reihenfolge wie zur Schöpfung auf einer anderen Diamantnadel lagen. Dabei durfte stets nur eine Scheibe gleichzeitig bewegt werden und niemals durfte eine größere Scheibe auf einer kleineren liegen. Wenn dies eines Tages geschafft sei, so Brahma, wird das Ende der Welt gekommen sein. Kann dies nach dieser Legende denn überhaupt eintreten?

Heutzutage kennt man dieses Problem unter dem Namen „Die Türme von Hanoi".

1

Hier noch einmal die Umlegeregeln für die Türme von Hanoi:
1. Es darf immer nur eine Scheibe bewegt werden.
2. Von einem Turm darf nur jeweils die oberste Scheibe genommen werden.
3. Es darf nie eine größere Scheibe über einer kleineren liegen.

Führe die Problemlösung für 3, 4 bzw. 5 Scheiben praktisch durch. Benutze dazu beispielsweise verschiedene Münzen. Wie viele Schritte benötigt man jeweils, um die Scheiben auf eine andere Stelle aufzustapeln?

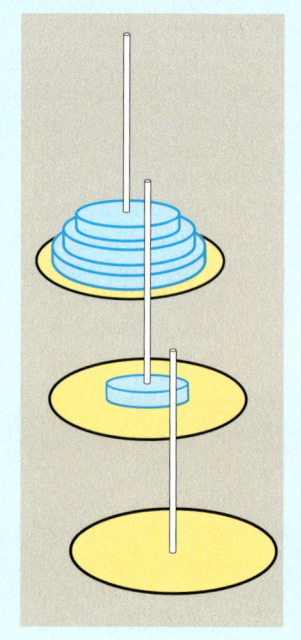

Die Türme von Hanoi

Du hast gesehen, dass das Problem der Türme von Hanoi für 3, 4 und 5 Scheiben gelöst werden kann.
Man kann aber sogar zeigen, dass das Problem für jede Anzahl von Scheiben gelöst werden kann. Dies kann man mithilfe der vollständigen Induktion beweisen:

> *Behauptung:*
> Für jede Anzahl n von Scheiben kann das Problem der Türme von Hanoi gelöst werden, d.h. n Scheiben können gemäß der vorgeschriebenen Regeln von Position 1 nach Position 2 umgelegt werden.
>
> *Beweis:* (durch vollständige Induktion)
> **zu (1):**
> Eine Scheibe kann nach den Regeln umgelegt werden. (Das ist wahr.)
> **zu (2):**
> Wir gehen davon aus, dass n Scheiben gemäß den Regeln umgelegt werden können. Daraus muss nun geschlossen werden, dass auch $n + 1$ Scheiben gemäß den Regeln umgelegt werden können.
> Das ist aber einfach zu überlegen; es müssen nur drei Aktionen ausgeführt werden:
> 1. Wir legen die n obersten Scheiben eines $(n + 1)$-Turmes von Position 1 nach Position 3 (Von dieser Möglichkeit sind wir ausgegangen.)
> 2. Die $(n + 1)$-te Scheibe, also die unterste (größte) Scheibe legen wir von Position 1 nach Position 2.
> 3. Da das Problem für n Scheiben als gelöst angesehen werden kann, kann jetzt der Turm mit n Scheiben von der Position 3 auf die Position 2 gelegt werden.

ZUR INFORMATION
Das Prinzip eines Beweises mit vollständiger Induktion besagt Folgendes:
Wenn eine Aussageform über natürliche Zahlen für eine natürliche Zahl n_0 (z. B. $n_0 = 1$) gilt und wenn man zeigen kann, dass sie immer dann, wenn sie für eine nat. Zahl n gilt auch für $(n + 1)$ richtig ist, so ist die Aussageform für alle nat. Zahlen (ab n_0) gültig.

2

a) Beweise, dass die Anzahl der Züge für den Umbau eines Turmes der Größe n gleich $2^n - 1$ ist.
b) Wie lange dauert es, um den Turm in der Legende mit den 64 Scheiben umzulegen, wenn für jeden Transport einer Scheibe nur eine Sekunde gebraucht wird?

HINWEIS
Das Alter der Erde beträgt ungefähr 5 Milliarden Jahre, das Alter des Universums ungefähr 15 Milliarden Jahre.

3

a) Folgendes Programm beschreibt den Umlegealgorithmus für „die Türme von Hanoi". Versuche, die einzelnen Programmschritte zu erläutern.
```
PROCEDURE Bewege_Turm(n: Integer; Pos1, Pos2, Pos3: Char);
BEGIN
  Wenn n=1 Dann Schreibe(Pos1,' nach',Pos2)
  Sonst
  BEGIN
    Bewege_Turm(n-1, Pos1, Pos3, Pos2);
    Schreibe(Pos1,' nach',Pos2);
    Bewege_Turm(n-1, Pos3, Pos2, Pos1)
  END
END.
```
b) Was ist an dem folgenden Algorithmus falsch?
Ziehe die oberste Scheibe von Pos1 nach Pos2.
Ziehe den restlichen Turm aus $n-1$ Scheiben mithilfe eines rekursiven Aufrufs von Pos1 nach Pos3.
Ziehe die oberste Scheibe von Pos2 nach Pos3.

ANREGUNG
(1) Schreibe mithilfe einer dir zur Verfügung stehenden Computersoftware bzw. mit einem programmierbaren Taschenrechner ein entsprechendes Programm.
(2) Stelle einzelne Umlegeschritte grafisch dar.
(3) Stelle die Zuordnung „Anzahl der Scheiben → Anzahl der Schritte" grafisch dar.

Zuverlässigkeit

Technische Systeme wie Stereoanlagen, Waschmaschinen, Lichterketten am Weihnachtsbaum, Kraftwerke usw. können ausfallen. Die Wahrscheinlichkeit, innerhalb einer fixierten Zeit nicht auszufallen, bezeichnet man als **Zuverlässigkeit** des Systems. Ein System besteht aus Bauelementen. Die Zuverlässigkeit der Bauelemente lässt sich durch wiederholte Beobachtungen leichter schätzen als die Zuverlässigkeit eines (komplizierten) Systems. Deshalb ist es interessant, wie man aus der Zuverlässigkeit der Bauelemente die Zuverlässigkeit ganzer Systeme *ausrechnen* kann. *Vereinfachend* nehmen wir an, dass die Bauelemente unabhängig voneinander arbeiten.

> **NACHGEDACHT**
> Unabhängigkeit der Arbeit der Bauelemente bedeutet, dass der Ausfall eines oder mehrerer Bauelemente keinen Einfluss auf die Chancen für den Ausfall oder Nichtausfall der übrigen Bauelemente hat. Überlege, ob diese Annahme im Allgemeinen gerechtfertigt ist. Fallen dir Gegenbeispiele ein?

1

Eine **Reihenschaltung** von n Bauelementen arbeitet nur dann, wenn alle n Bauelemente arbeiten.
a) Gib unter der Annahme, dass die Bauelemente unabhängig voneinander arbeiten, eine Formel für die Zuverlässigkeit p_{Reihe} einer Reihenschaltung an, deren einzelne Bauelemente die Zuverlässigkeiten $p_1, p_2, \ldots, p_n$ haben.
b) Wie groß ist die Zuverlässigkeit (bezogen auf eine Woche) einer Weihnachtslichterkette aus 24 Lampen, in der jede Lampe mit der Wahrscheinlichkeit 0,001 innerhalb einer Woche ausfällt? (Kurzschlüsse werden ausgeschlossen.)

2

Eine **Parallelschaltung** von n Bauelementen arbeitet, wenn noch mindestens ein Bauelement arbeitet.
a) Beschreibe das Gegenereignis zum Ereignis „Die Parallelschaltung arbeitet." durch das Verhalten der Bauelemente. Begründe, dass für die Zuverlässigkeit $p_{Parallel}$ einer Parallelschaltung gilt: $p_{Parallel} = 1 - (1 - p_1) \cdot (1 - p_2) \cdot \ldots \cdot (1 - p_n)$. Dabei sei p_i die Zuverlässigkeit des i-ten Bauelementes.
b) Ein System bestehe aus den Bauelementen 1 und 2, die parallel geschaltet sind. Beide mögen die Zuverlässigkeit 0,8 besitzen. Wie groß ist die Zuverlässigkeit des Systems?

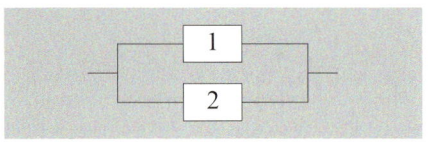

> **AUFGABE**
> Begründe: Die Zuverlässigkeit einer Parallelschaltung ist mindestens so groß wie die Zuverlässigkeit ihres „besten" (zuverlässigsten) Elements.

3

Es sollen 5 Bauelemente parallel geschaltet werden. Die Zuverlässigkeit des Systems soll 0,99 betragen. Welche Zuverlässigkeit müssen die Bauelemente haben?

4

In einer Reihenschaltung besitze das Bauelement 1 die Zuverlässigkeit 0,8 und das Bauelement 2 die Zuverlässigkeit 0,7. Da die Zuverlässigkeit von 0,56 für das System nicht ausreicht, wird jedes Bauelement durch ein gleichartiges doubliert (vgl. Bild). Die Bauelemente 1 und 3 sowie 2 und 4 werden zu je einem Teilsystem zusammengefasst.
a) Berechne die Zuverlässigkeiten der beiden Teilsysteme und des Gesamtsystems. Um wie viel Prozent hat sich die Zuverlässigkeit gegenüber dem ursprünglichen System durch das Doublieren erhöht?
b) Untersuche, um wie viel Prozent sich die Zuverlässigkeit erhöhen würde, wenn man nicht die einzelnen Bauelemente, sondern die ganze Reihenschaltung durch eine gleichartige doublieren würde.

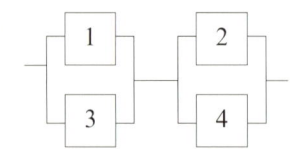

Ausgewählte Lösungen

KAPITEL „POTENZFUNKTIONEN"

S. 11: **5** *Vor*: $f(x) = x^n$; $n \in \mathbb{N}$; n ungerade
Beh: Der Graph von f ist punktsymmetrisch zum Ursprung: $f(-x) = -f(x)$ für alle $x \in D_f$
Bew: $f(-x) = (-x)^n = ((-1)\,x)^n = (-1)^n \cdot x^n = -x^n = -f(x)$, da $(-1)^n = -1$ für ungerades n.

S. 12: **9 a)** Aus $f(2) = 2^n = 16$ folgt $n = 4$; also: $f(x) = x^4$. **b)** $f(x) = x^2$ **c)** $f(x) = x^3$ **d)** $f(x) = x^5$
11 a) Potenzfunktionen f mit $f(x) = x^n$ und $n \in \mathbb{N}$, $n > 1$ sind nur für ungerade n monoton steigend.
Durch Ausprobieren findet man $4^7 > 10\,000$. Lösung sind also nur $f_1(x) = x^3$ und $f_2(x) = x^5$.

S. 14: **18 a)** $f(x) = x^{-3}$ **b)** $f(x) = x^{-2}$ **c)** $f(x) = x^{-5}$ **d)** $f(x) = x^{-4}$ **f)** $f(x) = x^{-4}$
19 a) Nur die Funktionen f_1 und f_2 mit $f_1(x) = x^{-1}$ und $f_2(x) = x^{-3}$ erfüllen die Bedingungen von a).

S. 17: **1** $2\,K_0 = K_0 \cdot \left(1 + \frac{p}{100}\right)^{11} \Rightarrow p = 100 \cdot \left(\sqrt[11]{2} - 1\right) \approx 6{,}5$; erforderlicher Mindestzinssatz: 6,5 %

S. 18: **4 a)** Der Funktionsgraph wird für gerades n von gewissen Parallelen zur x-Achse zweimal geschnitten, für ungerades n aber von jeder Parallelen zur x-Achse genau einmal geschnitten.
b) $f(x) = x^n$ ist für gerades n auf den Bereichen $x \leq 0$ und $x \geq 0$ umkehrbar.

S. 19: **7 b)** f^* mit $f^*(x) = x^6$ und $x \geq 0$

e) f^* mit $f^*(x) = \begin{cases} \frac{3}{2} \cdot \sqrt[3]{x} = \frac{3}{2} \cdot x^{\frac{1}{3}} & \text{für } x \geq 0 \\ -\frac{3}{2} \cdot \sqrt[3]{|x|} = -\frac{3}{2} \cdot |x|^{\frac{1}{3}} & \text{für } x < 0 \end{cases}$

9 c) f^* mit $f^*(x) = \sqrt[3]{16\,x^4}$ und $x \geq 0$ **d)** f^* mit $f^*(x) = -\frac{1}{2}x^3$ und $x \geq 0$

KAPITEL „EXPONENTIAL- UND LOGARITHMUSFUNKTIONEN"

S. 29: **2 a)** Am folgenden Tag ist der Bestand auf 132,25 % des Bestandes vom Vortag angewachsen.

t in d	0	1	2	3	4	...	20
Bestand in %	100	115	132,25	152,1	$1{,}15^4 \cdot 100$		$1{,}15^{20} \cdot 100$

d) $N(t) = N_0 \cdot 1{,}15^t$

S. 31: **13** $f_5(x) = \left(\frac{2}{3}\right)^x$; $f_6(x) = \left(\frac{5}{9}\right)^x$; $f_7(x) = 0{,}4^x$; $f_8(x) = (\sqrt{2})^x$

S. 32: **15 a)** $f(x) = 7^x$ **b)** $f(x) = 0{,}2^x$ **c)** $f(x) = 4^x$ **d)** $f(x) = 0{,}1^x$ **e)** $f(x) = (\sqrt{2})^x$

S. 34: **25**

	f_1	f_2	f_3	f_4
a)	$1 < a$	$1 < a$	$0 < a < 1$	$1 < a$
b)	$c > 0$	$c < 0$	$c > 0$	$c < 0$
c)	$|c| > 1$	$|c| > 1$	$|c| > 1$	$|c| < 1$

S. 35: **28 a)** $f(x) = 3 \cdot 2^x$ **b)** $f(x) = 2 \cdot 3^x$ **c)** $f(x) = 4 \cdot 0{,}5^x$
S. 39: **13 a)** $f(x) = \log_3 x$ **b)** $f(x) = \log_2 x$ **c)** $f(x) = \lg x$
S. 41: **4 a)** $x = 2$ **b)** $x \approx 2{,}29$ **c)** $x \approx 0{,}34$ **d)** $x \approx 43{,}44$ **e)** $x \approx -11{,}63$
5 a) $x \approx 4{,}98$ **b)** $x \approx -0{,}41$ **c)** $x \approx -0{,}198$ **d)** $x \approx 11{,}98$ **e)** $x \approx 15{,}07$
S. 43: **6 a)** effektiver Jahreszins: $\approx 9{,}2\,\%$ **b)** effektiver Jahreszins: $\approx 9{,}7\,\%$
S. 47: **19 b)** $a \approx 1{,}83$ **c)** $\approx 5{,}4$ mg **d)** nach ca. 16,7 h (jeweils für $a = 1{,}83$)

KAPITEL „WINKELFUNKTIONEN"

S. 54: **3 a)** nach 9 s, 18 s, 27 s, …;
das nächste Mal ist die Gondel nach 72 s wieder an demselben Punkt, das übernächste Mal nach 144 s etc.
  b) 12 s: 60°; 34 s: 170°; 60 s: 300°; 90 s: 450°; 3 min: 900°
  c) 2 s: 350°; 10 s: 310°; 68 s: 20°; 2 min: 120°
  (Der tiefste Punkt wird bereits nach 48 s erreicht, nach 2 min aber ein zweites Mal.)

S. 58: **3 a)** 60°; 240°; 360°; 540°
  b) Turmuhr: ≈ 9,42 m (≈ 79 cm); Armbanduhr: ≈ 6,28 cm (≈ 52 mm)
  c) Minutenzeiger: in 25 min: ≈ 3,93 m; in 40 min: ≈ 6,28 m; in 2,5 h: ≈ 23,55 m
  Stundenzeiger: in 25 min: ≈ 0,26 m; in 40 min: ≈ 0,42 m; in 2,5 h: ≈ 1,57 m

S. 59: **8 a)** 18° **b)** 36° **c)** 45° **d)** 150° **e)** 120° **f)** 54° **g)** 720° **h)** ≈ 57,3°

S. 61: **5 a)** $\sin(180° + \alpha) = -\sin\alpha$ **b)** $\sin(180° - \alpha) = \sin\alpha$ **c)** $\sin(-\alpha) = -\sin\alpha$

S. 62: **13 a)** $L = \left\{\frac{\pi}{3} + k \cdot 2\pi \,\big|\, k \in \mathbb{Z}\right\} \cup \left\{\frac{2\pi}{3} + k \cdot 2\pi \,\big|\, k \in \mathbb{Z}\right\}$ **b)** $L = \left\{\frac{3\pi}{2} + k \cdot 2\pi \,\big|\, k \in \mathbb{Z}\right\}$

S. 65: **6 a)** $\cos(\pi + x) = -\cos x$ **c)** $\cos(-x) = \cos x$ **h)** $-\cos(2\pi - x) = -\cos x$

  12 a) $L = \left\{\frac{\pi}{6} + k \cdot 2\pi \,\big|\, k \in \mathbb{Z}\right\} \cup \left\{-\frac{\pi}{6} + k \cdot 2\pi \,\big|\, k \in \mathbb{Z}\right\}$ **b)** $L = \left\{\pi + k \cdot 2\pi \,\big|\, k \in \mathbb{Z}\right\}$

S. 68: **8 a)** $\tan(180° + \alpha) = \tan\alpha$ **b)** $\tan(180° - \alpha) = -\tan\alpha$ **c)** $\tan(-\alpha) = -\tan\alpha$

S. 69: **11 a)** $\tan x = 1 \Leftrightarrow \sin x = \cos x \Rightarrow L \{= 45° + k \cdot 180° \,|\, k \in \mathbb{Z}\}$ bzw. $L = \left\{\frac{\pi}{4} + k\pi \,\big|\, k \in \mathbb{Z}\right\}$

S. 74: **10** schwarz: $f(x) = \sin\left(\frac{\pi}{2}x\right)$; grün: $g(x) = \sin(2\pi x)$; rot: $h(x) = \sin\left(\frac{\pi}{4}x\right)$

S. 75: **15 a)** Amplitude: $a = 1$; kleinste Periode: $\frac{2\pi}{5}$; kleinste positive Nullstelle: $\frac{\pi}{5}$

S. 77: **7 a)** ≈ 36,87° **b)** ≈ 32,91°

S. 78: **2 a)** blau: $f(x) = \sin(2x)$; rot: $g(x) = \sin x$; grün: $h(x) = f(x) + g(x) = \sin(2x) + \sin x = \sin x (2\cos x + 1)$
  b) gemeinsame Nullstellen von f und g und h: $k \cdot \pi$; $k \in \mathbb{Z}$; die kleinste Periode von h ist 2π

S. 82: **2 a)** $x = (2k - 1) \cdot \pi \, (k \in \mathbb{Z})$ **b)** $L = \left\{\frac{7\pi}{12} + k \cdot 2\pi \,\big|\, k \in \mathbb{Z}\right\} \cup \left\{\frac{11\pi}{12} + k \cdot 2\pi \,\big|\, k \in \mathbb{Z}\right\}$

  4 a) $L = \left\{\frac{2\pi}{3} + k \cdot 8\pi \,\big|\, k \in \mathbb{Z}\right\} \cup \left\{\frac{10\pi}{3} + k \cdot 8\pi \,\big|\, k \in \mathbb{Z}\right\}$ **c)** $L = \left\{\frac{\pi}{3} + k \cdot \pi \,\big|\, k \in \mathbb{Z}\right\}$

S. 85: **6 a)** $y = 1,5 \cdot \sin\left(\frac{\pi}{4}(2t + 5)\right)$ **b)** $y = 2 \cdot \sin(3t + \pi)$

S. 86: **9 a)** Effektivwert der Spannung $U_{\text{eff}} \approx 8,5$ V; Frequenz $f = 2\,\text{s}^{-1}$; Periodendauer $T = 0,5$ s
  b) $U(0,2\,\text{s}) \approx 7,05$ V; $U(0,375\,\text{s}) = -12$ V
  c) $I_{\max} = 0,2$ A; $I_{\text{eff}} \approx 0,14$ A; $I(0,2\,\text{s}) \approx 0,12$ A; $I(0,375\,\text{s}) = -0,2$ A (Ohmsches Gesetz)

KAPITEL „TRIGONOMETRISCHE BERECHNUNGEN"

S. 93: **14 a)** für $\sin\alpha = 0,5$: ; $\cos\alpha = \pm\sqrt{1 - \sin^2\alpha} = \pm\frac{1}{2}\sqrt{3}$; wegen $0° < \alpha < 90°$ also $\cos\alpha = \frac{1}{2}\sqrt{3}$;
  $\tan\alpha = \frac{1}{\sqrt{3}}$; $\tan(90° - \alpha) = \sqrt{3}$

S. 94: **5 a)** $\gamma = 142°$; $h \approx 2,77$ cm; $c \approx 1,37$ cm; $e \approx 5,62$ cm

S. 100: **7 a)** $\gamma = 79°$; $a \approx 3,94$ cm; $b \approx 4,23$ cm **b)** $\gamma = 97°$; $b \approx 3,61$ cm; $c \approx 8,80$ cm
S. 101: **11 a)** $a = 10,58$ cm; $\beta = 32,81°$; $\gamma = 66,19°$ **b)** $c = 23,39$ cm; $\alpha \approx 23,45°$; $\beta \approx 99,55°$
S. 102: **16 a)** $b = 3,3$ cm; $\alpha \approx 45,8°$; $\gamma \approx 88,2°$ **b)** $a \approx 9,94$ cm; $\beta \approx 34,30°$; $\gamma \approx 66,70°$
S. 106: **5 a)** $A \approx 7,71$ cm² **b)** $A \approx 18,07$ cm² **c)** $A \approx 7,39$ cm²
S. 107: **10 a)** $A \approx 5,65$ cm² **b)** $A \approx 2,09$ m²
  12 a) $A \approx 9,92$ cm² **b)** $A \approx 10,39$ cm²

KAPITEL „KÖRPERBERECHNUNG UND -DARSTELLUNG"

S. 114: **3**   Es sind etwa 218,85 Liter.
S. 115: **5 a)** $d = 6,8$ cm; $A_G \approx 36,32$ cm^2; $A_M \approx 213,63$ cm^2; $A_O \approx 286,26$ cm^2; $V \approx 363,17$ cm^3
   b) $r = 0,25$ mm; $A_G \approx 0,2$ mm^2; $A_M \approx 157,08$ mm^2; $A_O \approx 157,47$ mm^2; $V \approx 19,63$ mm^3
S. 116: **13 a)** $r = 6,3$ cm; $A_O \approx 498,76$ cm^2; $V \approx 1047,39$ cm^3
   b) $r \approx 22,61$ m; $d \approx 45,22$ m; $V \approx 48\,420$ m^3
S. 118: **4 a)** $A_G = 31,36$ cm^2; $A_D \approx 4,84$ cm^2; $A_M \approx 56,16$ cm^2; $A_O \approx 92,36$ cm^2
   b) quaderförmiger Karton: quadrat. Grundfl. der Kantenlänge a; Höhe $h \approx 3,17$. $V \approx 99,52$ cm^3
   c) berechneter Wert: $V \approx 52,61$ cm^3
S. 119: **6**   Oberflächeninhalt der Verpackung: $A_O \approx 209$ cm^2
S. 120: **11 a)** $A_G = 268,96$ cm^2; $A_D = 148,84$ cm^2; $A_M \approx 883,37$ cm^2; $A_O \approx 1301,17$ cm^2; $V \approx 3151,19$ cm^3
   b) $A_G = 148,84$ dm^2; $A_D \approx 70,56$ dm^2; $A_M \approx 290,89$ dm^2; $A_O \approx 510,29$ dm^2; $V \approx 729,59$ dm^3
S. 122: **4** $V \approx 12\,340,7$ cm^3, also rund 12 Liter Fassungsvermögen
   5 a) $V \approx 132,43$ cm^3; $m \approx 1178,65$ g   **b)** $V \approx 5360$ cm^3; $m \approx 14,47$ kg
S. 123: **8 a)** ≈ 430 cm^2 **b)** ≈ 147 cm^2 **c)** ≈ 905 cm^2

KAPITEL „STOCHASTIK"

S. 137: **6** $P_{\text{Frau}} \approx \frac{0,771}{0,988} \approx 0,78$; $P_{\text{Mann}} \approx \frac{0,597}{0,978} \approx 0,60$

S. 139: **12 a)** 0,08   **b)** 0,02

S. 141: **19 a)** $\frac{1}{36}$ **b)** $\frac{5}{6}$

S. 144: **3 a)** mit Zurücklegen: Bernoulli-Kette; ohne Zurücklegen: keine Bernoulli-Kette
   b) Bernoulli-Kette   **c)** kann als Bernoulli-Kette aufgefasst werden
   5 a) Bernoulli-Kette   **b)** Bernoulli-Kette   **c)** Bernoulli-Versuch

S. 148: **4** $P(0) = 0,0390$; $P(1) = 0,1561$; $P(2) = 0,2731$; $P(3) = 0,2731$; $P(4) = 0,1707$
   $P(5) = 0,0683$; $P(6) = 0,0171$; $P(7) = 0,0024$; $P(8) = 0,0002$

S. 149: **7 a)** $P = \binom{4}{3} \cdot 0,51^3 \cdot 0,49^1 \approx 2,6$
   b) Die Wahrscheinlichkeit ist $P = 1 - 0,514 = 0,486$. Die Wahrscheinlichkeit für eine Mädchengeburt ist unabhängig von den vorausgegangenen Geburten.

S. 150: **10 a)** $P(X = k) = \binom{12}{k} \cdot 0,4^k \cdot 0,6^{12-k}$; $k \in \{0; 1; 2; \ldots; 11; 12\}$

S. 151: **15 a)** $P(X = 5) \approx 0$ **b)** $P(5 \leq X \leq 10) \approx 0$ **c)** $P(X \leq 6) \approx 0$ **d)** $P(X \neq 5) \approx 1$
   e) $P(12 \leq X \leq 15) = P(X \leq 15) - P(X \leq 11) \approx 0,0033$ **f)** $P(X \leq 25) \approx 0,5561$

S. 153: **23 a)** Unter der Annahme, dass alle Passagiere unabhängig voneinander den Flug antreten, ist die Zufallsgröße X (Anzahl der Passagiere, die den Flug tatsächlich antreten) binomialverteilt.
   $P(X \leq 46) = 0,7604$ (Tabellenwert für $n = 50$; $k = 46$; $p = 0,95$)

KAPITEL „ZAHLENFOLGEN"

S. 182: **6 a)** $a_1 = -2$; $a_2 = 0$; $a_3 = 2$; $a_4 = 4$; $a_5 = 6$; $a_{100} = 196$
   b) $a_{k+1} = 2k - 2$; $a_{m-2} = 2m - 8$;
   c) $12 = a_8 = b_{24}$; die Zahl 12 kommt in der Folge (c_n) nicht vor.
   $0 = a_2$; die Zahl 0 gehört nicht zu den Folgen (b_n) und (c_n).
   $0,5 = b_1 = c_2$; die Zahl 0,5 kommt in der Folge (a_n) nicht vor.
   Die Zahl -3 gehört zu keiner der drei Folgen.
S. 184: **17** $a_{n+1} - a_n = -3 \leq 0 \Rightarrow (a_n)$ ist monoton fallend.

S. 186: **28 a)** $a_1 = -\frac{5}{3}$; $a_2 = -\frac{4}{3}$; $a_3 = -1$; $a_4 = -\frac{2}{3}$; $a_5 = -\frac{1}{3}$

Die Folge ist monoton wachsend ($a_{n+1} - a_n = 0,5 > 0$); sie ist nach unten beschränkt (größte untere Schranke ist $S_u = -\frac{5}{3}$), aber nicht nach oben.

b) $a_1 = 1$; $a_2 = 0$; $a_3 = -1$; $a_4 = 0$; $a_5 = 1$

Die Folge ist nicht monoton. Sie ist nach oben und nach unten beschränkt; größte untere Schranke: $S_u = -1$; kleinste obere Schranke: $S_o = 1$.

S. 188: **5 a)** 2; 3,8; 5,6; 7,4; 9,2; 11; ...

S. 189: **10 a)** $a_1 = 7$; $a_2 = 3,5$; $a_3 = 0$; $a_4 = -3,5$; $a_5 = -7$; $a_6 = -10,5$;
explizite Zuordnungsvorschrift: z. B. $a_n = 10,5 - 3,5 \cdot n$; $a_{16} = -45,5$; $a_{35} = -112$

S. 191: **19** $a_n = 3 \cdot 2^{n-1}$; $b_n = 4 \cdot \left(-\frac{1}{2}\right)^{n-1}$; $c_n = (\sqrt{2})^n$; $d_n = \left(\frac{1}{2}\right)^{n+1}$

S. 193: **4 a)** $n = 3$

S. 194: **11 a)** $s_{10} = 160$

S. 195: **15 a)** $s_{10} = 1\,023$

S. 196: **20** 42 158,30 €

S. 201: **10 a)** 5,7 gehört zur 0,5-Umgebung von 6, denn $5,5 < 5,7 < 6,5$

b) 0,02 gehört zur 0,05-Umgebung von 0, denn $-0,05 < 0,02 < 0,05$

c) 1,98 gehört nicht zur 0,01-Umgebung von 2, denn $1,98 < 1,99$; also $1,98 \notin\,]1,99;\, 2,01[$.

S. 204: **18 a)** wahr **b)** falsch **c)** falsch

S. 209: **11 a)** $\lim\limits_{n \to \infty} a_n = 2$ **b)** $\lim\limits_{n \to \infty} a_n = 1$

KAPITEL „GEOMETRISCHE KONSTRUKTIONEN UND BEWEISE"

S. 218: **20 b)** Eine „äußere" Tangente geht durch $P_1(\approx 4,4 | \approx 5,6)$ auf k_1 und $Q_1(\approx 8,6 | \approx 2,8)$ auf k_2.
Die andere „äußere" Tangente geht durch $P_2(3|1)$ auf k_1 und $Q_2(8|1)$ auf k_2.
Eine „innere" Tangente geht durch $P_3(\approx 5,1 | \approx 4,8)$ auf k_1 und $Q_3(\approx 7,2 | \approx 1,5)$ auf k_2.
Die andere „innere" Tangente geht durch $P_4(\approx 4,1 | \approx 1,25)$ auf k_1 und $Q_4(\approx 7,6 | \approx 2,9)$ auf k_2.
Näherungsweise Geradengleichungen für die Tangenten liefert die Zwei-Punkte-Form.

S. 220: **5 a)** *Satz* (Höhensatz): In jedem rechtwinkligen Dreieck hat das Quadrat über der Hypotenusenhöhe den gleichen Flächeninhalt wie das Rechteck aus den beiden Hypotenusenabschnitten.
Voraussetzung: h sei die Höhe in einem rechtwinkligen Dreieck, p und q seien die zugehörigen Hypotenusenabschnitte.
Behauptung: $h^2 = p \cdot q$

S. 223: **17** Für einen Innenwinkel φ und den zugehörigen Außenwinkel gilt $\varphi + \psi = 180°$. Der Winkel zwischen der Innenwinkelhalbierenden und einer Seite des Dreiecks ist $\frac{\varphi}{2}$, der Winkel zwischen der Außenwinkelhalbierenden und derselben Seite des Dreiecks ist $\frac{\psi}{2}$. Also ist der Winkel zwischen den beiden Winkelhalbierenden $(\varphi + \psi) : 2 = 90°$.

S. 228: **8** z. B. $\{\overrightarrow{AB}; \overrightarrow{BC}; \overrightarrow{HM}; \overrightarrow{MD}; \overrightarrow{GF}; \overrightarrow{FE}\}$; $\{\overrightarrow{AC}; \overrightarrow{HD}; \overrightarrow{GE}\}$; $\{\overrightarrow{AH}; \overrightarrow{HG}; \overrightarrow{BM}; \overrightarrow{MF}; \overrightarrow{CD}; \overrightarrow{DE}\}$; $\{\overrightarrow{AM}; \overrightarrow{ME}\}$; $\{\overrightarrow{EM}; \overrightarrow{MA}\}$
Es sind insgesamt 16 verschiedene Pfeilklassen (Vektoren).

S. 229: **11 a)** $\overrightarrow{AB} + \overrightarrow{BD} = \overrightarrow{AD}$ **b)** $\overrightarrow{DA} + \overrightarrow{BD} = \overrightarrow{BA}$ **c)** $\overrightarrow{AC} + \overrightarrow{CB} + \overrightarrow{BD} = \overrightarrow{AD}$

S. 231: **4** $\overrightarrow{AC} = \begin{pmatrix}1\\5\end{pmatrix}$; $\overrightarrow{CA} = \begin{pmatrix}-1\\-5\end{pmatrix}$; $\overrightarrow{BD} = \begin{pmatrix}-5\\2\end{pmatrix}$; $\overrightarrow{DB} = \begin{pmatrix}5\\-2\end{pmatrix}$; $\overrightarrow{AD} = \begin{pmatrix}-2\\3\end{pmatrix}$; $\overrightarrow{DA} = \begin{pmatrix}2\\-3\end{pmatrix}$
$|\overrightarrow{AC}| = |\overrightarrow{CA}| = \sqrt{26}$; $|\overrightarrow{BD}| = |\overrightarrow{DB}| = \sqrt{29}$; $|\overrightarrow{AD}| = |\overrightarrow{DA}| = \sqrt{13}$

S. 232: **8 a)** $S(-5|1)$; $|\overline{PQ}| = |\overline{SR}| = \sqrt{50}$; $|\overline{QR}| = |\overline{PS}| = \sqrt{20}$; Diagonalen: $|\overline{PR}| = \sqrt{50}$; $|\overline{SQ}| = \sqrt{90}$

Register

A
Additiontheoreme
– für sin und cos 76
– für tan 77
Amplitude 72
Ankathete 91
Äquivalenz von Aussagen 222
arithmetische Folge 160, 188 f.
arithmetisches Mittel 191
Asymptote 14
Aussage, Aussageform 219
Axiom 219
–, Archimedisches 203

B
Basis (von Exp.- und Log.-Fkt.) 29, 37
Baumdiagramm 135
Bayes'sche Formel 177
Bernoulli, Jakob 143
Bernoulli-Versuche/-Ketten 143 ff., 178
Bestimmungslinien 214 f.
Beweis 220
–, direkter 220
–, indirekter 225
Beweisidee 223
Binomialkoeffizienten 146 ff.
Binomialverteilung 148 ff., 178
–, Tafeln zur 173 ff.
Bogenmaß 58 f.

C
Cauchy, Augustin Louis 209

D
DGS-System 213, 227
Diagnose seltener Krankheiten 138
divergente Zahlenfolge 202
Doppelwinkelbeziehungen 77
Drehbewegung 54 ff.

E
Einheitskreis 59
Ereignis 132
–, komplementäres 132
–, sicheres 132
–, unmögliches 132
Ergebnismenge 132
Erwartungswert 155 ff., 178
Euklidischer Algorithmus 245
Euler, Leonhard 33, 206
Euler'sche Zahl 33, 206
ε-Umgebung 201
Exponentialfunktion 29 ff., 206
Exponentialgleichung 40 f.

F
Fibonaccifolge 187
Flächeninhalt von Dreiecken 106 f., 112
Funktionalgleichung 33
Funktionen
–, inverse 18
–, Monotonie von 10, 30
–, periodische 55, 56 f.
–, Produkt von 78
–, Summen von 78 ff.
–, Symmetrie von 198 f.
–, Umkehrung von 18, 37
Funktionenklassen
  Exponentialfunktionen 29 ff., 52
  Lineare Funktionen 13
  Logarithmusfunktionen 37 ff., 52
  Potenzfunktionen 7 ff.
  Winkelfunktionen 60 ff.
  Wurzelfunktionen 15 f.

G
Galtonbrett 145
Gauß, Carl Friedrich 104 f.
Gegenereignis 132
Gegenkathete 91
geometrische Folge 191 f.
geometrisches Mittel 191
goniometrische Gleichungen 82 f.
Gradmaß 58 f.
Grenzwert 202
Grenzwertsätze 208
Grundgesamtheit 165
Grundkonstruktion 213

H
Häufigkeit, relative 133
Heron von Alexandria 205
Heronverfahren 205
heuristische Regel 223
HIV-Test 139
Hyperbelfunktion 14
Hypotenuse 91

I
indirekter Beweis 225
inverse Funktion 18
Iteration 83, 180

K
Kathete 91
Kegelstumpf 122, 130
Kepler, Johannes 15, 22
Komplementwinkel 60
Konstruktionsaufgabe 213
konvergente Zahlenfolge 202
Kosinus 91
Kosinusfunktion 64 ff.
–, Eigenschaften der 66
Kosinussatz 101
Kotangens 69
Kreiskegel 130

L
Laplace, Pierre Simon 134
Laplace-Experiment 134
Leonardo von Pisa 187
Limes, lim 204
Logarithmengleichung 40 f.
Logarithmus 37
–, dekadischer 38
–, natürlicher 38
Logarithmusfunktion 37 ff.

M
Mendel, Gregor Johann 243
Mendel'sche Gesetze 243
Monotonie 183, 184
de Morgan'sche Regeln 133
Multiplikationsformel 139

N
Nullfolge 204
Nullvektor 230

O
Ortslinien 214
Ortsvektor 232

Grundtypen von Funktionen

Potenzfunktionen $f(x) = x^r$

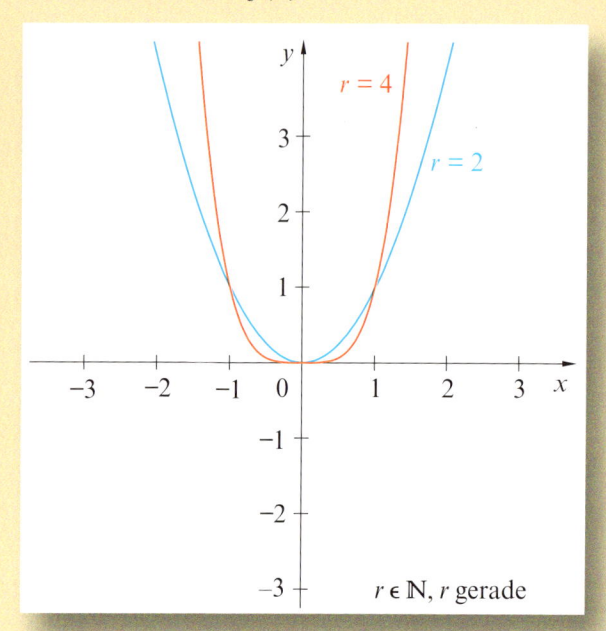

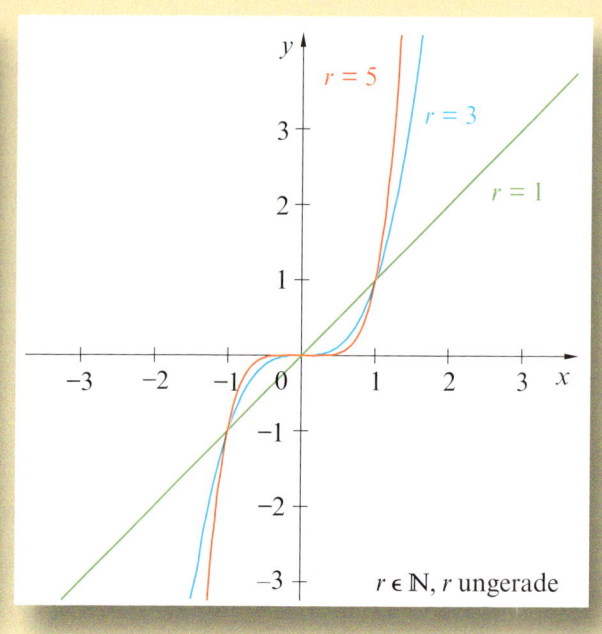

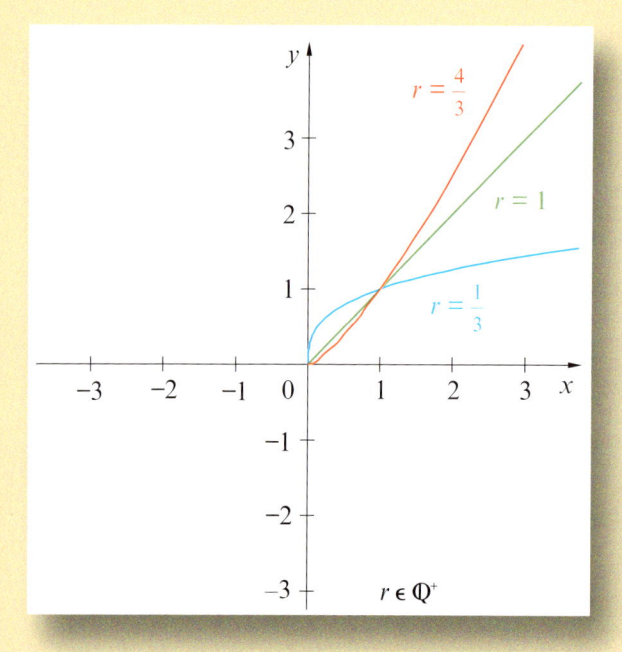

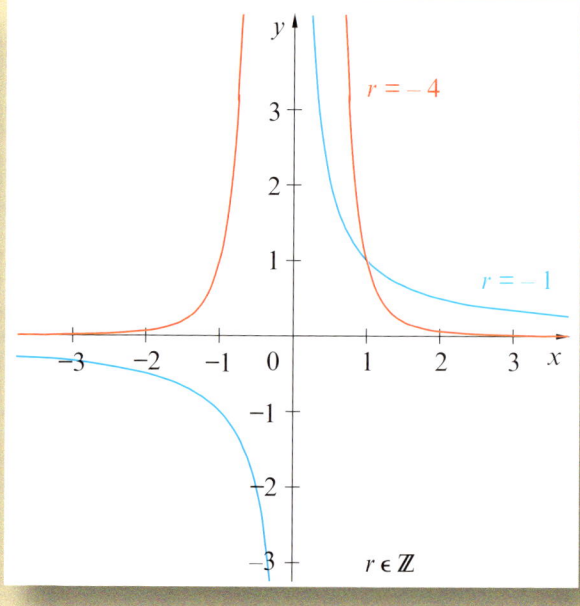

$r = 4$, $r = 2$, $r \in \mathbb{N}$, r gerade

$r = 5$, $r = 3$, $r = 1$, $r \in \mathbb{N}$, r ungerade

$r = \frac{4}{3}$, $r = 1$, $r = \frac{1}{3}$, $r \in \mathbb{Q}^+$

$r = -4$, $r = -1$, $r \in \mathbb{Z}$